수운 최제우 다시읽기

수운 최제우 다시읽기

초판 1쇄 인쇄 2025년 1월 20일
초판 1쇄 발행 2025년 1월 31일

지은이   임형진·김삼웅·성주현·성강현·송봉구
         김영진·김선배·백진솔·이나미·우수영
펴낸이   윤관백
펴낸곳   선인
등록   제5-77호(1998.11.4)
주소   서울시 양천구 남부순환로 48길 1, 1층
전화   02)718-6252/6257
팩스   02)718-6253
이메일   suninbook@naver.com

ISBN   979-11-6068-974-7 93900
정가   32,000원

수운 최제우 다시읽기

임형진·김삼웅·성주현·성강현·송봉구
김영진·김선배·백진솔·이나미·우수영

 선인

2024년은 동학·천도교를 창명한 수운 최제우의 탄신 200주년이 며, 그가 순도한지, 160년이 되는 해이다. 조선 말기 국가가 내우외환 에 처했을 때 경주에서 탄생한 수운 최제우는 모든 사람은 한울님을 모시고 있다는 시천주(侍天主)를 깨닫고 반봉건 만민평등사상과 보국안 민의 반외세, 반침략의 민족 주체사상 동학(東學)을 창도하였다. 그 결 과 우리 사회는 근대를 열었고 우리를 하나의 민족으로 뭉치어 오늘 의 대한민국으로 이어질 수 있게 해주었다.

오늘날 새롭게 전개되고 있는 서세동점의 시기를 맞아 국가와 국가 간의 전쟁, 민족과 민족 간의 갈등, 종교와 종교 간의 대립, 그리고 인 간과 자연생태의 양극화가 여전히 해소되지 않고 있다. 따라서 국제, 국가, 민족, 종교, 사회, 생태, 인간의 다양한 갈등과 문제를 해결할 수 있는 삶의 철학으로서 새로운 가치공동체의 이념이 적극적으로 제 기되고 있다고 할 수 있다. 수운 최제우의 동학은 인류의 모든 갈등과 대립을 해결할 수 있는, 지구공동체를 지향하는 지구인의 삶을 구현할 수 있는 하나의 대표적 출구이다. 수운 최제우가 창도한 동학은 우리 것만이 아닌 모든 지구인, 세계인과 함께 공유해도 충분한 우리 고유의 사유라는 것이 학계 일반의 평가이다.

그런 수운 최제우의 탄신 200주년을 맞이하여 동학학회는 그를 추모하고 선양하는 학술대회를 준비해 왔다. 수운 최제우가 남긴 유산이 너무 크다 보니까 학문 세계에서도 역사, 철학, 문학, 종교, 정치경제학, 사회학 등 전 분야를 망라해야 했다. 그래서 영역별로 저명한 연구자들을 1년 전부터 섭외하기 시작했다. 더욱이 수운 최제우의 동학을 알리는 것은 국내에 머물 것이 아니라 해외의 학자들까지 초빙해서 하는 국제학술대회로 준비하기로 하였다. 제한적이기는 하지만 그래도 전세계에 퍼져있는 동학 연구자들에게 연락을 취하였다. 미국 시러큐스 대학교의 칼랜더 교수(George L. Kallander), 캐나다 웨스턴 대학교의 칼 영 교수(Carl Young), 노르웨이 오슬로 국립대학교 한국어학과의 박노자 교수, 중국 연변대학교의 방호범, 강용권 교수, 그리고 일본 홋카이도 대학교의 이노우에 가쓰오 교수, 모모야마학원 대학교의 아오노 마사아키 교수 등 비교적 동학 관련 연구를 계속하고 있는 학자들 중심으로 추진하고 있었다.

동학학회의 임원진 중심으로 각자 가지고 있는 연계망을 이용해 연락을 취하는 등 준비를 하면서 예산 확보에 전력을 다하였다. 마침 코로나19의 팬데믹 사태도 종결되었고 충분히 관심을 가질만한 주제라고 생각했었다. 그래서 학회가 할 수 있는 학술대회를 보다 풍성하고 의미 있게 하고자 학회 임원진들은 여러 방면으로 연결을 하고 또 하였다. 그러나 아쉽게도 계획은 하나씩 틀어져 애초의 거대한 국제학술대회는 고사하고 단출한 학회 식구들만의 잔치로 귀결되고 말았다.

이는 전적으로 학회를 책임지고 있는 학회장의 부족함에 기인했다. 그럼에도 끝까지 노력을 아끼지 않은 임원진에는 감사하고 또 감사할 뿐이다. 오늘 발간된 이 책자는 조촐한 잔치 결과의 기록이다. 비록 처음의 의도대로 진행되지는 못했지만, 참여 학자들의 마음은 누구보다도 진지하였고 정성을 다했음을 기억한다. 이 책은 2024년 11월 28일 동학학회의 잔칫날에 발표된 글과 함께 학술대회에서 발표되었지만 출간되지 못한 귀한 글도 몇 편 추가해 완성되었다. 추가를 허락해 주신 김삼웅 전 독립기념관 관장님 이하 고마운 분들 덕분에, 보다 풍성한 내용을 담을 수 있게 되었다. 수운 최제우 탄신 200주년을 맞이하여 동학을 연구 주제로 정하고 있는 동학학회는 어떤 형식으로든지 이를 기념해야 했다. 그래서 그 잔치에 발표된 글을 중심으로 단행본을 만들어 수운 최제우의 앞에 헌정하기로 했다.

책 제목을 "수운 최제우 다시읽기"로 정한 이유도 200주년을 맞이하여 수운 최제우의 삶과 사상을 다시 읽어보고 또다시 읽어보자는 의미이다. 그동안 많은 선학들이 동학을 연구하고 또 연구해 왔다. 그러나 언제나 그렇듯이 다시 읽으면 새로운 것이 보이기 마련이다. 이는 후학들이 선학들의 깨달음에 머물지 말고 언제나 초심으로 다시 보자는 의미이다.

이제 4년 동안의 학회장의 임기를 마치며 마지막 작업으로 진행된 본 단행본이 어쩌면 가장 기억되고 애착이 남을 것이다. 부족함에도 불구하고 참여해준 회원 여러분께 다시 한번 감사 인사를 드리며 아울러 부족했던 회장 만나서 고생한 임원진들 특히 총무 이사진에게 고마운 마음을 전한다. 이제 학회장의 임기를 마치고 회원으로 돌아와 다시 한 명의 연구자가 되고자 한다. 수운에 대한 '다시읽기'를 시작하고자 한다는 의미이다. 그동안 어려운 가운데에서도 말없이 학회의 모든 출간을 맡아주신 도서출판 선인의 윤관백 사장님과 임원진에도 감사한 마음의 인사를 드린다. 모두 고마웠습니다.

2025년 1월
동학학회 회장 **임 형 진**

수운 최제우 탄신 200주년의
의미와 과제

임형진(경희대학교 교수)

1. 수운 최제우와 동학

2024년은 동학의 창도자인 수운 최제우의 탄신 200주년의 해이다. 동학을 전공하는 모든 연구자들은 물론 한국적 개혁사상, 생태사상. 페미니즘, 어린이 운동 그리고 소외된 이웃의 아픔을 함께하는 법을 깨달은 모든 이들이 경축해야 할 해이다. 수운 최제우가 세상에 내어놓은 무극대도는 그동안 수직적인 사회구조를 수평적이고 대등한 인간들의 세상으로 변화시켰다. 성리학적 세계관으로는 도저히 해석될 수 없는 독창적이며 나아가 다른 어떤 도(道)로도 이해될 수 없는, 새로움이 구한말 조선의 백성들과 이후의 한국 근현대사에 어떠한 영향을 미쳤는지는 이미 우리 역사가 증명하고 있다.

동학[1]의 등장은 사람은 하늘을 모신 위대한 존재라는 근대적 자각을 기초하므로 한국 사회 근대의 출발이라고 일컫고 있다. 즉, 동학이 창도 됨으로써 우리는 세계사적으로는 자발적인 의지로 전근대를 넘어 근대를 맞이하였고, 서구 열강의 무력을 앞세운 위세에 대항하는 저항적 민족주의로 자주적 독립국가의 틀을 만들 명분을 확보할 수 있었다. 그런 의미에서 동학은 한국 민족주의 사상과 운동의 효시이자 한국적 민주주의의 원형이라고 일컬어 진다.

동학의 창시자인 수운 최제우는 서세동점의 위기의식 속에서 우리 민족의 정통성과 사상이 위협을 받고 있을 때 민족자주의 기치를 높이 들어 한국적인 가치체계를 제시함으로써 의지할 곳을 상실한 민중의 가슴속에 새로운 세계관과 자부심을 심어주었다. 특히 수운이 주목한 것은 민족운동의 주체로 민중을 설정해 그들의 자각을 유도하는 것이었다. 민중들로 하여금 역사의 전면에 나서 보국안민과 나아가 광제창생의 지상천국 건설의 주역이 될 것을 요구한 것이다. 동학혁명은 이같은 초기 동학운동의 혁명적 성격과 노선을 명확히 드러낸 사건이었다.[2] 그것은 수운의 이념과 이상이 구체적 사건의 형태로 표

---

[1] 동학의 '동(東)'은 지정학적 대칭 용어가 아닌 우리나라 고대의 국호에서 기원한다. 옛부터 우리 나라는 '동방에 있는 나라'라고 하여 동국(東國)이라 불렸다. 중국에서는 동이(東夷)라고도 하였다. '동'과 관련하여 많은 저술이 이루어진 것은 이것이 국호이기 때문이었다. 『동국여지승람』·『동국명산기』·『동국문헌』·『동국문헌비고』·『동국문헌절요』·『동국사략』·『동국세시기』·『동국지리지』·『동국통감』·『동사강목』등 일일이 헤아리기 어려울 정도이다. 한의학을 동의(東醫)라 부르고,『동의보감』은 우리나라 의서를 한데 모아 편찬한 조선조 때의 으뜸가는 의학서를 일컫는다. 김삼웅, 『수운 최제우 평전』, 도서출판 두레, 2020 참조.

[2] 갑오년의 의거를 '동학혁명'의 명칭으로 고집하는 필자의 의도는 그것이 동학의 조직과 인원을 중심으로 전개되었기에 동학을, 그리고 그 주인공들이 운동의 결과로 그들이 이상했던 세계관을 명백히 제시하고 있었다는 점에서 혁명이라는 단어가 적당하다고 믿기 때문이다. 또한 농민을 포함한 몰락 양반, 천민 등 민중의 참여가 있었다고 보아 굳이 동학농민혁명이라는 법적 호칭을 사용치 않는다.

출된 것이다. 동학혁명을 통해 나타난 민중중심의 사고는 당대 저항 민족주의를 대표한다. 그러나 수운의 동학은 인류 공동체주의를 목표함으로써 올바른 정치사상으로서의 방향성을 지향하고 있다는 역사적 의의를 가지고 있다.

즉 수운의 동학에서 연원하는 시천주·사인여천·인내천의 사상은 한국사상의 집대성이자 방향성의 제시이기에 그 의미가 더욱 깊다고 할 수 있다. 구체적으로 그것은 수운의 제1성과 제2성을 통해서도 확인할 수 있다. 즉, 수운은 득도 후 가장 먼저 한 말이 포덕천하(布德天下)였고 두 번째 한 말이 보국안민(輔國安民)이었다. 포덕천하는 인류주의를, 보국안민은 민족주의를 상징한 것이다. 그것은 국수적, 공격적, 지배적 이데올로기가 아닌 21세기가 추구해야 할 개방적, 조화적, 평화적 이데올로기로서의 성격이라고 할 수 있다.

오늘 한국 고유의 문화와 사고를 바탕으로 창도된 동학은 누구도 부인할 수 없는 한국의 대표적 사상이자 정신이 되었다. 동학의 기본 정신은 한국적 민주주의와 인간존엄의 상징으로. 다시개벽의 사고는 동학농민혁명과 3.1혁명 그리고 한국 민주화의 이론적 토대가 되었고, 물물천 사사천(物物天 事事天)의 이념은 한국 생명사상의 근원이자 독창적인 생태주의적 사고로 이어졌다. 그뿐만 아니라 여성주의와 어린이운동 그리고 사회적 약자를 존중하는 사고 등도 동학에 뿌리를 두고 있다. 나아가 우리 민족의 최대 현안인 통일운동에 있어서도 동학은 동귀일체의 사고로 한 축을 담당할 수 있다. 이처럼 우리 사고의 폭을 확대시키고 풍성하게 해준 수운 최제우의 탄신 200주년을 맞이하여 그 의미를 학문적 입장에서 되새겨 본다.

2. 동학이 창도될 수밖에 없었던 환경

수운 최제우가 태어난 당시의 19세기 조선 사회는 탐관오리들의 횡포와 연이은 자연재해로 인하여 백성들이 살아가기가 너무도 힘든 시기였다. 더욱이 중국 중심의 세계관만이 유일한 세계관이었던 우리 민족에게 서양 오랑캐에게 패배한 중국은 상상할 수도 없는 상황이었지만 현실은 1840년의 아편전쟁의 패배와 1860년의 애로우호 사건으로 인한 영국과 프랑스군의 북경 점령은 청천벽력 그 자체였다. 의지할 데도 그리고 자신을 지켜줄 공간마저 사라진 조선 사회는 초라한 병자의 모습 그대로였다.

1800년 6월 정조대왕의 죽음은 조선을 다시 옛날의 구체제로 돌려놓았다. 정조에 의하여 진행되었던 개혁 정책들은 하나같이 물거품이 되었고 이전의 기득권 세력은 다시 국가권력을 장악해 권세를 누려나가기 시작했다. 이들 기득권 세력에게 백성은 함께 조선이라는 공동체의 주체들이라는 의식이 아니라 그저 자신들의 지위와 부 축적을 위한 희생양일 뿐이었다. 공직은 대부분 음서와 매관매직으로 이루어지니 그렇게 관직을 산 수령들이 탐관오리가 됨은 당연했다. 정조 사후 그와 함께 조선의 변화 혁신을 추진했던 신하들은 모두 억울한 모함에 죽임을 당하거나 쫓겨나고 또는 유배형에 처했다. 정조의 총애를 받던 다산 정약용도 전라도 강진 땅으로 유배생활을 하던 중 시 한 편이 당시의 참혹했던 시대상을 반영하고 있다.

> 갈밭마을 젊은 여인의 통곡 소리 그칠 줄 모르네
> 현문(縣門)을 향해 울부짖다 하늘 보고 호소하길
> 싸움터 간 지아비가 못 돌아오는 수는 있어도

예부터 남절양(男絶陽)은 들어 보지 못했구나
시아버지 죽어 이미 상복 입었고, 갓난아인 배냇물도 안 말랐는데
삼대(三代)의 이름이 군적에 모두 다 실렸으니
가서 억울함 호소해도 문지기는 호랑이요
이정(里正)은 호통하며 마구간 소 끌고 갔네
칼을 갈아 방에 드니 자리에는 피가 가득
스스로 탄식하길 자식을 낳은 것이 화로구나
무슨 죄가 있어서 잠실음형(蠶室淫刑) 당했던고(... 중략)[3]

　다산이 쓴 애절양(哀絶陽)이라는 시는 19세기 조선 사회의 부패 중에
도 으뜸이었던 군정의 문란을 상징한다. 죽은 사람도, 군에 갔다 온
사람에게도 그리고 이제 갓 태어난 아기에게도 군역 대신 내라는 세
금을 부과할 정도로 부패의 극을 이룬 사회니 어찌 백성이 살 수 있었
겠는가. 이런 시달림을 받던 백성들은 유랑민이 될 수밖에 없는 상황
에서 서양 오랑캐에게 중국이 패배했다는 소식은 청천벽력 이상이었
다. 물밀듯이 들어오는 외세의 위협에 성리학만이 유일한 이데올로기
인 조선은 속수무책이었다.

3 　다산의 시 애절양은 정조 사후 혼탁해진 조선의 사회상을 상징적으로 보여주는 시이
　다. 다산 연구가들의 책에는 반드시 수록된다. 최익한,『실학파와 정다산』, 서해문집,
　1955(2011 재발행), 505-506쪽: 박석무,『다산 정약용 평전』, 민음사, 2014, 438-439
　쪽: 김삼웅,『다산 정약용 평전』, 두레, 2023, 178-179 쪽 등 참조함.

蘆田少婦哭聲長(노전소부곡성장)	哭向縣門號穹蒼(곡향현문호궁창)
夫征不復尙可有(부정불복상가유)	自古未聞男絶陽(자고미문남절양)
舅喪已縞兒未澡(구상이호아미조)	三代名簽在軍保(삼대명첨재군보)
薄言往愬虎守閽(박언왕소호수혼)	里正咆哮牛去早(이정포효우거조)
朝家共賀昇平樂(조가공하승평락)	誰遣危言出布衣(수견위언출포의)
磨刀入房血滿席(마도입방혈만석)	自恨生兒遭窘厄(자한생아조군액)
蠶室淫刑豈有辜(잠실음형기유고)	閩囝去勢良亦慽(민건거세양역척)
生生之理天所予(생생지리천소여)	乾道成男坤道女(건도성남곤도여)
騙馬豶豕猶云悲(선마분시유운비)	況乃生民思繼序(황내생민사계서)
豪家終歲奏管弦(호가종세주관현)	粒米寸帛無所捐(립미촌백무소연)
均吾赤子何厚薄(균오적자하후박)	客窓重誦鳲鳩篇(객창중송시구편)

특히 엄습하는 서구문명은 당시 전근대적 미몽에서 헤어 나오지 못하던 조선으로서는 도저히 수용하기 어려운 이질적인 문명이었으나, 근대화의 과정에서 피할 수 없는 거대한 파고였다고 할 수 있다. 즉, 조선에서의 '근대화'란 의미는 서구의 충격에 대응하여 성립한 역사적 개념이라 할 수 있다. 따라서 근대화는 종래에 지속되어 오던 폐쇄사회의 고수를 포기하고, 점차 정치, 경제, 문화, 사상 등의 제 측면에서 서구세계를 향하여 국가를 개방한다는 이른바 개방사회에로의 전환을 의미하는 것이었다.

이러한 서구 제국주의의 침략에 맞선 조선으로서는 한편으로는 국내의 성리학적 질서관에 입각한 신분제의 질서를 변혁해야 하는 과제와 함께, 다른 한편으로는 군사력과 경제력을 배경으로 하는 구미 열강에 대항하여 자국의 대외적인 독립과 부강을 추구해야만 하는 이중적인 전략적 과제를 수립해야 했다. 즉, 개항기의 조선사회는 대외적으로 제국주의 외세의 유입에 대응하여 자주권을 유지 강화하고, 대내적으로는 정치.경제.사회.문화 등 제 분야에서 구체제의 잔재를 해소하여 근대적 발전을 이룩해야 하는 역사적 과제를 안고 있는 시기였다.

그러나 조선의 상황은 어느 것 하나도 제대로 대응할 수 없을 정도로 심각했다. 특히 전근대적인 사회모순으로의 토지문제와 조세 문제가 가장 극심하였다. 양반·지주의 토지소유의 확대와 관리들의 탐학은 국가재정의 파탄으로 이어졌고, 결국 조세 수탈의 가중으로 민중들은 고통에 시달리고 있었다. 이와 함께 서구열강들의 서세동점으로 주권이 유린당하는 현실이 구체적으로 드러나고 있었다. 더욱이 이미 유입된 청과 일본 상인들의 경제적 침탈은 더욱 두드러져 가니 새로운 세계관과 인간관의 등장이 절실해져 가고 있었다.

3. 수운 최제우의 실천하는 동학적 삶

조선 사회의 신분적 한계로 자신의 학문이 세상에 쓸모없는 헛된 것이 되자 수운 최제우가 할 수 있는 일은 좌절된 마음을 추스를 주유천하였을 것이다. 비록 명문가 출신이었지만 재가녀(再嫁女)의 자손으로 과거를 통한 입신양명의 기회는 처음부터 없었던 그에게는 학문을 펼칠 기회를 상실한 불우한 지식인의 삶만이 놓여 있었다. 부친의 사후 삼년상을 마친 뒤 수운은 좌절한 지식인으로서 희망없이 가족을 처가인 울산으로 보내고 전국을 주유천하 하면서 기존의 성리학 이외에 불도, 선도 그리고 장사와 의술·음양복술 등의 잡술에도 관심을 보였이고 있었다. 그러나 세상에서 그가 만난 것은 민중의 피폐한 삶과 오갈 데 없는 세계관에 갇힌 조선 사회의 암울함 그 자체였다. 여기서 수운은 지식인으로서의 사명감을 절감했다고 보인다. 그가 보기에는 세상이 어지럽고 인심이 각박하게 된 것은 사람들이 천명을 돌보지 않기 때문임을 깨닫고 새로운 관(觀)이 필요함을 절감했고 해결책을 강구했다.

그러나 그가 주유천하 하던 시절 동안에 만난 세상은 그야말로 백성은 도탄에 빠지고 전국은 탐관오리들의 가렴주구가 일상이었던 모습이었다. 더욱이 대외적으로 19세기 초부터 아시아의 상당 국가들이 유럽국가들의 식민지가 되고 있었으나[4] 극동의 나라들에서는 서양에 대한 인식이 큰 비중을 차지하지 못했다. 아직까지도 중화(中華)라는 전래의 동양적 사고가 지배적이었다. 하늘 아래 오로지 중국적 세계관만이 존재하다가 그것이 붕괴되자 조선 민중에게 세계관의 붕괴였

---

[4] 1802년 실론, 1852년 미얀마, 1858년 인도가 영국의 지배하로 들어갔으며, 1854년에는 인도지나 대부분이 프랑스의 식민지가 되었다.

으며 곧이어 중원을 점령한 양귀가 그 무력의 여세를 휘몰아 해동의 조선에까지 쳐들어온다라는 풍문에 휩싸이게 만들었다. 그리고 조선에도 거의 해마다 이양선이 출범하여 통상을 강요당하고 있는 등 그 대책이 절실해 졌다.

또한 조선의 23대 순조부터 25대 철종 때까지 안동 김씨의 세도정치가 극에 달해 온갖 부패가 자행되고[5] 있어 뜻있는 선비들을 자포자기하게 만들고 있었으며 때를 이은 기근과 역질은 민생을 도탄으로 휘몰고 대다수를 유랑민화하고 말았다. 이 같은 민중들은 당연히 메시아적인 구원자를 갈망하게 되었고 당시 유행하던 정감록이나 홍경래의 난, 잦은 민란 등이 그들의 희망을 대변했다고 볼 수 있다. 이런 배경 속에서 서양의 음을 동양의 양으로 제압하려는 조선 지배층의 사고와 학정과 사회구조적 부패에서 벗어나려는 민중의 사고가 새로운 사고를 탄생시킨 것이다.

민중의 일인으로 태어난 수운 최제우는 도탄에 빠진 민중을 구하기 위해 그동안 익혔던 학문을 바탕으로 서학과 유학의 대결은 유학의 패배로 결정 났다고 생각한다.[6] 그러나 서양의 침범은 어떻게든 막아내야 했다. 이러한 지상과제 밑에서 수운은 '사필귀정'한다는 천리를 믿고 '지성감천'한다는 천심을 믿음으로써 새로운 체험을 하게 되는 것이다.

32세 때는 1855년(철종 6) 금강산에서 온 승려로부터 〈을묘천서 乙卯天書〉를 경험하게 되는 데 을묘천서의 경험은 수운으로 하여금 난세를 구

---

[5] 당시 사회상을 황현의 『매천야록』에 의하면 '10만냥이 있어야 과거급제하고 감사자리 하나에도 2만냥이 있어야 하는데 그나마 안동 김씨만 가능하다.'고 적고 있다. 황현. 『梅泉野錄』, 국사편찬위원회 영인본. 1971.

[6] "유도, 불도, 누 천년에 운이 역시 다했던가" 『용담유사』「교훈가」

제할 방법이 오로지 학문에만 있는 것이 아니라 수련이라는 극히 종교(또는 일상생활에서 수련-당시는 종교라는 개념이 없었다)적인 체험과의 병행을 통해서 얻을 수 있다는 깨달음을 얻었다고 판단된다. 그래서 그는 1856년 양산군 천성산의 내원암에서 49일 기도를 시작했으나 숙부가 죽어 47일 만에 기도를 중단했으며, 다음 해 적멸굴에서 다시금 49일 기도를 완료하였다.

1859년 처자를 거느리고 고향인 경주로 돌아온 뒤 구미산 용담정에서 학문과 수련을 계속 병행했다. 이 무렵 그는 어리석은 세상사람을 구제하겠다는 결심을 굳게 다지기 위해 이름을 제우(濟愚)라고 고치고 불출산외(不出山外)의 맹세로 수련을 이어갔다. 드디어 1860년 4월 5일 갑자기 몸이 떨리고 정신이 아득해지면서 공중으로부터 천지가 진동하는 듯한 소리가 들리는 종교체험을 했다. 수운은 당시의 절망적인 상황을 오로지 어떤 절대적인 존재의 뜻으로 돌리고 있었다. 이제 그는 모든 것을 절대적인 존재 곧 하느님에게 걸고 수련하는 과정에서 드디어 어떤 결정적인 체험을 하게 된 것이다.[7]

신비체험 혹은 천사문답으로 이야기되는 수운의 체험은 하루 동안, 또는 한순간으로 그친 것은 아니다. 여기서 수운과 다른 종교의 창시자와의 차이를 발견한다. 즉, 여타 종교의 창시자들은 대개 이러한 신비체험을 바탕으로 자신을 신격화 내지는 절대자로 내세워 민중에게 자신만을 따를 것을 강요하지만 수운을 그러지 않았다. 그는 자신의 체험이 진짜인지를 의심하고 또 의심했다. 그리고 확인하고자 했다. 그의 확인 과정이 1년 2개월이나 걸렸다는 것은 그가 얼마나 자신이 깨달은 진리에 대해 겸손함과 완벽함을 추구했는가를 증명한다.

---

[7] 최동희, "수운의 기본사상과 그 상황," 이현희 엮음, 『동학사상과 동학혁명』 청아출판사, 1984, 111쪽.

이를 통해 자신이 깨달은 도가 거짓이 아님을 알게 된 수운은 비로소 이듬해인 1861년 6월부터 주변에 자신의 체험과 득도 과정을 주변에 전파하기 시작했다. 수운은 자신이 깨닫고 세상에 펼치기 시작한 도를 무극대도라 명명하며 이것은 개인의 구원뿐 아니라 사회의 모순까지도 해결할 수 있는 최고의 진리로 확신했다. 그는 자신이 깨달은 무극대도의 핵심을 "시천주(侍天主)"라고 하였다. 모든 사람은 한울을 모신 위대한 존재로 존엄하며 그 존재 자체로서 소중한 '인간선언'이었다.

근대성(modernity)을 개인의 자각에서 출발한다고 했을 때 조선의 근대는 수운의 동학 창도로부터 시작된다는 이유는 여기에 있는 것이다. 무엇보다도 양반이나 천민이나 차별없이 시천주한 인간 즉, 사람은 누구나 한울님을 모신 존귀한 존재라는 주장은 당시의 신분적 폐해가 극심했던 조선 사회에 커다란 충격이었다. 가장 먼저 수운은 그동안 오로지 여자라는 이유 하나로 천대받고 무시당하던 여성에 대한 존엄을 실현했다. 그래서 박씨 부인에게 큰절을 올리고 집안의 두 여종을 해방시키고 한 명은 며느리로 그리고 남은 한 명은 수양딸로 삼는 모범을 보였다. 수운의 이러한 행동에 동의하고 함께 하고자 했던 이들은 양반과 상놈을 가리고, 적서차별을 일삼으며 관존민비와 사농공상의 신분적 질서 사회에 질리고 지친 사람들이었다.

기존의 틀에 박힌 사회구조에 얽매이던 조선 사회의 주류 밖의 사람들 즉, 사회적 소외자들에게는 구원과도 같이 들린 수운의 외침에 수많은 사람이 감동하여 찾아왔다. 심지어 그들이 답례품처럼 가지고 왔던 감 열매가 매달린 나뭇가지만으로도 동네 사람들이 땔감을 했을 정도라고 하니 당시 수운의 가르침에 대한 파장이 얼마나 컸는지가 짐작된다. 그러나 이같이 주변 사람들의 이목이 쏠리면 당연히 관이 이를 수상히 여기고 감시하는 등 수운에 대한 관의 압박이 심해졌다.

그해 8월에 이르러 경주의 주변 유생들까지 동학을 설파하고 있던 수운의 행위를 이단으로 규정하고 비판하였다. 사대부 유림뿐 아니라 문중에서조차 비난하였고 심지어는 서학의 일종이라는 비난과 험담이 난무했다. 최제우의 설파행위는 용담으로 찾아오는 선비들이 그 대상이었기 때문에 최제우와 함께 찾아오는 선비들 모두 피해자가 될 상황이었다. 결국 수운의 깨우침에 대한 전파는 오히려 이를 듣고자 찾아오는 사람들에게 해가 될 것으로 판단해 1861년 11월(양 12월 초) 고향 경주의 용담을 스스로 떠나야만 하였다.

떠나면서 수운은 그동안 자신이 주장했던 바를 글로써 남겨야 할 필요를 느꼈을 것이다. 이를 위해선 누구의 간섭도 받지 않고 조용히 침잠할 수 있는 새로운 땅이 필요했다. 울산, 부산과 승주 등을 거쳐서 그가 찾아낸 새로운 땅이 전라도 남원이었다.

남원은 지리산을 끼고서 영남에서 호남으로 오늘 길목에 위치한 지역으로 예부터 영호남 교류의 중심지였다. 지리산 자락의 남원에서 교룡산성 내의 은적암(隱跡庵)을 선택한 수운은 이곳에서 자신의 사상을 정리하여 완성했다. 여기서 지은 「논학문」에서 그는 자신의 주장은 동학(東學)이라고 명명했다. 이전까지는 무극대도라고 했던 수운의 도는 비로소 동학이라는 이름으로 탄생한 것이다. 은적암에서 수운은 동경대전의 논학문과 수덕문 그리고 용담유사의 교훈가, 도수사, 권학가, 몽중노소문답가, 검결을 완성하였다.

여기서 수운은 순한문의 『동경대전』과 민중을 위한 순한글의 『용담유사』로 완성되었다.[8] 수운은 동학을 기존의 유.불.선 및 서학을[9] 비

---

[8] 이 같은 사실은 『동경대전』에서는 한문으로 '天主'라고 항상 썼였고, 『용담유사』에서는 같은 뜻을 한글로 꼭 '한울님'이라고만 쓴 점에서도 증명할 수 있다.
[9] 수운은 천주교의 서적을 읽고 다음과 같이 탄식했다고 한다. "西道는 몸에 氣化하는

판하면서 그 장점을 흡수하여 사회 경제, 정신적 제조건을 감안하여 보다 차원 높은 정치사상을 탄생시킨 것이다.[10]

어느 정도 자신의 도를 정리한 수운은 은적암 생활을 마치고 수운은 1862년에 6월 하순경에 고향인 경주로 돌아갔다. 이제 남은 일은 동경대전과 용담유사를 최종 마무리하고 이 도를 전파할 조직을 만들고는 순리를 기다리는 것만 남았다. 그해 12월 수운은 최초의 동학조직인 접주제를 공포했으며 후계자로 해월 최시형을 지정하는 등 최후를 대비하고 1864년 3월 10일 좌도난정율에 의해 순도하였다.

4. 한국사상과 동학 창도의 의미

뜻밖에도 무극대도를 세상에 내자마자 사람들이 사방에서 구름처럼 몰려왔다. 이것은 이 무렵의 우리 사회현실이 너무나 어수선하여 민중이 어찌할 바를 모르고 있었던 것을 암시한다.[11] 수운의 깨달음의 급속한 전파는 이처럼 당시의 대내외적 시대 상황과 밀접한 관계를 가지고 있다. 특히 수운이 담고 있는 동학의 정신에는 우리 민족이 수

신이 있음을 가르치지 못하였으니 이는 진정으로 한울을 위하는 도가 아니오 다만 개인의 이익을 도모하는 헛된 것". 오익제 편저. 『천도교요의』, 천도교 중앙총부출판부, 1986, 10-11쪽.

[10] 노태구, 『한국민족주의의 정치이념: 동학과 태평천국 혁명의 비교』 새밭출판사, 1981, 95쪽.

[11] 이때 서울에서는 7월에 전염병이 크게 나돌고 충청도와 함경도에서는 커다란 수재가 발생했으며, 9월에는 돈의문(서대문)에 임금을 거칠게 욕하는 방이 써붙혀져 두명의 포도대장이 유배를 갔으며, 흉년과 학정으로 도적이 곳곳에서 횡행하였다. 그러나 이보다 더 큰 사건은 1860년 중국의 북경이 영, 불군에 의해 함락된 사실이다. 조선민중으로서는 이보다 더 큰 사건이 없었다. 최동희, 앞의 글, 114-115쪽 참조.

천년을 간직하고 실천해 왔던 민족 고유의 정신[12]이 있었고 이런 점이 민중에 손쉽게 적응되고 수용된 요인이 될 수 있었다.

반만년의 역사를 가진 우리 민족에게는 확실히 민족 고유의 정신적 문화가 있으니 특별히 정치사상적 측면에서의 조화와 화합을 주목할 수 있다. 민족의 삶의 문화양식 속에서도 특히 정신적 사유의 세계는 그것을 관념화하고 이론화 작업을 거쳐 하나의 고유한 사상체계로 만들어 민족이념으로 승화시키는 과정을 거치게 마련이다. 한국적 정신문화 역시 동양적 복합 변증법적인 합의 지향[13]을 통해 오랜 시간에 걸쳐 오늘의 한국사상으로 구상화된 것이다.

조화와 화합의 내용이 한국정신문화에 계승되고 있는 이유를 현상윤은 우리민족의 출발이랄 수 있는 신시(神市)에서 찾고 있다. 즉, 신시에서는 4개의 축이 만나고 있다. 하늘이 만물에 베푸는 은혜, 아비가 아들에게 가지는 사랑의 2축과 사람이 하느님을 섬기는 공경, 자식이 부모를 받드는 효의 2축이 만난다는 것이다. 따라서 여기서는 화친과 인애, 책임과 질서가 유지되는 제정일치의 사회가 형성된다. 이 신시의 사고야말로 한국사상의 평화 지향적인 화합적 사고의 출발점[14]이라는 것이다. 이러한 조화와 화합이념이 최초로 표출된 것이 단군사상에서의 천인합일 논리이고 홍익인간 재세이화의 지상천국사상이

---

[12] 민족의 고유성이란 유형무형의 것을 포함하여 민족의 본질에 관계되는 것으로 민족정신이나 혼이 그 핵심이라고 할 수 있다. 최준석, 「민족과 문화」, 민족주의연구회, 『민족현실』 창간호. 1995. 167쪽.

[13] 동양사회의 복합 변증법적 전개는 동양사회가 고대부터 諸민족의 관계속에서 복합적인 시대사를 전개시켜 문화, 정치, 사회의 혼재가 일반화된 사회 즉, 인간일반의 평등적인 지향이 실생활에 그대로 나타났다는 의미이다. 이것은 서구사회의 변증법적 발전이 끝없는 정반합의 지속인 이른바, 단순변증법에 대비되는 개념이다. 김영두, 『한국정치사상사 · 동서정치사상사』, 한국정치사상연구원, 1987. 참조.

[14] 현상윤, 『조선사상사』 민족문화사. 1986 영인본. 13-14쪽.

다. 특히 천인합일의 정신적 전통은 근대 동학사상의 인내천사상으로 계승되고 있음이 주목된다. 그리고 홍익인간의 지상천국은 동학의 교정쌍전 후천개벽사상으로 이어졌다.

이러한 한국 고유의 사유체계는 이후 국난의 위기에서 마다 역할을 다하니 삼국통일의 혼란을 극복한 원효의 화쟁사상이나 고려불교의 교·선(敎·禪)갈등을 통합시킨 보조국사 지눌의 교관겸수(敎觀兼修), 정혜결사(定慧結社)운동, 조선 성리학의 오랜 당파성을 극복해 조선 특유의 유학을 완성한 퇴계, 율곡의 학문 그리고 실학의 민본주의적 실사구시 학문 등 모두 한국적 정신문화의 유산들이자 나아가 한국적 정치사상들이었다. 근대 말에 출현한 수운사상 역시 같은 맥락으로 이해되어야 한다. 삼위일체인 단군사상에서부터 성리학의 한국적인 독특한 통합이론까지는 결코 별개로 각 시기에 창출된 이념일 수 없는 것이었다. 왜냐하면 한민족에게는 이미 그 같은 사고가 전제되어 있었기 때문이다. 그래서 단군사상은 원효의 화쟁사상으로 이어졌고, 고려를 불교국가답게 문화적, 정신적으로 통합시킨 지눌의 정신에서도 살아났으며, 이것이 퇴계와 율곡에서 화합과 통합의 사상으로 표현되었던 것이다. 이것들이 바로 한국적 정치이념과 사상의 주류를 이루었다고 보아진다.[15]

---

[15] 여기서 한가지 지적하고 싶은 것은 전통과 인습에 대한 것이다. 즉, 전통과 인습은 과거로부터 이어져 온 것에는 동의어이고 특히 전통부정론자들은 이 둘을 완전한 동의어로 사용하고 싶어한다. 趙芝薰의 전통과 인습규정을 살펴보면 "인습이란 역사의 代謝機能이 있어서 부패한 자로 버려질 운명에 있고 또 버려야 할 것이지만, 전통은 새로운 생명의 원천으로서 살려서 이어받아야 할 풍습이요,방법이요,눈인 것이다. 전통이란 역사적으로 생성된 살아있는 과거이지만 그것은 과거를 위해서가 아니라 도리어 현실의 가치관과 미래의 전망을 위해서만 의의가 있는 것이다. 전통은 새로운 창조의 재료요, 방법이며, 전통은 새로운 주체요, 가치인 것이다."라고 한다. 다시금 전통의 의미를 되새겨 보아야 한다. 조지훈, 『한국문화사 서설』 탐구당, 1964, 214-215쪽 참조.

수운이 창도한 동학사상 역시 이러한 한국고유의 정치 이념을 실천적으로 계승한 한국적 정치이념의 전형이랄 수 있다. 그것은 동학의 이념과 실천 속에서 여실히 증명되고 있다. 또한 그것은 민중적 사고와 민족의식의 확산으로 이어진다. 즉, 도탄에 빠진 민중에게 동학사상은 확실히 기존의 성리학적 신분 질서를 강요하지 않고 오히려 오랜 신분적 질곡의 극복 방법을 제시하며 나아가 민중에게 비로소 자신들이 이 땅의 주인임을 자각시킨다. 가장 한국적인 정서를 바탕한 한국사상의 맥을 근대기적 상황에서 동학의 출현은 대표적인 한국 사상이라고 할 수 있다. 그러나 수운은 실제로 포덕 두 해 뒤인 1863년 12월 대구에서 구금됨으로써 이후의 동학의 전파와 실천은 해월 최시형의 임무가 되었다.

하나의 종교나 사상이 존속되고 전파되려면 그 진실을 담아낼 조직이 필요하고 그 진실의 실천 속에서 자기 수정을 수 없이 거쳐서 민중에 입증되는 것이다. 이후 해월은 36년의 오랜 세월을 피신행각하며 포덕을 한다. 이때에 동학은 비로소 접제와 포제를 확립하는 조직을 정비하고 해월 스스로의 실천을 통한 사상의 전파가 이루어지니 특히 해월의 민중적 삶이 한국민족주의가 민중주의를 지향해야한다는 대전제를 완성했다고 할 수 있다.

수운의 시천주사상을 구체화시키어 사람을 하늘처럼 섬기라는 사인여천(事人如天)의 생활이 바로 그것이다. 이 같은 해월의 노력을 이해하지 못하면 왜 갑자기 갑오년에 조선을 경천동지하는 동학혁명이라는 민중봉기가 가능할 수 있었는가 하는 것을 이해할 수 없다. 해월의 행적을 통해서 동학사상의 목적이 완수되는 것이니 천하분란(天下紛亂)하고 민심효박(民心淆薄)하니 막지소향지야(莫地所向之也, 어디로 가야할지 모르겠다)[16] 하니

---

[16] 용담연원, 『천도교 약사』보성사, 1990, 167쪽 참조.

백성이 편할 날이 없어 보국안민의 계책이 필요하니 그것이 동학으로 완성된 것이라 하겠다.

5. 수운 최제우의 탄신 200주년의 과제

수운 최제우는 동방의 성자요 후천의 시대를 연 최초의 성인이라고 칭송한다. 실제로 수운 최제우는 천도교에서만의 창도자가 아니라 수많은 신흥 종교집단의 성자 혹은 창시자로 그리고 자신들의 교단을 만든 자를 위한 인도자 등으로 존경받고 있다. 물론 이들이 모두 주장하는 민족종교라는 타이틀에는 동의할 수 없지만 많은 종교단체에서 수운을 인정하고 있는 것은 사실이다. 또한 학문적으로도 수운은 근대사 연구자들은 반드시 언급되는 인물이다. 그만큼 후세에 큰 영향을 미친 인물이자 연구의 대상인 되는 인물도 드물 정도이다. 따라서 많은 종교단체와 학계에서는 2024년의 의미를 되새길 것으로 예상된다.

이미 수운 최제우의 많은 언어들은 여러 신흥종단에서 스스럼없이 사용될 정도로 대중화되어 있다. 따라서 수운 탄신 200주년의 행사는 천도교를 비롯한 여러 종단에서 있을 것으로 예상된다. 기왕에 기념행사를 추진한다면 수운 최제우에 의해 창도된 동학의 가치가 제대로 규명되고 세계사적으로 그 정신과 의미가 확대되었으면 한다.

이곳에서는 수운 최제우 탄신 200주년을 맞아 학술적 차원의 과제를 언급하고자 한다.

첫째, 왜 수운 최제우가 위대한 성인인지에 관한 본격적인 연구가 필요하다고 본다. 막연히 동학의 창도자로서가 아니라 진정한 하늘의

도(천도)를 깨닫고 이를 체계화 시켰으며 이를 통해 개인과 사회를 구원하려고 실천했다는 그의 생애에 대한 본격적인 연구작업이 있어야 한다는 것이다. 그의 위대성은 비슷한 근대적 자각을 했던 실학자들과 비교된다. 반계 유형원부터 시작된 실학은 한 시대를 풍미했었다. 그러나 실학자들은 자신들이 연구한 결실을 실생활에 적용하는 데에는 실패했다. 왜 그랬을까? 필자의 견해로는 실학자들의 자각은 양반의식에 사로잡힌 고루한 책상머리 지식이었기 때문이라고 본다. 그들에 비해 수운은 자신의 자각을 실제 생활세계에 있는 도탄에 빠진 민중 속으로 들어가 직접 실천했다. 즉, 사람은 누구나 한울님을 모신 존재이며 시천주라는 자각 앞에서는 어떠한 신분적 체제나 우·열등함이 존재할 수 없다는 것을 몸소 실현하는 모범을 보였기 때문에 그를 일러 성인이라고 불러도 손색이 없는 것이다.

둘째, 동학의 출현은 우리의 근대성의 출현이라고 한다. 서구적 개념인 근대성은 개인의 출현을 의미한다. 이때 개인은 신분적 차별이 아닌 자유로운 삶을 누릴 수 있는 주체이면서도 평등한 존재이다. 근대는 이러한 자각한 개인들의 사회를 말한다. 여기서 서학의 입장은 평등이되 신 앞에서는 누구나 평등한 존재임을 전제하고 있다. 따라서 절대적 신이라는 존재를 전제한 평등이다. 기독교 사상의 신 앞의 평등개념이다. 그러나 동학의 평등은 이러한 수직적 구조의 평등이 아닌 누구나 한울님을 모신 위대하고 존엄한 존재로서의 개인이 출현이다. 즉, 신이라는 절대자 없이 무조건적인 평등이 전제이다. 이런 점은 서구 근대와 동학이 말하는 근대의 결정적 차이라고 본다. 다만 이러한 동학의 진리가 천도교 이외의 이른바 아류 종단에서는 여전히 신과 같은 절대자를 전제하고 있는 것이 안타깝다고 할 수 있다. 이에 수운 최제우의 동학이 가지는 근대성을 보다 확고히 하는 연구가 필요하다. 이 과정에서 한국적 근대성과 서구적 근대성의 차이가 드러나게 될 것이다.

셋째, 개벽관의 정리가 필요하다. 특별히 수운이 말한 "다시 개벽"에 대한 보다 확실한 연구를 통해서 과연 수운의 의도 무엇인지를 명확히 정리해야 한다. 혹자는 물질개벽을 말하고, 또 다른 혹자는 정신개벽을 강조하고, 마음개벽, 사회개벽, 천지개벽 온통 개벽의 홍수가 넘치고 있다. 그만큼 사회가 혼란하다는 방증일 것이다. 문제는 점차 개벽이라는 단어가 동학 천도교의 고유명사가 되고 있지 않다는 점이다. 진정한 개벽이란 무엇인가. 현재의 삶의 질을 향상시키고자 희생을 불사하고 시대를 살아가는 사람이 앞장서서 추진하는 것이 개벽이라고 할 때 우리는 동학혁명, 갑진개화혁신운동, 3.1혁명, 일제하 많은 문화운동 등이 비로소 동학의 것이 됨을 잊지 말아야 한다. 아직도 논쟁 중인 혁명 과정에서의 사소한 문제들도 개벽이라는 큰 틀에서 보면 아주 간단하게 해결될 수 있을 것이며 나아가 서구의 혁명개념과의 차이를 포함해 대표적인 서구 혁명과의 차별성에 관한 연구는 아무리 강조해도 지나치지 않을 것이다.

넷째. 수운이 창도한 동학의 인문학적, 사회과학적 그리고 종교적 차원에서의 정리 또한 필요하다. 동학이 왜 사람들의 마음을 움직였으며 그것이 사회 변혁운동의 추동 요인이 된 이유는 무엇일까. 나아가 사람들의 신앙심을 불러일으킨 이유는 또한 무엇인가. 이런 점이 명확히 규명되어야 200년 전 동학을 창도한 수운 최제우의 뜻을 이해할 수 있을 것이다.

끝으로 해외로 퍼져나가는 이른바 "한류"와 관련해 지금까지 한류 1.0(K-pop), 한류 2.0(드라마. 영화), 한류 3.0(음식. 의복. 한글 등 문화)에 이어서 한류 4.0이 필요하다는 점이다. 한류 4.0은 우리의 사상과 이념 그리고 정신문화를 일컫는다. 과연 동학을 제외하고 한국의 정신문화를 말할 수 있을까 싶다. 그렇다면 우리는 이에 대해 어떠한 대비를 하고 있는가를 검증해 보아야 한다. 분명 한류 4.0의 시대는 올 것이고 그 대표는 동학이라는 점을 너무나 명확히 알면서도 아무런 대비없이 있다면 그 책임은 누구에게 돌릴 것인가. 인내천과 사인여천으로 대표되는 우리 고유의 독창적 사상이 바로 동학이고 그것을 만든 이가 수운 최제우이기에 수운 최제우 탄신 200주년의 의미가 더욱더 특별하다고 할 수 있다.

참고문헌

『동경대전』
『용담유사』「교훈가」

김삼웅, 『다산 정약용 평전』, 도서출판 두레, 2023.
김삼웅, 『수운 최제우 평전』, 도서출판 두레, 2020.
김영두, 『한국정치사상사. 동서정치사상사』, 한국정치사상연구원, 1987.
김철 편저, 『東學精義』, 동선사, 1989.
노태구, 『한국민족주의의 정치이념: 동학과 태평천국 혁명의 비교』 새밭출판사, 1981.
박석무, 『다산 정약용 평전』, 민음사, 2014.
신복용. 『동학사상과 한국 민족주의』, 평민사, 1987
오익제 편저. 『천도교요의』, 천도교 중앙총부출판부, 1986.
용담연원, 『천도교 약사』, 보성사, 1990.
임종철, "수운의 사회경제관" 『신인간』 제422호, 1984.
임형진, 「한국민족주의와 전통성」, 민족문제연구소, 『민족주의와 근대성』, 1997.
조지훈, 『한국문화사 서설』, 탐구당, 1964.
최동희, "수운의 기본사상과 그 상황," 이현희 엮음, 『동학사상과 동학혁명』 청아
　　　출판사, 1984.
최익한, 『실학파와 정다산』, 서해문집, 1955(2011 재발행).
최준석, 「민족과 문화」, 민족주의연구회, 『민족현실』 창간호, 1995.
한국사상연구회 刊, 『한국사상 연구의 구상』, 새밭, 1981.
현상윤, 『조선사상사』, 민족문화사 영인본, 1986.
황　현, 『梅泉野錄』, 국사편찬위원회 영인본, 1971.

Noh, Tai-gu, "A Creative Reading of the Taiping and Donghak Revolution
　　　: What does an Eastern-type Nationalism mean for the Global
　　　Community in the 21st century?", IPSA 서울학술대회발표논문, 1997.

수운 최제우의 사상과 리더십

김삼웅(전 독립기념관 관장)

1. 동학 창도의 역사성

수운 최제우 선생이 1861년 창도하고 해월 선생이 승계하여 뿌리내린 동학(東學)은 흔히 서세동점의 물결에 따라 밀려온 서학(西學)의 대칭개념으로 이해된다. 하지만 동학의 '동(東)'은 지정학적 대칭 용어가 아닌 우리나라 고대의 국호에서 기원한다.

옛부터 우리 나라는 '동방에 있는 나라'라고 하여 동국(東國)이라 불렀다. 중국에서는 동이(東夷)라고도 하였다. '동'과 관련하여 많은 저술이 이루어진 것은 이것이 국호이기 때문이었다.

『동국여지승람』·『동국명산기』·『동국문헌』·『동국문헌비고』·『동국문헌절요』·『동국사략』·『동국세시기』·『동국지리지』·『동국통감』·『동사강목』등 일일이 헤아리기 어려울 정도이다. 한의학을 동의(東醫)

라 부르고, 『동의보감』은 우리나라 의서를 한데 모아 편찬한 조선조 때의 으뜸가는 의학서를 일컫는다.

동학은 우리 문화, 우리 학문, 우리 철학, 우리 종교, 우리 사상을 집대성한 것으로, 결코 배타적이거나 그렇다고 국수적이지 않은 시대정신이고 민족사상이고 민족종교이다.

수운에 의해 창도된 동학사상은 유교의 인륜, 불교의 각성, 선교의 무위와 수운 자신의 인시천(人侍天) 사상을 접화군생(接化群生)한 천도사상을 말한다. 동학의 중심개념은 인시천 즉 천인합일 사상으로 사람 섬기기를 하늘 섬기듯 하고(事人如天), 억조창생이 동귀일체(同歸一體)로 계급제도를 부정하며, 사람이 곧 하늘이라는 천부인권(人乃天)을 내세우는 신앙·철학·사상의 집합체이다.

성리학을 기반으로 하는 조선의 봉건체제와 대립하여 수운이 창도한 동학은 개항 후 그 모순이 집중적으로 심화되어 온 삼남 지방을 토대로 크게 발전하였다. 동학혁명사 연구자들에 따르면, 동학농민혁명은 조선 봉건체제 해체사의 최종적 도달점이며 근대조선 민중 해방운동사의 본격적인 출발점이 된다.

첫째는 18세기 이후 악화된 조선왕조 양반사회의 정치적 모순, 둘째는 삼정의 문란, 셋째는 19세기 이후 서세동점의 위기 속에서 국가보위의식의 팽배, 넷째는 전통적인 유교의 폐해에 따른 지도이념의 퇴색, 다섯째는 서학의 도전을 민족적 주체 의식으로 대응하려는 자세, 여섯째는 실학에서 현실 비판과 개혁 사상에 영향 받은 피지배 민중의 의식 수준의 향상과 높아진 지각도 등을 들 수 있다.

동학은 주자학적 전통으로 굳게 닫힌 전근대의 강고한 철벽에서 인권·평등·자존을 바탕으로 백성들을 깨우치고, 삶의 주체로서 민족정신을 일깨워서 근대의 문을 열었다. 봉건적 전근대의 철문을 닫고 근대의 광장을 연 것이다.

동학은 창도 초기가 도인들의 각성기라면, 중기는 교조신원운동과 교세확장, 후기는 동학농민혁명으로 전개되었다. 동학교조를 사문난적으로 몰아 처형한 정부는 내적인 개혁요구와 세계사적인 변혁의 사조에 문을 굳게 닫아 걸고 있다가 강제 개항을 맞게 되었다. 결국 이같은 상황에서 동학은 제국주의의 침투에 의한 반식민지화와 국내 봉건적 관료층의 수탈로 신음하는 피압박 민중의 해방운동과 반봉건·반외세 투쟁을 위한 혁명이념으로 나타났다.

2. 근대의 문을 연 동학

나는 우리나라 근현대사를 공부하면서 동학에 많은 관심을 기울여 왔다. 배움이 깊지 못하여 언저리만 맴돌고 있지만, 그 시대에 동학이 있었기에 우리도 낡은 봉건의 철문을 열고 근대의 길에 나설 수 있었을 것이라고 인식한다.

영국의 청교도혁명, 미국의 독립혁명, 프랑스의 대혁명, 독일의 종교개혁, 러시아의 볼셰비키혁명, 일본의 메이지유신, 인도의 샤티그라하운동, 중국의 신해혁명을 생각하지 않고는 이들 나라의 정체성을 이해하기 어려울 것이다.

그렇다면 이들과 동렬에 놓을 수 있는 우리나라의 경우는 무엇일까. 1919년 3·1혁명을 들 것이다. 3·1혁명의 물꼬를 더듬어 올라가면 동학농민혁명에 이르고, 더 소급하면 발원지는 최제우가 창도한 동학에 다다른다. 동학도가 농민혁명의 주축이 되고, 동학이 천도교로 개칭하면서 항일투쟁의 원류가 되어 기독교·불교와 더불어 3·1혁명의 모태 역할을 하였다.

천도교의 역할이 없었더라도 3·1혁명이 가능했을까, 동학이 없었더라도 농민혁명이 가능했을까에 상도할 때 동학을 창도한 최제우의 역할은 실로 지대하다. 인도에 "북소리만 듣고 춤을 출 것이 아니라 북치는 사람을 찾아라"는 속담이 전한다. 낡은 전근대의 성곽에서 근대의 북을 친 사람이 최제우라면 과언일까.

프랑스혁명이 가능했던 것은 케네(1694~1774)로 대표되는 중농주의자들, 디드로(1713~1794)로 대표되는 백과전서파, 장 자크 루소(1713~1784)로 대표되는 권력분립과 인간평등사상론자들의 존재이다. 케네의 '중농주의'는 "토지는 농민에게 주어야 한다"는 원칙을, 디드로의 『백과전서』는 "세계에는 기독교 외에 많은 종교가 있고, 왕정 외에 여러 정치 형태가 있다"는 것을 가르치고, 루소는 "어떤 사람도 부(富)를 통해 다른 시민을 살 수 있을 만큼 부자는 아니고, 또 어떤 사람도 몸을 팔 수밖에 없을 정도로 가난해서는 안 된다"는 인간평등사상을 전개하였다. 이런 생각을 공유하게 된 프랑스인들이 나서서 절대왕정을 무너뜨리고 마침내 1789년 대혁명을 이루었다.

3. 사회개혁 사상가 최제우

최제우는, 동학을 창도한 교조이기도 하지만 사회개혁사상가였다. 그의 사회사상은 조선 사회가 구조적으로 질병에 들어 있다는 '사회질병설'과, 이를 구제하기 위해서는 일대 개혁이 필요하다는 '개벽사상'이 주조를 이룬다.

이런 고로 우리나라는 악질(惡疾)이 세상에 가득하여
백성들이 어느 한 철에도 편한 날이 없으니
이 또한 상해(傷害)의 운수니라.(「동경대전」,「포덕문」)

아서라 이 세상은
요순지치라도 부족시(不足施)요
공맹지덕이라도 부족언(不足焉)이라
십이제국 괴질운수
다시 개벽 아닐런가
태평성시 다시 정해
국태민안 할 것이니
개탄지심 두지 말고
차차 차차 지내시라.(「용담유사」,「몽중노소문답가」)

최제우가 말하는 '악질'은 육신의 질병뿐만 아니라 나쁜 정치와 제
도 그로 인해 탐관오리들의 발호와 타락한 유생들의 백성 수탈을 통칭
한다. 한 마디로 무능하고 부패한 왕조체제의 국정농단과 각종 적폐를
말한다. 최제우는 여기에서 개탄만 하지 말고 '개벽'에 나설 것을 촉구
한다. 개벽은 한국 민족종교들이 추구한 공통적인 가치로서 압축하면
사회개혁 즉 '새로운 시대(上元甲)'를 뜻한다. 하늘이 열리는 것을 개(開)라
하고 땅이 열리는 것을 벽(闢)이라 했다. 천지개벽사상이다.

돌이켜보면 최제우의 개벽사상은 사회개혁 수준을 뛰어넘는다. 무
위이화(無爲而化)의 사상은 루소의 "자연으로 돌아가라"는 자연법사상과
맞닿는 대목이다. 하늘로부터 부여받았으나 지금은 잃어버린, 빼앗겨
버린 천부인권과 인간사랑 그리고 '인간본연의 자아'를 중시하는 가
르침이다. 그것이 무극대도(無極大道)로 표현되었다. 이것은 오염된 물질
문명과 각종 재해와 공해 그리고 타락한 기득세력이 남긴 각종 적폐
에 시달리고 있는 오늘의 한국인이 추구해야 하는 '신개벽 시대'의 가

치관이 아닐까 싶다.

4. 성(誠)·경(敬)·신(信)의 리더십

　최제우 선생은 주자학적인 신분질서가 인도의 카스트제도에 못지
않던 조선후기에, 그것도 서자 출신이라는 뛰어넘기 힘든 한계를 극
복하면서, 어떻게 백성들을 일깨우고 후천개벽이라는 혁명적인 종교
동학을 창도할 수 있었을까. 그 리더십의 본질을 찾아본다.

　그는 봉건시대에 가끔 나타났던 무장봉기의 반란을 도모한 것이 아
니었다. 비록 '좌도난정'이란 죄목으로 41세에 효수형을 당했지만,
그는 처음부터 끝까지 평화적인 방법의 포교활동을 통해 사회개혁을
이루고자 하였다.

　공고한 왕조체제에서 권력이 없는 위치의 밑바닥 백성이 사회개혁
을 꿈꾸기란 쉽지 않았다. 그의 독특한 리더십이 있었기에 동학이라
는 초기의 거대한 조직이 가능했다. 그는 먼저 백성들의 정신을 각성
시키고자 천민·여성들의 문자인 한글로 경전『용담유사』를 짓고 쉬운
말로 설교하면서 기적이나 이적이 아닌 신실한 설득을 통해 백성들의
믿음을 샀다.

　가사를 돕던 두 처녀 중 하나는 양녀, 다른 하나는 며느리로 삼을만
큼 사람을 아끼고 인간평등사상을 실천하는 모습을 보여주었다. 점차
위상이 상승되고 따르는 사람이 많아질수록 생활방식을 그들과 똑같
이 하였다.

　그는 양명학뿐만 아니라 도참사상·무속 등이 판치던 시대에, 그 집

단의 모든 성원이 만족감을 가지고 목표를 달성하는 방향으로 행동하도록 비전을 제시하였다. 인간평등사상과 후천개벽의 새 세상을 내세워 목표달성을 위해 함께하는 동기부여는 성실·경의·신뢰로서 이를 바탕으로 조직을 접(接)과 포(包)로 엮고, 이를 이끄는 지도자는 가장 유능한 인물로 선정함으로써 자치와 연대를 통해 역량을 확대하였다.

최제우에게는 〈좌잠(座箴)〉이라는 좌우명이 있는데, '성실·경의·신뢰' 세 마디로 요약된다. 이를 통해 비범함을 보이고 동학을 창도하기에 이르렀다.

> 우리 도는 넓고도 간략하다
> 많은 말을 사용치 않는다
> 별달리 다른 도리도 없고
> 성·경·신(誠敬信) 석자 뿐
> 이 속에서 공부를 해서
> 투(通)철한 후 의당 알 것이다
> 잡념이 생기는 것을 겁내지 말고
> 오직 깨달음이 늦게 오는 것을 두려워하라.

5. 동학혁명 성공했다면 아시아 선진주도

최제우의 사상이 일차적으로 현실화된 1894년의 동학농민혁명은 비록 현대 병기로 무장한 일본군에 의해 좌절되고 말았으나, 동학정신은 우리의 개화사상과 민주화운동의 본류로 서 면면히 이어졌다.

동학혁명 후에 전개된 고종의 갑오경장은 그것이 일본공사 오토리(大鳥圭介)에 의해 「내정개혁방안 강령 5개조」에 따라 진행되었으나, 가장 중요한 사회면의 개혁 즉 문벌과 양반 상놈의 계급제 타파, 능력에 의한 인재등용, 공사노비법 폐지, 과부의 재가허용, 고문과 연좌법 폐지, 조혼금지 등은 동학혁명의 '폐정개혁안'이고, 최제우의 후천개벽 사상에서 기원한다.

혹자는 동학꾼들이 난을 일으켜서 일본군이 들어오게 되고, 결국 망국에 이르렀다고 개탄한다. 말기 증세에서 허덕거리는 왕조(고종)에게 개혁을 요구하는 백성들의 정당한 궐기를 외국군을 불러들여 진압(학살)하고, 그 군대를 잔류시키게 만든 것은 우둔한 임금과 우매한 척신 관료들이었다.

동학군은 호남의 요충지인 전주성을 점령했다가 일본군이 내침하자 정부와 '전주화약'을 맺고 폐정개혁안 12개조를 타협한 후 전라도 53개 군현에 농민자치기관인 집강소를 설치하고 폐정개혁에 착수하였다. '외적'의 침략을 받고 '내적' 타도의 진군을 멈춘 것이다.

고종이나 조정 각료대신들은 그때까지도 일본이 청국과 텐진조약을 통해 '상호출병'을 밀조한 사실도 모르고 있었다. 1905년 미국과 일본이 '카츠라 – 테프트밀약'을 통해 일본은 조선, 미국은 필리핀을 나눠먹기로 밀약한 것을 모르고 있었던 일과 다르지 않았다. 이런 고종을 두고 학계 일각에서는 '개명군주'라고 추켜세우는 등 얼이 없는 학자들도 있다.

그때나 지금이나 권세가와 지식인·종교인·언론인 중에는 외세에 빌붙어 종살이를 하더라도 국내에서는 기득권을 놓치지않고 지배층이 되겠노라는, 사대주의에 찌든 부류가 적지않고 이들은 여전히 우리 사회의 기득권층을 이루고 있다.

안타깝고 아쉬운 점은 만약 동학혁명이 성공했으면, 한민족의 능력으로 보아 충분히 아시아의 근대화를 주도하고 평화스러운 동북아시대를 열었으리라는 사실이다.

6. 동학의 좌절로 사대세력 다시 기승

일찍이 단재 신채호는 중국 망명지에서 「조선역사상 1천년 래 제1
대사건」이란 명문을 쓴 바 있다. 고려 인종 13년(1135년) 서경전역(西京戰
役) 즉 묘청 일파가 김부식 세력에게 패한 사실을 가장 큰 그 원인으로
지적하였다. 신채호의 진단을 들어보자.

> 서경전역은 역대의 사가들이 다만 왕의 군대가 반란의 무리를 친
> 전역으로 알았을 뿐이었으나 이는 근시안적 관찰이다. 그 실상은
> 전역이 곧 낭불양가(郎佛兩家) 대 유가(儒家)의 싸움이며, 국풍파(國風派) 대
> 한학파(漢學派)의 싸움이며, 독립당 대 사대당의 싸움이며, 진취사상
> 대 보수사상의 싸움이다.
> 묘청은 곧 전자의 대표요, 김부식은 곧 후자의 대표이었던 것이
> 다. 이 전역에 묘청 등이 패하고 김부식이 승리하였으므로 조선사
> 가 사대적·보수적·속박적 사상 즉 유교사상에 정복되고 말았거니
> 와 만일 이와 반대로 김부식이 패하고 묘청 등이 이겼더라면 조선
> 사가 독립적·진취적 방향으로 진전하였을 것이니, 이 전역을 어찌
> 1천년에 제1대사건이라 하지 아니하랴.

역사에서 비록 가정이 부질없다지만, 최제우의 개혁이 수용되었더
라면, 동학혁명이 성공하여 '사회질병'을 수술하고 '후천개벽'의 길로
나아갔으면, 일본이 1868년 단행한 메이지유신에 앞서 조선은 근대
화의 길을 열었을 것이고, 일제의 식민지로 전락하지 않았을 것이며,
그랬으면 분단이나 6·25 동족상쟁은 일어나지 않았을 것이다.

일본에서 메이지유신을 단행한 인물 중에 사이고 다카모리(西鄉隆盛)를 필두로 하는 자들은 조선을 정벌하자는 이른바 정한론자들이었지만, 최제우나 동학혁명 주도자들은 하나 같이 생명사상과 평화론자들이었다. 두 나라 사상가들의 결과 격이 크게 다름을 알 수 있다. 그래서 동학의 좌초는 우리를 더욱 가슴 저리게 한다.

7. 최시형·손병희로 이어진 민족사의 정맥

최제우의 순교 이후 혹독한 관권의 탄압에도 불구하고 동학사상의 정맥은 후계자 최시형에게 전수되었다. 최제우와 최시형은 스승과 제자의 관계를 넘어서는 사이였다. 명말청초(明末淸初)의 중국에서 "유교의 전제에 맞선 중국사상사 최대의 이단자"로 불리는 이탁오(李卓吾)는 "벗할 수 없다면 참다운 스승이 아니고, 스승으로 삼을 수 없다면 좋은 벗이 될 수 없다"고 하였다.

최제우와 최시형이 그런 관계였다. 사제간이면서 벗이 될 만큼 최시형은 스승을 존중하였고 스승은 각별히 제자를 아꼈다. 최제우는 대구감영에서 순교에 앞서 제자의 피신을 당부할만큼 깊게 배려하였다. 최시형이 목에 현상금이 붙고 쫓기는 처지에서도 동학경전을 간행하고 포교활동을 멈추지 않은 배경이다.

최시형은 "하늘을 섬기듯 사람을 섬기라"는 사인여천(事人如天)을 내걸고, 30여 년 동안 보따리 하나로 전국 200여 곳을 떠돌며, 동학도들에게 개인적 수준에서 일어나는 변혁을 향아설위(向我設位)로, 집단적 수준에서 일어나는 변혁을 후천개벽이라 가르치면서 동학을 전국 단위로 확산시켰다. 그리고 농민봉기 당시에는 이를 다시 민중혁명으로 확대하였다. 그의 존재가 아니었으면 동학은 교조의 순교와 함께 역사의 뒤안길로 사라졌을 지 모르고, 동학혁명은 호남지방에 국한되었을 지 모른다.

또 한 사람, 제3대 교주이면서 동학을 천도교로 개칭하고 현대화한 인물이 손병희다. 최시형은 많은 제자·동문 중에서 손병희를 후계자로 지명하였고, 그 후계자는 전임자와 다름없이 무거운 짐을 지고 가파른 민족사의 외길을 걷는데 망설이지 않았다. 그리고 교조의 창도 정신과 2세 교주의 혁명정신을 이어 3·1혁명을 주도하였다. 3·1혁명이 있었기에 상하이에 임시정부가 수립되었고, 오늘의 대한민국은 임시정부의 국호와 법통을 승계하였다.

조선을 점령한 일제는 동학혁명과 3·1혁명이라는 두 차례에 걸친 한민족의 거대한 용솟음을 지켜보면서 동학사상에 '불온'의 딱지를 붙였고, 이후 수단 방법을 가리지 않고 박멸작전에 나섰다. 그래서 천도교인 중에서 강한 자는 죽이거나 투옥하고, 약한 자는 회유하여, 순교자와 변절자가 적지 않았다.

이런 사유로 일제강점기 천도교는 인적 물적 기반을 크게 잃은 터여서, 해방 후에도 부흥이 쉽지 않았고, 역대 독재 정권은 여전히 천도교의 혼인 동학을 불온시하였다. 일제가 뿌린 마취제에서 헤어나지 못한 것이다. 여기에 오익제 교령이 북한에 있는 천도교인들을 중심으로 조국의 평화통일운동을 펴고자 월북하면서 천도교는 더욱 어려운 처지에 빠지게 되었다.

지금 북한에는 집권당인 노동당과 '유이'한 천도교청우당이 활동하고 있는 것으로 전한다. 남북관계의 큰 변화와 진전에 따라서는 천도교청우당이 남북 화해 협력과 교류, 평화통일의 징검다리 역할을 하게 되지 않을까 기대된다.

8. '인간사랑'의 동학정신

최제우의 넓고 깊은 철학사상과 동학정신을 모두 헤아리기는 쉽지 않지만, 요약이 허용된다면 '인간사랑' 정신이 아닐까 싶다. '인간사랑'은 곧 동학의 창도정신이고 최시형과 손병희의 '천인사상'(天人思想)으로 이어졌다고 할 것이다.

> 동학에서 인간사랑(Humanism)은 돈독했다. "사람은 누구나 다 꼭 같이 하나님을 모시고 있기에"(侍天主) 인간은 서로 사랑할 수밖에 없다고 말한 최제우나, "하늘을 섬기듯 사람들은 서로 사랑해야 한다"(事人如天)고 말한 해월(최시형)의 가르침이나, 그 후 "하늘이 따로 있는 것이 아니요 사람이 곧 하늘이기에"(人乃天) 사람은 서로 사랑할 수밖에 없다고 말한 손병희의 마음가짐은 그 시대의 복음이었다. (신복룡, 「동학사상과 갑오농민혁명」)

수운 최제우와 동학사상을 공부하면서 새삼 안타까운 대목은, 서구의 선지자·사상가의 언행은 경이적·선구적·초월적 등의 용어로 포장하면서, 우리 민족종교의 경우는 낡은·고루함·비과학적으로 인식한다는 점이다. 여전히 역사와 인물의 평가에 있어서 서구적 가치관으로 역사를 해석하고 인물을 평가하는 아쉬움이 남는다.

동학의 발상지 구미용담과
수운의 경주 인식

성주현(월간 『신인간』 주필)

1. 머리말

경주는 무엇보다도 '천년의 고도'라는 이미지가 강하다. 신라 천년
의 수도로서 자리매김은 역사성에 있어서 그 어느 도시보다도 강점을
가지고 있다. 더욱이 신라는 '불교국가'로서 불교문화의 상징으로 우
리 곁에 늘 자리하고 있다. 이와 같은 인식 내지 상징은 경주라는 도
시를 다양한 관점에서 들여다볼 수 있는 기회를 차단시키기도 한다.
즉 '경주하면 불국사' 내지 '경주하면 석굴암'이 먼저 연상된다는 것
이다. 그렇다면 경주는 불교, 그리고 신라 외에는 어떤 이미지를 가지
고 있을까, 어떠한 모습으로 그려질까. 이것이 앞으로 경주가 해결해
야 할 과제이다. 경주를 고대[1]의 도시로만 남겨질 것인가.

---

[1] 여기서 '고대'라는 의미는 한국사 시대구분의 '고대'이다. 한국사의 시대구분에서 고

경주는 고대뿐만 아니라 근대의 역사성도 함유하고 있다. 한국의 근대는 다양한 관점에서 논할 수 있지만 대체적으로 1860년대를 기점으로 한다.[2] 1860년대는 근대사회를 지향하는 반봉건운동과 반침략 운동의 결합이 주체적 형태로 보이기 시작하였다. 근대의 개념에는 다양한 시각이 있지만, 역사의 주체가 민중이라는 측면에서 볼 때 그 핵심적인 사상은 동학에서 비롯되었다고 할 수 있다.[3] 동학은 1860년 4월 5일 경주군 현곡면 가정리(현 경주시 현곡면 가정리)에서 수운 최제우에 의해서 창명되었다. 이후 동학은 한국 근대사의 획을 긋는 동학농민혁명, 그리고 일제강점기에는 3·1운동으로 발현되었다. 그런 점에서 본다면 경주는 근대사상의 형성지라고 할 수 있다.

수운 최제우는 그의 사상을 담고 있는 『용담유사』에서 경주를 매우 중요하게 인식하였다. 그는 「용담가」에서 "국호는 조선이요 읍호는 경주로다. 성호는 월성이요 수명은 문수로다. 기자 때 왕도로서 일천년 아닐런가. 동도는 고국이요 한양은 신부로다. 아동방 생긴 후에 이런 왕도 또 있는가. 수세도 좋거니와 산기도 좋을시고. 금오는 남산이요 구미는 서산이라. 봉황대 높은 봉은 봉거대공 하여 있고 첨성대 높은 탑은 월성을 지켜있고 청옥적 황옥적은 자웅으로 지켜있고 일천년 신라국은 소리를 지켜내네. 어화세상 사람들아 이런 승지 구경하소"[4] 라고 하였다. 수운은 경주는 기자 때부터 왕도였으며, '승지'라고 하

대는 고조선부터 남북국시대까지를 의미한다. 즉 신라가 멸망하는 시기가 한국사의 고대이다.

[2] 한국역사연구회, 『한국역사입문』 ①-원시.고대편, 풀빛, 1997, 62-65쪽 참조.

[3] 실학과 동학은 한국근대사의 논점에서 많은 비교를 하고 있다. 일부에서는 실학을 근대의 기점으로 보고 있지만, 실학은 엄밀하게 본다면 성리학의 범주에서 벗어나지 못하였다. '동학과 실학에 근대성'에 대해서는 추후에 논의하고자 한다.

[4] 『용담유사』 「용담가」.

였다. 이밖에도 『용담유사』와 『동경대전』 곳곳에서 경주의 이미지를 부각시키고 있다.

뿐만 아니라 수운 최제우는 경주를 '구미용담', '구미', '용담' 등으로 표현하여 한국의 정신적 중심지 내지 고향으로서 자리매김하였다. 그럼에도 불구하고 경주에서 동학의 이미지는 크게 드러나지 않고 있다. 그렇지만 최근 경주에서 동학에 대한 관심을 갖고 '동학문화제'를 지원하는 것은 매우 고무적인 현상이다. 고대 근대가 함께 아우러지는 진정한 경주의 모습이 드러나기 때문이다. 그런 점에서 본고는 근대의 기점이며 동학이 창명된 구미용담과 동학 경전에 나타난 경주의 이미지를 살펴보고자 한다. 이에 따라 구미용담은 수운 최제우의 가계를 통해 용담정이 건립되는 과정과 수운 최제우의 아버지 최옥의 용담의 풍경을 노래한 26영(詠), 그리고 수운의 저작물인 『동경대전』과 『용담유사』를 통해 경주가 가지고 있는 이미지를 분석해보고자 한다.

2. 용담정 건립과 용담 26영

1860년 4월 5일 동학을 창명한 수운 최제우는 경주에서 출생하여 대구에서 죽음을 맞았지만, 경주는 마음의 고향이며 사상(道)의 정수이다. 뿐만 아니라 경주는 수운의 가문과도 매우 밀접하며, 결국 수운으로 하여금 동학을 창명하게 된 사상적 뿌리이다. 수운의 가계를 통해 경주 구미산과 용담정의 건립과정을 살펴보자. 수운의 가계에 경주는 경주라는 지명 외에도 '구미' 또는 '용담'이라는 말로 대칭되고 있다. 구미는 경주의 주산인 구미산을, 용담은 수운이 태어나 살았던 가정리 일대와 동학이 창명된 용담정을 아울러 일컫는다. 넓은 의미에서 본다면 구미와 용담은 수운에 있어서 경주를 상징하고 있다.

본관이 경주[5]인 수운 가문은 오래전부터 경주에 터를 잡았다. 경주 최씨 문중이 경주에 정착한 것은 신라시대부터라고 본다. 이후 경주 토박이로 자리 잡은 경주최씨 문중은 조선후기 들어 수운 최제우와 최기영으로 대표된다. 두 집안은 최진립을 중시조로 하여 각각 7대손이다.[6] 수운 집안은 근대사상의 여명을 여는 '동학' 창명으로, 최기영 집안은 한국의 '노블레스 오블리제'[7]로 널리 알려진 경주 최부자 집으로 널리 알려졌다. 두 집안은 근대라는 시기의 경주를 대표하는 '아이콘'이다. 그런데 경주에서 '최부자 집' 하면 많은 사람들에게 회자되고 있지만, 동학은 여전히 생소하게 인식되고 있다.

수운 집안이 용담에 언제쯤 정착하였을까. 아마 수운의 3대조인 최경우 시기가 아닌가 한다.[8] 최경우는 종가인 경주 내남면 이조리에서

---

[5] 『근암집』에는 본관을 '월성'이라고 밝히고 있다. 일반적으로 월성최씨와 경주최씨는 동본으로 본다.

[6] 수운 최제우의 가계는 최진립(1)-동길(2)-국전(3)-수기(4)-경우(5)-종하(6)-옥(7)-제우(8)이고, 최기영의 가계는 최진립(1)-동량(2)-국선(3)-의기(4)-승렬(5)-종률(6)-언경(7)-기영(8)이다. 동길은 최진립의 넷째이고, 동량은 셋째이므로, 최부자 집안이 수운 최제우의 큰집인 셈이다. 한편 『근암집』 「행장」에는 다음과 같이 수운의 가계를 밝히고 있다. "삼빙은 신보를 낳았는데 그는 사후에 병조참판의 벼슬을 받았다. 그는 진흥을 낳았고 진흥의 벼슬은 군자감에 봉사되었다. 그는 정무공 최진립의 넷째 아들 동길을 아들로 맞았다. 동길은 통덕량의 벼슬을 지냈으며 학문과 덕행으로 알려졌다. 고조부 이름은 국전이며, 증도부는 수기요, 조부는 경우이다. 부친의 이름은 종하인데 그는 효도로 부모를 섬겼고 집안을 다스리는데 법도가 있었다.(최옥 지음/최동희 옮김, 『근암집』(이하 『근암집』), 창커뮤니케이션, 2005, 743-744쪽)

[7] '노블레스 오블리주'라고도 한다. 프랑스어로 '귀족은 의무를 갖는다'를 의미한다. 보통 부와 권력, 명성은 사회에 대한 책임과 함께 해야 한다는 의미로 쓰인다. 즉, 노블레스 오블리제는 사회지도층에게 사회에 대한 책임이나 의무를 모범적으로 실천하는 높은 도덕성을 요구하는 의미이다.

[8] 최부자의 경우 종가인 경주 내남면 이조리에서 8대손인 최기영 대에 와서 현재의 경주시 교동으로 이거하였다. 그런 점에서 본다면 수운의 집안은 이보다 앞선 시기인 4대손인 최경우 대 용담으로 이거한 것으로 보인다. 수운 최제우의 3대조인 최종하가 가정리에 태어난 것으로 보아 늦어도 4대조인 최경우 때 가정리로 이주하였다. 물론

수운이 태어난 가정리 마을에 우선 이거하였다. 이후 최종하 대에 이르러 용담정 일대를 매입하였다.[9] 당시 매입 과정을 살펴보면 다음과 같다.

저 1778(戊戌)년쯤에 복령(福齡)이 와룡담 북쪽 언덕에 암자를 짓고, 원적암(圓寂庵)이라 이름 붙였다. 얼마 뒤에 바로 스님들이 흩어지고 암자는 버려졌다. 우리 아버지(최종하-필자주)가 건물 및 산속 밭 몇 묘(畝, 100보의 면적)를 샀다.[10]

인용문에 의하면, 와룡암의 원래 이름은 원적암(圓寂庵)이었다. 원적암은 일반적으로 불교에서 스님들이 열반 또는 입적하는 장소이다.[11] 원적암은 1778년에 복령 스님이 지었다. 초가집이었으나 절간으로 지었기 때문에 일반적인 집보다 컸다. 부처를 모시는 마루방과 사람들이 머무를 수 있는 큰 방, 그리고 스님들이 거처하는 방이 있었으며 부엌과 곳간도 있었다. 규모가 제법 있던 원적암이었지만 불공을 드리러 오는 사람이 없자 생활이 어려운 스님들은 2년 후쯤 떠나버렸고

그 이전일 가능성도 있다.(최옥 지음/최동희 옮김, 『근암집』, 창커뮤니케이션, 2005, 19쪽)

[9] 『근암집』, 745쪽.

[10] 『근암집』, 182쪽.

[11] 원적은 입적(入寂) 또는 열반(涅槃)을 의미한다. 모든 덕(諸德)이 원만(圓滿)하고, 모든 악(諸惡)이 적멸(寂滅)한다는 뜻에서 원적으로 표기한다. 원래는 모든 무지(無知)와 사견(私見)을 버리고 깨달았다는 뜻이었지만, 그 뒤 스님의 죽음을 뜻하는 말로 변했다. 경전에는 나는 원적(圓寂)을 구하여 욕염(欲染)을 제(除)하다〈보적경〉고 하였고, '위가 없는 법왕은 오래도록 원적(圓寂)에 들었다'〈종륜론술기〉는 내용이 있다. 원적, 입적, 열반 이외에 죽음을 의미하는 불교 용어로는 멸(滅), 적멸(寂滅), 멸도(滅度), 적(寂), 택멸(擇滅), 이계(離繫), 해탈(解脫) 등이 있다. 다양한 단어가 있지만, 대부분의 뜻은 타오르는 번뇌의 불을 꺼 버리고 깨달음의 지혜인 보리를 완성한 경지를 의미한다. 불교에서 죽음과 관련된 단어들을 보면, 대부분 깨달음을 완성했다는 의미로 쓰고 있다.

절간은 폐사되었다.[12] 결국 원적암에서 생활하던 스님들이 떠났고, 원적암은 황량하게 버려졌다. 그 터를 수운의 조부 최종하가 원적암 암자와 그 일대 근처의 산속 밭 일부를 매입하였다.

그렇다면 수운의 조부가 왜 용담정 일대를 사들였을까. 수운의 조부는 아들 최옥과 젊은 사람들이 책을 읽고 재주를 익히는 곳으로 삼기 위해서였다고 밝히고 있다.[13] 즉 수운의 아버지인 최옥으로 하여금 학문을 닦을 수 있는 터전을 마련해 준 것이다. 최종하는 원적암 절터에 새롭게 정자를 짓고 이름을 '와룡암'이라고 하였다.

> 우리 스승인 기와(이상원-필자) 어른이 '와룡암'이라 이름 짓고 고을 부사 김상집에게 그동안의 사실을 밝히는 글을 부탁하였다. 김상집은 와룡암 석 자는 천년 뒤에까지 사람들의 눈을 깨게 하리라 라고 썼다.[14]

조부 최종하가 암자를 새로 건립하고 붙인 이름은 와룡암이었는데, 이는 당시 영남 일대 유학자로 이름 높던 기와(畸窩) 이상원(李象遠)[15]이 붙인 이름이었다. 정자 이름을 '와룡'이라 한 것은 은거했던 제갈량(諸葛亮)을 본받고자 한 것이었다. 와룡암이 건립될 당시 최옥은 19세였고 오천 정씨와 결혼하여 가정을 이루었다. 또한 과거시험에 여념이 없었다. 즉 가정리에 정착한 이후 수운의 조부인 최종하는 아들 최옥에게 과거를 위해 글공부를 하게 하였다. 당시 영남에는 퇴계 유학의 맥

---

[12] 표영삼, 「와룡암과 용담서사 이야기」, 『신인간』, 2003.11.

[13] 『근암집』, 182쪽.

[14] 『근암집』, 182쪽.

[15] 이상원(李象遠, 1722~1802)의 본관은 재령(載寧), 자는 희도(希道), 호는 기와(畸窩)이다. 이상정(李象靖)의 문인(門人)으로 이종수(李宗洙) 김종덕(金宗德) 등과 독서(讀書) 강론하였고 가학(家學)인 퇴계학을 계승하였다.(墓碣銘/辛櫶 撰)

을 이어가고 있는 기와 이상원이 동남지역에서 학문을 가르치고 있었다. 최종하는 아들 최옥을 학문적으로 선배인 기와 이상원의 문하에서 공부할 것을 명령하였다.[16]

이상원 문하에서 학문을 닦은 최옥은 영남 일대에서 정통유학자로 이름을 떨치기 시작하였다. 한 번은 과거시험에 나아가 상위를 차지하였는데, 최옥이 지은 문장이 명문으로 남아 당시 과거를 준비하는 사람들이 다투어 외웠을 정도였다.[17] 이로써 최옥의 학문은 영남 제일로 평가받았다. 그렇지만 최옥은 과거에 뜻을 둔 후 향시에 8번, 굉사시[18]에 1번 합격하였으나 복시에는 뜻을 이루지 못하였다.[19] 이처럼 과거시험에 매진하던 최옥은 24세 되던 해 흉년이 들자 와룡암에서 내려왔다. 이후 와룡암은 돌보지 않아 퇴색하다가 풍해까지 겹쳐 대들보가 부러져 농막으로 사용되었다.[20]

과거로 입신양명하고자 하였던 최옥은 부친의 죽음, 그리고 넉넉지 않은 집안사정으로 제사도 제대로 치루지 못하는 상황에서도 과거 준비를 철저히 하였다. 그러나 1808년 모친상까지 당해 집안이 점차 기울기 시작하였다. 그럼에도 불구하고 당시의 의례대로 삼년상을 무사히 마쳤다. 이후 최옥은 아버지의 유훈을 받들어 과거에 두 차례 더 응시하였다. 하지만 최옥은 과거에 합격하지 못할 것을 이미 예견

---

16 『근암집』, 744쪽.

17 최옥에 대해 치암 남공은 다음과 같이 평하였다. "우리들은 이 사람(최옥-필자주)이 우리보다 한 단계 뛰어남을 마땅히 인정해야 한다." 또한 임제원은 최옥의 문장을 한 번 보고 단연히 영남 제일에 속한다고 감탄하여 마지 않았다.

18 굉사시는 과거제에는 없다. 증광시의 오류가 아닌가 한다. 증광시는 임금의 즉위 등 국가 경사가 있을 때 시행하였다.

19 『근암집』, 744-745쪽.

20 표영삼, 「와룡암과 용담서사 이야기」, 『신인간』, 2003.11.

하였다. 최옥의 학문적 계보인 남인 출신들이 이현일의 갑술옥사[21]와
장시경 역모사건[22]에 연류되어 과거에 합격한다는 것은 도저히 불가
능하였다. 뿐만 아니라 당시 과거제도는 부정이 만연하여 매관매직이
성행하였다.[23] 때문에 최옥이 과거에 급제한다는 것은 사실상 불가능
하였다. 이에 최옥은 아버지 최종하가 자신을 위해 건립하였던 와룡
암을 복원하고 남은 여생을 글공부로 마무리하고자 하였다.

> 을해(1815)년이 되자 바로 그 땅에 조촐한 집을 짓고 책이나 읽으
> 며 숨어서 수양할 계획을 세웠다. 이때부터 마침내 좋은 벼슬에 대
> 한 뜻을 끊었다.[24]

집안이 몰락하고 과거시험에서 뜻을 이루지 못하자 최옥은 1815년
모든 것을 접고 와룡암 터에 조촐한 집을 지어 책을 읽으면서 수양할
계획을 세웠다. 이는 그동안 추구하였던 자신의 삶을 정리하는 바로
그 시각이었다. 최옥은 와룡암 터에 다시 암자를 복원하였다. 최옥이
와룡암을 복원하고자 하는 데는 세상에 대한 원망도 없지 않았던 것

---

[21] 강석근, 「근암 최옥의 용담이십육영(龍潭二十六詠) 고찰」, 2011경주동학학술세미나
발표문, 67쪽. 李玄逸은 1674년 갑술옥사로 남인이 추방되자 趙嗣基를 伸救하다가 함
경도 홍원으로 유배되었다가 다시 서인의 탄핵을 받아 종성에 위리안치되었고, 1697
년 광양으로 유배를 당하였다. 이 사건으로 영남 남인들은 이후 2백년 간 정치적으로
금고 당하였다. 최옥의 스승 이상원이었고, 이상원은 이현일의 증손이었다.

[22] 김준혁, 「역사의 계승자 수운」, 2011경주동학학술세미나 발표문, 30쪽. 장시경은 정
조가 독살에 의해 죽었다고 보고 그 원수를 갚기 위해 역변을 일으켰다. 이후 영남 남
인은 순조 대에 정계에서 배제되었다.

[23] 매천 황현은 한말 당시 과거제의 문란을 다음과 같이 지적하였다. "갑오년 초시를 돈
으로 매매했을 때 처음에는 2백 냥에서 3백 냥을 주는 등 금액이 고르지 않았는데, 5
백 냥을 말하면 사람들이 혀를 찼다. 갑오년 전의 액수는 천여 냥을 요구해도 보편적
으로 생각했으며 회시는 많게는 만 냥을 썼는데 요구액이 점점 많아지면서 시험 자체
가 천하게 되었다."(황현/정동호 편역, 『매천야록』, 꿈을 꾸는 집, 2005, 57쪽)

[24] 『근암집』, 745쪽.

으로 보인다. 지난 30여 년 간 과거시험에 매달렸지만, 사회에 만연된 부정과 비리에 오히려 괴리감만 생겼던 것이다. 이로부터 벗어나기 위해 용담으로 돌아가고자 하는 마음이 갈수록 커갔다. 여기에는 아버지의 유훈을 잇지 못한 자책감도 없지 않았다. 그래서 최옥은 용담으로 돌아가고 싶어 했다. 이를 귀거래사를 통해 다음과 같이 표현하였다.

> 돌아가련다. 돌아가련다. 산은 높고도 험하고 흰 구름은 돌아드는구나. 조용히 나와 함께 이 세상을 잊자꾸나. 얻고 잃음이 어찌 기뻐하고 슬퍼하랴. (중략) 돌아가련다. 돌아가련다. 다시는 멀리 떠나서 노는 것에 마음을 기울이지 않으련다. 오른쪽에도 그리고 왼쪽에도 책이 가득하구나. 굳이 찾아간 스승 말고도 스승이 있으니 돌아가 그 스승을 찾으련다. 앞길 창창한 인재를 가르치고 이끌어 주는 즐거움에 빠져서 대그릇 밥과 표주박으로 시름을 잊으련다.[25]

최옥은 앞서 언급하였던 자신의 삶을 반추하고 새로운 삶으로 책을 스승으로 하고 젊은 인재를 양성하기 위해 용담으로 돌아가고자 하였다. 용담으로 돌아온 최옥은 허물어진 와룡암을 복원하였다. 그 과정을 살펴보면 다음과 같다.

> 나는 그동안 늘 용담에 한 조그마한 집을 얽어서 지음으로써 아버지와 스승님이 남긴 뜻을 이루어 보려고 생각해 왔다. 잊지 않고 염려하는 변함없는 생각이 마음속을 떠나지 않은 채 그럭저럭 30년이 흘러갔다. 과거를 보는 자리에 드나드는 동안 짐을 내려 어깨를 쉴 대가 없었다. 그리고 또 비용 갖출만한 힘도 없었던 것이다. 몇 해 전에 두 아우와 충분히 잘 논의하였다. 그리고 나를 따르던 사람

---

25 『근암집』, 66-67쪽.

들 가운데 한두 동지와 함께 논의하고 헤아려 계획을 세웠다. 이리하여 비로소 용담 위쪽에 건물을 얽어서 정자를 지었는데 모두 다섯 칸이다. 그리고 북쪽에 스님의 소유로 버려져 있는 것들을 모아서 서사(書社) 네 칸을 지었다. 이것은 나이 많은 주인이 사는 곳이다. 어찌 꼭 크고 아름다움이 마땅하다 할 것인가. 이렇게 지은 집 이름도 옛 이름의 취지를 따르면서 다소 보완한다. 저 천룡산 밑에 지은 암자는 역시 와룡암이라 이름을 지었다.[26]

최옥은 자신이 과거시험을 준비했던 30여 년 동안 가운은 기울어졌다. 와룡암을 복원하고자 하였지만, 비용을 마련할 길이 없었다. 두 동생과 자신과 뜻을 함께 하였던 친구의 도움을 받아 54세 되던 1815년에 와룡암을 복원하였다. 복원된 와룡암은 다섯 칸의 정자였다. 그리고 와룡암 뒤쪽 골짜기 안에 네 칸의 기와집을 추가로 지었다. 그렇지만 와룡암은 화려하거나 규모가 크지 않았다. 최옥이 말한 것처럼 "매우 좁게 지었으나 무릎이 움직이기에 족하였다"라고 하였다.

그런데 최옥은 와룡암만 복원한 것이 아니라 와룡암 북쪽 원적암의 스님들이 사용하다 버려졌던 곳에 '서사(書社)'를 추가로 건립하였다. 따라서 용담 계곡에는 두 채의 집이 건립된 것이다. 이 중 하나는 와룡암을 복원한 것이고, 다른 하나는 와룡암의 북쪽에 새로 지은 '서사'였다. 복원된 와룡암은 최옥이 생활하였던 것으로 추정된다. 왜냐하면 서사는 글공부하는 곳으로 건립하였기 때문에 생활하기에는 적합한 구조가 아니었을 것이기 때문이다.

최옥은 와룡암을 복원하면서 새로 건립한 '서사'를 와룡암이라 하지 않고 '용담서사(龍潭書社)'라고 명명하였다. 이 이유는 천룡산 아래 지은 암자를 와룡암이라 하였기 때문에 서로 겹치지 않기 위한 것이

---

26 『근암집』, 182-183쪽.

다.[27] 이에 따라 서사의 이름을 용담서사라 하고 편액을 걸었다.[28] 최옥은 이곳에서 25여 년을 생활하다가 세상을 뜨자 용담서사는 돌보는 사람이 없어 얼마 가지 않아 허물어졌다.[29]

최옥은 용담서사에서 생활하면서 구미용담 일대의 아름다움을 시로 표현하였다. 이를 '용담 26영'이라 한다. 최옥은 구미용담 일대를 둘러싸고 있는 구미산의 아름다움을 다음과 같이 언급하였다.

구미산을 감탄하면서 바라보니 큰 바위가 우뚝 서 있다. 모양이 마치 거북이와 용이 서로 얽혀있는 듯하다. 그 가운데 **우사단(雨師壇)**이 있다고 동경지(東京誌)이 기록되어 있다. 그 거북이 왼쪽 어깨가 **기사령(騎獅嶺)**이라 부른다. 거북이 왼쪽 발이라 할 수 있는 곳을 **비홍현(飛虹峴)**이라 부른다. 기사령 옆이고 비홍현의 북쪽 일대에는 순록에 떼를 짓고 범, 표범이 숲에서 울부짖을 만하다. 그렇게 눈에 보이기 때문에 **녹시표림(鹿柴豹林)**이라 이름 지었다. 그 아래 일대는 향기로운 난초가 싹 트고 자랄 만하므로 **난곡(蘭谷)**이라 이름 지었다. (중략) 난곡을 흐르는 물은 녹시표림의 두 봉우리 사이에 그 근원을 두고 있다. 이 물이 **선유대(仙遊臺)** 밑에서 다소 맑아지는데 이것이 **활원담(活源潭)**이다. 여기서 조금 내려가면 너럭바위들이 층층으로 있고 물결 소리 떠들썩하다. 이것이 **연단암(鍊丹巖)**과 **운영담(雲影潭)**이다. 여기서 얼마 안 되는 곳으로 내려오면 병풍 같은 바위들이 시내 양쪽 기슭을 죽 줄지어 둘러싸고 있다. 이 바위들을 **불로암(不老巖)**이라 부르고 거기에 있는 폭포를 **비류폭포(沸流瀑布)**라고 부른다. 바위를 의지해 내려다보면 눈앞이 핑 돌고 어지러워 오래 있을 수 없다. 오른쪽으로 돌아 내려가면 **창고암(蒼古巖)**이 있고 나무들이 빽빽이 들어섰고 맑은 시냇물이 조용히 흐르고 주먹만 한 돌들이 많이 널려 있다. 바로 여기가

27 『근암집』, 599쪽.
28 『근암집』, 183쪽.
29 표영삼, 「와룡암과 용담서사 이야기」, 『신인간』, 2003.11.

백설뢰(白石瀨)이다. 여기서 무지개 같은 산줄기 하나가 북쪽으로 꺾여 올라가 **낭음봉**(朗吟峰)이 되었다. 그 봉우리 아래 좀 낮은 곳에 작은 언덕이 우뚝 서 있다. 이것을 **창연대**(蒼然臺)라고 이른다. (중략) 바위의 깎아지는 절벽이 혹은 쑥 나온 것, 혹은 뾰족한 것, 혹은 우묵하게 들어간 것, 움푹 파인 것이 있다. 혹은 서로 얽힌 채 우뚝 서 있는 것, 병풍처럼 즉 늘어서 서로 차례로 껴안고 있는 것, 혹은 험상궂고 괴이하면서 뛰어나고 신기한 것을 이루 다 헤아릴 수가 없다. 이래서 자연스럽게 이 지대를 **석뢰**(石瀨)라 이른다. 이 석뢰가 구불구불 이어져 내려와 극단에 도달했는데 이것이 바로 바위들이 겹겹이 쌓이는 언덕이다. (중략) 그 물소리가 아미 우레같이 울리고 마치 죄를 다그치는 듯 했다. 그래서 북쪽 언덕을 **뇌암**(雷巖)이라 부르고 남쪽 언덕을 **고루**(鼓樓)라 불렀다.[30]

이처럼 구미산의 풍광을 기사령, 비홍현, 녹시표림, 난곡, 활원담, 연단암과 운영담, 비류폭포, 창고암, 백석뢰, 낭음봉, 창연대, 석뢰, 뇌암, 고루 등으로 이름을 붙이고 감상하였다.

이밖에도 구미산 아래 용담계곡 일대에도 와룡담(臥龍潭), 부벽단(頫碧壇), 연구대(蓮龜臺), 농파등(弄波磴), 독조대(獨釣臺), 한설담(寒雪潭), 음풍대(吟風臺), 농월탄(弄月灘), 징심연(澄心淵), 화류천(花柳川), 노봉회(蘆峰匯), 심진교(尋眞橋), 오휴석(五休石), 백화담(白花潭), 여호(驪湖) 등 곳곳에 자연에 어울리는 이름을 붙여 구미 일대를 칭송하였다.[31]

이와 같은 구미산을 최옥은 "덕 높은 사람이 세속을 떠나 산수를 즐기는 곳"이라고 하였다. 그렇지만 신라와 고려를 거쳐 천년을 더 지났는데도 주목받지 못하였다. 그래서 최옥 자신이 구미산과 용담 일대

---

30 『근암집』, 178-179쪽.
31 『근암집』, 179-181쪽 및 이재순, 「구미산과 용담정」, 『신인간』 318, 8-17쪽.

를 얻게 되었다고 술회하였다.[32]

앞에서 언급하였듯이 최옥은 구미산과 용담 일대의 26영(詠)을 7언 절구의 시로 표현하였다. 그 내용은 다음과 같다.

龜岑喜雨(구잠희우) : 龜伏龍蟠石上壇 能噓雲氣雨人間 須臾普洽吾東國 蔀屋生靈喜動顏
獅嶺晴嵐(사령청남) : 靑山雲暗雨冥冥 雨霽雲鎖本面呈 一洗塵埃心更好 支頤默對轉分明
虹峴朝暾(홍현조돈) : 此心東走又西奔 秉燭何人劈破昏 欲驗箇中開蟄處 試看山頂迓朝暾
鹿柴返照(녹시반조) : 扶筇緩步夕陽天 麋鹿同羣飮啄全 莫向齊山空灑淚 琴書罇酒送餘年
豹林宿霧(표림숙무) : 七日南山豹隱時 幽人粗得一斑窺 霧中秖爲藏身計 敢望威名在死皮
蘭谷幽香(난곡유향) : 空谷幽蘭得雨新 花宜飮露葉宜紉 秋花春葉皆時耳 無實容長類主人
桃園紅霞(도원홍하) : 錦帳胡爲處士家 白雲深處起紅霞 春來恐有漁舟子 分付山童掃落花
仙臺活水(선대활수) : 盈科後進逝如斯 聖訓洋洋不我欺 水到船浮君莫訝 中流自在是餘師
丹巖白雲(단암백운) : 巖丹雲白影相涵 上有龜壇下有庵 世變狗衣何足道 閒來無事玩飛潛
老巖沸流(노암비류) : 石立龍門鬼斧開 銀河飛落洗風埃 却嫌俗客來囂聒 古倚巖頭聽隱雷
古巖蒼苔(고암창태) : 千仞巖頭百尺臺 其形蒼古老封苔 斯非一蹴躋攀處 肯許東坡二客來
石瀨淸淺(석뢰청천) : 鵑花鷪木節序推 石出端宜水落時 揭厲須從深淺視 休將此樂說人知
龍潭水石(용담수석) : 靑山斷處忽高巖 巖石叢中有小潭 巖可躋攀潭可泳 一區風景盡包含
釣臺寒雪(조대한설) : 倒峽淸溪凍不鳴 梨花滿地掃難平 歲寒心事無人間 兩岸松濤獨也靑
吟峯月石(음봉월석) : 峯前忽倒玉浮圖 皎影偏多齋後梧 靜看萬殊從一本 時時點易擁薰爐
蒼臺花朝(창대화조) : 昨夜韶光返古査 南山經雨更添花 枝枝生出天工筆 安得芳香散萬家
風臺爽籟(풍대상뢰) : 山無風戶自開 披襟更上一層臺 舞雩和氣須看取 茂叔淸懷可得來
月灘波聲(월탄파성) : 急峽新波忽有聲 天心明月却留情 魚驚鳥散開吟弄 頓覺胸中夜氣淸
眞橋渡頭(진교도두) : 虹橋消息問川流 漁客尋來不用舟 林下莫嫌前路斷 渡頭直向畵淸樓
心淵靜波(심연정파) : 動者爲川靜者淵 看來動靜自然天 世間萬念都休歇 還得方塘寶鑑懸
西原農談(서원농담) : 前宵魚夢間農人 報得桑麻雨露均 種黍山田秋有實 翁家活計不全貧
前川花柳(전천화류) : 芒鞋踏盡杖靑藜 柳綠花紅摠品題 收拾春光歸肺腑 異他桃李自成蹊
蘆峯牧笛(노봉목적) : 行過黃桑白石阿 一聲蘆笛夕陽多 溪翁不得淸狂客 莫道前村有酒家
休臺淸陰(휴대청음) : 樵歌漁笛日得尋 指點三山與五休 高枕石頭眠不去 遊人偏愛午陰深

---

32 『근암집』, 181쪽.

花潭紅流(화담홍류) : 陣陣經風憾古叢 漁人爭唱滿江紅 層稜亂石橫如網 不放飛花世外通

驪湖漁歌(여호어가) : 暮年踨跡混漁樵 互答芝歌欽乃謠 魚鳥同盟滋味足 溪風山雨助時料[33]

　　이 용담 26영은 최옥이 구미산과 용담 일대의 자연과 풍광을 표현하는 시였다. 여기에는 자신을 반추하는 내용도 적지 않았다. 이러한 모습은 도연명의 귀거래사를 그대로 모방하였다.[34] "돌아가자. 돌아가자. 산은 높고도 험하고 흰 구름은 돌아드는구나. 조용히 나와 함께 이 세상을 잊자꾸나"라고 읊은 귀거래사에서 그 마음을 짐작할 수 있다. 이 귀거래사를 통해 나타난 용담 26영은 우사단(1영), 기사령(2영), 비홍연(3영), 녹시표림(4영과 5영), 난곡(6영), 선유대(8영), 연단암(9영), 불노암(10영), 창고암(11영), 석뇌(12영), 와룡담(13영), 독조대(14영), 낭음봉(15영), 창연대(16영), 음풍대(17영), 농월탄(18영), 심진교(19영), 징심대(20영), 화류천(22영), 노봉회(23영), 오휴대(24영), 백화담(25영), 여호(26영) 등의 시적 표현이었다. 이외에 도원(7영)과 서원(21영)이 포함되었다. 또한 최옥은 용담정에서 학문과 수양을 하면서 주자의 백록동서원처럼 되기를 기대하였다.[35] 그래서 마을 인재들에게 시 짓는 형식을 가르치고, 집안 아이들에게는 교훈을 주고자 하였다.

　　최옥이 와룡암을 복원하고 용담서사를 건립한 것은 자신의 삶을 정리하고 학문에 대한 열정, 그리고 후학을 양성하고자 함이 목적이었다. 그리고 용담 26영은 구미산과 용담 일대의 풍광과 운치를 시로 표현하였지만, 자신의 삶을 반추하는 내용을 담고 있다.

---

[33] 『근암집』, 184-193쪽.

[34] 『근암집』, 66-68쪽.

[35] 『근암집』, 69-71쪽.

3. 수운 최제우의 경주 인식

　수운 역시 구미산과 용담(이하 구미용담), 그리고 경주를 매우 중요하게 인식하였다. 그래서 경전 곳곳에 경주와 구미용담을 그려내고 있다. 가장 대표적인 글이 「용담가」이다. 「용담가」는 수운이 동학을 창명한 후 가장 먼저 저술한 경전의 하나이다. 『도원기서』에 따르면 "거의 한 해 동안 수련을 하고 연마를 하니, 스스로 그렇게 되지 않는 것이 없게 되었다. 이어서 용담가를 짓고"라고 하여, 동학을 창명한 지 1년 뒤인 1861년에 저술하였다.[36]

　「용담가」의 내용은 크게 다섯 부분으로 정리할 수 있다. 첫째는 경주는 신라의 오랜 전통문화를 간직한 곳이기 때문에 동학이 창명될 수밖에 없다는 점을 강조하였고, 둘째는 수운이 위국충신의 가문에서 태어났으며, 셋째는 불우한 때를 만나 40에 이르는 과정을, 넷째는 구미용담으로 다시 돌아오는 심정을, 다섯째는 동학을 창명하는 종교적 체험과 과정을 담고 있다. 그런 점에서 「용담가」는 수운이 경주의 역사성과 정체성을 중요시하게 인식하였음을 알 수 있다. 그렇기 때문에 「용담가」 첫 머리에서부터 경주, 그리고 구미용담에 대해 서술하였다. 「용담가」 중 경주와 구미용담에 대한 내용을 살펴보면 다음과 같다.

> 국호는 조선이오 읍호는 경주로다.
> 성호는 월성이오 수명은 문수로다.
> 기자 때 왕도로서 일천년 아닐런가.
> 동도는 고국이오 한양은 신부로다.

---

[36] 윤석산 역주, 『초기 동학의 역사 도원기서』, 신서원, 2000, 39쪽.

아동방 생긴 후에 이런 왕도 또 있는가.
수세도 좋거니와 산기도 좋을시고
금오는 남산이오 구미는 서산이라.
봉황대 높은 봉은 봉거대공 하여 있고
첨성대 높은 탑은 월성을 지켜있고
청옥적 황옥적은 자웅으로 지켜있고
일천년 신라국은 소리를 지켜내네.
어화세상 사람들아 이런 승지 구경하소.
동읍삼산 볼작시면 신선 없기 괴이하다.
서읍주산 있었으니 추로지풍 없을소냐.
어화세상 사람들아 고도강산 구경하소.
인걸은 지령이라 명현달사 아니 날까.
하물며 구미산은 동도지주산일세.
곤륜산 일지맥은 중화로 버려있고
아동방 구미산은 소중화 생겼구나.
어화세상 사람들아 나도 또한 출세 후에
고도강산 지켜내어 세세유전 아닐런가.[37]

수운은 「용담가」에서 무엇보다도 먼저 경주의 '역사성과 정통성'을 밝히고 있다. 경주는 조선시대에는 한 지방 도시에 불과하였지만 수운에게 있어서는 '기자 때부터 왕도'였으며, '고국'이었다. 수운이 경주를 기자 때부터 왕도라고 한 것은 이미 고조선 시대부터 왕도로서 역할을 하였다고 본 것이다. 또한 수운은 신라의 상징 이미지인 '봉황대', '첨성대', '월성', '청옥적과 황옥적'을 통해 1천 년의 찬란한 문화를 간직하고 있는 경주의 역사성을 강조하였다.

이러한 인식은 당시는 비록 성리학의 조선 사회, 그리고 한양이라는 문화의 중심지가 있었지만 한국의 정신적, 사상적 근원은 '경주'였

---

[37] 「용담가」, 『용담유사』.

다는 것을 암시하고 있다. 이는 경주가 단순한 지명이 아닌 한양과 경주를 비교함으로써 경주가 지니고 있는 정통성을 찾고자 하였다.[38] 따라서 수운의 역사적 모델은 조선이 아닌 신라였던 것이다. '일천년 신라국의 소리'는 수운 자신에게 있어서도 한국의 정통성과 역사성을 의미하였다.

그리고 그 정통성과 역사성의 중심을 신라의 중심지였던 경주 시내에서 벗어난 구미산과 용담 일대로 상정하였다. 이는 신라의 정통성과 역사성을 계승하는 동시에 새로운 사회 즉 후천개벽의 역사를 구미용담에서 새롭게 시작하였음을 선언한다는 의미를 내포하였다. 넓은 의미에서 볼 때 경주는 선천개벽뿐만 아니라 후천개벽의 역사성을 지닌다고 할 수 있다. 그런 점에서 본다면 경주는 '개벽의 역사성'을 가지고 있다고 할 수 있는 것이다.

뿐만 아니라 수운은 경주를 '승지'라고 하여 풍수지리적으로도 해석하였다. 일반적으로 승지는 '십승지'를 의미한다. 조선후기 들어 사회적 봉건적 사회의 해체기가 시작되면서 '승지'에 대한 풍수지리적 인식이 널리 유포되었다. 전란이나 사회적 혼란기에 피난 또는 보신을 위해 안전한 지대를 찾기 시작하였다. 그 과정에서 전국적으로 '십승지'가 알려지기 시작하였다.[39] 그러나 수운은 최고의 승지를 경주

---

[38] 이러한 인식에서 수운은 성리학을 부정하였을 것으로 추정된다. 즉 수운의 역사성과 정통성은 사상적으로 볼 때 단군사상-화랑도-낭가사상-동학으로 이어지는 단재의 역사성과 같은 맥락을 가지고 있지 않을까 한다. 이에 대해서는 추후 논의해보고자 한다.

[39] 십승지(十勝地)에 대한 기록은 〈정감록 鄭鑑錄〉·〈징비록 懲毖錄〉·〈유산록 遊山錄〉·〈운기귀책 運奇龜責〉·〈삼한산림비기 三韓山林祕記〉·〈남사고비결 南師古祕訣〉·〈도선비결 道詵祕訣〉·〈토정가장결 土亭家藏訣〉 등에서 찾아볼 수 있다. 대체적으로 공통되는 장소는 다음과 같다.
영월의 정동(正東) 쪽 상류, 풍기의 금계촌, 합천 가야산의 만수동 동북쪽, 부안 호암 (壺巖) 아래, 보은 속리산 아래의 증항(甑項) 근처, 남원 운봉(雲峯) 지리산 아래의 동

구미용담으로 보았다. 즉 구미용담을 '일천지하 명승지'라고 하였다. 수운은 동학을 창명한 한 후 구미용담을 다음과 같이 표현하였다.

> 구미산수 좋은 승지 무극대로 닦아내니
> 오만년지 운수로다. 만제일지 장부로서
> 좋을시고 좋을시고 이내 신명 좋을시고
> 구미산수 좋은 풍경 물형으로 생겼다가
> 이내 운수 맞혔도다. 지지엽엽 좋은 풍경
> 군자낙지 아닐런가. 일천지하 명승지로
> 만학천봉 기암괴석 산마다 이러하며[40]

그런데 이 십승지는 앞서 언급하였듯이 '피난' 또는 '보신'의 장소였다. 그렇지만 수운이 말하고 있는 경주는 피난 또는 보신의 장소가 아니라 '후천개벽'의 승지였다. 즉 새로운 사회를 위한 개벽의 승지였다. 이런 점에서 수운이 말하고 있는 승지는 '민중과 함께 하는 희망의 삶'을 의미한다고 할 수 있다. 이러한 희망의 삶을 내포하고 있는

점촌(鋪店村), 안동의 화곡(華谷), 단양(丹陽)의 영춘(永春), 무주(茂朱)의 무풍(茂風) 북동쪽 등이다. 이중에서 위치를 현재의 지명으로 확실하게 파악할 수 없는 곳은 운봉의 동점촌, 무풍의 북동쪽, 부안의 호암, 가야산의 만수동이다. 한편 영월 정동 쪽 상류는 오늘날의 영월군 상동읍 연하리 일대, 풍기의 금계촌은 영주군 풍기읍의 금계동·욕금동·삼가동 일대, 공주의 유구천과 마곡천 사이는 말 그대로 공주군 유구면과 마곡면을 각각 흐르고 있는 유구천과 마곡천 사이의 지역, 예천 금당동 동북쪽은 예천군 용문면 죽림동의 금당실(金塘室) 지역, 보은의 증항 근처는 충청북도와 경상북도의 경계인 시루봉 아래 안부(鞍部) 지역, 안동의 화곡은 봉화군 내성면 지역, 단양의 영춘은 단양군 영춘면 남천리 부근 등으로 파악되고 있다. 이들 지역은 모두 남한에 편중되어 있고 교통이 매우 불편하여 접근하기 힘든 오지이다. 이런 곳이 선호된 것은 전통사회에서 전쟁이나 난리가 났을 때 백성들이 취할 수 있는 방도란 난리가 미치지 않을 만한 곳으로 피난하여 보신하는 것뿐이었기 때문이다. 십승지에 대한 열망은 조선 후기와 일제강점기에 매우 두드러지게 나타났으며, 한국전쟁 때에도 광범위한 영향력을 미쳤다. 그러나 십승지사상에서 찾아볼 수 있는 피란·보신의 소극성은 단지 그것으로 그치지 않고 항상 새로운 이상세계를 대망하는 적극성과 연결되어 있다

40 「용담가」, 『용담유사』.

경주는 한때 수운에게는 절망의 땅이기도 하였다. 그렇지만 '동학'의 창명을 통해 후천개벽의 땅으로 바뀌었다.

수운은 "나도 또한 출세 후에 득죄부모 아닐런가. 불효불효 못 면하니 적세원울 아닐런가. 불우시지 남아로서 허송세월 하였더라. 인간만사 행하다가 거연 사십 되었더라. 사십 평생 이뿐인가 무가내라 할 길 없다"라고 하여 자신의 신세를 한탄하였다. 그동안 수운은 가업을 잇지 위해 과거를 준비하였지만 뜻대로 되지 않았다. 더욱이 서자라는 사회적 신분은 조선사회에서 철저한 차별을 받았다. 이에 수운은 새로운 사회질서를 구현하기 위해 주유천하와 사색, 기도 등 떠돌이 생활을 하였지만 정작 자신이 원하였던 깨달음을 얻지는 못하였다. 이 절망적 상황에서 수운은 고향 즉 경주를 마지막 정착지로 삼았다.

고향은 어려서 자라고 부모와 조상의 얼이 깃든 곳이며, 또한 일가 친척들이 있는 곳이었다. 평소에는 고향의 절실함을 느끼지 못하지만 타지 생활과 극한적인 어려운 상황에 이르면 무엇보다 고향이 절실하게 찾게 된다. 수운도 구도생활을 위해 여러 타지에서 생활하였지만 궁극적인 깨달음을 구하지 못한 상황에서 고향 즉 경주, 그리고 구미 용담으로 돌아온 것이다. 수운이 고향인 경주 가정리에 돌아온 심정을 다음과 같이 표현하였다.

> 구미용담 찾아오니 흐르나니 물소리요
> 높으나니 산이로세. 좌우산천 들러보니
> 산수는 의구하고 초목은 함정하니
> 불효한 이 내 마음 그 아니 슬플소냐.
> 오작은 날아들어 조롱을 하는 듯고
> 송백은 울울하여 청절을 지켜내니

불효한 이 내 마음 비감회심 절로 난다.[41]

　수운이 가정리로 돌아온 당시의 마음을 한 마디로 풀이하면 '비감회심'이었다. 그렇지만 수운은 이 비감회심의 한 가운데서 머물러 자포자기하지 않고 구도의 끈을 놓지 않았다. 경주 즉 구미용담은 수운에게 새로운 희망의 땅이었다. 수운은 구미산하에 일정각인 용담정[42]을 세우고 평생의 세월을 마치기로 작정하였다.[43]

　구미용담에 돌아온 수운은 중대한 결심을 하였다. 절박한 심정에서 자신의 자호를 고치고 중한 맹세를 하였다. 이러한 심정을 수운은 「용담가」와 입춘시에 잘 나타나 있다.

---

[41] 「용담가」, 『용담유사』. 이러한 마음은 「교훈가」에도 잘 나타나 있다.
"슬프다. 이내 신명 이리될 줄 알았으면 윤산은 고사하고 부모님께 받은 세업 근력기중하였으면 악의악식 면치마는 경륜이나 있는 듯이 효박한 이 세상에 혼자 앉아 탄식하고 그럭저럭 하다가서 탕패산업 되었으니 원망도 쓸 데 없고 한탄도 쓸 데 없네."

[42] 용담정은 수운의 조부 최종하가 세운 와룡암, 그리고 아버지 최옥이 건립한 용담서사를 다시 복원한 것이다. 이에 대해 표염삼은 용담정을 '용담서사'라고 해야 한다고 하였다. 그런데 필자의 생각으로는 수운이 건립한 것은 용담정이 맞다고 본다. 처음 와룡암(조부)이었던 것을 용담서사(부), 그리고 용담정(수운)으로 각각 이름을 붙인 것이다. 이를 뒷받침하는 것이 『도원기서』이다. 『도원기서』에 따르면, 수운이 대구장대에서 순도한 후 시신을 거두어 구미용담으로 돌아와 안장한 후 해월 최시형은 다음과 같이 기록하였다. "아아, 용담정이여, 과연 평지가 되었구나. 오오 선생의 부인이여, 자식이여. 이제 누구를 의지하리요. 아아, 구미의 기봉괴석이여, 하늘이 상심의 빛을 띠었구나. 아아, 용추의 맑은 못과 보계는 눈물 흐르는 것같이 소리 내어 흐르는구나(嗚呼 龍潭亭兮. 果爲平地 嗚呼 先生之室兮子兮. 去何疇依. 嗚呼 龜尾之奇峰怪石空帶傷心之色 嗚呼 龍湫之淸潭寶溪如流涕淚之聲)" 『도원기서』는 수운에 이어 동학을 이끌어간 해월 최시형 대 즉 1870년대 지은 동학의 최초의 교회사이다. 또한 수운 자신도 용담정이라고 하였다. 그런 점에서 볼 때 수운의 생존 시에 용담정이라 불렸다면 수운은 용담서사를 복원하고 용담정이라 이름을 붙였던 것이라 할 수 있다.

[43] 이돈화, 『천도교창건사』, 제1편 11쪽.

구미용담 찾아들어 중한 맹세 다시하고
부처간 마주 앉아 탄식하고 하는 말이
대장부 사십평생 하염없이 지내나니
이제야 할 길 없네. 자호 이름 다시 지어
불출산외 맹세하니 기의심장 아닐런가.[44]

道氣長存邪不入 世間衆人不同歸[45]

(도기장존사불입 세간중인부동귀)

수운은 자신의 이름 제선(濟宣)을 '제우(濟愚)'로 고치고 큰 도를 깨닫지
못하면 다시 살아서 세상을 보지 않겠다는 맹세를 하였다.[46] 마침내
수운은 1860년 4월 5일(음) 동학을 창명하였다. 「용담가」에는 다음과
같이 표현하였다.

천은이 망극하여 경신 사월 초오일에
글로 어찌 기록하며 말로 어찌 성언할까.
만고 없는 무극대도 여몽여각 득도로다.
기장하다 기장하다. 이내 운수 기장하다.
한울님 하신 말씀 개벽 후 오만년에
네가 또한 첨이도다. 나도 또한 개벽 이후
노이무공 하다가서 너를 만나 성공하니[47]

수운은 결정적인 종교체험을 통해 무극대도 즉 동학을 창명하였다.
수운의 종교체험은 네 가지 성격을 가지고 있다. 첫째는 은혜적 성격

---

[44] 「용담가」, 『용담유사』.
[45] 「입춘시」, 『동경대전』.
[46] 이돈화, 『천도교창건사』, 제1편 11쪽.
[47] 「용담가」, 『용담유사』.

이다. '천은이 망극'이라고 하여 하늘로부터 은혜를 받았음을 밝히고 있다. 이를 동학적으로 본다면 '한울님'으로부터의 은혜이다. 둘째 신비적 성격이다. 수운은 득도의 상황을 글로도 기록할 수 없고 말로도 표현할 수 없는 신비적 체험이었다. 이와 관련하여 수운은 "마음이 선뜻해지고 몸이 떨려서 무슨 병인지 집증할 수 없고 말로 형상하기 어렵다"[48]라고 하였다. 셋째는 시원적 성격이다. 수운이 득도한 동학은 '개벽 이후 처음'으로 있는 현상이었다. 넷째는 몽환적 성격이다. 수운은 득도의 순간을 '여몽여각'이라고 하였으며, 다른 표현으로는 "꿈이런가 잠일런가 무극대도 받아내어"[49]라고 하여, 비몽사몽의 몽환적 상황에서 득도하였다. 즉 동학은 수운의 신비적 종교체험을 통해 창명되었다.

뿐만 아니라 수운은 "구미산수 좋은 승지 무극대도 닦아내어 오만년지 운수로다"라고 하여, 구미 산하의 용담, 나아가 경주가 오만년의 개벽운수의 역사적 공간임을 밝히고 있다. 수운은 「용담가」 외에도 『동경대전』과 『용담유사』에 경주 및 구미용담의 이미지를 그려 넣었다.

> (1) 용담의 옛집은 가친이 가르쳤던 곳이요, 동도신부는 오직 내 고향이라.(龍潭古舍 家嚴之丈席 東都新府 惟我之故鄕)[50]
> (2) 용담의 물이 흘러 네 바다의 근원이요 구미산에 봄이 오니 온 세상의 꽃이로다.(龍潭水流四海源 龜岳春回一世花)[51]
> (3) 구미용담 좋은 풍경 안빈낙도 하다가서[52]

---

[48] 「포덕문」, 『동경대전』.
[49] 「교훈가」, 『용담유사』.
[50] 「수덕문」, 『동경대전』.
[51] 「절구」, 『동경대전』.
[52] 「도수사」, 『용담유사』.

(1)은 용담정은 아버지 최옥이 건립하였다는 가문의 역사성을 밝히고 있으며, 또한 동도 즉 경주가 자신의 고향임을 밝히고 있다. 수운이 경주가 고향임을 강조하고 있는 것은 첫째는 애향심의 발로이며, 둘째는 기자 때부터 왕도로서의 정체성, 셋째는 후천개벽의 역사성을 밝히기 위한 목적이었다고 할 수 있다. 그렇기 때문에 수운은 『동경대전』과 『용담유사』에서 경주를 강조하였다.

(2)는 용담의 물과 용담정을 품고 있는 구미산이 후천개벽의 근원임을 밝히고 있다. 일반적으로 '물'의 이미지는 근원이자 원천으로서의 모든 가능성과 영원성을 상징한다.[53] 노자의 겨우 물은 '최상의 선'이라고 하여 최고선으로 인식하였고,[54] 공자도 "모두 흘러가는 것이 이와 같지 않은가. 밤낮없이 결코 그 흐름을 중단하지 않는구나"라고 하여 물을 통하여 사색하고 그 속에서 지혜를 깨달았다고 하였다.[55] 동학을 창명한 용담의 물은 후천문명의 근원임을 밝힌 것이라 할 수 있다. 또한 만물이 생동하는 봄을 통해 구미산이 후천세계의 이미지를 그리고 있다. 일반적으로 산은 신이 강림하는 곳으로 인식되었다. 단군도 태백산에 내려와 홍익인간의 가르침을 전했듯이 수운도 구미산을 통해 동학의 후천개벽의 이미지를 전달하고 있다. 더욱이 구미산은 수운이 태어날 때 3일을 울었던 영험있고 신성스러운 장소였다. 이처럼 수운이 구미산을 강조한 것은 '민족 발생의 근거가 되는 산'을 염두에 두고 동학이 세계문명의 중심이 된다는 것임을 밝힌 것이었다.

---

[53] 신상구, 「「동경대전」 소재 수운의 〈절구〉 시 연구」, 『동학연구』 27, 한국동학학회, 2009, 29쪽.
[54] 『老子』 제8장.
[55] 신상구, 「「동경대전」 소재 수운의 〈절구〉 시 연구」, 『동학연구』 27, 한국동학학회, 2009, 29-31쪽.

또한 '봄'과 '꽃' 역시 은유적 의미를 내포하고 있다. 봄은 구원의 도, 삶의 진리를 상징하는데, '풍우상설이 지난 후 꽃이 피는 세상'[56]을 만들어가는 유토피아적 의식을 내포하고 있다. 그리고 꽃은 시적으로 '도의 왕성함'에서 오는 '깨달음'을 상징한다.[57] 수운에 있어서는 깨달음의 세상은 이상향의 세계 즉 '지상천국'을 의미한다. 나아가 구미용담은 '일세화'라는 은유적 표현을 통해 '이상향'임을 밝힌 것이기도 하다. 결국 (2)는 동학의 지상천국사상이 내포되어 있다고 할 수 있다.

(3) 역시 구미용담이라는 승지에서 안빈낙도를 통해 이상향 즉 지상천국을 은유적으로 표현하고 있다.

이상에서 살펴볼 때 동학 경전에 나타난 경주, 그리고 구미용담의 이미지는 크게 다섯 가지로 정리할 수 있지 않을까 한다. 첫째는 '역사성과 정통성의 인식'이었다. 수운에 있어서 경주는 기자 때부터 왕도로서, 그리고 신라의 천년을 간직한 곳이었다. 조선사회의 정치문화의 중심지는 한양이지만 경주는 한국 문명의 근원지라는 정통성 역시 강조하였다. 둘째는 경주가 '후천개벽의 근원'이라는 인식이다. 셋째는 구미용담을 아우르는 경주가 동학이 지향하는 '지상천국의 이상향'임을 그리고 있다. 넷째는 경주는 절망을 극복한 삶의 땅이었다. 다섯째는 '고향'이었다.

---

56 「우음」, 『동경대전』.
57 신상구, 「「동경대전」 소재 수운의 〈절구〉 시 연구」, 『동학연구』 27, 한국동학학회, 2009, 32쪽.

4. 맺음말

이상으로 동학을 창명한 용담정의 건립과정과 동학경전에 나타난 경주의 이미지에 대하여 살펴보았다. 이를 간략하게 정리하면서 맺음말을 대신하고자 한다.

첫째, 용담정의 건립은 수운의 조부 최종하 대에서부터였다. 최종하는 불교의 암자였던 원적암을 매입하여 와룡암이라 하였고, 수운의 아버지 최옥은 와룡암을 복원한 후 용담서사로 명명하였다. 그러나 수운이 경주를 떠나 후 주유천하와 타향에서 구도생활을 하는 동안 용담서사는 훼손되었다. 고향에 돌아온 수운은 용담서사를 복원하고 용담정이라고 정호를 붙였다.

둘째, 용담26영은 구미용담의 아름다움과 최옥 자신을 삶을 반추하고 있는 곳임을 그리고 있다.

둘째, 동학경전에서 경주와 구미용담의 이미지는 선천개벽과 후천개벽의 역사성을 동시에 지니고 있었다. 기자 때부터 왕도인 경주는 선천개벽을, 동학의 창명 이후의 경주는 후천개벽의 근원임을 밝히고 있다. 이는 곧 경주와 구미용담이 한국민족의 원류임을 뜻하고 있k.

셋째, 경주와 구미용담은 동학이 지향하는 지상천국의 이상향임을 밝히고 있다. 시적 은유적 표현이지만 경주는 봄과 꽃으로 '일세화'되는 이상향 즉 지상천국사상을 내포하고 있다.

그럼에도 불구하고 수운은 「용담가」 마지막 구절을 "구미산수 좋은 풍경 아무리 좋다 해도 내 아니면 이러하며 내 아니면 이런 산수 아동방 있을소냐. 나도 또한 비상천 한다 해도 이내 선경 구미용담 다시 보기 어렵도다. 천만년 지내온들 아니 잊자 맹세해도 무심한 구미용담 평지 되기 애달하다"라고 하였다. 이는 후천개벽의 사회를 여는 구미용담이 경주뿐만 아니라 만인에게 평지처럼 무관심하지 않을까 염려한 것이었다.

수운이 창명한 동학은 한국사상의 진수를 밝히고 있지만 정작 경주에서는 '고대'에 묻혀 평지가 되었다. 경주는 신라의 수도이지만 한국 고유의 사상을 유지하고자 하였다. 그러한 점이 경주와 구미용담에서 한국의 고유사상을 근대에서 동학으로 다시 부활될 수 있는 터전을 마련하였던 것이다. 앞으로 고대 한국의 고유사상과 근대 동학이 공존하는 경주의 역사성이 살아나기를 기대한다.

수운 최제우의 저술에 나타난 대내외적 모순 인식

성강현(동의대학교 기초교양학부 겸임교수)

1. 머리말

2024년은 수운 최제우(水雲 崔濟愚)가 탄생한 지 200년을 맞이하는 뜻 깊은 해이다. 동방의 성자, 후천의 성인으로 일컬어지는 수운은 우리 역사의 가장 큰 종교적 성취를 이룬 인물이라고 평가받는다. 수운이 창도한 동학(東學)은 종교적으로는 전통의 전래 신앙과 유불선(儒佛仙), 나아가 서학(西學)까지도 포용한 종교이며, 역사적으로는 자주적 근대화를 위한 동학농민혁명의 사상적 기반을 마련했고, 사상적으로는 상고 이후의 전통 사상을 회통(會通)한 근대적 사상으로 평가받는다. 나아가 문명사적 차원에서는 대항해 시대 이후 서양과 동양이 통합하는 진정한 의미의 세계사의 출발점에서 양 문명의 문제점을 해결하려 노력했다고 이야기한다. 동학은 당대의 문제 해결을 뛰어넘어 인류 문명, 나아가 전 지구적 생태 문제를 해결할 수 있는 가르침으로 인식되고 있다. 따라서 수운의 탄생 200주년에 즈음하여 탄생의 의미와 동학이 내포하고 있는 함의(含意)를 살펴보는 일은 뜻깊은 작업이 아닐 수 없다.

수운 최제우는 선천(先天)의 마지막 시대에서 살며 후천(後天)의 새 시대를 연 인물로 평가받는다. 수운 최제우는 1824년 태어나 20세를 전후해서 "갈 길을 찾지 못해 방황하는"[1] 세상 사람들에게 살길을 열어주기 위해 구도의 길에 나섰다. 그가 창생을 위한 구도를 택한 이유는 그 자신이 모순의 한가운데 있었기 때문이었다. 그의 출생 환경과 그가 살았던 시대적 상황은 모순덩어리였다. 이러한 모순의 해결을 온 몸과 온 마음으로 해결하고자 결심하였다.

수운은 조선의 국난인 양난(兩亂)에서 공을 세운 정무공(貞武公) 최진립(崔震立) 집안, 즉, 충렬손(忠烈孫) 출신이었다. 그러나 재가녀(再嫁女)의 자손으로 과거에 응시할 수 없는 신분적 한계를 갖고 있었다. 근암공 최옥(崔鋈)의 만득자(晚得子)로 태어난 수운은 유달리 총명하였지만, 신분적 제약으로 자신의 능력을 뽐낼 수 없었다. 수운은 자신이 직면한 모순 상황이 자신뿐만이 아니라 당대를 살고 있는 대부분의 사람이 지닌 공통의 모순임을 깨닫게 되었다. 충렬손의 후손으로서 방황하는 세상 사람들을 위해 자신이 그 해법을 찾아주기로 결심했다. 수운의 구도는 곧 자신의 처한 모순에 대한 해답을 찾는 과정이며 당대의 모순에 대한 해답을 찾는 작업이었다.

십수 년의 고행 끝에 수운은 1860년 4월 5일 신비체험을 통해 한

---

[1] 『동경대전』, 「포덕문」. "又此挽近以來 一世之人 各自爲心 不順天理 不顧天命 心常悚然 莫知所向矣"

울님을 만나 "무극대도(無極大道)", 즉 천도(天道)를 깨달았고, 이 땅에서 받았다고 해서 이를 "동학(東學)"이라 이름했다. 그는 동학의 핵심 교의로 "시천주(侍天主)"를 제시했다. 모든 사람은 한울님을 모신 존재이며, 본원적으로 존엄하고 평등한 존재라고 설파했다. 수운은 자기 집 노비 2명을 해방해 며느리와 수양딸로 삼아 자신의 깨달음을 실천했다. 동학은 한울님을 모신 인간을 억압하는 신분제를 반대했고, 이러한 수운의 실천은 세상 사람들의 공감을 불러일으켰다.

수운이 본격적으로 동학을 세상에 알린 포덕(布德)은 1861년 여름부터였다. 얼마 지나지 않아 용담에는 사람들이 구름같이 모여들었다. 수운의 시천주는 신분제 질서에 반하는 반체제적 활동이었기 때문에 관과 유생들의 반발은 불을 본 듯했다. 수운은 동학의 체제가 정비되지 않은 상황에서 경주를 떠나 남원 은적암으로 향했고, 그곳에서 「논학문」, 「수덕문」 등의 주요 경편(經篇)을 완성했다. 이듬해 늦은 봄 경주로 돌아온 수운은 본격적으로 자신의 가르침을 폈고, 1862년 12월 말에는 접주제(接主制)를 시행할 정도로 규모도 갖추었다. 그러나 동학이 성리학적 질서에 반한다는 이유로 수운은 1863년 12월 10일 경주 용담에서 체포되었고, 이듬해인 1864년 3월 10일 대구 관덕정에서 참형되었다.

그러나 수운의 가르침은 제자인 해월(海月) 최시형(崔時亨)을 통해 이어져 30여 년 만에 전국적으로 확산하였다. 동학교단은 교조신원운동과 동학농민혁명을 일으켜 종교의 자유, 반봉건, 반외세 저항을 외쳤다. 해월의 뒤를 이은 의암(義菴) 손병희(孫秉熙)는 일제에 국권이 피탈 당하자 3.1운동을 영도하여 식민 지배를 벗어나기 위한 독립운동에 앞장섰다. 동학농민혁명과 3.1운동은 시천주의 사회화 운동이라고 할 수 있다. 해방 이후의 남북 분단 저지 운동 또한 같은 성격을 지닌 활동이었다.

이 글에서는 동학을 창도한 수운이 대내외적인 모순을 어떻게 인식하고 있었는지를 그의 저술인 『동경대전』과 『용담유사』에서 찾아보고자 한다. 먼저 수운의 조선 후기 정치·경제적 모순 인식을 살펴보고, 이어서 사회적 모순 인식, 끝으로 대외적 모순 인식을 살펴보고자 한다. 이를 통해 수운의 동학 창도가 당시 사회의 대내외적인 모순을 극복하려는 해답 체계였음을 밝히고, 동학 창도가 지닌 역사적 의미를 찾아보고자 한다.

2. 요순의 다스림으로도 해결할 수 없는 정치 · 경제적 모순 인식

조선은 성리학(性理學)을 통치 이념으로 성립한 국가이다. 삼국시대 왕실 주도로 도입된 불교는 고려시대를 거치면서 세속의 권한에 집중하여 민중들의 삶을 힘겹게 만들었다. 이에 조선 건국을 주도한 인물들은 불교를 비판하고 중국 송대(宋代)에 성립한 신유학인 성리학(性理學)을 통치 이념으로 삼았다. 조선은 건국 후 체제 수립기를 지나 15세기 후반인 성종 즉위 이후부터 성리학의 학문 실력을 바탕으로 중앙 정계에 진출한 재지 중소 지주 출신 중심의 사림 세력이 중앙 정계에 진출하여 훈구파를 특권적 권력층으로 비판하였다. 이들은 문벌귀족 중심의 고려를 사대부 중심의 사회로 개혁한 훈구파를 왕권과 결탁해 중앙 권력을 장악하고 대지주화하여 사대부적 기반을 위협한다고 반발하였다. '수기치인(修己治人)'과 '천리인욕론(天理人慾論)'을 강조한 사림(士

林)은 훈구파의 탄압으로 사화(士禍)를 겪으면서 서원(書院)과 향약(鄕約) 등을 통해 성리학의 사회화에 집중하여 세력을 확장하였다.

사림파는 선조 조에는 훈구파를 우월하게 견제할 수 있는 정치세력으로 성장하였다. 훈구파의 쇠퇴 이후 사림파는 붕당정치(朋黨政治)를 열었다. 붕당정치는 시기적으로 선조 8년(1575) 동서 붕당의 성립에서 현종 15년(1674) 갑인년 예송논쟁(禮訟論爭) 시기까지의 약 1세기 동안 전개되었다.[2] 사림이 정국을 주도하며 척신(戚臣) 정치의 잔재 청산과 이조전랑 임명 문제로 동서 분당화되었다. 인조반정 이후 붕당 상호 간의 견제와 조화가 대체로 인정되는 서인이 정국을 주도하면서 균형과 견제를 바탕으로 한 붕당정치가 이어졌다. 그러나 현종 시기 두 차례의 예송 논쟁으로 서인과 남인의 대립이 심화하였다. 붕당정치는 지방 사족의 의견까지 공론(公論)으로 폭넓게 수용하고, 붕당 간의 비판과 견제가 가능하였다. 그러나 시간이 갈수록 붕당 간의 심한 권력 투쟁으로 붕당정치는 본래의 긍정적 측면보다 부정적 측면이 드러나 변질하여 갔다.

숙종이 등극한 이후 갑인(甲寅) 예송논쟁에서의 붕당적 대립 양상은 공론의 조제를 통한 해소가 아닌 국왕권의 강력한 개입으로 사태가 결정되었다. 이때부터 영조 5년 이른바 "기유대처분(己酉大處分)"으로 탕평 정치의 형태가 전개될 때까지를 환국정치(換局政治) 시기라 부른다. 환국이란 정국을 주도하는 붕당이 급격하게 다른 붕당으로 교체되는 현상을 말한다. 환국 정치 시기에는 사람의 공론(公論)에 의한 견제와 균형의 원리가 무너지고 왕권의 권위를 빌려 일당이 전권을 장악하는

---

2 박광용, 「조선후기 정치사의 시기구분 문제-18~19세기 중엽까지의 정치형태를 중심으로 한 분류」, 『성심여자대학 논문집』 23, 1991, 86쪽.

정변의 형태가 8회가량 나타났다.[3] 거듭되는 환국 상황으로 상대당에 대한 보복과 숙청이 빈번해졌고 권력을 장악한 집권당은 중앙 권력은 물론 지방의 반대당 세력을 억압하였고, 실권당 세력은 동족 촌락, 서원, 사우들이 기반을 강화에 세려 유지와 재기를 도모하였다. 환국정치를 거치면서 의정부의 기능은 현저하게 약화하였고, 무신과 훈척의 정책결정권이 존중되는 합좌 기구인 비변사(備邊司)가 의정부와 6조를 제치고 최고 정책 결정 기구로 자리를 잡았다.[4]

붕당 간 대립으로 왕권이 약화하자 숙종은 탕평책을 제기하였다. 숙종 대 조정에서 탕평책을 처음으로 제기한 이는 박세채(朴世采)였다.[5] 숙종은 재임 7년과 11년에 탕평에 관한 교지를 내렸다.[6] 소론계의 최석정(崔錫鼎)과 남구만(南九萬)도 탕평책을 통해 남인계의 등용을 위해 노력하였다. 이는 환국에 따른 붕당의 정치적 파국을 막기 위한 조치였다.[7] 박세채의 탕평책은 송시열계의 반발로 '회니시비'를 불러일으켰고 이는 당쟁의 가속화로 소론 탕평론과 노론 반탕평론의 갈등으로 번졌다.[8] 따라서 숙종 대의 탕평책은 구호에 그친 측면을 벗어나지 못하였다.

---

[3] 위의 논문, 91쪽.

[4] 위의 논문, 94쪽.

[5] 김용흠, 「조선의 정치에서 무엇을 볼 것인가-탕평론·탕평책·탕평정치를 중심으로」, 『한국민족문화』 58, 2016.2, 557쪽.

[6] 『숙종실록』 11권, 숙종 7년 5월 2일 갑인. "咨爾大小臣僚, 體予至意, 務盡寅協, 割斷一己之私意, 克恢蕩平之公道. 凡係弊政之無益於國, 而有害於民者, 亦宜裁量變通, 以濟時艱";『숙종실록』 16권, 숙종 11년 9월 23일 경진. "上, 下教責躬, 仍以克恢蕩平之道, 精白一心, 奉法率職之意, 諭戒臣僚."

[7] 『숙종실록보궐정오』 26권, 숙종 20년 4월 17일 갑신;『숙종실록보궐정오』 32권, 숙종 24년 4월 18일 임술.

[8] 김용흠, 「17세기 공론과 당쟁, 그리고 탕평론」, 『조선시대사학보』 71, 조선시대사학회, 2014, 59쪽.

본격적인 탕평책은 영조와 정조 시대에 걸쳐 시행되었다. 이는 1728년의 이인좌의 난 여파로 환국정치의 모순이 드러났기 때문이었다. 영조는 탕평책에 동의하는 이른바 '탕평파'를 중심으로 정국을 운영하고, 붕당의 근원인 서원을 대폭 정리하였다. 영조의 뒤를 이은 정조는 노론, 소론, 남인을 고루 등용하였다. 또한 규장각을 설치하고 관리를 재교육하는 초계문신제(抄啓文臣制)를 시행하여 왕권을 뒷받침하게 했다. 그리고 정조는 자신의 정치적 이상을 실현하기 위한 신도시인 수원 화성(華城)을 건축하였다. 영·정조 대의 탕평책은 강력한 왕권으로 붕당 간의 대립과 반목을 일시적으로 억누른 것에 지나지 않았다. 정조가 죽은 뒤 외척인 안동 김씨 등 몇몇 가문이 권력을 장악한 세도정치(勢道政治)가 나타났다.

세도정치는 정조 사후 주자학(朱子學) 의리론(義理論)이 전면에 내세워지면서 개혁 세력이 도태되고 영·정조가 추진했던 탕평은 부정 또는 왜곡된 정치를 말한다.[9] 주자학의 의리론을 앞세운 반탕평파의 공세는 정순왕비 수렴청정기의 노론 벽파(僻派)에 대한 노론 시파(時派)의 공격으로 나타났다.[10] 천주교 탄압을 빌미로 홍낙임(洪樂任) 등 남인 시파는 처벌을 받고 대부분 정계에서 제거되었다. 심환지(沈煥之)를 정점으로 한 노론 벽파는 순조 친정 이후 조영득의 김달순(金達淳) 공격으로 패퇴하였다.[11] 순조 7년의 이경신(李敬信) 옥사를 계기로 벽파의 이념적 지주라고 할 수 있는 김종수(金鍾秀)·김종후(金鍾厚) 형제의 관작이 추탈되었으며, 김종수가 종조 묘정에서 출향(黜享)됨으로써 병인경화는 마무리되었

---

[9] 김용흠, 「19세기 전반 세도정치의 형성과 정치운영」, 『한국사연구』 132, 한국사연구회, 2006, 202쪽.

[10] 앞의 논문, 203쪽.

[11] 앞의 논문, 204쪽.

다.[12]

순조의 국구인 김조순(金祖淳) 일파가 정계의 중심으로 부상하며 이른바 '세도정치(勢道政治)'가 본격화되었다. 세도정치는 순조, 헌종, 철종의 3대 60여 년간 진개되었다. 정치적으로 세도정치는 주자학의 의리론의 재강화를 의미한다. 세도정치는 영·정조대에 중앙집권적 관료체제의 강화로 기능이 확대된 비변사를 정점으로 한 외척 세력 중심의 지배 체제였다. 세도정치기는 김조순(金祖淳) 가문, 박준원(朴準源) 가문, 조만영(趙萬永) 가문 등이 정권을 교대로 장악했다. 구체적으로 살펴보면 1811년 홍경래의 봉기 이후에는 김조순이, 김조순 사후 헌종 6년까지는 김유근(金逌根)이, 헌종 친정기에는 조인영(趙寅永) 및 조병구(趙秉龜)가, 헌종 11년 조병구가 죽은 뒤로는 조병현(趙秉鉉)이, 철종 대에는 김좌근(金左根)이 권력의 정점에 있었다.[13]

세도가들의 정치론을 살펴보면 다음과 같다. 첫째, 김조순은 정조의 뜻을 따른다고 하면서 정조가 추구하던 변통지향(變通指向) 경세론을 철저히 배제했다. 정조가 시행한 균역법(均役法)도 반대했으며 홍경래의 난 이후 평안도 관찰사가 시행하려던 호포법(戶布法)도 막았다. 특히 경제적 이유를 들어 장용영(壯勇營)을 혁파한 것은 정조의 정책에 대한 반대는 정조의 변통지향 경세론에 대한 반대 입장을 보여준 상징적 사건이었다.

둘째, 조인영은 송시열의 세도정치론을 답습하였고, 공론 정치의 중요성을 강조하였다. 그는 헌종 5년 이후 척사정책을 주도하면서 임오의리에 동조하는 남인의 입지에 압박을 가하는 등 다른 당색을 배

---

[12] 앞의 논문, 204쪽; 재인용, 오수창, 「정국의 추이」, 『조선정치사 1800~1863』, 서울: 청년사, 1990, 82쪽.
[13] 앞의 논문, 206쪽.

제하고 노론 중에서도 신임의리를 인정하는 세력만으로 정국을 운영하려 하였다.[14] 조인영은 대외정책에 있어서도 대명의리론을 강조하였다. 그는 벽이론을 중시하며 1839년의 천주교 탄압을 주도하고 서학을 이단으로 몰아 배척하고 정학인 성리학 수호를 내세웠다. 조인영의 경세론은 도학적 경세론을 바탕으로 민의 부담을 낮추는 차원에서 국가 재정을 감축하고 부세 제도 운용상의 중간 수탈 방지를 강조하였다. 이는 17세기부터 제기된 농민적 입장의 국가개조론의 입장에서 당시의 봉건적 모순을 해소하고 국가적 위기를 타개하기 위한 다양한 국가개혁론의 여러 이론을 무시했다. 즉, 그는 제도 개혁을 통한 봉건적 모순의 근본적인 극복을 부정하고 '立紀綱而正風俗 抑奢侈而杜僥倖'의 도학적 경세론을 벗어나지 못하였다. 이는 주자학 명분론과 의리론에서 한치도 벗어나지 못한 그의 사상적 한계에서 연유한다는 사실을 보여주는 것으로써 여기에 19세기 세도정치의 반동성이 존재하였다.[15] 이러한 세도정치기의 정치의식은 세도정치기에 정승을 지낸 김재찬(金載瓚), 심상규(沈象奎), 이상황(李相璜) 등에도 그대로 이어졌다.[16] 이들은 사회적 변화에 따른 제도 개혁보다는 당시 시행되고 있는 제도의 효율적 운영에 초점을 맞추었고, 이를 위해 군주의 근학(勤學) 즉, 군주성학론(君主聖學論)을 강조하였다.

셋째, 헌종 시기부터 철종 대에 이르기까지 재상을 역임한 정원용(鄭元容)도 '근학애민(勤學愛民)'의 도학적 경세론의 범주를 벗어나지 않았다. 철종에게도 '전학(典學)'과 '독서(讀書)'를 강조했던 그는 민사의 급무

---

14 김명숙, 『19세기 정치론 연구』, 서울: 한양대학교 출판부, 2004, 135쪽 참조.
15 김용흠, 앞의 논문, 2006, 210쪽.
16 위의 논문, 211~213쪽 참조.

로 '휼궁(恤窮)', '관형옥(寬刑獄)', '구임수령(久任守令)'의 세 가지 방책을 제시했는데 이는 선왕의 권위를 내세운 정책이었다. 철종 13년의 '파환귀결(罷還歸結)[17]'을 그가 저지한 것은 도학적 경세론에서 연유한 것과 관련이 있다. 정원용은 민생에 대한 정책보다는 왕실의 권위를 높이는 일에 집중했다. 사도세자의 존호 추상, 신정왕후와 철인왕후, 태조와 철종의 존호 추상 사업에 모두 관여하였다. 이는 세도 가문이 왕실의 전례를 주도하여 권력의 이념적 기반을 강화하는 방책이었다.[18]

세도정치기는 양반 관료정치의 궤도를 벗어난 일종의 벌열 정치로 변해갔다. 이는 정치 기강과 유교 윤리의 타락을 가져왔고 이러한 모순은 관리 등용 제도인 과거제에서 그대로 드러났다. 19세기 초반 과장의 분위기는 '팔방에서 모여드는 많은 선비가 처음에는 관광을 위하여 서울로 오는 꼴이고, 나중에는 모두 실망하여 돌아가는 꼴'이라고 할 정도로 국가의 법강이 극도로 문란하였다. 과거장은 '정식(程式)에 맞지도 않는 자를 물색하여 취하고, 혹은 서찰로써 합격을 도모하여 허다한 멸법영사(蔑法螢私)의 풍습이 여러 가지로 행해져서 사화를 통단하는 형편이며, 이것은 선비나 시관(試官)이 모두 공정하지 못한 취향의 소치'라고 할 정도로 무너졌다.[19]

이러한 과거제의 문란은 매관매직과 이어졌다. 양난 이후 공명첩(空名帖)의 발매와 원납전(願納錢)에 따른 품직, 수령 제수의 관행이 있었다. 왕실과 각종 기관의 경비 마련을 위한 공명첩의 발매는 정부 자체에 의한 관직 팔이와 다름없었다. 원납전의 경우도 매관매직과 다르

---

[17] 조선 철종 때에 환자(還子)의 손실분을 결세에 붙여 충당하도록 고친 법을 말함.
[18] 위의 논문, 214쪽.
[19] 위의 책, 48쪽.

80 수운 최제우 다시읽기

지 않았다. 철종 3년 2만 냥과 1만 냥을 납전한 안주·양덕의 유학(幼學)에게 각각 수령 및 6품직을 제수하여 줄 것을 약속했으며, 1만 2천 냥을 납부한 전직오위장(前職五衛將)은 전직자였다는 구실로 상당한 수령 자리에 특채해 줄 것을 윤허한 것도 원납자에 대한 가장(嘉獎)의 뜻에서였다.[20] 중앙의 매관매직은 지방으로 번져 매임취전(賣任取銓) 등의 형태로 자행되었다. 이런 정치적 모순 속에서 민생은 도탄에 빠질 수밖에 없었다.

세도정치기는 정치적 모순이 극대화된 시기였다. 어린 국왕을 대신한 외척이 주도한 세도정치기에는 양반의 세력 균형이 무너지고 일부 세도가의 별열적인 세력이 정권을 농단한 기형적 정치 현상으로 볼 수 있다.[21] 세도정치 시기 세도가문은 주자학 의리론에 입각한 군주성학론, 세도정치론, 도가적 경세론 등의 정치론을 바탕으로 18세기 탕평책을 왜곡하거나 부정하고, 송시열 한원진 계통의 주자 도통주의를 강조했다. 이러한 정치론은 새롭게 성장하는 신흥 계층의 기대와 욕구를 정책에 반영하지 못하였고 영·정조대에 강화된 중앙집권적 국가권력을 바탕으로 피지배계층에 대한 집중적 수탈을 자행하였다. 그 결과로 나타난 것이 이른바 '삼정(三政)의 문란'이었다.

수운은 조선 사회의 정치적 모순을 다음과 같이 노래했다.

(2-A) 아서라 이 세상은 요순지치(堯舜之治)라도 부족시(不足施)요
공맹지덕(孔孟之德)이라도 부족언(不足言)이라[22]

---

[20] 위의 책, 48쪽.
[21] 한우근, 『전정판 동학과 농민봉기』, 서울: 일조각, 1997, 2쪽.
[22] 『용담유사』, 「몽중노소문답가」.

(2-B) 약간 어찌 수신(修身)하면 지벌(地閥) 보고 가세(家勢) 보아

추세(趨勢)해서 하는 말이 아무는 지벌도 좋거니와

문필이 유여(裕餘)하니 도덕군자 분명타고

모몰염치(冒沒廉恥) 추존(推尊)하니 우습다 저 사람은

지벌이 무엇이게 군자를 비유하며

문필이 무엇이게 도덕을 의논하노[23]

(2-A)에서 수운은 이 세상이 요순이 다스려도 어쩔 수 없고, 공맹의 가르침으로도 어쩔 수 없는 세상이 되어버렸다고 근원적 모순을 지적하였다. (2-B)에서 수운은 지벌과 문필 등으로 군자와 도덕을 말하는 우스운 세상으로 변해버려 도덕적으로 타락한 세상이 되어버렸다고 한탄하였다. 수운은 도덕의 기준이 인의가 아니라 파벌과 지식으로 폄하되고 있는 세상의 모순을 강하게 질타하였고 이러한 모순 해결을 위한 해답을 찾아야 했다.

경제적인 측면에서 조선 후기는 새로운 시대로의 전환의 기반을 형성하고 있었다. 양난(兩亂) 이후 농민들이 전쟁 피해를 극복하고 경제생활을 향상하기 위한 농업경영 기술을 발전시켜 나갔는데 이앙법(移秧法) 즉, 모내기와 견종법(畎種法), 이모작 등이었다. 관개농업의 일종인 모내기를 위한 보와 제방의 건설이 이루어져 조선 후기에 모내기법이 일반화되었다. 특히 모내기는 노동력의 감소를 가져와 넓은 지역을 재배하는 광작(廣作)을 가능하게 하였다. 또한 보리와 벼의 이모작도 가능하게 만들었다. 견종법 또한 김매기의 감소와 단위 면적당 수확량을 늘일 수 있었다. 이와 같은 농법의 발달과 광작의 확산으로 농민층은 소수의 부농층과 다수의 토지 이탈을 가져와 농민 분화를 촉진하

---

[23] 『용담유사』, 「도덕가」.

는 결과를 가져왔다.[24]

한편, 농업에서 곡물 생산을 벗어나 담배, 인삼, 면화, 야채 등의 작물을 재배해 소득을 올리는 상업적 농업 생산이 정착하였다. 한양 인근에서 활발해진 상업 작물의 재배는 지방으로 확산해 지방 장시의 증가를 가져왔다. 5일장으로 알려진 지방 장시에서 각종 농산물의 거래가 이루어져 상업의 발달에도 기여했다. 상업적 농업의 발달은 농민층의 소득 증대에 영향을 주었고, 한편으로 농민층의 분화를 가속화와 농민들의 사회의식과 정치의식의 향상을 뒷받침하였다.[25]

상업의 발달은 대동법(大同法)의 시행이 큰 전기가 되었다. 대동법의 실시로 어용상인인 공인(貢人)이 등장했다. 공인들은 정부로부터 특권을 부여받는 대신 국역을 통해 정부로부터 수탈을 당하기도 하였다. 그러나 공인의 등장으로 상품 유통이 활발해지고 화폐 경제가 발달하면서 상인자본도 어느 정도 성장했다.[26] 특권적 매점 상업인 도고(都賈)의 발달이 이것인데 이로 인해 사상인(私商人)들과 소생산자(小生産者)의 활동이 위축되기도 했다. 그러나 사상인들은 도시 및 농촌 수공업의 발달을 배경으로 성장해 나갔다. 사상층의 성장에 대해 특권상인들은 금난전권(禁亂廛權)을 강화하였으나 서울 도성 밖의 난전의 성장을 막을 수가 없었다. 1791년 조정에서는 육의전(六矣廛)을 제외한 시전의 특권인 금난전권을 폐지하는 신해통공(辛亥通共)을 실시하였다. 신해통공을 계기로 도시 사상인층과 소생산자층의 활동이 활발해졌다.

상업의 발달은 무역에서도 변화를 일으켰다. 민간 상인들이 정부의

---

[24] 강만길, 『고쳐쓴 한국근대사』, 서울: 창작과비평사, 1994, 77쪽.

[25] 위의 책, 81쪽.

[26] 위의 책, 87쪽.

허가 아래 외국과의 교역을 개시(開市) 무역이라고 하였다. 임진왜란 중에 식량 확보를 위해 처음 중강개시(中江開市)가 열렸고 이후 연 2회의 개시 무역이 열려 양국 상인이 이득을 얻었다. 이후 북관개시(北關開市)로 확대되었으나 제약이 많은 개시무역을 벗어난 양국 상인들이 사무역인 후시(後市) 무역으로 이어졌다. 책문후시(柵門後市)는 사신의 교환을 기회로 열린 대표적 후시 무역이었다. 송상(松商), 만상(灣商), 내상(來商) 등이 주도한 무역을 통해 경제적 성장과 더불어 동아시아 중개무역으로 발전되었다. 경강상인(京江商人) 등 사상도고는 선대제 수공업이나 초기적 공장제수공업 형태의 소상품 생산자층을 지배해 나갔다.

수공업과 광업에 있어서도 조선 후기에는 많은 변화가 나타났다. 수공업의 경우 장인들이 관청 수공업장에서 이탈하였고, 장인등록제가 폐지되어 관청수공업 자체가 축소되었다. 관청수공업의 축소는 민간수공업 발전의 계기를 만들었고 이들이 관수품과 지배층의 생활품을 제작했다. 장인들은 관청의 부역에서 벗어나 민간 상업 자본가의 임금 기술자로 고용되었고, 나아가 선대제를 벗어나 장인 자본에 의한 공장제 수공업을 낳았다. 조선 후기 광업은 설점수세제를 계기로 발전하였다나 운영상의 문제로 인해 쇠퇴하자 수령수세로 바뀌면서 광산의 민간 경영이 이전에 비해 활발해졌다. 이후 광산경영은 물주가 채광시설과 자금을 투자하고 혈주나 덕대들이 직접 채광 작업을 지휘하는 민영화로 전환되었다. 광산의 수익에 관해 관의 수탈이 심해져 잠채(潛採) 등의 불법도 나타났다. 잠채 등을 해결하기 위해 몇 차례의 설점수세제의 시행이 있었으나 19세기에 들어와 광산경영은 민간이 주도했다.

조선 후기에는 농업, 상업, 수공업, 광업 등 경제의 전 분야에서 큰 변화가 나타났다. 그러나 조정에서는 사회 변화에 따른 경제 제도의 개편보다는 기존 제도의 효율적 운영에만 집착하였다. 우선 조정은 경제 정책의 근간이라고 할 수 있는 양전(量田) 사업의 시행에 적극적이지 않았다. 이는 조정의 의지와 양반 토호의 반대가 맞물려 전국적인 양전의 실시가 수 세기 동안 이루어지지 않았다. 왜란 이후인 선조 대의 계유양전(1603년)은 전국 8도를 대상으로 하였이 있었다. 이는 왜란으로 무너진 경제 기반을 회복하고자 하는 필요성으로 제기되었다. 그러나 이후 전국적 양전 사업의 시행은 고종 대까지 이루어지지 않았다.

조선 후기 대표적인 양전(量田)으로는 삼남을 대상으로 한 경술양전(1634년), 황해도와 충청도의 기유양전(1669년), 숙종 연간의 삼남의 경자양전(1720년) 등이 있었다. 고종대 들어와서 전국적으로 실시한 광무양전(1899~1900년)까지 전국적인 양전은 약 300년 가까이 시행되지 않아 경제적 모순이 발호할 수밖에 없었다. 양전 사업의 미시행으로 실제로 경작지인 '무주진전(無主陳田)', '가경전(加耕田)', '신전(新田)' 등이 파악되지 않았는데 이들 토지는 대부분 지주들의 몫이었다.[27] 양반 토호들은 다양한 형식의 '누전(漏田)'을 통해 경제적 이득을 늘여나갔다. 특히 숙종 대의 경자양전 이후 양전 사업의 미시행은 전정(田政) 문란을 가속화시켰다.

전국적이고 일시적인 양전이 아닌 편법적 양전인 '읍별정진정책(邑別整進政策)'은 과세지 확보와 국가적 균부균세(均賦均稅)를 포기한 정책으로 지방 수령 주도로 토지 문제를 해결하려는 방안이었다. 이로 인해 사권(私權)과 사적영역(私的領域)이 확대, 발전하고 있었다. 특히 전정에서 그 중심에 있었던 수령과 지주계급의 사적영유(私的領有)를 저지할 수 없는

---

[27] 이세영, 『조선후기 정치경제사』, 서울: 혜안, 2001, 132쪽.

제도적 방안의 부재를 의미했다.[28] 이는 농민 계급의 부담 증가로 나타났고 급기야 농민 저항으로 표출되었다.

경제적 변동을 경제 제도로 수용하지 못하는 상황에서 정부는 수취 체제의 개선을 통해 문제 해결에 나섰다. 양난 이후 조정은 양전 등의 근본적 경제 정책 대신 수취 체제를 개편해 농촌 사회를 안정시키고 재정 수입을 늘리려고 하였다. 전제(田制)는 병자호란 이전인 1635년 영정법(永定法)을 시행하여 흉풍(凶豐)에 관계없이 결당 4~6두로 고정했다. 군역은 방납의 폐단에 따른 농민 부담이 증가하자 대동법(大同法)을 시행하였다. 이의 시행으로 국가에 필요한 물품을 조달하는 공인이 등장하였고, 이들의 활동으로 상품 화폐 경제 발달이 가속화되었다. 군포 또한 농민들에게 큰 부담으로 작용하였고 이의 개선을 위해 조정에서는 군역법을 시행하였다. 군역법의 시행으로 농민들의 부담을 줄어들었고, 부족한 세원은 결작과 선무군관포 등으로 보충하였다. 대동법, 균역법, 공노비 혁파, 노비공감법 등의 부세 제도의 개혁은 18, 19세기에 변화하는 사회경제적 변화를 따라잡지 못하였다.

조선 후기의 국가 재정 체계는 전정(田政), 군정(軍政), 환곡(還穀)의 삼정 체제였는데 세도정치기로 들어서면서 문란이 극에 달했다. 토지세인 전정은 영정법으로 토지 1결당 4~6두였다. 그런데 여기에 대동미·삼수미 등 무려 43개 종류의 잡세가 붙어 전정의 문란을 심화시켰다. 군정인 군역법은 농민 부담의 경감을 위해 포 2필에서 1필로 낮추었다. 당시 포 1필의 가격이 쌀 6두에 해당하므로 적은 부담이 아니었다. 총액제로 시행되던 군정은 피역(避役)을 피하지 못한 농민들에게 가혹했다. 백골징포(白骨徵布), 황구첨정(黃口簽丁), 인징(隣徵), 족징(族徵) 등

---

[28] 위의 책, 124~125쪽.

으로 가중되어 세도정치 시기 양정 1인이 대체로 4인 몫의 군포, 즉 4 필을 부담했다.[29] 환곡의 폐단은 환곡의 방출과 수납 과정에서 벌어지는 각종 폐단을 말하며 삼정 가운데에서 가장 가혹했다. 곡식으로 빌려줄 때는 두량(斗量)을 속이거나 높은 이자를 붙여 받고, 돈으로 환산해서 빌려줄 때는 입본(立本), 감색(監色) 등의 명목으로 상정가(詳定價)의 절반, 심하게는 1/3만 주었다가 돌려받을 때는 원액을 다 받는 등 그 폐단을 말로 다할 수 없을 정도였다.

수운은 당시의 경제적 모순에 대해 다음과 같이 언급하였다.

(2-C) 心有家庭之業 安知稼穡之役 書無工課之篤 意墜靑雲之地 家産漸衰 未知末稍之如何 年光漸益 可歎身勢之將拙 料難八字 又有寒飢之慮 念來四十 豈無不成之歎 巢穴未定 誰云天地之廣大 所業交違 自憐一身之難藏[30]

(2-D) 慨惜斯人 慾不及石氏之貲

(2-E) 가난한 저 세정(世情)에 세상 사람 한 데 섞여
아유구용(阿諛苟容) 한다 해도 처자보명(妻子保命) 모르고서
가정지업(家庭之業) 지켜내어 안빈낙도(安貧樂道) 한단 말은
가소(可笑) 절창 아닐런가[31]

(2-F) 자조정(自朝廷) 공경이하(公卿以下) 한울님께 명복(命福) 받아
부귀자(富貴者)는 공경(公卿)이오 빈천자(貧賤者)는 백성(百姓)이라[32]

---

[29] 강만길, 『고쳐쓴 한국근대사』, 서울: 창작과비평사, 1994, 43쪽.
[30] 『동경대전』, 「수덕문」.
[31] 『용담유사』, 「교훈가」.
[32] 『용담유사』, 「안심가」.

(2-C)에서 수운은 양반으로 농사를 지을 줄 모르는 자신의 신세, 경제적 몰락으로 인해 살 집조차 마련할 수 없는 비참한 경제적 상황을 한탄하고 있다. 이러한 수운의 모습은 당시의 몰락 양반의 경제적 상황이라고 할 수 없다. (2-D)에서는 동학을 통한 종교적 성취를 얻게 되면 아무리 부유한 사람이라도 동경하지 않게 되는 인격적 고양이 이루어짐을 강조하고 있다. (2-E)에서는 "가난한 저 세정"이라고 해서 당시의 경제적 상황이 전반적으로 어려웠음을 표현하고 있다. 그러한 상황에서 개인의 노력으로 경제적 위기 상황을 극복하는 데 한계가 있는 모순 시대임을 설명하고 있다. (2-F)에서는 정치적 지위를 차지한 계층이 경제적 부까지 장악하고 있는 모순을 설명하고 있다.

3. 합지사지에 빠진 사회적 모순 인식

18세기 이후 조선 후기의 사회에 있어서는 기존의 신분제가 이완되어 나갔고, 민중 사회의 성장이 확인된다. 이러한 계기는 양반들이 양난 시기 의병 활동, 또는 납속책 등에 호응해 전후 복구사업을 주도하며 사회의 지배 세력으로 군림하면서 양천(良賤) 체제가 반상(班常) 체제로 고착화시켜 나갔다. 공명첩과 납속책은 면역의 특권이 있는 양반층의 증가를 가져왔다. 이러한 사족(士族) 지배 체제는 상당 기간 지속되었고, 제지 사족들은 사족세(士族勢)를 이루면서 양반 신분을 새롭게 획득한 사람들과 자신을 엄격히 구별하고자 했다.[33]

---

[33] 조광, 『조선 후기 사회의 이해』, 서울: 경인문화사, 2010, 63쪽.

세도정치기 양반은 권력을 장악한 세도 가문과 권력에서 이탈된 양반으로 분리되었다. 이러한 사회적 현상은 경제적 변동과 어울려 양반층의 분화로 나타났다. 양반층은 권력을 장악한 소수의 집권양반층인 세도 가문, 집권양반층에서 탈락하였지만 지역 사회의 실권을 잡고 세도 가문을 뒷받침하면서 사회경제적 지위를 유지한 향반(鄕班)과 토반(土班), 그리고 사회경제적 기반을 상실한 몰락 양반인 잔반(殘班)으로 분화되었다. 잔반은 자영농이나 전호로 떨어져 농민화되거나 상공업으로 전업한 경우도 있었다. 잔반 가운데는 향반에 끼이지 못하지만 학문적 분야에 치중한 경우도 있었는데 실학자층이 여기에 해당한다.[34] 잔반으로 사회적 불만을 해소하지 못한 부류는 민란의 주도자가 되기도 하였다.

조선 후기 지배층인 양반 층의 변동 못지 않게 피지배층인 농민층의 분화도 두드러졌다. 조선 초기 농민은 궁방전이나 관둔전을 경작하는 농민, 중앙의 양반관료층 및 지방 토호·향반의 토지를 경작하는 소작농민, 그리고 약간의 자작농으로 구성되어 있었다. 조선 후기 농법의 변화에 따른 광작으로 인한 농민층의 분화와 상업과 수공업, 화폐 경제의 유행 등은 농민층의 분화를 가속화시켰다. 양반층의 일부가 소작농민이 되기도 하고 농민의 일부가 부농층을 형성했다. 농지에서 이탈된 농민은 상공업자나 임노동자로 전락했다.[35] 과전법 체제가 무너지면서 농민층 가운데 성장한 부농층은 시대적 모순을 활용해 진전(陳田) 또는 신전(新田)의 개간, 퇴도지(退賭地) 매입 등으로 경작지를 확대해 광작을 하였고, 임노동자를 고용한 상업적 농업 형태의 경작을

---

[34] 강만길, 앞의 책, 130~131쪽.
[35] 강만길, 『고쳐쓴 한국근대사』, 서울: 창작과비평사, 1994, 132쪽.

하였다. 또는 담배, 약초, 채소 등의 상품작물 생산 등을 통해 부농층이 되기도 하였다. 부농층으로 편입되지 못한 농민들은 종래의 양반지주층의 소작농으로 존재하거나 임노동자로 전락했다.[36]

조선 후기 사회의 특징으로 신분제의 변동 못지않은 특징은 양반층의 급등을 들 수 있다. 이는 양반이 갖는 특권이 컸기 때문이었다. 면세와 면역의 특권 때문에 너도나도 능력만 있으면 양반이 되려고 했다. 조선 초기 10% 내외의 양반층은 19세기 들어 60~70%로 증가하였다.[37] 양반층의 증가는 오히려 양반의 권위 실추와 전통적 신분 질서의 균열을 가져왔다. 정약용은 "나라 안의 사람이 모두 양반이 되면 양반이 없어질 것이다"라고 할 정도로 양반 계층의 급증을 가져왔다. 양반층이 증가와 농민층의 분화에 따라 부세를 담당하는 상민층이 부족해지자 정부에서는 궁여지책으로 정조 말기인 1801년 궁노비(宮奴婢)와 각사노비(各司奴婢)를 해방시켜 양민으로 만들었다. 해방 당시 궁노비는 36,974명이었고, 각사노비는 29,093명이었다.[38] 그러나 이들 관노비의 해방으로도 농민들의 부세 부담은 줄어들지 않았다.

양반 사족층은 상민들의 성장에 대응하여 유력 성씨를 중심으로 반촌(班村)을 만들고 민촌(民村)을 지배하는 방식을 도입했다. 그러나 18세기 중반을 들어서면서 부민층의 성장이 계속되어 신향층(新鄕層)이 형성되었고 이들은 수령과 결탁하여 구향권(舊鄕權)과 대립하여 향권을 장악하거나 이를 분점하기도 했다.[39] 이처럼 신향층은 경제력을 기반으로 향촌 사회에서 자신의 사회적 영향력을 향상해 나갔다.

---

[36] 위의 책, 137쪽.
[37] 위의 책, 127~129쪽 참조.
[38] 위의 책, 142쪽.
[39] 위의 책, 65쪽.

이처럼 양난을 겪은 이후 조선 후기는 사회적으로도 신분제의 동요가 나타났다. 이러한 신분제의 동요는 향촌 사회의 변화를 가져왔다. 향촌 사회는 성리학적 질서가 확산되면서 향촌에는 동족 의식이 성장하여 동족 촌락이 발전하였고, 동족간 결속은 종법적 질서에 의한 문중의 지위와 권위 유지에 기반하고 있었다. 이들 동족 촌락은 향촌을 장악해 조선의 지배질서 유지를 뒷받침했다. 이에 대응한 서민층의 동족 촌락도 생존권 유지의 차원에서 나타나기도 했다. 19세기 들어 수령의 권한이 강화와 향촌 사회의 경제력 성장으로 인해 실질적 향권은 사족층에서 이향층(吏鄕層)으로 넘어갔다. 서리, 향임, 군교 등의 이향층과 새롭게 성장한 요호부민(饒戶富民)도 포함되었다. 이들 이향층은 수령과 결탁해 기존의 사족층과 향전(鄕戰)을 벌이며 향촌을 장악해 나갔다. 향촌 사회는 위로는 중앙의 세도 권력과 아래로는 감사와 수령 그리고 말단 지배 기구인 이향층으로 체계화되었고, 이런 상황에서 향촌 사회의 부민과 빈민이 같이 몰락하는 '빈부구곤(貧富俱困)'의 현상이 나타나기도 하였다.[40]

수운은 당시의 사회적 모순에 관해 경전에서 여러 차례 언급했다.

(3-A) 我國 惡疾滿世 民無四時之安 是亦 傷害之數也[41]

(3-B) 夫庚申之年 建巳之月 天下紛亂 民心淆薄 莫知所向之地[42]

(3-C) 강산(江山)구경 다던지고 인심풍속(人心風俗) 살펴보니
부자유친(父子有親) 군신유의(君臣有義) 부부유별(夫婦有別) 장유유서(長幼有序)

---

[40] 위의 책, 1994, 147쪽.
[41] 『동경대전』, 「포덕문」.
[42] 『동경대전』, 「논학문」.

붕우유신(朋友有信) 있지마는 인심 풍속 괴이하다[43]

(3-D) 아동방(我東方) 연년괴질(年年怪疾) 인물상해(人物傷害) 아닐런가[44]

(3-E) 일 세상 저 인물이 도탄(塗炭) 중 아닐런가
함지사지(陷之死地) 출생들아 보국안민(輔國安民) 어찌 할꼬[45]

(3-F) 가련(可憐)한 세상사람 각자위심(各自爲心) 하단말가
경천순천(敬天順天) 하였어라 효박(淆薄)한 이세상에
불망기본(不忘其本) 하였어라[46]

　　(3-A)는 당시의 사회적 분위기를 "惡疾滿世 民無四時之安"이라고 하여, 온 세상이 어지러워 백성이 1년 내내 불안한 상황이라고 판단하였다. (3-B)의 "天下紛亂 民心淆薄 莫知所向之地"은 우리나라의 민심이 각박한 상황이 우리나라뿐만 아니라 중국에서도 같은 상황이며. 이런 상황에서 사람들이 어떻게 살아야 할 방향을 잡지 못할 정도로 힘겨운 사회적 분위기라고 말했다. (3-C)는 세상의 인심이 나빠져서 오륜이 하나도 지켜지지 않는 괴이한 풍속에 빠진 각박한 상황을 묘사하고 있다. (3-D)에서는 이러한 상황이 한 해로 끝나지 않고 연이어 지속되어 사람들이 서로를 해치는 힘든 사회적 분위기를 형성하고 있다는 내용이다. (3-E)는 사회적 모순의 심화로 백성들이 사지에 빠져 헤어나지 못하는 상황에 이르렀다고 보았다. (3-F)에서는 이런 모순 속에서 사람들은 한울님을 경경하지 않고 자기 한 몸만을 위하는 각자위심의

---

[43] 『용담유사』, 「권학가」.
[44] 『용담유사』, 「권학가」
[45] 『용담유사』, 「권학가」
[46] 『용담유사』, 「권학가」

시대상이 되었다고 하였다.

수운이 경전에서 언급한 사회적 모순 속에서 농민층은 소극적인 농민 저항의 방법으로 괘서 사건을 일으켜 관리들의 가렴주구의 실상과 개선책을 요구했다. 일부 농민들은 비밀결사를 조직해 저항하였다. 명화적이나 수적은 토호와 부상을 습격하는 일이 발생했다. 일부 지방에서는 규모가 큰 저항적 범죄조직인 폐사군단, 서강단 등이 활동하였다. 사회적 모순에 대한 적극적 저항은 농민 봉기였다. 대표적으로 1811년에 있었던 홍경래의 봉기였다. 홍경래는 관서 지방에 대한 차별과 중앙정부와 결탁한 특권 상인에 대한 반발 등의 사회적 모순을 해결하기 위해 농민 봉기를 일으켰다. 그러나 사회경제적 모순이 해결되지 않자 1862년에 전국적인 임술 농민 봉기가 일어났다. 이에 정부는 삼정이정청을 설치해 문제를 해결하려 하였다. 그러나 얼마 지나지 않아 폐지되어 그 업무가 비변사에 귀속되어 근본적인 해결을 보기 힘들었다.

4. 순망치한의 대외적 모순 인식

조선이 통치이념으로 채택한 성리학은 명분론을 바탕으로 화이론(華夷論)이라는 중국 중심의 세계관을 갖고 있었다. 중국이 세계의 중심이라는 천하관은 성리학적 가치관이 내면화하는 조선 후기에 더욱 강화되었다. 조선은 중국을 통해 서양의 지식을 아는 수준을 벗어나지 못하였다. 16~7세기는 유럽에서 시작된 대항해 시대와 이후 제국주의가 만들어낸 물결의 한 자락이 이 땅을 적시기 시작했다. 18세기 후반 이양선의 출몰은 중국을 통한 서구와의 간접적 접촉이 아닌 직접적 접촉으로 나타났다. 조선은 이러한 서구를 서양의 도적이라는 양이(洋夷), 양적(洋賊)이라고 불렀고 그들의 낯선 배들을 이양선(異樣船)이라고 불렀다. 이런 이양선의 출몰은 영조 대인 1735년부터 정조~ 헌종 연간에 지속되었다.[47]

1832년 홍주의 불모도 앞바다에 표류하다 붙잡힌 영국배를 조사한 내용을 보면 내조의 경로와 교역에 관한 질문, 이양선의 무기 등에 관한 질문과 함께 영국과 중국 간의 관계에 관한 질문이 많았다. 특히 영국과의 조공 관계를 묻는 질문을 통해 영국도 화이론적인 세계관이 미치고 있는지를 확인하였다. 그러나 영국은 중국과 대등한 관계임을 밝힌다.[48] 이런 과정을 통해 조선인들은 이 세계가 중국 중심의 화이론적 세계관으로 움직이는가에 의문을 갖게 되었다. 나아가 조선 자체에서도 군사력이 강한 영국이 침입해 올 가능성을 배제하지 않은 위기의식을 이미 갖고 있었다.[49] 그러나 황제의 신하인 조선의 국왕은 독자적으로 외교를 할 수 없어 영국의 요청을 받아들일 수 없다는 입장을 벗어나지 못하였다.[50]

1840년에 발생한 아편전쟁은 화이론적 세계관의 몰락을 의미했다. 천하의 중심인 중국은 양이인 영국과의 전투에서 패배하였다. 이 소식은 국내에 전해져 큰 충격을 주었다. 영국이 중국에 군사력으로 우위에 있다는 점이 사실로 확인되어 위기의식이 높아갔다. 실제 1840

---

[47] 김미자, 「17~19세기 조선 후기 문헌에 나타나는 유럽과 유럽상의 형성」, 『한국학연구』 69, 고려대학교 한국학연구소, 2019, 43쪽.

[48] 위의 논문, 58~61쪽 참조.

[49] 민두기, 「19세기 후반 조선왕조의 대외위기의식-제1차, 제2차 중영전쟁과 이양선 출몰에의 대응-」, 『동방학지』 52, 1986, 263쪽.

[50] 위의 논문, 271쪽.

년 12월 제주도에서는 영국 군함 2척이 제주도 대정현의 가파도에 정박해 발포하고 소를 빼앗아 간 사건이 일어나 위기의식은 더욱 고조되었다.[51] 이후 조정에서는 영국이 중국의 땅을 침탈한 것이 아니라 통상을 허용한 것으로 끝났다는 점을 들어 서구 침탈에 대한 인식은 통상의 내용으로 전환되었다. 조정에서는 아편전쟁으로 인해 "백성의 목숨을 끊고 백성의 재물을 탕진하게 하고 끝내는 나라에 화가 미치는" 아편이 국내로 들어오는 것을 심히 우려하고 있었다.[52]

그러나 1856년부터 벌어진 제2차 아편전쟁은 직접적 위기로 다가왔다. 1857년 말 영국군은 광저우를 점령해 방화를 하고 중국인을 살해했다. 이듬해에는 톈진까지 장악하자 중국은 톈진 조약을 맺었다. 그러나 조약 체결 과정에서 다시 전쟁이 재개되어 1860년 6월부터 영국과 프랑스 연합군은 10월에 베이징을 점령했다. 연합군과 중국이 체결한 베이징조약의 내용은 국내로 전해졌다.

중국의 퇴패를 이를 듣고 조정에서는 군신 회의가 열렸지만, 주요 관심사는 천주교 문제였다. 또한 서구 열강의 무력 침입에 대한 대책은 하루아침에 만들어지지 않는 일이기에 준비한다고 하면서 경세론적 명분론을 되풀이하였다. 대신들은 서구 열강의 침입에 대한 대비를 위해서는 먼저 국왕의 수신, 즉 도덕적 품양(稟樣) 향상을 강조하였다. 그러나 궁 밖에서는 달랐다. 베이징 함락 소식이 국내로 전해진 후 민심이 요동하여 조신(朝臣) 가운데도 시골로 낙향하는 사람도 생겼다.[53] 조정에서는 민심을 진정시키는 방법으로 지방관 임명에 신중을

[51] 『승정원일기』, 헌종6년 12월 30일 병술.
[52] 민두기, 앞의 논문, 265~266쪽.
[53] 『승정원일기』, 철종 12년 1월29일 무오.

기하는 것으로 낙착되었다.[54]

수운은 당시의 대외적 모순을 서양과 일본으로 나누어 보고 있었다. 먼저 서구 열강의 침탈에 대해 수운은 경전에서 다음과 같이 염려하고 있었다.

(4-A) 西洋 戰勝攻取 無事不成而 天下盡滅 亦不無脣亡之歎 輔國安民 計將安出[55]

(4-B) 西洋之人 道成立德 及其造化 無事不成 功鬪干戈 無人在前 中國燒滅 豈可無脣亡之患耶[56]

(4-C) 가련하다 가련하다 아국 운수 가련하다 전세(前世) 임진(壬辰) 몇 해런고 이백사십 아닐런가 십이제국(十二諸國) 괴질(怪疾) 운수 다시개벽(開闢) 아닐런가 요순성세(堯舜聖世) 다시 와서 국태민안(國泰民安) 되지마는 기험(崎險)하다 기험하다 아국 운수 기험하다[57]

(4-A)는 수운이 서양의 중국침공의 여파로 우리나라의 보존이 위태로울 수 있다는 인식을 보여준다. (4-B)는 수운이 지켜본 서양인들은 겉으로는 도를 이루고 세상에 이를 펴고자 하는 모습을 보이지만, 실제로는 중국을 무기로 공격해 자기의 발아래 두려는 당시 서구의 제국주의적 행태를 비난하고 있다. (4-C)는 서구 제국주의 침탈 속에서 우리나라의 앞길이 험난하다는 위기의식을 보여주고 있다.

수운은 19세기의 우리나라의 상황을 임진왜란이 발생했을 때와 같

---

[54] 민두기, 앞의 논문, 269쪽.
[55] 『동경대전』, 「포덕문」.
[56] 『동경대전』, 「논학문」.
[57] 『용담유사』, 「안심가」.

은 수준의 대외적 위기 상황으로 파악하고 있었다. 수운은 혼돈의 세계질서 속에서 우리나라의 미래가 희망적이지 않음을 노래하였는데 그 이유는 싸우면 이겨서 앞에 대적할 사람이 없을 정도로 강력한 군사력을 가진 서양의 침탈에 있음을 언급하였다. 서구 열강에 의한 중국의 패배는 '순망치한(脣亡齒寒)'의 위기로 묘사하고 있다.

수운은 일본에 대해서도 경계를 늦추지 않고 있었다. 이는 다음의 글을 통해서 확인할 수 있다.

> (4-D) 개 같은 왜적놈아 너희 신명 돌아보라 너희 역시 하륙(下陸)해서 무슨 은덕 있었던고[58]

> (4-E) 개 같은 왜적놈이 전세 임진 왔다 가서 술 싼 일 못했다고 쇠술로 안 먹는 줄 세상사람 뉘가 알꼬 그 역시 원수로다[59]

> (4-F) 개 같은 왜적놈을 한울님께 조화 받아 일야(一夜)에 멸(滅)하고서 전지무궁(傳之無窮) 하여 놓고[60]

위의 세 인용문 모두에서 수운은 일본을 "개 같은 왜적놈"이라고 힐난하였다. 수운은 과거에 일본이 우리나라에 "하륙해서 무슨 은덕 있었는가", "전세 임진 왔다가서 술 싼 일 못했다고"라는 역사적 사실을 언급하며 해악을 끼쳤다는 점을 강조하며 한울님의 조화로 일본의 멸망을 기원하겠다는 자주 의식을 표명하였다. 수운은 '임진왜란'이라는 역사적인 사실을 언급하며 일본의 무도함에 강한 거부감으로 나타

---

[58] 『용담유사』, 「안심가」.
[59] 『용담유사』, 「안심가」.
[60] 『용담유사』, 「안심가」.

났다. 수운은 일본이 우리나라에 은덕이 없고 해악을 끼치는 "개 같은" 나라라고 규정하며 가능하다면 어떤 비상식적인 힘을 통해서라도 물리치려는 강한 의지를 드러냈다. 수운의 일본에 관한 의식은 임진왜란에 참전한 정무공의 가문이라는 충렬손의 의식과도 연결되어 있다.

또 수운은 서학(西學)에 관해서도 세상을 살릴 방책인지 여부를 알아보기 위해 관심을 갖고 살펴보았다. 서학에 대해 수운은 다음과 같이 언급하고 있다.

> (4-G) 西人 言無次第 書無皂白而 頓無爲天主之端 只祝自爲身之謀 身無氣化之神 學無天主之教 有形無迹 如思無呪 道近虛無 學非天主 豈可謂無異者乎[61]

> (4-H) 하원갑(下元甲) 경신년(庚申年)에 전해 오는 세상 말이 요망한 서양적이 중국을 침범해서 천주당(天主堂) 높이 세워 거 소위(所謂) 하는 도(道)를 천하에 편만(遍滿)하니 가소절창(可笑絶脹) 아닐런가 전에 들은 말을 곰곰이 생각하니 아동방(我東方) 어린 사람 예의오륜(禮義五倫) 다 버리고 남녀노소 아동주졸(兒童走卒) 성군취당(成群聚黨) 극성(極盛) 중에 허송세월 한단 말을 보는 듯이 들어오니 무단히 한울님께 주소(晝宵) 간 비는 말이 삼십삼천(三十三天) 옥경대(玉京臺)에 나 죽거든 가게 하소 우습다 저 사람은 저의 부모 죽은 후에 신(神)도 없다 이름 하고 제사(祭祀)조차 안 지내며 오륜(五倫)에 벗어나서 유원속사(唯願速死) 무삼 일고 부모 없는 혼령혼백 저는 어찌 유독 있어 상천(上天)하고 무엇하고 어린 소리 말아스라[62]

---

[61] 『동경대전』, 「논학문」.
[62] 『용담유사』, 「권학가」.

(4-I) 천상에 상제님이 옥경대(玉京臺)에 계시다고 보는 듯이 말을 하
니 음양이치 고사하고 허무지설(虛無之說) 아닐런가[63]

위의 인용문에서 수운은 서학에 관해 자신이 찾는 세상을 구할 만
한 방책인지를 유심히 살펴보았다. 그러나 수운이 인식한 서학, 즉 천
주교는 앞뒤가 맞지 않는 말, 즉 이치에 합당하지 않는 말을 하면서
세상을 건진다고 하는 데 이를 받아들일 수 없다고 판단하였다. 수운
은 부모에게 제사도 지내지 않는 사람이 빨리 죽어 천당에 가고 싶다
고 간절히 비는 것은 이치에 합당하지 않다고 비판하였다. 그렇다고
수운은 당시의 귀신을 섬기는 풍습도 옳지 않다고 비판하고 있다.

(4-J) 한(漢) 나라 무고사(巫蠱事)가 아동방 전해 와서 집집이 위한 것이
명색마다 귀신일세 이런 지각 구경하소 천지 역시 귀신이오 귀신
역시 음양(陰陽)인 줄 이같이 몰랐으니 경전 살펴 무엇하며 도(道)와 덕
(德)을 몰랐으니 현인 군자 어찌 알리[64]

이처럼 수운은 자신이 살고 있던 19세기가 천하의 중심이라고 자
부하며 동아시아를 지배하던 중국의 몰락하고 있음을 눈으로 목격하
고 있었다. 반면에 대서양 항해 시대 이후 산업혁명으로 경제력과 군
사력을 강화한 서구 열강의 서세동점으로 인한 국가적 위기와 함께
유입하는 서학이 사리에 맞지 않아 결국 한울님을 위하는 도가 아니
라고 언급하였다. 또한 일본에 대한 경계 의식도 강하게 갖고 있었다.
이러한 위기에 빠진 대외적인 모순을 해결하기 위해 수운은 보국안민
의 방책을 찾고자 구도의 길에 나섰다.

---

[63] 『용담유사』, 「도덕가」
[64] 『용담유사』, 「도덕가」

5. 맺음말

이상에서 수운이 조선 후기의 정치, 경제, 사회, 대외적 모순 상황을 어떻게 인식하고 있었는지를 『동경대전』과 『용담유사』를 통해 살펴보았다. 경전 곳곳에서 당시 시대적 모순에 관한 언급을 확인할 수 있었다. 이러한 시대적 모순을 해결하기 위해 수운이 택한 것은 구도였고, 그 결과 1860년 4월 5일 동학을 창도했다.

조선의 세도정치기는 정치적 모순이 극대화된 시기였다. 어린 국왕을 대신한 외척이 주도한 세도정치는 양반의 세력 균형을 무너뜨리고 일부 세도가의 별열적인 세력이 정권을 농단한 기형적 정치 현상으로 볼 수 있다. 세도정치 시기 세도가문은 주자학 의리론에 입각한 군주성학론, 세도정치론, 도가적 경세론 등의 정치론을 바탕으로 18세기 탕평책을 왜곡하거나 부정하고, 송시열 한원진 계통의 주자 도통주의를 강조했다. 이러한 정치론은 새롭게 성장하는 신흥 계층의 기대와 욕구를 정책에 반영하지 못하였고 영정조 대에 강화된 중앙집권적 국가 권력을 바탕으로 피지배계층에 대한 집중적 수탈을 자행하였다. 그 결과로 나타난 것이 이른바 '삼정(三政)의 문란'이었다. 특정 가문이 권력을 장악한 세도정치는 과거제의 문란, 매관매직 등으로 조선의 정치는 더욱 모순으로 몰고 갔다. 그리고 시대의 흐름을 반영하지 못하는 성리학의 도학론만이 정치적 모순의 해결책으로 제시되고 있었다.

경제적으로 조선 후기는 새로운 시대로의 전환을 위한 기반을 형성하고 있었다. 이앙법으로 대표되는 농법의 발달과 대동법의 시행에 따른 화폐 경제의 발달은 상인자본의 형성을 만들어 나갔다. 상인자본은 장시의 발달을 통해 확산했다. 경강상인으로 대표되는 사상층의 발달은 금난전권의 철폐를 가져왔고, 이는 무역의 변화를 이끌었다. 송상, 만상, 내상은 국내외의 물품을 전국적으로 유통할 수 있는 기반을 만들었다. 수공업에서는 관청수공업에서 민간수공업으로, 선대제에서 공장제수공업으로 발전하였고, 광산에서도 민영화가 이루어졌고 관의 과도한 수세에 잠채가 유행했다.

조선 후기에는 농업, 상업, 수공업, 광업 등 경제의 전 분야에서 큰 변화가 나타났다. 그러나 조정에서는 사회 변화에 따른 경제 제도의 개편보다는 기존 제도의 효율적 운영에만 집착하였다. 전국적인 양전이 아닌 편법적 양전인 '읍별정진정책(邑別整進政策)'은 과세지 확보와 국가적 균부균세(均賦均稅)를 포기한 정책으로 지방 수령 주도로 토지 문제를 해결하려는 방안이었다. 이로 인해 사권(私權)과 사적영역(私的領域)이 확대, 발전하고 있었다. 특히 전정에서 그 중심에 있었던 수령과 지주 계급의 사적영유(私的領有)를 저지할 수 없는 제도적 방안의 부재를 의미했다. 이러한 경제적 모순으로 인해 이는 농민 계급의 부담 증가로 나타났고 삼정의 문란으로 귀결되어 급기야 농민 저항으로 표출되었다.

조선 후기 사회는 18세기 이후 조선 후기의 사회에 있어서는 기존의 신분제가 이완되어 나갔고, 민중 사회의 성장이 확인된다. 세도 정치기 양반은 권력을 장악한 세도가문과 권력에서 이탈된 양반으로 분리되었다. 조선 후기 농법의 변화에 따른 광작으로 인한 농민층의 분화와 상업과 수공업, 화폐 경제의 유행 등은 농민층의 분화를 가속화시켰다. 양반층의 일부가 소작농민이 되기도 하고 농민의 일부가 부농층을 형성했다. 농지에서 이탈된 농민은 상공업자나 임노동자로 전락했다. 납속책과 공명첩 등으로 양반층이 증가하며 조선 후기에는 전체 인구의 약 6~70%가 양반층이 되었다. 이에 부세층의 감소를 해결하기 위해 공노비 해방 등이 있었으나 근원적인 대책은 되지 못하였다. 신분제의 변동과 양반층의 증가라는 조선 후기 사회적 모순은 세도정치기에 더욱 강화되었다. 신분제의 변동은 향촌 사회의 변화를 가져와 신향층과 구향층의 항전으로 민중들의 삶을 더욱 힘들게 만들었다.

농민들은 이러한 대내적인 모순을 해결하기 위해 소극적으로는 괘서사건을 일으켜 저항했다. 나아가 범죄집단을 조직해 명화적, 수적으로 활동하여 양반과 토호, 부상의 재물을 약탈했다. 적극적인 저항으로는 홍경래의 봉기와 임술농민봉기를 들 수 있다. 조정에서는 임술농민봉기 이후 삼정이정청을 설치해 문제를 해결하려 하였으나 얼마 후 폐지되어 농민들의 삶은 개선될 기미가 보이지 않았고 대내적 모순도 점점 더 심해졌다.

조선은 중국 중심의 세계관에 편입되어 오랜 시간 유지해왔다. 그러나 대항해 시대와 산업혁명을 거치면서 서세동점의 시대적 상황을 맞이 할 수 밖에 없었다. 1832년 영국의 이양선이 홍주에 정박했고, 1840년 영국 군함 2척이 제주도의 대정에 상륙해 발포하고 짐승을 잡아가는 일이 벌어지는 등 서구 열강이 현실적 위협으로 등장했다. 서구 열강은 1840년 아편전쟁에서 중국에 승리하였고, 1856년에 시작된 제2의 아편전쟁에서 서구의 연합군은 베이징을 점령했다. 이러한 대외적 위기를 맞아 정부에서는 대책을 세운 대책은 지방관의 임명에 신중을 기하는 소극적 해결책만을 찾았다. 서구 열강의 침입에 따른 서학의 유포와 일본의 개항도 대외적인 문제였는데 수운은 이에 대해 크게 경계했다.

수운은 이러한 대내외적인 모순 상황에서 이를 해결하기 위한 구도의 길을 택했다. 이는 자신이 그 모순의 중심에 있었기 때문이었다.

그는 양반이었지만 재가녀의 자손으로 벼슬길이 막혔다. 수운은 자신과 같은 세상 사람들이 갈 길을 찾지 못해 방황함을 인지하고 충렬손으로서 보국안민과 광제창생의 방법을 찾고자 구도의 길을 나섰다. 십수 년의 고행 끝에 1860년 동학을 창도했다. 그가 창도한 동학은 정치, 경제, 사회적 문제에 대한 개별의 해결책이 아니라 근원적인 해결책인 도학(道學)이었다. 그는 창도한 무극대도는 선천의 질서에 의해 만들어진 문명이 시대의 흐름을 따르지 못하고 사회적 모순이 극대화한 전환기를 맞이한 "다시개벽"의 시기를 이끌어갈 후천의 질서라고 강조였다. 그는 한울님을 만나는 종교체험을 통해 천심을 회복해 경천명순천리의 질서를 회복해 시천주의 세상을 만들어야 한다고 주창했고 그 자신이 실천했다. 수운의 동학 창도는 개인의 모순 해결 차원을 넘어 사회, 경제, 사회, 문화, 대외적인 모순을 지닌 선천 문명을 후천 문명으로 전환시키는 다시개벽의 길을 걷게 한 원동력이었다.

참고문헌

『동경대전』

『용담유사』

『숙종실록』

『숙종실록보궐정오』

『승정원일기』

『근암집』

소춘(김기전), 「대신사 생각」, 『천도교회월보』 162, 1924.3.

소춘(김기전), 「대신사 수양녀인 팔십노인과의 문답」, 『신인간』 15, 1927.9.

강만길, 『고쳐쓴 한국근대사』, 서울: 창작과비평사, 1994.

김명숙, 『19세기 정치론 연구』, 서울: 한양대학교 출판부, 2004.

오수창, 『조선정치사 1800~1863』, 서울: 청년사, 1990.

이세영, 『조선후기 정치경제사』, 서울: 혜안, 2001.

조   광, 『조선 후기 사회의 이해』, 서울: 경인문화사, 2010.

조지훈, 『한국문화사서설』, 파주: 나남, 2007.

한우근, 『전정판 동학과 농민봉기』, 서울: 일조각, 1997.

김미자, 「17~19세기 조선 후기 문헌에 나타나는 유럽과 유럽상의 형성」, 『한국학
　　　연구』 69, 고려대학교 한국학연구소, 2019.

김용흠, 「17세기 공론과 당쟁, 그리고 탕평론」, 『조선시대사학보』 71, 조선시대사
　　　학회, 2014.

김용흠, 「19세기 전반 세도정치의 형성과 정치운영」, 『한국사연구』 132, 한국사
　　　연구회, 2006.

김용흠, 「조선의 정치에서 무엇을 볼 것인가-탕평론·탕평책·탕평정치를 중심으
　　　로」, 『한국민족문화』 58, 2016.2.

민두기, 「19세기 후반 조선왕조의 대외위기의식-제1차, 제2차 중영전쟁과 이양선
　　　출몰에의 대응-」, 『동방학지』 52, 1986.

박광용, 「조선후기 정치사의 시기구분 문제-18~19세기 중엽까지의 정치형태를
　　　중심으로 한 분류」, 『성심여자대학 논문집』 23, 1991.

수운 최제우 사적(史蹟) 연구

성강현(동의대학교 기초교양학부 겸임교수)

1. 머리말

사람은 누구나 살면서 흔적을 남긴다. 왜냐하면 물리적 시간과 공간 속에 존재하기 때문이다. 인간의 삶이란 일정한 물리적 시간과 공간을 경유하는 여정이라고 할 수 있다. 삶의 여정에서 의미있는 시간과 공간이 하나로 만나는 지점은 특별한 의미를 갖는다. 인간은 이렇게 형성된 특별함을 기억하고 이를 통해 자기 삶의 의미를 찾는다. 그리고 이를 통해 그 사람을 기억한다. 그중에서도 역사적인 인물이 특별한 시간에 의미 있는 일이 형성된 공간을 유적지(遺蹟地)라 말하며, 유적지 가운데에서 역사적 의의가 특별한 공간을 사적지(史蹟地)라고 한다.

동학을 창도한 수운 최제우(水雲崔濟愚)는 우리 근대사에 가장 큰 영향력을 미친 인물이다. 그가 창도한 동학(東學)은 모든 사람이 한울님을 모신 존엄한 존재라는 시천주(侍天主)를 교의로 새로운 세상의 건설을 위한 개벽 운동을 열었다. 수운이 우리 근현대사에 남긴 유산은 1894년의 동학농민혁명, 1919년의 3·1독립운동과 대한민국임시정부의 수립, 일제강점기의 대표적 사회운동인 어린이운동, 여성운동, 농민운동, 6·10만세운동, 신간회 운동, 멸왜기도 운동, 그리고 해방 공간인 1948년의 분단 저지를 위한 3·1재현 운동 등등 셀 수 없을 정도로 많다. 수운은 현 시대의 과제를 해결하기 위한 생명평화운동에 메시지를 주고 있다.

한국 고유의 문화와 사고를 바탕으로 창도한 동학은 누구도 부인할 수 없는 한국의 대표적 사상이자 정신이다. 전세계를 휩쓸고 있는 한류의 최종단계는 정신문화가 될 것이고, 그렇다고 한다면 우리가 내세울 수 있는 대표적 정신문화가 동학이라고 해도 과언이 아니다. 그래서 수운은 동학(東學)을 '우리나라의 도학'이라고 정의하였다. 우리의 학문이며 사상인 동학을 창도한 수운의 유적지는 사적지라고 하기에 무리가 없다.

그럼에도 불구하고 동학과 수운에 대한 사적 정리는 미흡한 편이다. 여기에는 수운 사적의 정리와 연구에 앞장서야 하는 천도교단의 무관심도 원인이 있지만, 동학 연구자 대부분이 동학농민혁명에 초점을 맞추고 있는 점도 무시할 수 없다. 현재 수운의 사적이 국가나 지방문화재로 등록된 것은 수운이 창도한 용담정과 여시바위골 정도이다. 수운의 생애와 관련한 유적, 기도처, 득도 이후 포덕지, 수난지와 순도지 등 많은 사적이 있음에도 불구하고 이에 대한 체계적인 연구가 미흡한 실정이다.

지금까지의 수운의 사적에 관한 정리와 연구에 대해 살펴보면, 크게 천도교단과 학계의 두 계통으로 이루어졌다. 먼저 교단 차원에서는 사적지의 정리와 매입이 이루어졌고 뒤이어 사적지 연구가 뒤따랐다. 동학 교단 시기에는 정부의 탄압을 받아 사적을 정리할 여건이 되지 않았다. 동학의 3대 교주인 의암(義菴) 손병희(孫秉熙)는 1905년 12월 1일 교단의 명칭을 동학에서 천도교(天道敎)로 바꾸었다. 종교의 자유를 얻은 의암 손병희는 경주의 사적지부터 파악하였다. 1906년 4월 15일부터 보름 동안 교단의 간부인 김연국(金演局)·홍병기(洪秉箕)·권병덕(權秉悳) 등 5명을 15일간 경주에 내려보냈다.[1] 경주로 내려간 이들은 수운과 해월 사적지의 실상을 파악하였다. 이 조사를 바탕으로 천도교단은 수운의 사적지인 용담정이 있던 구미산 일대와 해월의 탄생지인 황오리의 땅 1천여 평을 매입하였다.[2]

이후 1920년대 천도교청년회의 신문화운동의 일환으로 동학 사적지에 대한 답사가 이루어졌다. 1924년 수운의 탄신 백주년을 맞아 김기전이 수운의 사적을 답사하는 성지순례단을 조직하자는 글이 수운의 사적과 관련한 교단 차원의 최초의 글이다.[3] 김기전은 김정설로부터 들은 수운에 관한 이야기를 바탕으로 경주, 형산강, 용담정, 구미산 등 수운의 사적을 찾아 종교적 고양을 호소했다. 박래홍은 전라도 천도교회 순례 중 수운의 대표적 사적인 은적암을 답사하고 그 내용을 적었다.[4] 이글은 은적암의 정확한 위치를 수운에게 직접 배웠던 제자들의 증언을 기록해 사료적 가치가 있다. 수운의 득도지인 경주에 관한 사적 조사로는 1927년 김기전이 쓴 「慶州聖地拜觀實記(경주성지배관

[1] 이동초, 『천도교회 종령존안』, 서울:모시는사람들, 2005, 57~8쪽.

[2] 「천도교경주교구연혁」, 포덕51년조.

[3] 김기전, 「수운생각 성지순려단을 조직하자」, 『천도교회월보』, 162, 1924.3, 16~19쪽.

[4] 박래홍, 「전라행」, 『천도교회월보』 167, 1924.8, 36~38쪽.

실기)」가 최초이다.[5] 이글에서 김기전은 수운의 종증손인 최현우(崔鉉右)의 소개로 한 용담정 답사기와 수운의 수양녀인 주씨(朱氏)와의 대담을 정리해 실었다.[6] 1928년 이돈화는 수운의 기도처인 양산 내원암과 천성산 적멸굴, 울산 여사바위골 등을 답사한 내용을 남겼다.[7] 이글에서 그는 수운의 내원암과 적멸굴의 이야기 및 울산 여시바위골 수운 기거지의 위치를 밝히고 있다. 조기간은 1910년 의암 손병희와 내원암에서 49일 기도 이야기 글에서 적멸굴과 관련된 수운 이야기의 원형을 기록하였다.[8] 이상의 글들에는 수운을 직접 만났던 사람들이 전하는 수운의 사적과 이야기를 담고 있다는 특징이 있다.

천도교단에서의 수운에 관한 본격적인 사적지 연구는 1970년대 후반 표영삼에 의해 이루어졌다. 표영삼은 천도교의 기관지인 『신인간』 1977년 11월호(351호)부터 1980년 7월호(379호)까지 총 26회에 걸쳐 수운과 해월의 사적을 정리했다. 〈표 1〉은 표영삼의 동학 사적 조사이다.

〈표 1〉 표영삼이 조사한 동학 사적

월(호수)	사적 내용	비고	월(호수)	사적 내용	비고
1977.11(351)	울산 여시바위골	수운 사적	1979.03(365)	청산 문바위골	해월 사적
1977.12(352)	천성산 적멸굴	〃	1979.04(366)	보은 장내	〃
1978.01(353)	구미 용담	〃	1979.06(368)	공주 신평리	〃
1978.02(354)	남원 은적암	〃	1979.07(369)	진천 금성동	〃
1978.03.04(355)	대구 관덕정	〃	1979.08(370)	금산 복호동	〃
1978.05(357)	수운 태묘	〃	1979.09·10(371)	금산 복호동(속)	〃

---

[5] 김기전, 「慶州聖地拜觀實記」, 『신인간』 15, 1927.8, 6~10쪽.
[6] 김기전, 「수운수양녀인 팔십노인과의 문답」, 『신인간』 16, 1927.9, 14~17쪽.
[7] 이돈화, 「昔時無地見 今日又看看」, 『신인간』 22, 1928.3, 38~44쪽.
[8] 조기간, 「성사와 적멸굴」, 『신인간』 138, 1939.9, 12~15쪽.

월(호수)	사적 내용	비고	월(호수)	사적 내용	비고
1978.06(358)	원적산에 모신 묘소	해월 사적	1979.11(372)	상주군 앞재	〃
1978.07(359)	원주 송골	〃	1979.12(373)	공주 가섭사	〃
1978.08·09(360)	여주 전거론	〃	1980.01(374)	단양 샘골	〃
1978.10(361)	이천 앵산동	〃	1980.02·03(375)	태백산 적조암	〃
1978.11(362)	상주 높은터	〃	1980.04(376)	영월군 직동	〃
1978.12(363)	인제 느릅정이	〃	1980.06(378)	일월산 댓치	〃
1979.01·02(364)	음성 되자니	〃	1980.07(379)	마북동 검곡	〃

〈표 1〉을 보면 금산 복호동이 2회에 걸쳐 연재되어 조사한 사적은 총 25곳이다. 이중 수운의 사적은 울산 여시바위골, 천성산 적멸굴, 구미 용담, 남원 은적암, 대구 관덕정, 수운 태묘 등 6곳이다. 이밖에 19곳은 해월의 사적이다.

표영삼의 뒤를 이어 대대적인 천도교 사적을 정리한 이는 성주현이다. 그는 1996년 8월(194호)부터 2000년 11월(244호)까지 『천도교월보』에 총 41회에 걸쳐 동학의 사적을 정리해 발표했다. 〈표 2〉는 그중 수운과 관련된 사적이다.

〈표 2〉 성주현이 조사한 수운 사적

월(호수)	사적 내용	비고
1996.10(195)	울산 유곡동 여시바위골	수운 사적
1997.01(198)	남원시 은적암과 교룡산성	수운 사적
1997.08(205)	문경시 초곡리 문경새재와 유곡동	수운 사적
1997.09(206)	강원도 인제군 인제읍 귀둔리	〃
1998.09(218)	양산시 하북면 천성산 내원암과 적멸굴	수운 사적
1999.02(223)	경상북도 포항시 흥해면 매곡리	수운과 해월 사적
1999.10(231)	경북 경주시 현곡면 가정리 구미용담	수운 사적
1999.11(232)	대구직할시 중구 교동 관덕정	〃

월(호수)	사적 내용	비고
2000.05(238)	강원도 정선군 동면 화암리 미천	수운 사적
2000.09(242)	경상북도 상주시 화북면 동관2리 동관음	수운 사적
2000.10(243)	강원도 영월군 소미원(화원) 및 장현곡(노루목)	수운 사적

〈표 2〉를 보면 수운에 관한 사적으로 11회가 연재되었고, 연재를 통해 조사된 수운 사적은 14곳이었다. 이중에서 귀둔리, 미천, 동관음, 소미원, 장현곡 등 5곳은 수운 사후 부인과 아들과 관련된 사적이다. 따라서 수운과 직접 관련된 사적은 9곳이다. 이처럼 동학 사적 답사에 집중했던 성주현은 동학과 문화유적에 관한 내용을 자신의 책에 담았다.[9]

이밖에 천도교 부산시교구의 한울산악회에서 답사해 정리한 동학천도교 사적은 현재 천도교중앙총부 홈페이지(https://www.chondogyo.or.kr.)에 안내되고 있고, 동학혁명정신선양사업단에서 동학과 천도교 사적을 조사해 무크지 『집강소』를 통해 소개되고 있다. 특히 수운 최제우 탄신 200년을 맞아 발간한 『집강소』 15호는 수운의 생애 전반의 사적을 정리해 실었다.[10]

학계에서는 수운과 동학 사적지에 관한 연구보다 동학농민혁명 유적에 대한 조사 연구가 주류를 이루고 있다. 1993년 충북대학교 중원문화연구소에서는 충청북도 보은의 종곡 동학유적에 대한 연구 조사를 통해 보고서를 작성했다. 이 보고서에는 보은 북실 전투 관련 유적에 관헌 문헌 조사, 관련 기록 고증, 현지 조사 등을 담고있다.[11] 이후

---

[9] 성주현, 『동학과 동학혁명의 재인식』, 서울:국학자료원, 2010.

[10] 동학혁명정신선양사업단, 『집강소』 15. 2024.10.28.

[11] 차용걸, 『연구총서 제 6 책 : 보은 종곡 동학유적 - 북실전투 및 관련유적과 집단 매장지 조사』, 충북학교 중원문화연구소, 1993.

동학농민혁명 유적에 관한 조사는 충청도와 강원도, 경기도, 전라도 등 지역별 유적의 정리와 보존 및 활용 방안 등 다양한 연구가 이루어지고 있다.[12]

동학 사적에 관해서는 한국동학학회에서 2001년과 2002년에 걸쳐 동학의 문화유적 순례를 영남지역, 강원지역, 충청지역에 나누어 조사해 『동학연구』에 실었다.[13] 채길순은 동학과 동학농민혁명에 관한 사적지 연구 성과를 정리해 단행본으로 정리했다.[14] 인문지리적 관점에서 동학의 사적지를 연구한 내용도 있다.[15] 수운의 사적과 관련된 연구로는 사적지 연구[16] 및 수운 사적지가 있는 지역의 동학 콘텐츠에 관한 연구가 있다.[17] 동학학회에서는 '동학의 글로컬리제이션' 프로젝

[12] 우종윤, 「보은 동학농민혁명 유적지의 보존방안」, 『중원문화연구총서』 14, 충북대학교 중원문화연구소, 2010; 이상균, 「정읍 동학농민혁명 유적지의 현황과 보존관리」, 『전북사학』 38, 전북사학회, 2011; 김양식, 「충북지역 동학농민혁명 유적지 보존과 활용 방안」, 『동학학보』 28, 동학학회, 2013; 이병규, 「강원도의 동학농민혁명 유적지와 동학농민군」, 『동학학보』 37, 동학학회. 2015; 박대길, 「부안 동학농민혁명 문화콘텐츠 방안 연구」, 『동학학보』 60, 동학학회, 2021; 김성하, 「역사문화자원으로서 경기도 동학 유적 활용 의미와 방안 고찰 -여주 전거론을 중심으로-」, 『동학학보』 71, 동학학회, 2024; 신진희, 「경북 예천 동학농민혁명 관련 유적지 현황과 활용 방안」, 『동학농민혁명 연구』 1, 동학농민혁명기념재단, 2023.

[13] 「동학의 문화유적 순례 Ⅰ(영남지역 1)」, 『동학연구』 8, 2001; 「동학의 문화유적 순례 Ⅰ(영남지역 2)」, 『동학연구』 9·10, 2001; 「동학의 문화유적 순례 Ⅱ(강원지역)」, 『동학연구』 9·10, 2001; 「동학의 문화유적 순례 Ⅲ(충청지역)」, 『동학연구』 11, 2002.

[14] 채길순, 『(새로쓰는) 동학기행 1, 강원도 충청도 서울·경기도』, 서울:모시는사람들, 2012; 『(새로쓰는) 동학기행 2, 경상북도 경상남도 북한편』, 서울:모시는사람들, 2021; 『(새로쓰는) 동학기행 3, 전라북도 전라남도 제주도』, 서울:모시는사람들, 2022.

[15] 박성대, 「수운 최제우 유적지의 풍수적 특성과 비보」, 『동학학보』 54, 동학학회, 2020.

[16] 박성주, 「수운 최제우의 南原行 재검토」, 『동학연구』 30, 한국동학학회, 2011; 임형진, 「은적암과 초기 남원지역의 동학전파─김홍기와 유태홍을 중심으로」, 『동학학보』 33, 동학학회, 2014.

[17] 채길순, 「경상북도 지역의 동학 활동 연구- 사적지를 중심으로」, 『동학학보』 27, 동학학회, 2013; 우수영, 「수운 최제우의 콘텐츠 활용에 대한 시론(試論) - 대구 지역을 중

트를 통해 전주, 원주, 옥천, 영해 등 각 지역의 동학과 동학농민혁명의 사적을 정리하고 있다.

이상의 연구 결과를 통해 수운의 사적 조사와 연구는 교단 중심으로 이루어졌음을 알 수 있다. 학계에서는 동학농민혁명에 관한 사적 조사가 많았으며 수운의 사적에 관해서는 부분적인 내용만 연구와 수운 사적의 지역적 활용 방안이 이루어지고 있다. 그러므로 수운의 사적 전반에 관한 정리의 필요성이 대두된다.

따라서 본 연구는 수운의 생애에 걸쳐 역사적 의미가 있는 공간인 사적을 탐구하는 것을 연구 목적으로 한다. 구체적으로는 사료를 조사해 수운의 사적지를 선정하고, 이들 사적들이 어떻게 변화해서 현재에 이르고 있는지를 살펴보고자 한다. 본 연구를 통해 수운의 사적이 지방문화재 및 국가문화재로 선정될 수 있는 기반을 조성할 수 있는 자료를 제시한다는 점에서 연구의 필요성이 있다.

본 연구에서는 수운의 사적지는 크게 세 시기로 분류해 정리하고자 한다. 첫 번째 시기는 탄생 이후 구도 과정 시기의 사적지이다. 여기에는 수운의 탄생지, 가계, 구도 과정의 사적이 포함되며, 시기적으로는 1824년부터 1860년까지의 기간에 해당한다. 두 번째 시기는 득도와 포덕 시기이다. 이 시기는 수운이 동학을 창도하고 동학의 조직을 만들어가는 시기로 1860년부터 1863년 12월 초까지의 기간에 해당한다. 세 번째 시기는 수난과 순도 시기이다. 시기적으로는 1863년 12월 10일부터 1864년 3월 10일까지의 기간이다. 이렇게 수운의 생애를 세 시기로 나누어 수운 주요 사적을 정리하고자 한다. 본 연구는

심으로」, 『동학학보』 56, 동학학회, 2020; 성주현, 「초기 동학 교단과 영해지역의 동학」, 『동학학보』 30, 동학학회, 2014.

수운 탄생 200주년이라는 뜻깊은 해를 맞아 이루어졌다는 점에서 동
학연구자로서 의미있는 작업이라 하겠다.

2. 탄생과 구도 사적

가. 경주(慶州) 가정리(柯亭里) – 수운의 탄생지
📍 위치 : 경상북도 경주시 현곡면 가정길 33-29(가정리 314)

가정리는 수운의 탄생지이다. 수운은 1824년 10월 28일(음) 경상북
도 경주시 현곡면 가정리에서 태어났다. 이해 1월에 수운의 부친 근
암공은 제자들의 소개로 금척리의 한씨를 세 번째 부인으로 맞았다.
한씨는 혼인 직후 임신해 10월에 수운을 낳았다. 1997년 판『경주최
씨사성공파보 권1』에 근암공은 "영조(英祖) 임오(壬午) 3월 23일생"이라
고 기록되어 있다. 영조 임오년은 1726년으로 이때 근암공은 63세
였다. 근암공은 회갑을 넘긴 만년에 수운을 낳았다. 모친 한씨 부인은
30세였다.[18] 동학의 초기 역사를 기록한『최선생문집도원기서』에는
수운의 탄생 당시를 다음과 같이 기록하고 있다.

> 태어날 때에 하늘이 아주 맑았으며 해와 달이 빛을 발했다. 상서
> 로운 기운이 집 주위에 둘러졌고, 구미산(龜尾山) 봉우리가 기이한 소
> 리를 내며 사흘을 울었다.[19]

---

[18] 『천도교회사초고』, 포덕1년조.
[19] 윤석산 역, 『도원기서』, 문덕사, 1991, 15~16쪽.

이해에는 7월이 윤달이어서 수운이 탄생한 날을 양력으로 환산하면 12월 18일로 평년에 비해 늦은 겨울의 초입이었다. 수운은 상서로운 기운이 산실에 둘러싸인 초겨울의 맑은 날에 태어났다. 위의 글에서 사흘을 울었다는 구미산은 생가에서 보면 정면으로 보이는 산이다. 7대조인 정무공 최진립 장군이 태어날 때 구미산이 세 번을 울었다는 기록이 있어 수운이 태어날 때 구미산이 사흘을 울었다는 이야기는 수운이 정무공보다 더 위대한 인물임을 암시한다.

수운은 이곳 가정리에서 어린 시절을 보냈고, 모친의 환원과 결혼, 그리고 부친의 마지막도 이곳에서 지켜보았다. 어머니 한씨는 수운이 10세 때인 1833년에 병사했다.[20] 17세인 1840년 2월 20일 부친 근암공이 노환으로 환원했다. 수운은 부친의 3년상을 마친 19세 가을에 월성 박씨를 부인으로 맞아들였다.[21] 그리고 얼마 지나지 않아 화재로 생가는 불타버렸다. 생활 터전을 잃은 수운은 형인 제환(濟寏)의 집에서 더부살이를 하다가 얼마 후 용담으로 이사했다.

1843년 화재로 소실된 후 사람이 살지 않던 가정리 생가는 1864년 3월 10일 수운이 대구장대에서 순도한 후 역적의 집이라 인식되어 사람이 살지 않았다. 1906년 손병희는 교단 간부를 경주로 내려보내 수운과 해월의 유적을 살폈다. 가정리 생가에 대한 본격적인 보존 작업은 1969년에 시작되었다. 천도교단의 요청으로 문화공보부에서 가

---

[20] 모친의 환원에 관해서 『천도교회사초고』와 오상준의 『본교역사』에는 10세, 『천도교창건사』는 6세, 강필도의 『동학도종역사』는 8세로 각각 다르게 기록되어 있다.(표영삼, 『동학 1』, 통나무, 2004, 40쪽.)

[21] 수운의 결혼에 관해서 『천도교서』는 19세, 『시천교역사』와 『천도교창건사』에는 13세로 기록되어 있다. 부인의 본관에 관해 『대선생주문집』, 『수운사적』에는 밀양 박씨, 『경주최씨사성공파보』, 『시천교역사』에서는 월성 박씨로 기록되어 있다. 김연국은 수운의 둘째딸인 최완을 섬겼는데 그녀로부터 어머니가 월성박씨라고 들었다고 한다.(표영삼, 『동학 1』, 통나무, 2004, 54쪽)

정리 생가터를 비지정문화재로 지정하였고, 1971년 10월 28일 생가의 가장 안쪽 산기슭 아래에 "天道教祖水雲大神師崔濟愚遺墟碑(천도교조수운대신사최제우유허비)"를 세웠다. 가정리의 수운 생가 복원은 2012년 3월 경주시에서 동학 발상지 성역화 사업을 시작해 추진되었다. 이해 5월부터 5개월간 발굴조사가 이루어졌고 이를 바탕으로 2014년 7월 7일 생가 복원이 완료되었다. 생가 복원에 따라 유허비는 생가 입구 오른편으로 옮겼다. 2023년 10월 28일에는 유허비를 마주 보며 천도교인들의 정성으로 "대신사·대사모 숭모비"를 세웠다.

나. 울산(蔚山) 여시바위골[狐岩洞] – 을묘천서(乙卯天書)의 종교체험 사적
📍 위치 : 울산광역시 울산 중구 원유곡길 106(유곡동 639)

울산 여시바위골(한자로는 狐巖洞)은 수운의 첫 종교체험의 장소이며, 공부 방법의 전환을 가져온 사적지이다. 수운은 성장하면서 양반이었지만 재가녀(再嫁女)의 자손으로 과거를 보지 못하는 신세였음을 인식하였다. 총명했던 수운은 자신의 처지를 인식하자 세상에 대한 불만과 회의가 생겼다. 수운은 주변을 돌아보니 자신과 같은 환경에 처해 있는 사람들이 너무도 많다는 사실을 인식하게 되었다. 수운은 당시의 세상을 "유도 불도 누천년에 운이 역시 다했던가", "이 세상은 요순지치라도 부족시오 공맹지덕이라도 부족언이라"라고 한탄했다. 이런 어지러운 세상에서 힘들게 살아가는 사람들에게 살길을 찾아주는 것이 자신의 소명이라고 생각하고 구도의 길에 나섰다.

수운은 부친상을 마치고 본격적으로 구도의 길에 나섰다. 무예를 연마한 수운은 일당백의 기개가 있었기 때문에 힘든 시기였음에도 전국을 순회하며 다닐 수 있었다. 이러한 수운의 활동은 김기전이 김정설한테 들었던 이야기를 통해 알려졌다. 김정설의 할아버지는 수운의 한 살 아래로 어려서 같이 친구로 지내면서 겪었던 생생한 이야기를 김정설한테 들려주었고, 김정설은 이를 친한 사이였던 김기전에게 전해주었다. 김정설의 조부는 수운의 "예기(銳氣)는 언제든지 일당백(一當百)이었으며 노름 잘하고 싸움 잘하여 시혹(時或) 분쟁이 일어나는 때에는 그가 다섯 사람 내지 열 사람까지 마음대로 휘동(揮動)"[22]할 수 있었다고 했다. 20세의 수운은 세상을 돌아다니면서 고승과 학자를 만나 세상을 건질 방책을 찾는 주유팔로를 했다.

10년간의 주유팔로를 별 소득없이 마친 수운은 1854년 10월경에 처가가 있던 울산의 여시바위골로 이사했다.[23] 이때 수운의 나이가 31세였다. 여시바위골은 울산의 입화산(立火山) 아래의 유곡골의 왼편에 자리 잡고 있다. 골짜기 입구에서 안쪽으로 휘어들어가서 밖에서는 보이지 않는다. 입화산은 울산의 대표적인 기도처이다. 입화산 전망대의 안내판에는 "입화산(204m)은 '불꽃을 세우는' 산이다. 이곳에서 기도를 하면 다른 산보다 좋은 효험이 있다고 하여 소원성취의 불이 꺼진 적이 없었다고 한다."라고 기록할 정도로 잘 알려진 기도처이며, 신성한 장소로 알려진 곳이다. 수운은 결혼 이후 처가를 다니면서 입화산이 신성한 장소라는 것을 알게 되었고, 구도를 위해 여시바위골로 정착한 것으로 보인다.

수운은 여시바위골로 이사했지만 세상을 구할 방책도 찾지 못해 슬픔에 빠져 잠을 이루지 못하고 세상을 근심하며 지냈다. 그러던 중 1855년 봄 3월에 신비체험을 했는데 그 내용은 아래와 같다.

---

[22] 김기전, 「수운생각」, 『천도교회월보』 통권제162호, 1924.3.(원문을 현대어로 고침, 아래도 같음)
[23] 김기전이 대담했던 수양녀 주씨는 수운이 1849년 세살 때 울산 여시바위골에서 노비로 갔다고 했다. 이에 관해서는 추가 연구가 필요하다.

을묘년 봄 3월에 이르러, 봄 잠을 즐기는데, 꿈인지 생시인지 밖으로부터 주인(主人, 수운)을 찾는 사람이 있었다. 선생께서 문을 열고 내다보니, 어디에서 왔는지 늙은 스님이 한 사람 서 있는데, 용모가 깨끗하고 맑으며, 차린 모양이 의젓하였다. "스님께서는 무슨 일로 저를 찾아오셨습니까?" 하여 여쭈니, 그 노승이 말하기를, "생원님께서 경주 최생원 되십니까?" 하고 물었다. 이에, "그러합니다." 선생께서 대답하니, 노승이 말하기를, "그러시다면 소승이 긴밀하게 드릴 말씀이 있습니다. 초당 안으로 잠깐 들어가도 괜찮겠습니까?" 선생께서 노승을 초당에 오르게 하고, 자리를 정하였다. "무슨 의논할 일이 있습니까?" 선생께서 물으니, 그 노승이 대답하기를, "소승은 금강산 유점사(楡岾寺)에 있는 사람이올시다. 한갓 불서(佛書)나 읽으나, 아무러한 신험(神驗)도 없고 하여 백일의 공을 드리게 되었습니다. 이런 중에 다소 신효(神效)가 보이는 것 같이 지성으로 감축(感祝)을 드렸습니다. 공(供)을 마치는 날 탑(塔) 아래에서 우연히 잠이 들었다가, 흔연히 깨어나 탑 앞을 보니 한 권의 책이 탑 위에 놓여 있었습니다. 이를 거두어 들쳐 보니, 세상에서 보기 드문 책이었습니다. 그래서 소승이 그 즉시 산을 내려와 팔방을 두루 다니며, 혹 박식하다는 사람이 있으면 찾아가곤 했지만 가보는 곳마다 정확하게 아는 사람이 없었습니다. 그러던 중 생원님의 박식하심을 우러러 듣고 책을 가지고 찾아온 것입니다. 생원님께서 혹 이 책을 알 수 있겠는지요?" 선생께서 말하기를, "책상에 놓으시지요" 하니, 노승이 예를 갖추고 책을 올렸다. 선생께서 이를 펼쳐보니 곧 유교나 불교의 글로도 글의 이치가 풀리지 않는 것으로 해각(解覺) 되기가 어려운 책이었다. 이에 노승이 말하기를, "그러시다면 다만 사흘의 시간을 드리겠습니다. 오늘은 그냥 갔다가 그날 다시 오겠습니다. 그 사이 자세히 살펴보시고 고찰하심이 어떻겠습니까?" 하고 물러갔다. 사흘 후 노승이 돌아와 묻기를, "혹 깨달은 바가 있습니까?" 선생께서 대답하기를, "제가 이제 이 책의 내용을 알았습니다." 했다. 노승은 백배 사례하고 기뻐하며 말하기를, "이 책은 진실로 생원님께서 받아야 할 책입니다, 소승은 다만 전하기만 할 뿐입니다. 이 책 과 똑같이 행하시기를 바랍니다." 하며, 사양하고 물러나 계단을 내려가 몇 걸음을 가지 않아, 문득 사람이 보이지 않게 되었다. 선생은 마음 속으로 이상하게 여겼으니, 이내 그 노승이 신인(神人)임을 알게 되었다. 그 후 깊이 연구하여 그 이치를 꿰뚫어 보니, 곧 이 책은 기도의 가르침이 담긴 책이었다.[24]

인용문 앞부분의 "꿈인지 생시인지"와 마지막의 "계단을 내려 몇 걸음 가지 않아, 문득 사람이 보이지 않았다"와 "노인이 신인임을 알게 되었다"라는 표현을 통해 이 체험은 일상적 체험이 아닌 신비체험임을 알 수 있다. 수운이 스님으로부터 받은 책에는 기도의 가르침이 담겨있었다. 수운은 이 사건을 계기로 학문적 방법의 구도에서 종교적 방법의 구도로 전환했다. 천도교에서는 이 사건을 하늘로부터 이서를 받았다는 뜻의 '을묘천서(乙卯天書)'라고 한다. 10여 년의 노력에도 세상을 구할 도를 찾지 못한 수운은 여시바위골에서 실 날 같은 희망을 되살렸다. 이런 측면에서 여시바위골은 수운의 첫번째 종교체험의 장소로 동학 창도의 시작을 알리는 중요한 사적지이다.

이후 여시바위골을 다시 찾은 이는 야뢰(夜雷) 이돈화(李敦化)였다. 1928년 1월 울산종리원을 순회한 야뢰는 지역 원로들의 도움으로 여시바위골을 찾았다. 야뢰의 여시바위골 답사기는 아래와 같다.

그 골짜기 됨이 심히 이상하겠다. 좌청룡우백호(左靑龍右白虎) 같은 산맥이 곱게 곱게 흘러 완연히 궁을형으로 구불어져 가지고는 앞에 주먹같이 둥근 소산(小山)이 골 사이에 묘하게 섰음으로 그 골에 들어앉으면 도화유수향연거(桃花流水杳然去)는 없다 할지라도 별유천지비인간(別有天地非人間)은 확실히 될만하겠다. 수운의 살던 집은 재작년(1926년)까지 남아 있었다가 그곳 어떤 부호가 풍수설을 믿고 그곳에 묘를 쓰

24 윤석산 역주, 『도원기서』, 문덕사, 1991, 12~13쪽.

면 부귀공명이 자손만대에 가리라 하고 그 집을 사서 헌 뒤에 바로 집자리에다는 감히 묘를 쓰지 못하고 집자리쯤은 겨우 남겨놓고 바로 그 옆에다 묘를 썼다는데 비석에 '처사문모지묘(處士文某之墓)'라고 하였다.[25]

수운이 기거했던 초당은 이돈화의 답사 2년 전인 1926년 울산의 부호인 문씨에게 팔려 묘가 들어섰다. 집 자리가 명당이었으나 신인(神人)이 살던 곳이라 차마 그 자리에 묘를 쓰지 못하고 바로 옆에 묘를 썼다고 한다. 이돈화는 "지금에 집터에는 아무것도 가고(可考)할 것이 없는데 문에 섰던 살구나무는 언젠가 말라 죽어버리고 그 뿌리에서 새움이 나서 한 아버지의 후사를 보고 있고 집 뒤에는 두어 그루 감나무가 백년고색의 늙은 얼굴로 '나는 수운을 보았소'라고 하는 듯이 고색창연한 빛을 띠고 있다"라고 답사 소감을 밝혔다.

1977년 표영삼이 다시 여시바위골을 답사하고 그 내용을 『신인간』에 실었다. 호암동(狐巖洞)이라는 기록을 들고 유곡동을 찾은 삼암은 여러 사람을 만나 그곳에 관해 물었는데 아는 사람이 없어 고생을 많이 했다고 하였다. 성과 없이 답사를 마치고 돌아오면서 혹시나 하는 마음에 "혹시 여우바위골은 있습니까?"하고 물으니 그중 한 분이 "여우바위골은 없지만 여시바위골은 있습니다."라고 해서 겨우 찾았다고 들었다. 경상도에서는 여우를 여시라고 해서 지역민들은 골짜기의 이름이 여시바위골이라고 불렀다.[26]

여시바위골은 1997년 1월 30일 경상남도 기념물로 지정되었으나 울산이 광역시가 되면서 이해 10월 9일에 울산광역시 기념물이 변

[25] 이돈화, 「석시무지견 금일우간간」, 『신인간』통권제22호, 1928.3, 42쪽.
[26] 표영삼, 「울산 여시바위골」, 『신인간』 351, 1977.11, 71~77쪽.

경됐다. 여시바위골이 지자체 기념물로 제정되는 때를 맞춰 이해 10월 28일 수운 집안의 후손인 최말란이 "天道教教祖水雲崔濟愚遺墟碑(천도교 교조 수운 최제우 유허비)"를 세웠다. 울산시에서는 유허비의 보존을 위해 2000년 비각을 건립했고 이어 초당 복원을 위해 경희대학교 박물관에 문화재 지표조사를 의뢰해 이를 바탕으로 2004년 5월 초가(13평)와 초당(8평)을 복원해 수운 탄신일인 10월 28일 준공 봉고식을 가졌다. 이로써 여시바위골의 수운 사적은 옛 모습을 되찾았다. 2010년 10월 "울산 최제우 선생 유허지 보존회"가 결성되어 여시바위골의 보존과 유지, 나아가 성역화를 추진했다. 보존회의 노력으로 2015년 울산광역시에서 여시바위골 일대를 생활공원으로 꾸몄으며, 2018년 울산광역시에서는 수운이 처가로 오면서 구매했던 6두락의 논을 매입해 2022년 3월 31일 "동학관(東學館)"을 건립해 동학과 여시바위골의 역사를 알리고 있다.

다. 양산(梁山) 내원사(內院寺) – 득도 이전 수운의 기도처
📍 위치 : 경상남도 양산시 하북면 내원로 207(용연리 291)

내원사(內院寺, 당시는 내원암)는 수운의 득도 이전 기도 사적이다. 1855년 을묘천서의 체험 이후 수운은 이곳을 기도처로 정하고 49일 기도에 들어갔다. 수운은 을묘천서의 내용에 따라 기도에 들어갔으나 여시바위골에서는 생활과 기도를 병행해야 했기 때문에 성과를 거두기가 힘들었다. 그래서 수운은 조용히 공부할 수 있는 곳을 물색하다 내원사로 들어갔다. 내원사는 신라 문무왕 때 원효(元曉)가 창건했다고 『송고승전(宋高僧傳)』에 창건 설화가 나온다. 문무왕 13년(673) 원효가 기장군 장안면 불광산에 있는 척판암(擲板庵)을 창건하여 수행하던 중, 당나라

태화사의 천여 명의 대중이 장마로 인한 산사태로 매몰될 것을 예견하고 '효척판구중(曉擲板求衆)'이라고 쓴 큰 판자를 그곳으로 날려 보냈다. 그곳 대중들이 공중에 떠 있는 현판을 보고 신기하게 여겨 법당에서 뛰쳐나와 보는 순간 절 뒷산이 무너져 생명을 구하게 되었다. 이 인연으로 중국 승려 천여 명이 신라로 와서 원효의 제자가 되었다. 원효가 그들의 머물 곳을 찾아 내원사 부근에 이르자 산신이 마중 나와 현재의 산신각 자리에 이르러 자취를 감추었다. 이에 원효가 이곳에 대둔사(大屯寺)를 창건하고 상·중·하내원암(上中下內院庵)을 비롯해 89개 암자를 세워 이들을 거주시켰다. 그리고 천성산 상봉에서 『화엄경(華嚴經)』을 강론하여 이들을 깨닫게 해 모두 성인으로 탈바꿈시켰다고 해서 그 산 이름을 천성산(千聖山)이라 하였다고 전한다.

이후 내원사가 어떻게 되었는지 기록이 없다가 인조 24년인 1646년에 의천(義天)이 중건하였으나 얼마 후 다시 허물어졌다. 그러다 수운이 주유팔로(周遊八路)를 하던 1846년(헌종 11)에 용운(龍雲)이 중수하였다는 내용이 내원사 입구의 '천성산내원사사적비(千聖山內院寺事蹟碑)'에 기록되어 있다. 이후 1876년에는 해령(海嶺)이 중수하였다. 1898년에는 유성(有性)이 수선사(修禪社)를 창설하고 내원사로 개칭한 뒤 선찰(禪刹)로 이름을 떨쳤고, 일제강점기에는 혜월(慧月)이 주석하면서 많은 선승(禪僧)들을 배출하였다. 6·25 전쟁으로 내원사가 완전히 소실되었고, 비구니 수옥 스님이 복구해 이후 비구니 선원이 되었다. 현재 내원사는 죽림원, 원화당, 간월당, 심우당 등의 건물이 들어서 비구니 선찰(禪刹)로서의 면모를 갖추고 있다. 수운이 기도했던 내원암 건물은 죽림원으로 추정된다.

'천성산내원사사적비'의 "헌종 12년 1846년 용운 화상(龍雲 和尙)이 3건하였으며"라는 내용으로 있다. 이때는 수운이 주유팔로를 하던 시기였다. 주유팔로 중 수운은 내원사를 찾아 용운 스님과 친분을 쌓았을 것으로 추정된다. 내원사 주변은 소금강이라고 불릴 정도로 산수의 수려하고, 또 고승 원효가 창건한 수행처임을 알고 내원사를 찾았을 것이다.

『천도교창건사』에 따르면, 수운은 을묘천서를 받은 이듬해인 1856년 여름에 동자 한 사람을 대동하고 내원사를 찾았다. 수운은 49일을 작정하고 을묘천서의 내용대로 하늘에 기도를 시작했다. 그러던 중 47일째 되는 날에 문득 마음에 생각이 떠오르기를 '이제 숙부가 환원하였으니 가히 공부를 마치지 못 하리라' 하시고 산을 내려가 경주로 돌아가니 과연 숙부가 환원하였다. 수운 자신도 숙부의 환원을 알게 된 것을 이상하게 여겼는데, 주변 사람들은 이런 수운을 더욱 이상하게 여기고 도를 묻거나 이술(異術)을 한다는 소문이 났다.

수운 이후 내원사를 다시 찾아 기도한 대표적 인물은 교주 의암 손병희였다. 의암은 1909년 12월에 임명수(林明洙), 최준모(崔俊模), 김상규(金相奎), 조기간(趙基栞)을 대동하고 내원사를 찾았다. 당시 내원사의 주지는 석담이었다. 일본에서 외유했던 성사는 국권이 일본에 빼앗기는 국난의 과정을 보면서 앞으로 교단 진로의 해법을 찾기 위해 내원사를 찾았다. 「안심가」에서 수운께서 말씀한 "개 같은 왜적놈"의 의미를 알아보고자 했다. 내원사 기도에서 해법을 찾은 성사는 서울로 올라와 우이동을 매입하고 봉황각을 건립하고 이신환성(以身換性)의 법설로 교인들을 단련시켰고 이들이 3·1운동의 주역이 되었다.

의암은 내원사에서 기도를 마치고 내원사의 금강교를 지난 왼편 석벽에 성사의 이름을 조금 높이 쓰고 같이 기도한 네 명의 이름과 포덕 51년(1910) 1월이라고 각자를 새겼다. 내원사 기도를 마친 기념으로 세긴 것으로 보인다. 성사의 각자는 통도사 일주문 오른편의 석벽에도 같은 내용으로 기록되어 있다. 내원사는 수운의 득도 이전의 주요 사적이다.

라. 양산(梁山) 적멸굴(寂滅窟) - 득도 이전 수운의 기도처
📍 위치 ; 경상남도 양산시 하북면 내원로 207(용연리 291)

적멸굴(寂滅窟)은 수운의 득도 전 기도처의 하나이다. 수운은 내원암에서 기도 중 숙부의 환원을 직감하고 경주로 돌아가 일년상을 마치고 다시 천성산을 찾았다. 위에서 언급한 것처럼 6두락의 땅을 저당잡고 동리 입구에 철점을 운영했다고 한다. 표영삼은 수운이 경영하던 철점의 위치를 경상남도 울산광역시 울주군 두동면 봉계리의 중리라고 하였다.[27] 철점을 경영하였지만, 구도에 빠져있던 수운은 1857년 7월 내원암의 앞산에 있는 적멸굴로 올라가 49일 기도를 하였다. 수운은 이곳에서 무사히 49일 기도를 마쳤다. 『최선생문집도원기서』에서는 적멸굴에서 기도했다는 사실만 기록되어 있을 뿐 기도 과정에서 있었던 일들에 대한 기록은 없다.

적멸굴은 내원사 일주문을 지나 오른편의 산신각을 끼고 올라가야 한다. 약 1.7km 오르면 손병희의 각석(刻石)이 있는 내원사 계곡이 나타난다. 계속 내원사를 향하는 길의 옥류교를 건너 약 300m 더 올라오면 빗금 친 주차장이 나타난다. 이 주차장에서 왼쪽을 보면 용연천변에 "적멸굴 가는 길목"이라는 길잡이돌이 있다. 여기에서 용연천을 건너 큰 소나무를 옆으로 난 산길을 타고 계곡의 왼쪽 길을 따라 약 10분 올라가면 가파른 오르막길이 나타난다. 이 오르막길을 타고 약 20분 오르면 경사가 조금 완만해진다. 이렇게 완만한 산의 팔 부 능

---

27 표영삼, 『동학 Ⅰ』, 통나무, 2004, 82~85쪽.

선쯤에 왼쪽으로 난 작은 길이 보인다. 이 길을 따라 약 5분 정도 가면 보이는 대나무밭을 통과하면 비로소 적멸굴이 보인다. 적멸굴은 자연동굴로 동굴의 앞은 4~5m 정도의 높이이고, 안쪽으로 들어가면서 좁아지고 6~7m 정도 들어가면 바위틈으로 물이 떨어진다. 적멸굴의 물을 마시려고 짐승들이 다닌 발자국이 여기저기 나있다. 수운이 이곳에서 기도를 할 수 있었던 이유는 물이 있었기 때문이었다.

수운의 적멸굴 기도에 관해서는 이돈화의 다음 글에 잘 나타나 있다.

> "벌써 80년 전 일입니다. 경주 땅에서 최(崔) 선생이라는 선인(仙人)이 와서 천성산 적멸굴에서 도를 닦았는데요 49일 만에 '북수리(鷲)'가 되어 날아갔다 합니다. 그래서 최 선생의 별호를 '최 북수리'라 한답니다. 최 선생이 도술로 수리가 되어 가지고 천성산 만학천봉 위로 이리 돌고 저리 돌고 혼자서 노닐 때에 이때 마침 천성산 안에는 서씨(徐氏) 성을 쓰는 도술자가 하나 있어 역시 '북수리'가 되어 이리저리 날아다니다가 최 북수리를 만나게 되었다 합니다. 그래서 최 북수리는 서쪽 바위에 앉고, 서 북수리는 동쪽 바위에 앉아 서로 보고 한번 웃은 뒤에 서 북수리가 최 북수리를 보고 하는 말이 "여보 이곳에 와서 주인도 찾지 않고 다닌다 말이오" 한즉 최 북수리는 "여보 주인이 되어서 손을 먼저 찾아보아야지요" 하고 두 북수리는 다시 한번 웃은 뒤에 말없이 중천(中天)을 날아 이대로 가버렸다."[28]

이 이야기에서 수운이 북수리, 즉 독수리가 되었다는 것은 수운이 하늘의 이치를 깨달은 존재로 승화했다는 의미로 해석할 수 있고, 중천을 날아갔다는 것은 더 높은 공부를 위해 떠나갔다는 뜻으로 풀어볼 수 있다. 적멸굴에서 수운은 득도 직전의 경지까지 도달하였음을

---

[28] 이돈화, 「석시무지견 금일우간간(昔時無地見 今日又看看)」, 『신인간』 통권제22호, 1928.3, 40쪽.

위의 이야기를 통해서 알 수 있다. 야뢰는 이 이야기를 "당시 사람들이 수운의 위대한 인격을 우러러 자연히 생각한 상징적 전설"이라고 설명하였다.

〈그림 1〉 적멸굴

수운의 기도처인 적멸굴을 다시 찾은 인물은 의암 손병희였다. 1910년 내원사 기도 중 하루는 저녁을 먹은 후 운동하러 내원사 남쪽으로 내려갔다가 주지 퇴운의 스승인 당시 70세경인 손석담 스님이 의암과 담화를 나누었는데 석담 스님은 의암에게 앞산에 수운이 공부했다는 적멸굴이 있다고 전해주었다.

> 제가 10여 살 되었을 때에 어린 상자로서 제 스님을 모시고 이곳에 들어올 때에 저의 스님께서 저에게 가르쳐주시는 말씀으로 저기 산봉오리 밑에 적멸굴이라는 큰 굴이 있는데 경주 있는 최복술이라는 사람이 그 굴에 와서 도통을 하여서 올 때에는 걸어서 와서 갈 때에는 수리개가 되어서 날아갔느니라는 말씀하심을 들었습니다.

의암은 석담한테서 들었던 수운 이야기는 뒷날 야뢰의 이야기에 비해 간략하다. 이튿날 의암은 점심을 평소보다 일찍 먹고 젊은 스님 한 분을 앞세우고 적멸굴 등반에 나섰다. 의암과 함께 등반했던 조기간은 적멸굴에 도착했을 때 이미 정좌해 있는 의암의 모습을 이렇게 기록하였다.

성사(聖師, 천도교의 손병희 존칭)가 묵묵히 엄격하신 태도로 솜에 쥐신 단주만 돌리시면서 앉아계시더니 고요히 일어나시면서 "인제들 올라오나! 나는 오기는 벌써 올라왔는데 나는 이곳에 오자마자 홀연히 글한 귀가 생각났는데 석시차지견 금일우간간(昔時此地見 今日又看看)이라 하였소" 하시었다.[29]

조기간은 이때의 상황을 "수운대신사와 의암성사의 육신은 다르나 법신의 일치를 얻게 되어 오심즉여심이 되어진 그 지경을 증명하는 표현이라고 볼 수 있다."라고 설명하며 의암의 높은 종교적 성취를 표현하였다. 의암의 이 체험은 '성령출세설(性靈出世說)'이라는 천도교의 사후관을 정립하는 계기가 되었다. 이런 측면에서 적멸굴은 동학의 역사에서 중요한 의미를 지닌 사적이다.

이밖에 득도 이전의 사적으로 경주시 건천읍 금척리(모친 한씨 기거지), 경주시 서면 도리 관산(부친 근암공 최옥 묘), 현곡면 하구리 정무공유허비, 경주시 내남면 이조리의 충의당(정무공 최진립 생가)과 용산서원(정무공 최진립 배향), 울산광역시 언양읍 반연리 정무공 묘 등이 있다.

3. 득도와 포덕 사적

가. 경주(慶州) 용담정(龍潭亭) – 동학의 창도지
📍 위치 : 경상북도 경주시 현곡면 용담정길 135(가정리 산 63-1)

용담정은 동학의 창도지로 수운의 가장 대표적인 사적이다. 그래서

---

[29] 조기간, 「성사와 적멸굴」, 『신인간』 통권제138호, 1939.9, 15쪽.

천도교에서는 이곳을 '용담성지(龍潭聖地)'라고 부른다. 용담정이 있는 구미산 골짜기에는 사람이 살지 않았는데 정조 2년(1778) 복령(福齡)이라는 승려가 '원적암(圓寂庵)'을 지으면서 사람이 왕래했다. 그러나 얼마 지니지 않아 복령은 떠나갔고 암자도 버려졌다. 가정리에 기거하던 수운의 조부인 종하(宗夏)가 원적암과 일대 산전을 매입해 아들 근암공의 학업 장소로 마련했다. 종하는 원적암을 보수한 후 근암공의 스승인 기와(畸窩) 이상원(李象遠)에게 부탁해 '와룡암(臥龍庵)'이라 이름지었다.

30여 년간 과거 급제를 위해 노력했던 근암공은 뜻을 이루지 못하자 모든 것을 접고 와룡암 자리에 다섯 칸의 집을 짓고 그 북쪽에 네 칸의 집을 지어 '용담서사(龍潭書社)'라고 이름 붙이고 제자들을 길렀다. 부친이 용담서사를 지었다는 내용은 "가련(可憐)하다 우리부친(父親) 구미산정(龜尾山亭) 지을때에 날주려고 지었던가 할길없어 무가내라"[30]라는 구절에서 알 수 있다. 근암공의 묘갈명(墓碣銘)에는 이때의 근암공의 생활을 다음과 같이 기록하였다.

> 이때(모친이 환원한 1808년)부터 과거를 보지 않고 스스로 근암(近庵)이라 하였다. 와룡암 윗가에 방을 짓고 도연명의 귀거래사에 만족하는 시를 지어 그의 뜻을 나타냈다. 마침내 제자백가의 글에 크게 힘을 썼고 성리학에 관한 책을 더욱 깊이 연구했다.[31]

과거를 포기하고 용담에 들어온 근암공은 입신양명을 뜻을 접고 학문에 매진하였다. 근암공은 용담에서의 생활을 이렇게 시로 읊었다.

---

[30] 『용담유사』, 「안심가」.
[31] 최옥(최동희 역), 『근암집』, 서울:창커뮤니케이션, 2005, 754쪽.

영광도 욕됨도 모두 잊어버린 여기는 다른 세상이니, 옳고 그름
도 고요한 이 산속에 이르지 못하네, 안개와 노을이 물과 돌을 부드
럽게 감싸고 흐르더니, 어느덧 달은 밝고 바람은 이렇게 맑구나[32]

　용담에 돌아온 근암공은 세상의 시비를 벗어나 자연과 벗하며 생
활하는 기쁨을 표현했다. 근암공은 용담에서 제자를 기르며 제자들을
길렀다. 1840년 근암공이 환원한 후 용담을 찾는 발걸음이 뜸해졌다.
1843년 가정리의 생가가 불타자 살 곳을 잃은 수운은 형 제환의 집에
얹혀살다가 용담서사로 이사해 생활하였다. 그러나 수운이 울산의 여
시바위골로 이사한 이후 용담에는 인적이 끊어졌다.
　1859년 10월 수운은 울산의 생활을 청산하고 용담으로 돌아왔다.
세상을 구할 방책을 찾고자 십수 년을 고생했으나 아무것도 얻지 못
했다. 수운은「수덕문」에서 "하는 일마다 서로 어긋나니 스스로 한 몸
간직하기가 어려움을 가엾게 여겼노라. 이로부터 세간에 분요(紛擾)한
것을 파탈(擺脫)하고 가슴속에 맺혔던 것을 풀어 버리었노라."라고 당시
의 심정을 토로했다. 수운은 오랜 구도의 고행 속에서 작은 이적만 있

을 뿐 세상을 건질 방
책을 찾지 못한 자신
을 자책하고 세상의
분요함을 떨쳐버리고
용담에서 뜻을 이루려
고 돌아왔다.
　수운은 용담으로 돌
아오던 심정을「용담

〈그림 2〉 1975년에 중창한 용담정

---

[32] 최옥(최동희 역),『근암집』, 서울:창커뮤니케이션, 2005, 92쪽.

가」에서는 다음과 같이 노래했다.

> 인간 만사 행하다가 거연(遽然) 사십 되었더라
> 사십 평생 이뿐인가 무가내(無可奈)라 할 길 없다
> 구미 용담 찾아오니 흐르나니 물소리요 높으나니 산이로세
> 좌우 산천 둘러보니 산수는 의구(依舊)하고 초목은 함정(含情)하니
> 불효한 이내 마음 그 아니 슬플소냐
> 오작(烏鵲)은 날아들어 조롱을 하는 듯고
> 송백(松栢)은 울울(鬱鬱)하여 청절(淸節)을 지켜 내니

용담으로 돌아온 수운은 구도를 위한 마지막 승부에 돌입했다. 우선 이름을 '제선(濟宣)'에서 '제우(濟愚)'로 고쳤다. 근암공이 지어준 이름을 고친다는 것은 중대한 결심을 했음을 뜻한다. 수운은 지금까지의 삶과 다른 새로운 삶을 살아가겠다는 의지를 이름을 고치는 것으로 표현했다. '제우'라는 이름은 '어리석은 사람을 구제한다'는 의미로 구도의 목적을 담고 있었다. 또한 수운은 제세안민의 해결책을 얻기 전에는 구미산 밖을 나가지 않겠다는 '불출산외(不出山外)'를 맹세했다. 이후 수운은 지성으로 하늘에 축원했다. 이런 수운의 모습을 수양녀(收養女) 주씨(朱氏)는 다음과 같이 언급하였다.

> 용담에 돌아오셔서 부터 꼭 집에 계셨는데 하는 일은 다른 것이 없고 그저 글 읽는 것이었다. 언제봐도 책을 펴고 있더라 자다가 일어나 이제는 주무시겠지 하고 그 앞을 지나면 벌써 책을 보고 계셨다 어쩌면 세상에 그렇게도 볼 책이 많을까[33]

용담으로 돌아온 수운은 수양딸의 말처럼 독서와 사색, 기도로 한

---

[33] 김기전, 「수운 수양녀인 팔십노인과의 문답」, 『신인간』 통권제16호, 1927.8, 15~16쪽.

겨울을 밤을 환하게 밝힐 정도로 지성을 드렸다. 1860년 입춘을 맞아 수운은 "道氣長存邪不入 世間衆人不同歸"라는 시를 지어 붙이고 구도를 위한 각오를 더욱 굳건히 했다. 입춘시에서 수운은 도의 기운을 한결같이 보존해 사특함을 물리치고, 세상 사람들과 같이 죽음을 맞지 않겠다는 필사의 각오를 다졌다.

극한의 고행 끝에 1860년 4월 5일 수운은 한울님과 만나는 신비한 종교체험을 통해 동학을 창도하였다. 수운은 한울님으로부터 '오심즉여심(吾心卽汝心)', 즉 '시천주(侍天主)'의 가르침을 받았다. 「논학문」에 당시의 상황이 이렇게 기록되어 있다.

> 내 마음이 네 마음이니라. 사람들이 어찌 이를 알리오. 천지(天地)는 알아도 귀신(鬼神)은 모르니 귀신이라는 것도 나니라. 너는 무궁무궁한 도에 이르렀으니 닦고 단련하여 그 글을 지어 사람들을 가르치고 그 법을 바르게 하여 덕을 펴면 너로 하여금 장생하여 덕을 천하에 빛나게 하리라.[34]

수운의 종교체험은 한울님의 마음과 하나가 되는 경지가 되어 한울님의 말씀을 들은 상태에 도달한 것이다. 종교학자들은 수운의 종교체험을 가장 높은 수준의 종교체험이라고 한다. 이러한 수운의 종교체험은 1년 가까이 지속되었다. 수운은 1년 동안 자신이 받은 무극대도(無極大道)가 세상을 건질만한 깨달음이며 도학(道學)인가를 면밀히 살폈다. 수운은 1여년 간의 공부 끝에 자신이 한울님으로부터 받은 가르침을 "도(道)는 비록 천도(天道)이나 학(學)으로는 동학(東學)"이라고 명명했다.

수운은 1861년 6월에 무극대도를 세상에 전하는 포덕(布德)을 시작

---

[34] 『동경대전』, 「논학문」. "吾心卽汝心也 人何知之 知天地而無知鬼神 鬼神者吾也 及汝無窮無窮之道 修而煉之 制其文敎人 正其法布德則 令汝長生 昭然于天下矣"

했다. 수운의 첫 포덕은 가족이었다. 평생 구도의 길을 걸으며 고생만
시킨 부인 박씨와 아들, 딸에게 도를 전하였다. 또한 수운은 자기 집
에 있던 두 여종을 해방해 한 사람은 며느리로 삼고, 또 한 사람은 수
양딸로 삼아 가족으로 맞아들였다. 이러한 수운의 시천주의 실천은
조선을 지배하던 성리학적 가치로써는 상상할 수 없는 남녀 차별과
반상 차별의 과감한 철폐였다. 이어서 조카 맹륜이 입도했다.

　수운이 포덕을 시작하자 갈길을 찾지 못해 방황하던 사람들이 구
름같이 용담으로 모여들었다. 사람들로 가득찬 용담의 광경을 수양딸
주씨는 이렇게 설명했다.

> 많고 말고, 많아도 여간 많았나. 마룡동 일판이 수운 찾아오는 사
> 람으로 가득 찼었다. 아침에도 오고, 낮에도 오고, 밤에도 오고. 그
> 래서 왔다가는 사람, 하룻밤 자는 사람, 여러 날 유하는 사람. 그의
> 부인하고 나하고는 그 손님 밥쌀 일기에 손목이 떨어져 왔다. 낮
> 에 생각할 때에는 저 사람들이 밤에는 어디에 다 잘까 했으나 밤이
> 되면 어떻게든지 다 들어가 잤었다.[35]

　용담정을 찾는 사람들이 얼마나 많았는지 이들을 접대하느라고 밥
쌀 일기에 손목이 떨어질 정도였다고 한다. 전하는 이야기에 수운을
뵙기 위해 선물로 곶감을 들고 찾아왔는데 곶감을 꿴 꼬챙이가 쌓여
나무꾼들이 이것을 가지고 갈 정도로 인산인해를 이루었다고 한다.
수운의 포덕은 단번에 세간의 주목을 받게 되었다. 신분제와 남녀 차
별을 중시하는 유생들은 수운이 창도한 동학(東學)을 이단으로 몰아 비
난하기 시작했다. 이로 인해 수운은 11월 들어 용담을 떠날 수밖에

---

[35] 위의 글, 16~17쪽.

없었다.

이듬해인 1862년 6월에 경주로 돌아온 수운은 용담이 아닌 서면 도리 박대여의 집에 머물렀다. 해월은 수운이 이곳에 있음을 마음으로 알고 찾아가 그간의 종교체험을 말하고 포덕에 동참했다. 10월에 용담으로 돌아온 수운은 해월의 주선으로 11월에 흥해 매곡리 손봉조에 머물다 새해를 맞았다. 수운은 12월말에 매곡리에서 늘어나는 교인을 지도하기 위한 접주제(接主制)를 시행해 교단 조직을 갖췄다.

1863년 3월 9일 수운은 용담으로 돌아왔다. 교단의 체계가 갖춰지자 수운은 어떤 어려움이 있더라도 용담에서 포덕을 하기로 다짐했다. 이해 6월에 '개접(開接)'을 해서 접주와 교인들을 용담으로 불러 도학의 요점을 지도했다. 그리고 7월 23일 '파접(罷接)'을 하면서 최시형에게 '해월(海月)'이라는 도호를 수여하고, '북도중주인(北道中主人)'의 직책을 내려 경주 이북의 교도를 관장하게 하였다. 8월 14일 수운은 추석을 맞아 용담을 찾은 해월을 밤중에 불러 '수명(受命)'과 '수심정기(守心正氣)'를 써주면서 자신을 이어 동학 교단을 책임자라고 도통을 전수했다. 도통을 전수한 수운은 용담을 찾는 제자들에게 검곡의 해월을 먼저 보고 오라고 말하며 후계 구도를 알렸다.

수운이 용담에서 포덕을 하자 교세가 눈덩이처럼 늘어갔다. 이에 상주의 도남서원을 비롯한 경상도의 유생들이 수운을 처단하고 성리학을 수호해야 한다는 상소를 올렸다. 거듭된 상소에 조정에서는 11월 12일 수운을 좌도난정률에 의거해 체포령을 내렸고 정운구(鄭雲龜)를 선전관으로 임명해 경주로 내려보냈다. 정운구는 무예별감(武藝別監) 양유풍(梁有豐)·장한익(張漢翼), 좌변포도청 군관(左邊捕盜廳軍官) 이은식(李殷植) 등을 거느리고 경주로 들어와 동학의 교세를 조사했다. 체포령이 내렸다는 전언을 들은 제자들은 용담을 찾아 피신을 권유했지만, 수운은 "도는 곧 나에게서 연유하여 나온 것이다. 그러니 차라리 내가 당해야지 어찌 제군들에게 미치게 하겠는가?"라고 하며 용담을 떠나지 않았다.

용담을 지키던 수운은 12월 10일 새벽에 체포되었다. 선전관 정운구는 서울에서 대동한 무관과 경주의 포졸 30여 명을 이끌고 용담정을 급습했다. 이때 용담에서 체포된 인원은 수운과 가족 등 23명이었다. 이듬해 3월 10일 수운이 참형된 후 관에서 용담정을 헐어버렸다. 이후 용담은 인적이 끊어져 버렸다.

수운 사후 허물어졌던 용담정을 다시 세운 인물은 황해도 출신의 오응선(吳膺善)과 이계하(李啓夏)였다. 김구를 동학에 입도시킨 오응선은 이계하와 함께 1914년 4월 고향에서 21일 기도를 마치고 마음이 감동된 바 있어 용담정을 찾았다. 이들은 잡초만 무성한 용담정을 보고 동리 사람을 찾아 물으니 "수운 참형 후에 돌보는 사람이 없어 정자는 파락되어 없어지고 동리 한 사람이 그 집터에 논을 만들었다가 죽고 다른 사람이 또 농사를 짓다가 전 가족이 몰사한 후부터는 무서워서 손도 대지 못하고 폐허가 되었다"라는 말을 들었다. 이 말을 들은 두 사람은 105일 기도를 봉행하며 용담정 재건에 착수하여 10월 25일에 완공하였다. 수운이 참형당한 이후 50년 만에 용담정이 복원되었다. 이후 1922년 시천교에서 마루 두 칸, 온돌 한 칸, 합 세 칸의 기와로 용담정을 중건하였다. 이때 중건한 용담정은 1927년 7월 김기전이 찾았을 때 이미 기울어져 있었다고 하였다. 김기전의 글에 용담정의 옛 모습이 고스란히 담겨있다.

> 於口(어구-마룡동 입구)를 들어서면 조금 넓고 아늑하여 맑게 흘러내리는 龍潭(용담)을 중심으로 군데군데의 농가가 있고 오불고불한 골길을 좀더 올라가면 집은 없어지고 띄엄띄엄의 약간의 水田(수전)과 草原(초

원)과 서편 山麓(산록)의 松林(송림)이 있으며 鬱蒼(울창)한 樹木(수목)과 거대한 體軀(체구)를 누은 구미산이 眼前(안전)에 전개된다. 구미산은 海拔二千餘尺(해발이천여척)의 높은 산이오 큰 산이라 보는 지점에 따라서 그 모양이 各殊(각수)하나 이 골 안에서 보면 둥글고 풍부하고 佳麗(가려)하게 보이는 동시에 높지 않고 親(친)하게 보여진다. 洞口(동구)에서 15분을 걸어 올라온 지점 여기에서 새로 판 못이 있고 그 위에 이어 큰 못이 있어 약 반쯤으로 물이 있고 반쯤은 沙汀(사정)과 草原(초원)이 있고 그 위에 栗木(율목) 4, 5수가 있으니 이곳이 龍潭(용담)이다. … 이 용담에서 조금 더 올라가 개울을 건너 왼쪽 언덕길을 약 5분간 걸어 들어 다시 그 개를 건너면서 청류가 소리를 내며 흐르는 兩岸(양안)에 石壁(석벽)이 날카롭고 그 밑에 山麓(산록)과 山麓(산록)이 서로 가리워 그 洞中(동중)에서도 祕境(비경)이라 할만한 곳이 구미산 直下(직하)에 전개되었으니 이곳이 곧 龍潭亭(용담정) 遺址(유지)이다. 우리가 문서로 상상할 때에는 용담이 있고 그 못이 임하여 용담정이 건축되어 있으려니 하나 실은 이와같이 용담은 馬龍洞(마룡동) 中(중)측에 있고 거기서 5분 내지 6, 7분을 걸어 올라가서 아주 딴 地境(지경)에 용담정이 지어진 것이다.[36]

김기전은 지금 용담정의 위치가 수운이 생활하고 득도한 바로 그 자리라고 답사를 통해 확인했다. 김기전은 당시 수운의 종증손(從曾孫)인 최현우를 만나 용담정을 찾았고 또 수양녀 주씨를 만나 수운에 관해 구술하였다. 이런 정황으로 봐서 용담정의 위치는 현재 용담정이 있는 자리가 맞다. 해방 이후 용담정의 모습을 알린 인물은 표영삼이다. 그는 1978년 1월호 『신인간』에 20년전인 1958년 10월에 처음으로 찾았던 용담의 모습을 이렇게 묘사했다.

20년 전(1958년) 그 시절에는 용담정으로 들어가는 오솔길이 잡초로 묻혀 어디가 길인지조차 분간하기 어려웠다. 그리고 용담정의

---

36 김기전, 「경주성지배관실기」, 『신인간』 통권제15호, 1927.8, 6~7쪽.

큰 건물은 모두 쓰러져 기왓장만 쌓여 있었고 옆에 자그마한 판자
집이 하나 있을 뿐이었다. 그 앞에 흐르는 물줄기도 낙엽으로 덮여
있고 새소리조차 들리지 않은 골짜기에는 찬바람만이 나뭇가지를
흔들었다.[37]

표영삼이 보았던 용담정은 김기전이 보았던 용담정과 동일했다. 일
제강점기 몇 차례 중건했던 용담정은 표영삼이 찾은 1958년에는 쓰러
져 기왓장만 쌓여 있었다. 이렇게 허물어진 용담정을 앞장서서 재건한
것은 천도교부인회였다. 1960년 천도교부인회에서 천도교 창도 100
주년 기념사업으로 용담정 중건에 나섰다. 당시 양이제·권태화·임재
화 등이 솔선해서 용담정 중건에 앞장섰고 이를 천도교부인회에서는
사업으로 결의했다. 천도교부인회에서는 전국 여성들의 성금을 모아
1960년 6월 30일 3칸으로 된 기와집으로 용담정을 중건하였다.

지금의 용담정은 수운 탄신 150주년 기념사업으로 이루어졌다. 탄
신 150주년이었던 1974년 최덕신 교령은 정부에 용담성지 성역화
사업의 지원을 요청했고 정부에서는 용담정 일대를 국립공원으로 편
입시키고 성역화 사업을 행정적으로 지원했다. 이어 전국 교인들이
성금을 모아 용담정 성역화 사업이 본격화되었다. 용담정의 중건은
수운 탄신 151주년을 맞은 1975년에 이루어졌다. 이해 4월 8일 기공
식을 갖고 성역화의 첫 삽을 떴다. 그리고 10월 28일 수운 탄신일을
맞아 전국의 교인들이 참석한 가운데 성대하게 준공식을 가졌다. 이
때 용담정을 비롯해, 용추각, 포덕문, 성화문이 건립되었고, 용담수도
원과 관리실도 함께 세웠다. 새로 지은 용담정에는 김일준 화백이 그
린 수운의 새 존영이 걸렸다.

---

[37] 표영삼, 「구미용담」, 『신인간』 통권제353호, 1978. 1. 61쪽.

1988년 10월 28일에는 수운의 동상을 건립했으며, 1991년 10월 28일 수운 탄신 176주년을 기념하여 인물화의 대가인 옥문성 화백이 그린 수운 존영을 용담정에 봉안하였다. 용담정 안에는 수운 최제우 수운의 존영과 함께 수운의 유일한 친필인 거북 '구(龜)' 자가 걸려 있고, 수운의 일생을 그린 10폭 병풍과 팔절(八節)을 양각한 나무병풍이 존영의 좌우에 펼쳐져 있다. 용추각에는 부친이신 근암공 최옥이 저술한 『근암문집(近庵文集)』 목판 원본이 보관되어 있다. 2009년 수운의 방계 후손인 진성당 최말란과 명암 김성환의 성금으로 '포덕관'과 '진성관'이 건립되어 수련시설로 활용하고 있다.

문화체육관광부와 경주시는 용담정 일원에 2016년까지 100억 원을 들여 수운 기념관, 체험수련관 건립, 생가 복원 사업 등을 담은 "동학 발상지 성역화사업"을 추진하였다. 그러나 사업이 지연되어 2022년 12월 2일 동학기념관과 교육수련관이 개관되었다.

나. 남원(南原) 은적암(隱寂庵) – 「논학문」, 「수덕문」 등 경전 저술지
📍 위치: 전북특별자치도 남원시 산곡동 산 17(은적암 터)

은적암은 수운이 「논학문」 등 경전을 집필하고 호남에 포덕을 시작한 사적지이다. 남원에 도착한 수운은 서형칠과 공창윤의 집에 머물다 섣달 그믐날 교룡산성 안의 덕밀암(德密庵)으로 들어갔다. 수운은 이듬해인 1862년 6월말까지 근 6개월 간 은적암에 머물렀다. 『최선생문집도원기서』에는 은적암에 들어갈 때 상황을 다음과 같이 묘사했다.

> 죽장망혜로 마을 마을 찾아들고 고을 고을을 두루 보고 다니다가 은적암에 이르니, 때는 12월이라. 마침내 해는 저물고, 절의 종소리는 때맞추어 들여오고, 뭇 중들이 모여들어 불공을 드리며 모

두 법경의 축원을 드리는 모습을 보니, 송구영신의 감회를 금하기
어려웠다. 밤이 깊어 외로이 등을 밝히고, 베개를 높이 베고 누워
이리저리 뒤척이며, 어진 친구들을 생각하고, 또 처자를 생각하며,
「도수사」를 짓고, 또 「동학론」·「권학가」를 지었다.[38]

위의 "해는 저물고", "송구영신의 감회"를 통해 수운은 섣달그믐날
에 교룡산성의 덕밀암에 들어갔음을 알 수 있다. 교룡산성은 남원 읍
내에서 약 10리 정도 떨어져 있다. 수운은 이곳이 지내기가 적당하다
고 판단해 들어갔다. 수운은 묘고봉 아래 있는 덕밀암의 방 한 칸을
빌려 '은적암(隱蹟庵)'이라고 이름하였다. '은적'은 자취를 감춘다는 뜻
으로 조용히 지내겠다는 의미를 담고 있다. 위의 "밤이 깊어 외로이
등을 밝히고"와 같이 수운은 이곳에서 '은적'하려고 했다.

그러나 이런 수운의 바람은 곧 사라졌다. 수운의 명성이 알려져 은
적암에는 날이 갈수록 찾는 사람이 많아 지내기가 힘들어졌다. 「통
유」에는 이러한 사정이 잘 드러나 있다.

> 세상에서 이름을 감추었지만 사람들이 내 마음을 알아주지 못하
> 는 까닭일까. 당초에 처신을 잘 못한 까닭일까. 각처 여러 벗들이
> 혹은 일이 있어 찾아오기는 하지만 혹은 일없이 풍문에 따라 오는
> 이도 반이나 된다. 학을 논하려고 머무는 이가 반인데 손님은 자기
> 하나 만이라 할지만 주인으로서는 헤아릴 수 없이 모여드는 이들을
> 어찌해야 할까. 궁벽한 산중의 빈한한 골짜기에 손님을 대접할 수
> 있는 집은 합쳐봐야 불과 한두 세 집뿐이다.[39]

---

[38] 『최선생문집도원기서』, 신유년조.
[39] 『동경대전』, 「통유」.

위의 글처럼 은적암에 있는 수운을 찾아오는 사람이 적지 않았다. "각처의 여러 벗"과 "학을 배우려는 이"는 동학에 입도한 제자들을 말한다. 동학에 입도한 제자들은 궁금한 것을 물으려 은적암을 수시로 드나들었다. 「본교역사」에서도 "유붕(有朋)이 초체(迢遞)하니 불금유포지경경(不禁幽抱之耿耿)이라"[40]라고 하여 벗들이 번갈아 찾아와 조용히 지내기가 힘들었다고 하였다. 그러나 이들 못지않게 수운의 명성을 풍문으로 듣고 찾아오는 이들이 많았다. 수운은 이들을 대하면서 동학에 관한 교리 체계를 정립했고 틈나는대로 이를 경편으로 정리했다.

수운은 은적암을 찾아오는 이들에게 동학의 교의를 알리는 데에도 심혈을 기울였지만, 따로 마음이 쓰이는 것은 이들의 대접이었다. 교룡산성 안에는 민가가 두세 집밖에 없었고 손님들을 대접하는데 이들 민가에 의존하지 않을 수 없었다. 하필 이 시기가 겨울이었고 깊은 산중이어서 손님을 잘 대접하지 못해 마음이 쓰였다. 이러한 모습을 곁에서 지켜보았던 양형숙은 수운의 대인접물에 "일생을 두고 다시 그런 어른을 뵈옵지는 못하였으며 아마 다시 못 볼까 보오!!"[41]라고 감

〈그림 3〉 남원부 지도(1872년 지방도에서 확대) 사진 아래에 광한루, 사진 위 왼쪽에 교룡산성의 선국사가 보인다.

---

[40] 오상준, 「본교역사」, 『천도교회월보』 제3호, 1910.10.15, 17쪽.
[41] 박래홍, 「전라행」, 『천도교회월보』 167, 1924.8, 38쪽.

복했다.

　은적암에서 수운은 경전의 많은 글과 시를 남겼다. 수운은 은적암에 들어온 직후인 1862년 새해를 맞아 「권학가(勸學歌)」를 지었다. 이어서 「논학문(論學文)」, 「우음(偶吟)」, 「유고음(流高吟)」, 「수덕문(修德文)」, 「몽중노소문답가(夢中老少問答歌)」 등을 지었다. 동학의 이론을 밝힌 글이라는 의미의 「논학문」은 초기에는 「동학론(東學論)」이라고 불렸다. 『최선생문집도원기서』에 "동학론을 지었다"라고 기록되어 있다. 1880년 해월이 『동경대전』을 간행하면서 관의 탄압이 거세져 이름을 「논학문」으로 바꾸었다. 수운은 「논학문」의 마지막 구절에서 "무릇 천지의 무궁한 수와 도의 무극한 이치가 다 이 글에 실려있으니, 오직 그대들은 공경히 이 글을 받으라."에서 밝혔듯이 동학 교리의 핵심을 이 글에 담았다고 밝혔다.

　「논학문」의 요지는 동양의 전통적인 자연관과 인간관, 서양의 침탈과 서학, 동학과 서학과의 차이점 및 주문의 뜻, 동학을 닦는 방법 등을 담고 있다. 수운은 이 글에서 "내가 또한 동(東)에서 나서 동에서 받았으니 도(道)는 비록 천도(天道)나 학(學)인 즉 동학(東學)이라."이라고 하여 자신의 깨달음을 "동학"이라고 명명하였다. 수운은 자신의 도를 동학이라 이름붙인 이유에 대해 서학에 대한 대응이 아닌 "우리 도는 이 땅에서 받아 이 땅에서 폈으니"라고 하였다. 이는 교조신원운동의 소원문에서 동학을 "동국(東國)의 학", 즉 '우리나라의 도학 또는 학문'이라고 한 것의 유래이다.

　은적암에서의 수운의 행적 중 널리 알려진 것은 「검가」와 검무이다. 이를 강조하기 위해 2019년 11월 9일 용담검무보존회에서는 은적암 터에 "동학의 칼춤 '용담검무'가 처음 추어진 곳"이라는 나무 안내판을 1989년 10월 29일 서울교구에서 세운 '은적암 터' 안내판 옆에 나란히 세웠다. 은적암에서의 「검가」를 부르며 검무를 추었다는 내용은 『최선생문집도원기서』, 『대선생주문집』 등의 초기 기록에는 나타나지 않는다. 『본교역사』와 『천도교회사초고』에도 보이지 않는다.

은적암에서의 「검가」와 검무에 관해서는 『천도교창건사』에 자세하게 기록되어 있다.

> 수운 은적암에 유(留)하신지 8개월간에 도력(道力)이 더욱 서시고 도리(道理)가 더욱 밝아감에 스스로 희열을 금치 못하며 또한 지기(至氣)의 강화(降化)가 성왕(盛旺)함에 스스로 검가(劒歌)를 지으시고 목검을 집고 월명풍청(月明風淸)한 밤을 타서 묘고봉(妙高峰) 상(上)에 독상(獨上)하야 검가(劒歌)를 노래하시니[42]

이돈화는 박래홍으로부터 전라행에 관한 이야기를 들었고 그때 들은 이야기를 바탕으로 은적암에서의 「검가」와 검무에 관해 정리한 것으로 보았다. 위의 글에서 수운은 은적암 위 봉오리인 묘고봉에 올라 검가를 부르며 검무를 추었다고 했다. 묘고봉에서는 지리산 노고단의 웅장한 모습이 눈에 들어온다. 수운이 은적암에서 지어불렀다는 「검가」는 다음과 같다.

> 시호시호 이내 시호 부재래지 시호로다
> 만세일지 장부로서 오만년지 시호로다
> 용천검 드는 칼을 아니 쓰고 무엇하리
> 무수장삼떨쳐입고 호호망망 넓은 천지
> 일신으로 비껴 서서 이 칼 저 칼 넌즛 들어

---

[42] 이돈화, 『천도교창건사』, 천도교중앙종리원, 1933, 제1편 32~33쪽.

칼노래 한곡조를 시호시호 블러내니
용천검 날랜 칼은 일월을 희롱하고
게으른 무수장삼 우주에 덮여있다
만고명장 어데잇나 장부당전 무장사라
좋을시고 좋을시고 이내 신명 좋을시고

「검가」로 알려진 이 시는 관몰문서에 「검결(劍訣)」이라는 이름으로 채집되었다. 그러나 수운이 지었음에도 불구하고 해월이 간행한 『용담유사』에는 이 시는 포함되지 않았다. 현재는 『용담유사』에 덧붙여 『천도교경전』에 포함시켰다.

「검결」은 남원에서 처음 지은 것이 아니고 용담에서 지었다. 이는 『최선생문집도원기서』의 "강령 주문을 짓고, 나아가 검결을 짓고, 고자 주문을 지으니"[43]에서 확인할 수 있다. 즉, 「검결」은 수운이 득도의 과정에서 지었다. 『천도교창건사』에서는 은적암에서 부른 「검가」가 용담에서 만든 「검결」을 같은 것으로 보고 있는데 그 근거는 「경상감사서헌순장계」에서 찾을 수 있다. 「경상감사서헌순장계」에는 "칼 노래는 '용천검 드는 칼을 아니쓰고 무엇하리'라는 것이었다."라는 내용과 이내겸의 문초 내용에서 위의 가사 전체를 「검가」라고 말하고 있다. 또 검무에 관해서는 서헌순의 장계에서는 "붓을 들면 신령이 내리고 칼춤을 추면 공중을 떠올랐다 하며"라고 하여 수운의 신비체험으로 기록하고 있다. 수운의 아들인 세정이 검무를 추며 이상현상을 체험했다는 내용도 「경상감사서헌순장계」에 나타난다. 따라서 검무는 남원에서 처음 춘 것이 아니라 창도 과정에서 만든 것을 은적암에서도 완성했다고 보는 것이 합당하다. 서헌순은 동학의 수행 방법의 하

---

[43] 윤석산 역, 『도원기서』, 1991, 28쪽.

나인 검가와 검무가 태평한 세상을 어지럽히는 흉악한 노래라고 하여 역적으로 몰았고 참형의 주요 근거로 삼았다. 이런 이유로 해월은 「검가」를 『용담유사』에 수록하지 않은 것으로 보인다.

수운이 은적암에서 주요 경전을 저술하고 호남의 포덕을 성취했다. 다시 경주로 돌아온 이후에는 남원의 제자들이 용담을 찾을 정도로 열성이 있었지만, 1864년 수운 순도 이후에는 호남의 도맥이 끊기다시피 해 은적암도 잊혀졌다. 교단 차원에서 수운 순도 이후 은적암의 위치를 다시 알려준 이는 박래홍(朴來弘)이다. 그는 1924년 6월~7월 전라도 일대의 천도교종리원을 순회한 박래홍은 남원을 찾아 첫 번째로 한 일이 은적암을 찾는 것이었다.

> 隱蹟庵(은적암) 蹟字(적자)는 그 時(시) 모시고 있던 梁國三(양국삼) 氏(씨)의 言(언)에 依(의)은 邑(읍)의 西方(서방) 十里許(십리허)의 地(지) 蛟龍山城(교룡산성)에 有(유)하고 城(성)의 北隅(북우)에 密德(밀덕) 福德(복덕) 兩峯(양봉)이 突兀撑天(돌항탱천)하고 福德峯(복덕봉)의 東麓(동록) 突起(돌기)한 小峯(소봉)이 有(유)하며 層岩疊石(충암첩석)이 向陽(향양)한 間(간)에 左右(좌우) 石面(석면)에는 山神之位(산신지위) 庚寅(경인) ○○○ 等(등) 무엇무엇의 刻字(각자)가 有(유)하고 여기저기에 散在(산재)한 古色蒼然(고색창연)한 石槽石臼(석조석구) 부러진 柱礎(주초) 깨어진 瓦片(와편)은 누가 보던지 古寺(고사) 遺墟(유허)가 分明(분명)하니 이곳 德密庵(덕밀암) 古址(고지)이라 神師(신사)께서 此庵(차암) 一室(일실)을 淸掃(청소)하시고 隱蹟庵(은적암)이라 하셨나니 庵(암)은 甲午(갑오) 東亂(동란) 時(시) 接主(접주) 沈魯煥(심노환)의 都所(도소)이었던 罪(죄)로 後日(후일) 官兵(관병)에게 焚燒(분소)를 當(당)하고 그 遺墟(유허)만 있을 뿐이더이다[44]

박래홍은 은적암의 한자 명칭이 '은적암(隱蹟庵)'이 맞다는 것을 수운의 가르침을 받았던 양국삼으로부터 확인했고, '은적암'은 덕밀암의

---

[44] 박래홍, 「전라행」, 『천도교회월보』 167, 1924.8, 36~37쪽.

방 한 칸을 빌려 이름붙인 것임을 밝혔다. 또 양형숙과 양국삼으로부터 은적암이 교룡산성의 덕밀봉 아래 '산신지위'라고 쓰인 바위 앞이라는 것을 듣고, 그곳을 방문해 기와편과 부러진 주춧돌과 석조물도 눈으로 보았다. 1872년의 남원읍 지방도를 확대하면 교룡산성 안에는 두 개의 봉우리가 있다. 그림 왼쪽의 봉우리가 복덕봉이고 오른쪽 봉우리가 밀덕봉이다. 그리고 복덕봉 아래 '○國寺'의 사찰이 있는데 이것은 선국사(善國寺) 이다. 오른쪽의 밀덕봉 아래 사찰은 '○○○'로 이름이 떨어져나갔다. 그런데 자세히 보면 첫 글자는 '德'이 훼손되었고, 마지막 글자는 '庵'이 훼손된 것으로 보인다. 따라서 이 절의 이름이 수운이 머물렀던 '덕밀암'이다. 그림으로는 선국사 못지 않은 규모를 갖고 있음을 알 수 있다.

교룡산성 입구에 "김개남동학농민군주둔지"라는 한문이 새겨진 나무 팻말이 서있어 이곳이 동학농민혁명의 유적지임을 알려주고 있다. 또한 홍례문 바로 아래 주차장의 오른쪽의 교룡산성 안내판에 은적암에서의 수운 활동과 동학농민혁명에 관한 내용이 이미지가 만들어져 쉽게 이곳이 동학 유적지 임을 알려주고 있다. 아래쪽의 주차장 옆에는 "동학성지남원"이라는 공원이 잘 꾸며져 "남원과 남원농민군의 유적지 교룡산"이라는 안내비와 '검가비', 복효근 시인의 "다시 밝혀드는 동학의 횃불"이라는 시비가 있다.

다. 흥해(興海) 매곡동(梅谷洞) – 접주제 시행 사적지
위치: 경상북도 포항시 북구 흥해읍 매산길 50(매산리 636-54)

1862년 9월 29일 경주 군영에 구금되었던 수운은 며칠 만에 풀려났다. 이때 수백 명의 제자들이 경주 군영에 몰려가 항의했다. 수운을

잡아 한 몫 챙기려던 경주 영장은 동학도들의 위세에 눌려 수운을 풀어주지 않을 수 없었다. 수운은 6일 만인 10월 5일경에 석방되었다. 수운은 박대여의 집에 들렀다가 그날 용담으로 돌아왔다.

용담에 돌아온 수운은 10월 14일 「통문」을 돌렸는데 그 내용은 "도를 버려 모욕을 당하지 말라"[45]는 것이었다. 이 통문에서 수운은 무극대도가 서양 오랑캐의 학인 "서이지학(西夷之學)"으로 오해를 받는 수치를 당했다고 하였다. 수운은 제자들에게 도를 버려 모욕을 당하지 말라고 기별했다. 이 「통문」을 보낸 것은 우리 도가 서학으로 오해받는 모욕을 참을 수 없었다는 점과 함께 영장이 수운을 풀어줄 때 요구한 것으로 보인다. 군영에서 수운을 풀어줄 명분이 필요해 이를 들어준 것으로 보인다. 그러나 수운은 포덕을 그만두지 않았다. 이때 지은 시가 "수구여차병(守口如此甁)"으로 시작하는 「시문」을 지었다.

사람들이 용담으로 끊임없이 몰려들자 수운은 다시 용담을 떠나기로 했다. 11월 초에 수운은 용담을 찾은 경상에게 지낼만한 곳을 알아보라고 부탁했다. 경상은 자기 집이 누추하지만 권하였다. 이에 수운은 집이 좁으니 다른 곳으로 가고자 한다고 만류했다. 여러 곳을 알아본 경상은 흥해 매곡동의 손봉조(孫鳳祚)의 집을 소개했다. 손봉조가 누구인지는 정확하지 않지만, 매곡동은 경상의 부인인 손씨의 생가였으며 결혼 후 6년간 생활했던 점을 볼 때 경상의 처족으로 경제적 여유가 있던 인물로 보인다.

수운이 손봉조의 집으로 간 시기는 1862년 12월 9일이다. 수운이 매곡동으로 갈 때 경상이 동행했다. 이튿날부터 매곡동으로 각지의 제자들이 찾아왔다. 매곡동에서 수운과 경상이 보낸 시간을 『최선생

---

45 『동경대전』, 「통문」. "盡爲棄道 更無受辱之弊".

문집도원기서』에는 "어려움과 즐거움을 한가지로 즐기면서"[46] 지냈다고 하였다. 매곡동에서 수운은 경상과 함께 마음을 나누며 시간을 보냈다. 수운은 이곳에서 아이들에게 붓을 잡고 글씨를 익히는 것을 가르치면서 지냈다.

그런데 수운이 글씨가 잘 써지지 않는 일이 생겼다. 하루는 수운은 밤새 글을 썼는데 한 글자도 이루어지지 않아 한울님과 문답을 하였다. 한울님은 억지로 하는 글쓰기를 멈추고 기다리면 뒤에 이루어질 것이라고 하였다. 이때 수운이 한울님과 화답한 결구가 "송송백백"으로 시작하는 「화결시(和訣詩)」이다. 가난함에도 옷을 지어온 경상의 정성을 칭찬하며 수운은 가족들의 빈궁을 구할 방책을 부탁하였다. 경상은 경비를 마련해 수운의 편지를 갖고 용담을 찾았다.

수운이 매곡동에서 지내면서 했던 가장 중요한 일은 접주제(接主制)의 시행이었다. 교세가 확산하자 수운 혼자의 힘으로 지도하기가 힘들어졌다. 이에 각지에 중간관리자인 접주를 정했다. 1862년 섣달그믐날 (12월 30일)에 임명한 접주의 이름은 다음과 같다.

> 경주부서(慶州府西) 백사길(白士吉)·강원보(姜元甫), 영덕(寧德) 오명철(吳命哲), 영해(寧海) 박하선(朴夏善), 대구(大丘)·청도(淸道)·기내(畿內) 김주서(金周瑞), 청하(淸河) 이민순(李敏淳), 연일(延日) 김이서(金而瑞), 안동(安東) 이무중(李武中), 단양(丹陽) 민사엽(閔士燁), 영양(英陽) 황재민(黃在民), 영천(永川) 김선달(金先達), 신령(新寧) 하치욱(河致旭), 고성(固城) 성한서(成漢瑞), 울산(蔚山) 서군효(徐群孝), 경주본부(慶州本府) 이내겸(李乃謙), 장기(長機) 최중희(崔仲羲)[47]

---

[46] 『최선생문집도원기서』, 임술년조. "與慶翔同爲共樂甘苦".

[47] 『최선생문집도원기서』, 임술년조. "府西以白士吉姜元甫定授 寧德吳命哲 寧海朴夏善定授 大丘淸道畿內 金周瑞定授 淸河李敏淳定授 延日金而瑞 安東李武中定授 丹陽閔士燁 英陽黃在民定授 永川金先達 新寧河致旭定授 固城成漢瑞定授 蔚山徐群孝 本府李乃謙 長機崔仲羲定授". 『수운문집』도 『최선생문집도원기셔』와 같이 16명의 접주가 수록되어 있

이때 임명된 접주는 총 16명이다. 이 가운데 경주부서 접주가 백사길과 강원보 2명이다. 수운은 박대여의 집에 머물 때 강원보의 집으로 가서 얼마간을 지냈다고 한 것으로 보아 그의 집도 서면에 있었을 것으로

〈그림 4〉 흥해 매곡동 손봉조의 집

보인다. 최근 백씨 집성촌이 당시 서면이었던 건천읍 조전리임을 알고 방문해 족보에서 백동규(白東奎, 1817~1867)의 자(字)가 사길(士吉)임을 확인했다.[48] 당시 교도 중에 본명을 쓰지 않는 경우가 있어 그를 백사길 접주로 주청한다.

지역으로는 경주 인근과 경상도의 서북부가 대부분이었다. 경상도 서남부의 고성과 충청도의 단양이 들어있다는 점에서 수운의 포덕이 넓은 지역에서 이루어졌음을 알 수 있다. 보통 한 접은 50호(戶)를 기준으로 만들어진다고 볼 때 16명의 접주가 있었으므로 약 900호 내외의 포덕이 이루어졌다. 포덕한 지 1년 반 만에 상당한 교세 확장이 이루어졌고 이를 효율적으로 운영하기 위한 교단 조직 체제가 구성되었다. 특이한 점은 이때 최경상이 포함되지 않았다는 점이다. 경상은 이미 여러 지역에 관장하고 있었기 때문에 한 지역의 접주로 임명하지는 않은 듯하다.

다. 그러나 『대선생주문집』에는 영덕 오명철, 영해 박하선, 대구청도기내 김주서, 울산 서군효, 본부 이내겸, 장기 최중희 등 접주 6명이 빠져있다. 또 연일접주를 김상서(金尙瑞)로 기록되어 있다.
[48] 『수원백씨대동보 제3권』, 1997, 67쪽.

1863년을 맞아 수운은 한울님으로부터 "도를 묻는 오늘 무엇을 알 것인가, 뜻이 신년 계해년에 있도다"의 「결」을 받았다.[49] 손봉조의 집에서 겨울을 난 수운은 2월에 영천의 이필선의 집에 들렀다가 3월 9일 용담으로 돌아왔다.

수운이 접주제를 조직한 매곡동은 경상북도 포항시 북구 흥해읍 매산리에 있다. 매곡동 앞으로는 동해로 흐르는 곡강천이 있었다. 곡강천의 양쪽으로 너른 들이 흥해까지 이어져 있다. 손봉조의 집은 매곡동 마을 중간인 흥해읍 매산길 50(흥해읍 매산리 636-54번지)이다. 흥해읍에서 신광 방면으로 매산교를 지나 좌회전하면 매산리가 나온다. 매산리 마을회관에서 개울을 따라 약 400m 개천 옆의 포장길을 올라가면 붉은 벽돌로 된 집 벽에 '매산길 50'의 표식이 붙어있는 집을 만날 수 있다. 지금도 사람이 살고 있는데 집주인은 이곳이 동학의 주요 사적임을 알지 못한 채 살고 있다.

2022년 11월 18일 포항의 동학역사문화선양회와 사단법인 동대해문화연구소에서 매산리의 마을 정자 앞에 "최초의 동학 접주제를 실행한 매산리(매곡동)" 안내 표지판을 세웠다. 안내판에는 매곡동과 해월의 인연, 손봉조의 집과 접주제 시행 등의 내력과 동학 접의 특징 등이 잘 설명되어 있다.

라. 은적암행 경로

수운의 '서행(西行)' 길, 즉 은적암 가는 길을 정리하고자 한다. 수운은 각고의 고행을 통해 동학을 창도해 세상 사람들에게 살길을 열어

---

[49] 『동경대전』, 「결」. "問道今日何所知 意在新元癸亥年 成功幾時又作時 莫爲恨晚其爲然 時有其時恨奈何 新朝唱韻待好風 去歲西北靈友尋 後知吾家此日期 春來消息應有知 地上神仙聞爲近 此日此時靈友會 大道其中不知心".

주고 있는데 고향 사람들이 이를 인정해 주기는커녕 모함과 비난을 일삼았다. 여기에 친족들도 가담해 수운을 헐뜯었다. 수운은 이를 "이 내문운(門運) 가련(可憐)하다 알도못한 흉언괴설(凶言怪說) 남보다가 배(倍)나 하며 육친(六親)이 무삼일고 원수(怨讐)같이 대접(待接)하며 살부지수(殺父之讐) 있었던가 어찌그리 원수런고"라고 「교훈가」에서 지적했다. 경주의 친족들이 수운의 창도를 집안을 망치는 행위라며 헐뜯으며 오히려 다른 사람보다 더 원수같이 대접하였다.

다른 이유로는 번잡한 용담을 벗어나 교의 체제를 확립하기 위해서였다. 이해 6월부터 포덕을 시작하자 사람들이 용담으로 구름같이 모여들어 세상의 주목을 받게 되었다. 수운은 용담을 찾아온 사람들을 일일이 대접하다 보니 경편의 저술 등 동학의 교의(敎義) 체제를 정리할 틈이 없었다. 또한 가족들의 힘겨움도 적지 않았다. 그래서 수운은 포덕의 경험을 통해 얻은 내용을 바탕으로 교의 체제의 정비 필요성을 느꼈다. 수운은 1861년 11월 초순에 홀연히 경주를 떠났다.

『최선생문집도원기서』에는 수운의 서행(西行)에 관해 이렇게 적고 있다.

> 그해 11월에 졸연(卒然)히 길을 떠날 계획이 있었다. 도에 새로 들어온 사람을 생각하니, 어리석고 아직은 미미한 사람들이라, 스스로 탄식하며 전라도를 향해 떠났다. 성주(星州)를 지나며 충무공의 사당을 배알(拜謁)하고, 첫 도착지인 남원의 서공서의 집에서 열흘 간을 유숙했다.[50]

위의 글을 보면 수운은 제자들의 도심이 자리 잡지 못한 상황에서 용담을 떠나야 하는 것을 안타까와했다. 이는 수운의 은적암행이 자

---

50 윤석산 역, 『최선생문집도원기서』, 문덕사, 1991, 32~33쪽.

의에 따른 결정이 아니었음을 의미한다. 위의 『최선생문집도원기서』의 기록을 보면 수운의 서행 경로는 '경주에서 성주를 거쳐 남원으로 갔다'고 간략하게 기록되어 있다. 이후 1910 ~ 1920년대 천도교단의 기록도 위의 『최선생문집도원기서』의 기록과 크게 다르지 않다.

> (가) 내가 장차 남쪽으로 나아가 나와 함께 도에 힘쓰리라 하시고
> 드디어 갔다. 성주에 이르러 충무공 이순신묘에 들어가 보고
> 이내 남원에 이르시니[51]

> (나) 드디어 호남으로 향하실 때 성주를 지나다가 충무공 이순신
> 묘를 배알하시고 남원이 이르사 10여 일을 머무를 때 당지
> (當地)의 산수와 풍토, 인심과 풍속을 관찰하시고[52]

> (다) 수운이 남도(南道)에 행(行)하실 때 성주(星州)에 과(過)하시
> 다가 충무공(忠武公) 이순신묘(李舜臣廟)에 배(拜)하시고 남
> 원군(南原郡)에 지(至)하사 서공서가(徐公瑞家)에서 순여(旬
> 餘)를 유(留)하시며 산수(山水)의 가려(佳麗)와 풍토(風土)의
> 순후(淳厚)함에 가위(可謂) 절승(絶勝)의 지(地)라 하시다.[53]

(가)는 1910년대 「본교역사」의 기록이다. (나)는 1920년 천도교 청년회 교리강연부의 교재로 작성된 『천도교회사초고』의 기록이다. (다)는 역시 1920년대의 『천도교서』의 내용이다. 위 세 사료의 글 모

---

[51] 「본교역사」, 『천도교회월보』 통권제3호, 1910.10.15, 17쪽. "予將南遊ᄒ야 勖我同道ᄒ리라 ᄒ시고 遂行至星州ᄒ᷍入見李忠武公舜臣廟ᄒ시고仍至南原ᄒ시니所經山水風土ㅣ皆可人意라"

[52] 『천도교서』, 1920, 포덕2년조. "遂히湖南으로向하실새星州를過하시다가忠武公李舜臣廟에拜謁하시고南原에至하사十餘日을留하실새當地의山水風土와人心風俗을觀察하시고"

[53] 『천도교회사초고』, 『동학사상자료집 1』, 아세아문화사, 1979, 397쪽.

두 수운의 서행 경로를 경주에서 성주의 이순신 사당 참배를 거쳐 남원으로 향한 것으로 기록하고 있다. 위의 세 기록들은 『최선생문집도원기서』의 내용과 크게 다르지 않다. 이는 위의 기록들이 『최선생문집도원기서』의 앞 부분으로 추정되는 『대선생주문집』을 참고로 저술한 것이기 때문이다.

수운의 서행 기록에 변화가 나타난 것은 1930년대 들어와서였다. 1933년에 이돈화가 저술한 『천도교창건사』에는 수운의 서행에 관한 기록이 이전의 기록에 비해 상세하게 기술되어 있다. 여기에서는 수운의 경로 부분만을 추려서 인용한다.

> 수운이 지목(指目)을 피해서 호남으로 원정(遠征)하실 때 … 일일(一日)은 낙동강(洛東江) 좌편(左便) 웅천(熊川)이라는 촌중(村中)에서 유숙(留宿)하며 길을 떠나 … 그 이튿날 의성(義城)이라 하는 골에 와서 김공서(金公瑞)라는 사람의 집에서 하룻밤을 유숙할 때 … 다음날 성주(星州)를 지나다가 충무공 이순신 묘에서 한 시간이나 경의를 표하고 … 10여 일 후에 무주 지방에 이르러 촌중에 있는 큰 서재를 찾아 유숙하더니 … 여러 날 만에 남원에 이르러 남문 밖 서공서 가에 10여 일을 유숙하더니[54]

이돈화는 수운의 서행 경로로 경주에서 웅천을 지나 의성, 성주, 무주를 거쳐 남원에 도착했다고 하였다. 그런데 이 기록에 문제가 있다. 웅천은 지금의 경상남도 창원시 진해구 웅천동으로 낙동강 하류에 해당한다. 그리고 의성은 경상북도의 상주 옆에 있는 곳이다. 그리고 이곳에서 성주로 향했다고 하는데 성주는 대구와 인접해 있다. 이 기록에 따르면 수운은 경주에서 남쪽의 웅천을 향했다가 다시 북쪽으로

54 이돈화, 『천도교창건사』, 천도교중앙종리원, 1933, 제1편 29~32쪽.

올라가 의성까지 가서 또다시 남서쪽으로 내려와 성주를 거쳐 무주를 지나 소백산맥을 타고 남원으로 향하는 여정이다. 지금의 도로 사정으로 계산해도 약 550km에 달하는 먼 거리이다.

아무리 수운이 정처 없이 길을 떠나 여러 지역을 경유해서 남원으로 향했다고 하지만 상식적으로 이해할 수 없는 경로이다. 그러나 1938년에 출판된 오지영의 『동학사』에는 은적암행에 관해서는 "선생이 세인의 지목을 피하여 전라도 남원 은적암에 들어가 1년 동안을 지낸 일이 있었다. 전라도의 포덕은 이때부터 시작이 되었다."[55]라고 하여 수운이 은적암에 와서 생활했다는 내용만 간략하게 기록하였으며 그 경로는 언급하지 않았다.

수운의 은적암행 경로를 면밀하게 살핀 인물은 표영삼이다. 그는 1977년 12월에 처음으로 은적암을 찾았고, 이때의 답사기를 1979년 2월호 『신인간』에 실었다.[56] 이 글에서 그는 『천도교창건사』의 기록을 바탕으로 "처음에는 남쪽 웅천으로 갔다가 다시 서쪽 의령(宜寧)으로 돌아 북상하여 성주를 거치고 무주로 해서 남원으로 내려온 모양이다."라고 적었다. 그러나 당시 표영삼은 『천도교창건사』의 기록 가운데 의성(義城)을 의령(宜寧)의 오기라고 인식하고 수운이 웅천에서 의령을 경유한 후 성주와 무주를 거쳐 남원으로 향했다고 하였다.

그러나 그는 이후 수운의 은적암행 경로에 문제가 있다고 판단하고 기존 기록을 검토하였다. 그는 현장 답사를 통해 오류를 찾아낸 다음 수운의 서행 경로를 새롭게 추정하였다. 표영삼은 먼저 기존의 경로에서 가장 중시되었던 성주의 이순신 사당의 존재를 확인했다. 그

55 오지영, 『동학사』, 영창서관, 1938, 32쪽.
56 표영삼, 「성지순례 남원 은적암」, 『신인간』 통권 제354호, 1979.2.

는 성주를 두 차례 방문해 이순신 사당을 샅샅이 찾았으나 성주군 내에는 이순신의 사당이 없었다. 당시에는 지역 정보가 취합되지 않았을 수도 있다고 판단한 필자는 글을 쓰면서 성주군청 홈페이지를 찾았다. 성주군의 '문화관광'에서 '이순신'으로 검색해 보니 성주군 성주읍 심산로 89의 도지정 문화재인 '쌍충사적비'의 설명문에 "제말의 조카인 제홍록은 숙부와 더불어 큰 전공을 세웠으며, 이순신 장군 휘하에 있다가 정유재란 때 전사했다."라는 기록이 유일했다. 따라서 성주군에는 이순신을 배향하는 사당이 없다. 그런데도 교단의 후대 기록들이 조사 없이 『최선생문집도원기서』 등 초기의 기록을 그대로 받아쓰다 보니 성주를 기정사실화했고, 이로 인해 오류가 경로 자체가 뒤틀리게 된 채 지속되었음을 표영삼이 밝혔다.

표영삼은 성주를 전라도의 승주(昇州)와 이름이 비슷하여 잘못 쓴 것인가 확인했고 승주 해룡면(지금의 순천시 해룡면)에 이순신의 사당인 충무사(忠武祠)가 수운이 참배한 장소임을 찾았다. 따라서 초기 동학 기록의 성주는 승주의 오류임을 확인하였다. 수운이 참배한 이순신 사당을 승주 충무사라고 한다면, 『천도교창건사』의 의성(義城)은 경상남도 고성(固城)의 오기라고 보는 것이 타당하다. 표영삼은 그간의 조사를 바탕으로 2004년의 『동학 Ⅰ』에서 수운의 서행 경로를 '경주 용담 – 울산 – 부산 – 웅천 – 고성 – 여수 – 승주 – 구례 – 남원'으로 추정했다.[57] 필자도 오랜 사적 답사를 통해 제시한 그의 주장이 타당하다고 본다.

이밖에 수운의 득도와 포덕 사적으로는 남원 서형칠의 집터(광한루원 호석 부근), 박대여의 집(경주시 서면 도리), 경주 군영(경주시 성건동), 서천 빨래터(경주시 노서동 둔치) 등이 있다.

---

[57] 표영삼, 『동학 Ⅰ』, 통나무, 2004, 148~159쪽 참조.

4. 수난과 순도 사적

가. 수난 경로

1863년 12월 10일 새벽에 용담정에서 정운구에 의해 체포된 수운은 경주관아에서 하룻밤을 보내고 이튿날인 12월 11일 한양으로 압송되었다. 한겨울에 경주를 출발해 한양을 목전에 둔 과천까지 올라간 수운은 철종의 죽음으로 해당 감영에서 조사해 보고하라는 전교를 받고 다시 대구감영으로 이송되었다. 수운이 체포되어 압송되었던 길을 '수난로(受難路)'라고 이름하고 그 경로에 대해 살펴보고자 한다. 초기의 수난로는 기록에 따라 차이가 있다.

> (가) 『최선생문집도원기서』 : 경주(慶州) – 영천(永川) – 대구(大丘)
> – 선산(善山) – 상주(尙州) – 화령(華嶺) – 보은(報恩) – 청산(靑山)
> – 청주(淸州) – 과천(果川) – 조령(鳥嶺) – 문경 초곡(聞慶 草谷) –
> 유곡리(幽谷里) – 대구영(大丘營)
>
> (나) 『대선생주문집』 : 경주(慶州) – 영천(永川) – 대구영(大邱營) –
> 선산(善山) – 상주(商州) – 화령(化寧) – 보은(報恩) – 회인(懷仁) –
> 충주(忠州) – 과천(果川) – 대구(大邱)
>
> (다) 『수운문집』 : 경주(慶州) – 영천(永川) – 대구영(大邱營) –
> 선산(善山) – 상주(商州) – 화령(化寧) – 보은(報恩) – 청산(靑山) –
> 청주(淸州) – 과천(果川) – 대구영(大邱營)

위의 세 기록을 살펴보면, 첫째, 수난로의 경로가 가장 상세하게 기록되어 있는 것은 (가)의 『최선생문집도원기서』이다. 둘째, (나)와 (다)는 (가)와 달리 수난로의 하행길에 관해서는 기록하고 있지 않다.

셋째, (가), (나), (다)는 수운의 수난로의 상행길는 경주에서 보은까지의 경로는 동일하다. 넷째, 보은 이후의 수난로의 상행길은 (가)와 (다)는 청산과 청주를 거쳐 과천으로 향했다고 하였다. 반면에 (나)는 회인과 충주를 거쳐 과천으로 올라갔다고 향했다는 하였다. 이러한 분석에 따라 수운의 수난로는 상행과 하행의 여정을 모두 기록한 『최선생문집도원기서』가 가장 신빙성이 높다고 볼 수 있다. 위의 기록보다 다소 늦게 쓰여진 『시천교역사』에는 "경주-영천-보은-과천-조령-대구영"으로 수운의 수난로를 간략하게 서술하였다.

1933년에 간행한 『천도교창건사』에 수운의 수난로는 "경주-영천-보은-과천-조령-대구영"으로 간략하게 기술하였다. 교단의 기록을 바탕으로 수운의 수난로를 정리한 인물은 표영삼이다. 그는 초기에는 『대선생주문집』을 위주로 상행 수난로는 "경주-영천-대구-선산-상주-보은-회인-충주-과천"으로 보았고, 하행 수난로는 "과천-충주-조령-문경-상주-선산-대구"로 비정하였다.[58] 1981년에 교단에서 발행한 『천도교백년약사(상)』에서는 수운의 수난로를 "경주-영천-상주-화령-보은-회인-오산-과천역-조령-대구영"으로 기술한 것은 그의 연구를 수용한 것으로 보인다. 이후 표영삼은 조선시대의 역로인 영남대로와 충주대로를 바탕으로 수운의 수난로의 상행길과 하행로를 세밀하게 세밀하게 추정하였다. 먼저 그가 비정한 수난로의 상행길은 다음과 같다.

경주(12월 10일) → 영천(永川, 11일) → 대구(大邱, 12일) → 선산
상림(善山 上林, 13일) → 상주 낙동(尙州 洛東, 14일) → 청산(靑山,

---

[58] 『신인간』 통권제355호, 「대구 관덕정」, 1978.3.1, 62쪽.

15일) → 보은(報恩, 16일) → 청안(淸安, 17일) → 직산(稷山, 18일)
→ 오산(烏山, 19일) → 과천(果川, 20일)[59]

　수운을 압송해 과천까지 올라간 정운구는 한양이 목전이라 이곳에
서 3일간을 쉬었다. 그런데 12월 21일 조정에서는 "최복술 등 두 죄
수에 대해 포청은 경상감영으로 압송하여 경주에 수감된 죄인들도 아
울러 그 본말과 종적을 일일이 조사하여 죄질의 경중을 가려서 묘당
에 품해서 처리케 하라"[60]라는 명령을 내렸다. 그 이유는 철종의 죽음
때문이었다. 이로 인해 수운은 연중 가장 추운 기간에 과천에서 경상
감영이 있는 대구로 환송되었다. 표영삼은 그간의 자료를 바탕으로
수운 수난로의 하행길을 다음과 같이 파악하였다.

　　과천(果川) → 용인 양지역(龍仁 陽智驛, 12월 26일) → 충주 달천역
　　(忠州 達川驛, 27일) → 문경 요성역(聞慶 聊城驛, 28일) → 유곡역
　　(幽谷驛, 29일) → 상주 낙동역(尙州 洛東驛, 1864년 1월 4일) →
　　선상 상림역(善山 上林驛, 5일) → 대구영(大邱營, 6일)[61]

　아무도 살펴보지 않았던 수운의 수난로를 추적한 표영삼의 노고는
칭찬받아 마땅하다 필자도 그의 성과를 바탕으로 고지도와 고문헌을
살폈고. 경로를 직접 찾아보았다. 그 결과 표영삼이 제시했던 경로의
일부가 오류가 있음을 알게 되었다. 그 부분은 수운의 수난로의 상행

[59] 표영삼, 『동학 1』, 2004, 통나무, 302쪽.
[60] 『일성록(日省錄)』, 「고종즉위년 12월 21일」. "崔福述等兩漢 令捕廳押送本道監營 竝與
慶州府在囚 一一査究本末 分輕重論理登聞事 請行會 允之.";『우포청등록(右捕廳謄錄)』
18권, 「癸亥十二月二十一日」. "崔福述等兩漢 令捕廳押送本道監營 竝與慶州府在囚 一一
査究其本事蹟跡 分輕重論理登聞事 行會何如 傳曰允 依備邊司草記 慶尙監營發關罪人還送
本道."
[61] 표영삼, 『동학 1』, 2004, 통나무, 303~306쪽.

길 중 "상주 낙동 – 청산 – 보은" 구간이다. 이 구간은 "상주 낙동 – 화령 장림 – 보은"으로 보는 것이 타당하다고 판단한다. 그 이유는 첫째, 『최선생문집도원기서』을 비롯한 초기 기록들 모두 상주 낙동을 거쳐 화령(化寧 또는 華嶺)을 지났다고 했다는 점이다. 둘째, 이는 조선 후기의 지도인 『대동여지도』와 『동여도』를 보면 상주 상림에서 보은으로 가는 최단 거리는 "상주 낙양역 – 화령 장림역 – 원암역"을 지나는 길이다. 이 짧은 길을 마다하고 둘러서 청산으로 돌아갈 필요가 없다. 셋째, 이 지역 출신 채길순의 증언이다. 필자와 수난로를 답사한 그는 이 지역 출신으로 낙동에서 보은으로 가는 길은 화령을 통해 간다고 하였다. 이상의 근거를 바탕으로 추정한 수운의 수난로는 다음과 같다.

> 경주(12월 10일) → 영천(永川, 11일) → 대구(大邱, 12일) → 선산 상림역(善山 上林, 13일) → 상주 낙동역(尙州 洛東驛, 14일) → 화령 장림역(化寧 長林驛, 15일) → 보은(報恩, 16일) → 청안(淸安, 17일) → 직산(稷山, 18일) → 오산(烏山, 19일) → 과천(果川, 20일 도착, 26일 아침 출발) → 용인 양지역(龍仁 陽智驛, 26일) → 충주 달천역(忠州 達川驛, 27일) → 문경 요성역(聞慶 聊城驛, 28일) → 유곡역(幽谷驛, 29일) → 상주 낙동역(尙州 洛東驛, 1864년 1월 4일) → 선상 상림역(善山 上林驛, 5일) → 대구영(大邱營, 6일)

  중죄인이었던 수운은 말이 끄는 수레에 갇혀서 이동했다. 하루의 이동 거리는 대략 100리(40km) 내외였다. 일부 구간에서는 150리를 넘는 경우도 있었다.
  수운 수난로의 주요 경유지를 정리하면 〈표 3〉과 같다.

<표 3> 수운의 수난로 경유지

경유지	날짜	현 주소	비고
경주 부아	1863.12.10.-12.11.	경북 경주시 중앙로 67-12(동부동 159-3) 경주관아터, 경북 경주시 서부동 19 (경주명사마을우방아파트) 경주감옥터	가족과 제자 23명 체포 경주옥 수감 후 대구 경상감영 이송
영천군 관아	1863.12.11.-12.12.	경북 경산시 문내동 152번지 (동헌 터, 영천보건소), 창구동 90번지 일대(객사 터)	
대구 부아	1863.12.12.-12.13.	대구 중구 경상감영공원 일대	경상감영에 속함
선산 상림역	1863.12.13.-12.14.	경북 구미시 장천면 상림리 731-2 (상림리 마을회관)	
상주 낙동역	1863.12.14.-12.15.	경북 의성군 단밀면 낙정리 653 (낙정우물 일대)	
화령 장림역	1863.12.15.-12.16.	경북 상주시 화서면 율림리 532-2 (율림리 장림마을회관)	
보은 관아	1863.12.16.-12.17.	충북 보은군 보은읍 삼산로 56-14 (보은관아) 보은 관아 동헌	
청안 관아	1863.12.17.-12.18.	충북 괴산군 청안면 청안읍내로2길 7 청안 관아 동헌	
직산 관아	1863.12.18.-12.19.	충남 천안시 서북구 직산읍 군서1길 59-8(군동리) 직산현 관아	
오산역	1863.12.19.-12.20.	경기도 오산시 대원동 부원로 87번길 (역말저수지) 일대	
과천 관아	1863.12.20.-12.26.	경기도 과천시 관악산길 58 (과천초등학교) 일대	
양지 관아	1863.12.26.-12.27.	경기도 용인시 양지면 행정복지센터	철종의 사망으로 경삼감영으로 이송
충주 단월역	1863.12.27.-12.28.	충북 충주시 중원대로 211 달천동행정복지센터, 단월초등학교 일대	
문경 요성역	1863.12.28.-12.29.	경북 문경시 문경읍 요성리	
문경 유곡역	1863.12.29.-1864.01.04	경북 문경시 유곡동 538-1 (앗골길 26-14) 일대	유곡역에서 과세(過歲)
상주 낙동역	1864.01.04.-05	경북 의성군 단밀면 낙정리 653 (낙정우물 일대)	상행로와 중복
선산 상림역	1864.01.05.-06	경북 구미시 장천면 상림리 731-2 (상림리 마을회관)	
경상감영	1864.01.06.	대구시 중구 경상감영공원 일대, 대구 중구 경상감영길 49 (서문로1가 1-5) 종로초등학교	종로초등학교가 경상감영 옥사터

〈표 3〉을 보면, 수운은 대구에서 상주 낙동역까지는 영남로로 이동했으나 이후에는 영남대로의 주도로인 조령을 경유하지 않고 상주 화령역으로 향했음을 알 수 있다. 그 이유는 정운구가 들은 첩보에 조령이 동학도가 운집해 있어 조령으로 가면 곤란할 것이라고 해서 화령으로 방향을 잡았다. 한양으로 압송되던 중에 있었던 특별한 일로는 영천 관아에 도착했을 때 이곳 관졸들이 수운과 같이 압송되었던 이내겸에 악담과 악행을 하자 수운을 끌고 있던 말이 움직이지 않는 일이 발생했다. 관졸들이 수운에게 사죄한 후에야 말이 움직였다고 한다. 보은 관아에서는 이방이 동학교도여서 수운의 식사를 잘 대접하고 떠날 때 돈꾸러미를 경비로 사용하라고 주었다. 수운은 혹한기에 경주에서 과천까지 압송되었고, 철종의 사망으로 인해 다시 대구김영으로 이송되는 곤욕을 치렀다.

나. 경상감영(慶尙監營)과 대구 장대(大邱將臺) - 수운의 수감과 순도 사적지
📍 위치: 대구광역시 중구 경상감영공원 일대, 대구 중구 경상감영길 49
(서문로1가 1-5) 종로초등학교 경상감영 감옥 터, 염매시장 연립주택(관덕정 터)

수운은 1864년 1월 6일 저녁에 경상감영에 도착했다. 경상감영에 도착한 내용은 『慶尙監營啓錄』를 통해 확인할 수 있다. 여기에서 수운이 묘당의 명령으로 근 천리길을 걸어 1월 6일에 경상감영에 도착해 수감했으며, 또한 이내겸과 같이 동행했으며, 경주부의 죄인들도 불러 문초할 것이라는 내용이 기록되어 있다.[62] 수운의 심문을 위한 명

---

[62] 『慶尙監營啓錄』 제2책. "甲子正月初七日 啓爲相考事卽 到付備邊司關內節 啓下敎司啓 辭宣傳官鄭雲龜書啓 慶州東學罪人 崔福述等 押上事判府 有令廟堂稟處之命矣 崔漢 雖曰 渠魁黨徒 旣繁當爲 到底盤覈而 近千里之地讒詗 逮捕之相續 其爲沿路 貽擾甚可悶 崔福述等 兩漢 令捕廳押送 本道監營竝與慶州府 在囚一一查究 其本末蹤跡 分輕重論理 登聞事行會

사관으로 상주목사 조영화(趙永和), 지례현감 정기화(鄭夔和), 산청현감 이기재(李沂在) 등 3명을 선정했다.

수운의 심문은 1월 20일 시작되었다. 수운은 4차, 이내겸과 이정화(李正華)는 3차, 강원보는 2차, 나머지는 한 차례씩 심문받았다. 서헌순의 장계를 보면, 사설(邪說)을 퍼뜨렸다는 사례를 통해 당시 유생들의 의견을 반영해 동학의 확산을 막으려 했음을 알 수 있다. 수운이 창도한 동학의 교의나 그가 저술한 동경대전과 용담유사에 관한 내용은 물어보지 않아 이미 혹세무민의 혐의를 결정하고 이에 맞추는 심문이었다. 장계에서는 수운의 수제자로 최자원, 강원보, 백원수, 최신오, 최경오 5명을 지목했다. 최경오는 최경상이며, 최신오는 최중희로 추정된다. 수운의 경상감영 수감에 최경상을 중심으로 각지의 접주들이 대구로 모여들었고, 비용도 염출했다. 수운은 수감 중에 "燈明水上無嫌隙 柱似枯形力有餘"의 유시를 남기고 최경상에게 "高飛遠走"할 것을 명했다. 경상은 수운의 명에 따라 태백산중으로 피신했다.

2월 20일 수운은 심문 도중 다리가 부러지는 곤경을 당했다. 그 소리가 천둥소리처럼 커서 심문관이 중도에 하옥시켰다.[63] 서헌순의 장계를 받은 조정에서는 2월 29일 대왕대비가 묘당에서 처리하라고 했다. 3월 2일 묘당에서는 수운을 참형하고 제자들을 정배해 엄형에 처하라고 명했다.[64] 용담에서 체포되었던 박씨 부인과 장자 세정은 무죄

何如 答曰 允事傳敎 敎是置傳敎內辭 意奉審施行爲有矣 同書啓謄書 下送憑考 擧行宜當向
事關 是白置有 亦罪人崔福述 李乃謙兩漢 自左右捕廳 本月初六日 押到乙仍于卽爲 其格嚴
囚是白 遣慶州府任囚罪人等 今方發關 該府捉致 臣營一體 嚴覈追于登聞計 料爲白乎 於緣
由爲先 馳啓爲白臥乎 事是良尒謹具啓聞 甲子正月初七日

[63] 『최선생문집도원기서』, 갑자년조.

[64] 표영삼, 『동학 1』, 통나무, 2004, 319~321쪽: 『승정원일기』 2674책(탈초본 127책),
「고종 1년 3월 2일 임인」. "異端邪說之陷溺人心, 實歎敎化之不明, 而今此嶺獄諸囚, 則
至愚至蠢無足多辨, 異端之目, 在渠亦濫, 哀矜勿喜之訓, 政謂此等矣. 第其誑惑嘯聚之跡,

방면되었다. 서헌순은 3월 10일 대구 남문 밖 개울가인 관덕당(觀德堂) 앞에서 대명률 제사편(大明律 祭祀編) 금지사무사술조(禁止師巫邪術條), 속칭 좌도난정(左道亂政)으로 참형되었다. 이로써 동학을 창도한 수운은 41세로 생을 마감했다. 수운의 머리는 3일간 남문 밖에 효수되었고, 3월 13일 경상감영에서 가족에게 시신 인계를 명했다.

다. 자인현(慈仁縣) 짐못[泥池] 후연점(後淵店) -수운의 사후 이적 사적지

📍 위치: 경상북도 경산시 신천동 353번지(주막 터),

　　　경상북도 경산시 신천동 357-2(짐못)

자인현 후연점은 수운의 사후 이적이 있었던 사적지이다. 수운의 시신은 3월 13일 가족에게 인계되었다. 당시 수운의 시신을 수습한 도인은 김경숙(金敬叔), 김경필(金敬弼), 정용서(鄭龍瑞), 곽덕원(郭德元), 임익서(林益瑞), 김덕원(金德元) 등이다,[65] 40리를 걸어 비둘기재를 넘어 자인 서쪽 10리 지점에 있는 짐못 주막에 당도하자 해가 저물었다고 한 것으로 볼 때 오전 중에 시신을 염습해 정오경에 출발한 것으로 보인다. 『자안의 역사』를 쓴 이홍우는 후연점(後淵店)을 경산시 신천동 353번지의

不可無警衆之擧, 嶺伯查啓, 令廟堂稟處事, 命下矣。今此東學之稱, 全襲西洋之術, 而特移易名目, 眩亂蚩蠢耳, 苟不早行天討, 克底邦憲, 則其究也, 安知不駸駸爲黃巾·白蓮之歸乎? 十行慈敎, 鼎昭奸而鏡照妖, 物無遁情, 恩寓勿喜, 誠不勝莊誦欽仰, 而第以査跋所斷推之, 崔福述之爲渠魁, 服念閱實, 斷案斯在, 令道臣, 大會軍民, 梟首警衆。姜元甫·崔自元之爲倀導, 合施重究, 嚴刑二次, 絶島限己身定配, 勿揀赦前, 李乃謙·李正華·朴昌郁·朴應煥·趙相彬·趙相植·丁錫敎·白源洙, 竝嚴刑二次, 遠地定配, 申德勳·成一奎, 竝嚴刑一次定配, 其餘諸囚, 令道臣, 分等酌處, 而第念此輩, 律之以漸染糾結之罪, 則初無彼此淺深之別, 剗殄無遺之無可惜, 而仰體慈聖天地好生之德, 强加區別, 而正學不明, 邪說橫流, 好亂樂禍之徒, 煽動詭訛, 浸灌習熟, 一至於斯, 而嶺南, 以鄒魯絃誦之鄕, 乃有此一種妖邪, 寔繁其類, 此政陰陽消長之機輿會也。大明中天, 陰魁屛跡, 正學之於邪說, 亦猶是也。謹當登對, 另有陳達, 而先以此意, 行會, 何如? 傳曰, 允。"

65 『최선생문집도원기서』, 집자년조.

붕디미주막 자리로 추정하고 있다. 붕디미주막은 비들재를 넘어 자인으로 가는 길목에 자리잡고 있으며 지금도 개천에 수백 년 된 회화나무가 있어 주막의 흔적을 보여주고 있다. 주막에서 신천, 남방을 거쳐 자인으로 가는 옛길이 지금도 남아있다. 필자는 20여 년 전 이곳을 답사할 때 당시 70대 노파로부터 신천동 짐못 앞으로 옛날에 경주로 가는 길이 있어서 주막이 있었다고 들었다. 붕디 주막과 짐못과의 거리는 약 500m이다.

『최선생문집도원기서』에는 후연점에서의 이적을 이렇게 적고 있다.

> 자인현 서쪽 후연점에 이르니 날이 저물어 저녁이 되었다. 주인에게 오늘밤 머물고자 하는데 어떻습니까 물었다. 주인이 어디서 오십니까 묻자 세정(世貞)이 대구에서 온다고 대답했다. 주인은 사정을 알고 있어 일희일비하면서 시신을 방안에 들이고 일체 손님을 받지 않았다. 시체에 따뜻한 기운이 있어 혹시나 회생할까 하여 3일 동안 영험이 있기를 바라면서 시체를 지키며 기다리고 있었다. 쌍무지개가 연못에서 일어나 운무가 하늘에 이어지더니 못과 주점은 둘러쌌다. 오색이 영롱한 운무는 연 삼일이나 덮여있다가 선생이 상천(上天)하자 구름이 걷히고 무지개가 사라졌다.[66]

이때가 수운이 순도한 지 6일째 되는 3월 15일이었다. 이후 시신이 싸늘해지고 즙이 나서 16일 아침에 시신을 운구해 경주로 향했다. 위의 기록으로 보면 후연점은 연못과 연해 있었음을 짐작할 수 있다. 이를 토대로 보면 짐못 앞의 주막거리가 후연점의 위치로 적합해 보인다. 후연점은 수운의 사후 이적을 보인 곳이라는 점에서 의미가 있다.

---

66 『최선생문집도원기서』, 갑자년조.

라. 태묘(太墓) – 수운의 묘소

📍 위치: 경상북도 경주시 가정리 산 75번지

태묘는 수운의 묘소이다. 수운은 1864년 3월 10일 대구 관덕정에서 참형되어 16일 저녁에 가정리에 도착했다. 수운의 운구 행렬은 청도면 운문면 고개를 넘어 건천을 거쳐 가정리에 늦은 밤에 도착했다. 수운의 양사위인 정울산과 조카 세조, 해월의 매부 임익서 등은 이튿날인 17일 새벽에 시신을 인계받아 구미산 자락의 대리골 맡머리에 매장하였다. 수운의 시신은 1907년 10월 17일 지금의 자리로 이장했다. 당시 이 일대의 소유권을 갖고 있던 시천교에서 단독으로 이장했다. 당시 처음 시신을 묻었던 정울산이 직접 시신을 수습해서 옮겼다.[67] 수운의 둘째딸인 최완과 하구리에 살던 세정의 부인인 강릉 김씨도 참석했다. 이장 후 수운의 묘를 태묘(太墓)라고 이름했다. 이때 "시천교조세세주묘"라는 석상을 세웠다. 이후 1990년 3월 10일 천도교를 중심으로 동학교단이 참여해 "동학창도주수운최제우스승님묘"라는 묘비를 세웠다. 이때 묘소에 둘레돌을 설치했다. 2024년 10월 24일 수운 탄신 200년을 맞아 묘소의 둘레돌을 교체하고,

〈그림 5〉 태묘 사진(1911년 5월 촬영, 출처:『경북신문』, 2024.11.27.)

---

[67] 표영삼,『동학 1』, 통나무, 2004, 327쪽

사성(莎城)도 돌로 정돈했으며 묘소 입구도 새롭게 정비하였다.

이밖에 수운의 수난과 순도 사적으로는 수난로에는 수운이 하룻밤을 머물렀던 관아와 역참이 있으며, 순도유적으로는 처음 묘소가 있던 대리골 등이 있다.

5. 맺음말

이상에서 동학을 창도한 수운의 사적지를 정리해보았다. 위의 내용은 수운의 주요 사적지에 해당한다. 수운의 수난로와 순도로 등 다른 사적에 관해서는 지면 관계상 다음으로 미루고자 한다.

수운은 1824년 10월 28일 경주 가정리에서 탄생하여 1864년 3월 10일 순도해 41세로 생을 마쳤다. 그러나 그가 창도한 동학은 우리 근현대사에 큰 울림을 주었다. 사람이 한울님을 모신 존재라는 시천주는 인간의 본원적 평등을 인식하게 하였고, 이러한 세상을 만들기 위한 동학농민혁명으로 사회화되었다. 수운이 강조한 보국안민은 일제로부터의 독립에 천도교단이 앞장서 3·1독립운동으로 나타났으며, 뒤이은 6·10만세운동과 신간회운동, 조국광복회 운동, 멸왜기도운동으로 이어졌다. 해방 이후에는 분단 저지를 위한 3·1재현운동 등의 평화통일운동에도 앞장섰다. 최근 지구 생태 문제가 화두가 되면서 동학의 생명사상은 현대 환경 생태문제의 해결 방안을 제시하고 있다.

수운의 사적 연구는 천도교단과 학계 차원에서 이루어졌다. 교단 차원에서는 교조인 수운의 사적을 정리하고 이를 통해 천도교단의 신앙심 확립에 기여하고자 하는 측면이 있었다. 여기에는 일제강점기 신문화운동기의 김기전, 이돈화, 박래홍 등이 선도적인 역할을 하였고, 해방 이후 표영삼과 성주현이 수운의 사적지 정리에 크게 기여하였다.

학계에서는 한국동학학회와 동학학회를 중심으로 동학의 사적을 정리했으며, 채길순의 활동이 돋보였으며, 대학 연구소를 중심으로 동학농민혁명 사적 정리에 치중했다. 동학학회에서는 '동학의 글로컬리제이션' 프로젝트를 통해 각 지역의 동학과 동학농민혁명의 사적을 정리하고 있다.

이렇게 우리 근현대사의 대표적 인물인 수운의 사적은 크게 탄생과 구도 시기(1824.10.28.~1860.4.4.), 득도와 포덕 시기(1860.4.5.~1863.12.9.), 수난과 순도 시기(1863.12.10.~1864.3.10.)의 세 시기로 나눌 수 있다. 탄생과 구도 시기의 사적으로는 탄생지인 경주 가정리, 을묘천서의 이적을 받은 울산 여시바위골, 득도적 기도처인 양산 내원사와 적멸굴이 있으며, 득도와 포덕 시기 사적으로는 득도지인 경주 용담정, 논학문 등의 경전을 저술한 남원 은적암, 접주제를 시행한 흥해 매곡동이 대표 사적이다. 수난과 순도 시기 사적으로는 수감되었던 경상감영과 처형터인 대구장대, 사후 이적이 있었던 자인현 후연점, 그리고 수운의 묘인 태묘가 대표적이다. 이밖에도 수운의 사적은 순도로와 수난로의 행적을 따라 있다.

이번 연구를 통해 수운의 대표적인 사적에 대한 정리가 이루어졌다. 이를 바탕으로 동학과 천도교단 사적 전반에 관한 연구로 나아가기를 희망한다. 나아가 해월 최시형, 의암 손병희, 춘암 박인호 등 동학의 교주에 관한 사적, 동학농민혁명, 3·1독립운동 등 민족운동 및 해방 이후의 통일운동 등 동학과 천도교의 사적, 또한 동학 교단의 주요 인물에 대한 정리 등도 이루어지길 희망한다.

『용담유사』

『동경대전』

『최선생문집도원기서』

『천도교회사초고』

「천도교경주교구연혁」

『일성록(日省錄)』

『慶尙監營啓錄』

『수원백씨대동보 제3권』, 1997.

「동학의 문화유적 순례 Ⅰ(영남지역 1)」, 『동학연구』 8, 2001.

「동학의 문화유적 순례 Ⅰ(영남지역 2)」, 『동학연구』 9·10, 2001.

「동학의 문화유적 순례 Ⅱ(강원지역)」, 『동학연구』 9·10, 2001.

「동학의 문화유적 순례 Ⅲ(충청지역)」, 『동학연구』 11, 2002.

김기전, 「慶州聖地拜觀實記」, 『신인간』 15, 1927.8.

김기전, 「수운생각 성지순례단을 조직하자」, 『천도교회월보』, 162, 1924.3.

김기전, 「수운수양녀인 팔십노인과의 문답」, 『신인간』 16, 1927.9.

김성하, 「역사문화자원으로서 경기도 동학 유적 활용 의미와 방안 고찰 -여주 전
　　거론을 중심으로-」, 『동학학보』 71, 동학학회, 2024.

김양식, 「충북지역 동학농민혁명 유적지 보존과 활용 방안」, 『동학학보』 28, 동학
　　학회, 2013.

동학혁명정신선양사업단, 『집강소』 15. 2024.10.28.

박대길, 「부안 동학농민혁명 문화콘텐츠 방안 연구」, 『동학학보』 60, 동학학회,
　　2021.

박래홍, 「전라행」, 『천도교회월보』 167, 1924.8.

박성대, 「수운 최제우 유적지의 풍수적 특성과 비보」, 『동학학보』 54, 동학학회,
　　2020.

박성주, 「수운 최제우의 南原行 재검토」, 『동학연구』 30, 한국동학학회, 2011.

성주현, 「초기 동학 교단과 영해지역의 동학」, 『동학학보』 30, 동학학회, 2014.

성주현, 『동학과 동학혁명의 재인식』, 서울:국학자료원, 2010.

신진희, 「경북 예천 동학농민혁명 관련 유적지 현황과 활용 방안」, 『동학농민혁명 연구』 1, 동학농민혁명기념재단, 2023.

오상준, 「본교역사」, 『천도교회월보』 제3호, 1910.10.15.

오지영, 『동학사』, 영창서관, 1938.

우수영, 「수운 최제우의 콘텐츠 활용에 대한 시론(試論) - 대구 지역을 중심으로」, 『동학학보』 56, 동학학회, 2020.

우종윤, 「보은 동학농민혁명 유적지의 보존방안」, 『중원문화연구총서』 14, 충북대학교 중원문화연구소, 2010.

윤석산 역, 『도원기서』, 문덕사, 1991.

이돈화, 「昔時無地見 今日又看看」, 『신인간』 22, 1928.3.

이돈화, 『천도교창건사』, 천도교중앙종리원, 1933.

이동초, 『천도교회 종령존안』, 서울:모시는사람들, 2005.

이병규, 「강원도의 동학농민혁명 유적지와 동학농민군」, 『동학학보』 37, 동학학회. 2015.

이상균, 「정읍 동학농민혁명 유적지의 현황과 보존관리」, 『전북사학』 38, 전북사학회, 2011.

임형진, 「은적암과 초기 남원지역의 동학전파—김홍기와 유태홍을 중심으로」, 『동학학보』 33, 동학학회, 2014.

조기간, 「성사와 적멸굴」, 『신인간』 138, 1939.9.

차용걸, 『연구총서 제 6 책 : 보은 종곡 동학유적 - 북실전투 및 관련유적과 집단매장지 조사』, 충북학교 중원문화연구소, 1993.

채길순, 「경상북도 지역의 동학 활동 연구- 사적지를 중심으로」, 『동학학보』 27, 동학학회, 2013.

채길순, 『(새로쓰는) 동학기행 1, 강원도 충청도 서울·경기도』, 서울:모시는사람들, 2012.

채길순, 『(새로쓰는) 동학기행 2, 경상북도 경상남도 북한편』, 서울:모시는사람들, 2021.

채길순, 『(새로쓰는) 동학기행 3, 전라북도 전라남도 제주도』, 서울:모시는사람들, 2022.

최옥(최동희 역), 『근암집』, 서울:창커뮤니케이션, 2005.

표영삼, 「구미용담」, 『신인간』 통권제353호, 1978.1.

표영삼, 「성지순례 남원 은적암」, 『신인간』 통권 제354호, 1979.2.

표영삼, 「울산 여시바위골」, 『신인간』 351, 1977.11.

표영삼, 『동학 1』, 통나무, 2004.

공자의 극기복례와 수운의 수심정기 비교연구

송봉구(영산대학교 성심교양대학 교수)

1. 머리말

이 논문은 공자의 '극기복례'와 수운의 '수심정기'를 비교하는 것이다. 공자의 '극기복례'는 "자신의 욕심을 이기고 남에게 양보하는 마음인 예(禮)를 회복하는 것"[1]이다. 이 내용은 공자의 제자 안연이 인(仁)이 무엇입니까? 질문을 했는데 공자께서 대답을 하신 것이다. 그러면서 공자는 이것은 자신의 힘으로 하는 것이지 남이 해주는 것이 아니라고 하였다. 다음으로 안연은 공자에게 어떻게 하면 자신이 가지고 있는 욕심을 이길 수 있는지 방법을 질문한다. 공자는 방법으로 "예가

---

* 이 논문은 동학학보 70호에 실린 것을 수정한 것입니다.
[1] 『論語』「顏淵」 "克己復禮 爲仁"

아니면 보지도 듣지도 말하지도 행동하지도 말라"[2]고 한다. 곧 사람이 가지고 있는 감각기관을 잘 조절하는 것이 인을 체득하는 방법이라고 한 것이다. 공자는 이 방법 외에 다른 방법으로 인을 체득하기 위해서는 배우고 생각하고 과정을 포기하지 않으면 가능하다고 하였다. 수운의 '수심정기'는 "흔들리는 마음을 지켜서 기운을 바르게 해서 자신이 모시고 있는 한울님을 체득하는 것"이다. 그 방법으로 21자 주문을 외우는 것이다. 외우는 방법이 두 가지가 있다. 하나는 '묵송(默誦)' 즉 마음속으로 조용히 외우는 것이다. 또 하나는 '현송(顯誦)' 즉 소리 내어 외우는 것이다. 두 가지 방법을 포기하지 않고 계속하면 결국 자신 안에 모시고 있는 한울님을 체득해서 모든 일을 자연스럽게 하는 성인이 되는 것이 수심정기의 목표이다. 공자와 수운의 수양법을 비교하는 논문은 처음이다. 공자의 '극기복례'와 수운의 '수심정기'를 별도로 연구한 논문은 많이 있지만 이것을 비교하는 논문은 처음이다. 그래서 다른 내용을 참고할 수 없어서 논리를 전개하는데 쉽지 않았다. 다행히 필자가 「맹자의 호연지기와 동학의 수심정기 비교연구」[3]라는 논문을 발표한 적이 있어서 논리를 전개하는 데 많은 도움을 받았다. 맹자의 호연지기는 제자인 공손추가 높은 벼슬을 하면 선생님의 마음이 흔들리겠습니까? 흔들리지 않겠습니까? 하는 질문을 하면서 나온 개념이다. 그러면서 맹자는 마음이 흔들리지 않는다고 하면서 그 이유로 '호연지기'를 길렀기 때문이라고 하였다. 그러면서 호연지기를 기르는 방법으로 네 가지를 제시하였다. 첫째는 '필유사언(必有事焉)'이다. 반드시 호연지기를 기르는 일을 실천하는 것이다. 둘째

---

[2] 『論語』「顔淵」 "非禮勿視 非禮勿聽 非禮勿言 非禮勿動"
[3] 송봉구, 「맹자의 호연지기와 동학의 수심정기 비교연구」, 『동학학보』 제66호, 한국동학학회, 2023.

는 '물정(勿正)'이다. 미리 호연지기를 기르는 일에 대해 기대하지 말라는 것이다. 셋째는 '심물망(心勿忘)'이다. 호연지기는 쉽게 길러지는 것이 아니기 때문에 마음으로 기르는 것을 잊지 말라는 것이다. 네 번째는 '물조장(勿助長)'이다. 억지로 호연지기를 기르지 말라는 것이다. 결국 맹자의 호연지기를 기르는 방법은 무리하지 말고 자연스럽게 길러라는 것이다. 수운의 수심정기하는 방법은 21자 주문을 포기하지 않고 외우는 것이다. 맹자의 방법도 네 가지라는 구체적인 내용이 있기는 하지만 상당히 추상적이다. 반면에 동학의 21자 주문을 외우는 방법은 매우 구체적이다. 이 내용을 바탕으로 공자의 극기복례와 수운의 수심정기를 비교하고자 하는 것이다. 공자도 안연의 질문을 통해서 구체적인 네 가지 방법을 제시한다. 바로 "예가 아니면 보지 말고, 듣지 말고, 말하지 말고, 행동하지 말라"는 것이다. 공자의 욕심을 이기는 방법이 구체적이기는 하지만 수운의 마음을 붙잡는 방법에 비하면 그래도 추상적이다. 그리고 공자의 예를 통해서 감각기관을 조절하는 방법은 배움과 생각을 끊임없이 하는 것이라서 일반적인 사람들은 실천하기 어려운 부분이 있다. 반면에 수운의 21자 주문을 외우는 방법은 누구나 쉽게 할 수 있는 방법이다. 이것이 차이점이라면 공통점은 마음의 기능인 생각하는 것을 통해서 공자는 욕심을 극복하는 길을 선택하였고, 수운 역시 마음의 기능인 마음을 지키는 길을 선택하여 욕심을 극복하는 길을 선택하였다. 이런 방법으로 공자와 수운의 마음을 기르는 것을 비교하는 것이 이 논문의 목적이기도 하다.

2. 공자의 인(仁)과 극기복례 수양법

공자는 『논어』에서 인(仁)의 개념을 다양하게 정의하고 있기 때문에 정확하게 무엇을 의미하는지 이해하기는 쉽지 않다. 그래서 인이 무엇인지 이해하려면 공자와 제자들이 주고 받은 대화의 내용을 자세히 살펴보는 것이 가장 좋은 방법이다. 제자들 가운데 공자의 수레를 운전했던 번지가 인이 무엇이냐고 질문했을 때 공자는 "사람을 사랑하는 것[4]"이라고 하였다. 이 대답은 누구나 인에 대해서 이해할 수 있는 평범한 내용이다. 이렇게 쉬운 내용도 있지만 다른 대화에서는 이해하기 어려운 것도 있다. 공자가 번지에게 이렇게 쉬운 내용으로 대답한 이유는 번지의 학문 수준이 낮았기 때문이다. 이것을 통해서 알 수 있는 것은 공자는 제자들의 학문 수준에 맞추어 대답을 했다는 것이다. 그렇다면 공자가 말하는 인의 핵심 내용이 무엇인지 이해하려면 공자의 제자 중에 가장 학문의 수준이 높았던 안연이 질문한 내용을 가지고 분석하면 어느 정도 실마리를 잡을 수 있을 것이다. 안연이 공자에게 인(仁)이 무엇이냐고 질문했을 때 공자는 '극기복례'[5]라고 대답을 했다. 『논어집주』를 지었던 주희는 '극기복례'를 다음과 같이 설명한다.

> 극은 이긴다는 것이요, 기는 몸이 가지고 있는 욕심이다. 복은 돌아옴이요, 예는 천리의 절문이다. 인을 한다는 것은 그 마음의 덕을 온전히 하는 것이다. 마음의 온전한 덕은 천리 아님이 없으나 또한 인욕에 파괴되지 않을 수 없다. 그러므로 인을 하는 사람은 반드시

---

[4] 『論語』,「顏淵」"樊遲問仁 子曰 愛人"
[5] 『論語』,「顏淵」"顏淵 問仁 子曰 克己復禮 爲仁 一日克己復禮 天下歸仁焉"

사욕을 이겨 예에 돌아가면 일마다 모두 천리여서 본심의 덕이 다
시 내 몸에 온전하게 된다.[6]

　주희는 '극기'를 사람들이 몸에 가지고 있는 "사특한 욕심을 이기는
것"이라고 풀이하고 있다. 사람들이 몸에 가지고 있는 사특한 욕심은
수 없이 많지만 크게 '물질에 대한 욕심, 권력에 대한 욕심, 명예에 대
한 욕심' 등을 예로 들 수 있다. 이런 욕심을 사람이면 누구나 가지고
있다. 공자가 만나고 다녔던 당시의 임금들도 예외는 아니였다. 임금
들은 이웃 나라를 침략하여 사람과 땅 등을 빼앗아 더욱 강대한 나라
를 만들고 싶었다. 이런 욕심을 그대로 두면 공자가 이루고자 했던 인
의 세상은 이루어질 수 없었다. 그래서 공자는 당시의 임금들을 만나
서 당신들이 가지고 있는 욕심 때문에 많은 사람들이 힘들게 살고 있
으니 그렇게 살지 말자고 설득했던 것이다. 그러나 당시의 임금들은
공자의 이런 설득에 동조하지 않고 오히려 공자를 세상 물정을 모르
는 사람이라고 비웃었다. 이런 모습을 옆에서 지켜보고 있었던 제자
안연은 공자의 마음을 가장 잘 이해하고 있었기 때문에 그럼 어떻게
하면 자신의 욕심을 이기고 서로 양보하는 세상을 만들 수 있습니까?
하고 구체적인 질문을 하였다. 그 내용은 다음과 같다.

　　안연이 "그 실천하는 세부 사항을 질문합니다."하고 말하자, 공
　자께서 말씀하셨다. "예가 아니면 보지 말며, 예가 아니면 듣지 말
　며, 예가 아니면 말하지 말며, 예가 아니면 움직이지 말아야 한다."
　안연이 말하였다. "제가 비록 민첩하지는 못하지만 청컨대 선생님

---

[6] 『論語』, 「顔淵」 "克 勝也 己 謂身之私欲也 復 反也 禮者 天理之節文也 爲仁者 所以全其心
之德也 蓋心之全德 莫非天理 而亦不能不壞於人欲 故 爲仁者 必有以勝私欲而復於禮 則事
皆天理 而本心之德 復全於我矣"

의 말씀을 잘 따르겠습니다."[7]

　'극기복례'를 실천하는 구체적인 방법에 대해 공자는 네 가지를 제
시한다. 내용은 "예가 아니면 보지도 듣지도 말하지도 움직이지도 말
라"고 하였다. 세상의 질서를 어지럽히는 행동은 하지 말라는 것이다.
이 내용에서 사람이 가지고 있는 욕심이 진행되는 과정과 그것을 극
복하는 방법론을 확인할 수 있다. 북송의 학자 '정이천'은 보고 듣고
말하고 움직이는 네 가지는 바깥 몸에 붙어있으면서 사람들이 사용하
는 것이고, 이것은 안에 있는 마음과 함께 움직이는 것[8]이라고 하였
다. 그래서 바깥에 있는 몸의 기능을 제어해야 안에 있는 마음을 기를
수 있다고 하였다. 다시 말하면 세상의 질서를 어지럽히는 행동을 하
지 않으려면 안에 있는 마음을 먼저 기르게 되면 바깥에 있는 기관들
이 외부 사물의 유혹에도 흔들리지 않게 된다는 것이다. 정이천은 이
내용을 '네 개의 경계하는 말씀' 즉 '사물잠(四勿箴)'을 만들어 공부의 과
정으로 하였다. 먼저 눈으로 보는 것을 경계하여 마음을 기르는 방법
을 다음과 같이 설명하고 있다.

　　　시잠에 말하였다. 마음은 본래 비어 있으니, 사물을 만나도 자취
　　가 없다. 마음을 잡는 데 요점이 있으니, 보는 것이 그 법이 된다.
　　사물이 눈 앞에서 유혹하면 마음이 사물을 따라 가버린다. 바깥에
　　있는 사물을 제어하여 마음을 편안하게 해야 한다. 자신의 욕심을
　　이기고 예를 회복하는 것을 오랫동안 하면 정성스럽게 될 것이다.[9]

---

[7] 『論語』, 「顔淵」 "顔淵曰 請問其目 子曰 非禮勿視 非禮勿聽 非禮勿言 非禮勿動 顔淵曰 回
雖不敏 請事斯語矣"
[8] 『論語』, 「顔淵」 "四者 身之用也 由乎中而應乎外"
[9] 『論語』, 「顔淵」 "其視箴曰 心兮本虛 應物無迹 操之有要 視爲之則 蔽交於前 其中則遷 制
之於外 以安其內 克己復禮 久而誠矣"

정이천의 첫 번째 마음을 기르는 방법은 눈으로 사물을 볼 때 그냥 두면 대상 사물을 따라가 버린다. 그래서 먼저 할 일은 밖에 있는 대상 사물을 아무거나 보게 하지 말라는 것이다. 예를 들면 먼저 눈으로 사물을 볼 때 마음을 흔들리게 하는 사물은 못 보게 하는 것이다. 그래서 마음을 충분히 기른 다음에 밖에 있는 사물을 보게 하면 그때는 보더라도 유혹에 흔들리지 않는 것이다. 두 번째 방법이 귀로 소리를 들을 때 마음을 기르는 방법이다.

> 청잠에 말하였다. 사람이 마음속에 본성을 가지고 있는 것은 하늘이 준 것이다. 아는 것이 유혹되어 밖의 사물과 동화하여 마침내 그 바름을 잃게 된다. 먼저 깨달은 사람은 멈출 줄을 알아서 안정함이 있게 된다. 사특함을 막고 마음의 성실함을 보존하여 예가 아니면 듣지 않는다.[10]

두 번째 마음을 기르는 방법은 귀로 소리를 들을 때 어떻게 조절하여 마음을 기르느냐 하는 것이다. 귀로 소리를 들으면 마음에서 소리에 대한 반응이 있게 된다. 그때 대상 사물에 대한 마음의 인식 능력이 생겨난다. 이럴 경우 그냥 두면 마음이 대상 사물의 유혹에 넘어가 버린다. 이것을 막는 방법이 사물의 유혹에 따라가지 말고 멈추라는 것이다. 멈추어서 마음을 오랫동안 기르게 되면 마음의 성실함이 커져서 자신의 마음을 흔드는 소리는 저절로 듣지 않게 된다는 것이다. 세 번째 마음을 기르는 방법은 말하는 것을 제어하는 것이다.

> 언잠에 말하였다. 사람 마음이 움직이는 것은 말 때문에 발생한

---

[10] 『論語』, 「顔淵」 "其聽箴曰 人有秉彝 本乎天性 知誘物化 遂亡其正 卓彼先覺 知止有定 閑邪存誠 非禮勿聽"

다. 그러므로 말을 할 때 조급하게 하는 것과 가볍게 하는 것을 하지 말면 마음이 고요하여 하나가 된다. 하물며 말은 몸의 기능 중에 중요한 것이니, 말 때문에 전쟁을 일으키기도 하고, 관계를 좋게 하기도 한다. 좋은 일과 나쁜 일, 부귀 영화와 부끄러운 일이 모두 말 때문에 일어나게 된다. 말을 너무 쉽게 하면 마음이 다쳐서 사람이 방종해지고, 말을 너무 많이 하면 마음이 다쳐서 종잡을 수 없게 된다. 자신이 말을 함부로 하면 남의 말도 거슬리게 되고, 나가는 말이 도리에 어긋나면 오는 말도 도리에 어긋나게 된다. 그러므로 예법에 어긋난 말은 하지 말라는 말씀을 공경하여라.[11]

세 번째 마음을 기르는 방법은 입으로 하는 말을 함부로 하지 않아서 안에 있는 마음이 흔들리는 것을 막는 것이다. 먼저 말을 급하게 하거나 가볍게 말을 하면 마음이 흔들린다. 그래서 말을 할 때 함부로 하지 않으면 마음이 고요하여 흩어지지 않게 된다. 다음에 하는 방법은 자신이 먼저 상대방에게 고운 말을 사용해서 상대방이 자신에게 고운 말을 사용하게 만드는 방법이다. 그래서 말을 할 때 내가 지금 상대방에게 고운 말을 하고 있는지 항상 자신을 관찰하는 방법이다. 중요한 내용은 서로의 관계를 힘들게 하는 말은 하지 말라는 원칙을 지키는 것이다. 마지막 네 번째 마음을 기르는 방법은 몸으로 실천할 때 하는 것이다.

동잠에 말하였다. 철인은 마음이 일어나는 조짐을 알기 때문에 생각할 때 성실히 하고, 뜻있는 선비는 실천에 힘써 행동할 때 마음에 어긋난 행위는 하지 않는다. 천리를 따르면 마음에 여유가 있고, 사람의 욕심을 따르면 위험하니, 밥을 먹는 짧은 시간이라도 얼음

---

[11] 『論語』, 「顏淵」 "其言箴曰 人心之動 因言以宣 發禁躁妄 內斯靜專 矧是樞機 興戎出好 吉凶榮辱 惟其所召 傷易則誕 傷煩則支 己肆物忤 出悖來違 非法不道 欽哉訓辭"

을 밟는 것처럼 조심하여 스스로를 지켜라. 이렇게 하여 평소의 습
관이 본성과 하나 되면 자신의 행동은 공자와 같은 성인이 될 것이
다.[12]

네 번째 마음을 기르는 방법은 몸으로 실천할 때 하는 것이다. 몸으
로 먼저 행동을 하기 전에 마음으로 깊이 생각을 하고 행동으로 옮기
면 잘못된 실수가 줄어든다. 이런 실천을 오래하여 짧은 순간이라도
이런 습관을 가지게 되면 자신의 행동이 공자와 같은 성인이 되는 경
지에 이르게 된다. 이것이 몸으로 실천하여 마음과 몸을 하나가 되게
하는 것이다.

이상 네 가지 마음을 기르는 방법을 통해서 우리가 알 수 있는 것
은 사람의 욕심은 몸에 있는 감각기관 때문에 발생한다는 것이다. 그
래서 이것을 그냥 두면 욕심이 끝없이 일어나서 안에 있는 사람의 마
음이 욕심으로 변하여 자기 밖에 모르는 소인으로 전락한다는 것이
다. 이것을 막기 위해서 먼저 눈으로 볼 때 귀로 들을 때 입으로 말을
할 때 몸으로 행동으로 옮길 때 짧은 순간이라도 조심하여 밖에 있는
사물의 유혹에 넘어가지 않도록 해야 한다는 것이다. 이렇게 하기 위
해서 학자들은 네 가지 경계하는 말씀을 만들어서 자주 '배우고 생각
해서'[13] 자기것으로 만드는 데 최선을 다했다. 공자는 이런 내용을 공
부할 때 '분발하여 밥을 먹는 것을 잊어버릴 정도'[14]로 열심히 하였다.
그래서 사십살에는 드디어 사물의 유혹에 흔들리지 않는 '불혹'[15]의

---

[12] 『論語』,「顏淵」"其動箴曰 哲人知幾 誠之於思 志士勵行 守之於爲 順理則裕 從欲惟危 造
次克念 戰兢自持 習與性成 聖賢同歸"
[13] 『論語』,「學而」"學而不思則罔 思而不學則殆"
[14] 『論語』,「述而」"其爲人也 發憤忘食 樂以忘憂 不知老之將至云爾"
[15] 『論語』,「爲政」"四十而不惑"

경지에 이르게 되었다. 여기서 멈추지 않고 오십 살에는 '천명'[16] 즉 하늘의 뜻을 알게 되어 더 이상 욕심의 지배를 받지 않는 성인의 삶을 살게 되는 영역에 도달하게 되었다. 그 내용을 육십 살에는 귀로 무슨 소리를 들어도 흔들리지 않아서 순조롭게 살았다[17]는 것이고, 칠십 살에는 마음이 하고 싶은 대로 해도 세상의 규칙과 어긋나지 않았다[18]고 표현하였다.

3. 수운의 시천주와 수심정기 수련법

동학의 시천주와 수심정기 수련법을 서술하기 위해서는 먼저 시천주와 수심정기에 대한 개념을 설명해야 한다. 두 가지 개념을 설명하기 위해서는 먼저 어떻게 이런 개념이 만들어졌는지 그 과정을 살펴보아야 한다. 두 가지 개념이 만들어지게 된 계기는 수운 최제우가 1860년 4월 5일 한울님을 만나고 난 뒤에 한울님으로부터 주문과 영부를 받고, 1년간 수련을 한 다음에 21자 주문을 만들고 세상 사람들에게 동학의 수련법을 전한 다음에 만들어지게 되었다. 수운은 시천주의 의미를 직접 『논학문』에서 설명하고 있다. 먼저 '모실 시자'에 대해서는 "안으로 신령이 있고 밖으로 기화가 있으며 온 세상 사람이 이런 사실에서 옮겨 갈 수 없다는 것을 안다는 것"[19]으로 설명하고 있

---

16 『論語』, 「爲政」 "五十而知天命"
17 『論語』, 「爲政」 "六十 耳順"
18 『論語』, 「爲政」 "七十 從心所欲不踰矩"
19 『東經大全』, 「論學文」 "內有神靈 外有氣化 一世之人 各知不移者也"

다. 이것을 다시 풀이하면 사람은 자신의 마음속에 신령 즉 신비한 영을 가지고 있으며 밖으로는 기운의 변화로 있고, 사람은 이러한 두 기운의 영향력 안에 존재하고 있다는 것이다. 안에 있는 신령과 밖에 있는 기운의 관계를 이해하기 위해서는 수운이 한울님을 만났을 때 대화하는 부분을 보면 잘 알 수 있다.

> 몸이 몹시 떨리면서 밖으로 접령하는 기운이 있고 안으로 강화의 가르침이 있으되, 보였는데 보이지 아니하고 들렸는데 들리지 아니하므로 마음이 오히려 이상해져서 수심정기하고 묻기를 "어찌하여 이렇습니까" 대답하시기를 "내 마음이 곧 네 마음이니라. 사람이 어찌 이를 알리오. 천지는 알아도 귀신은 모르니 귀신이라는 것도 나니라. 너는 무궁 무궁한 도에 이르렀으니 닦고 단련하여 그 글을 지어 사람을 가르치고 그 법을 바르게 하여 덕을 펴면 너로 하여금 장생하여 천하에 빛나게 하리라.[20]

위 글을 보면 밖으로 접령하는 기운이 먼저 나온다. 그리고 다음에 안으로 강화의 가르침 즉 신령한 기운이 있다고 설명하고 있다. 수운은 이런 기운을 만났지만 볼 수도 없고 들을 수도 없는 것이었기 때문에 놀라서 한울님께 질문하였다. 한울님의 대답은 내 마음과 너의 마음이 하나가 되었기 때문에 이런 현상이 생겼다고 하고 있다. 이런 사실을 통해서 알 수 있는 것은 밖에서 접령하고 안에서 강화하는 신비로운 기운을 만나기 위해서는 사람의 마음으로는 안된다는 것이다. 즉 한울님의 마음으로 변화되었을 때 생기는 현상이라고 할 수 있다. 여기서 한울님의 마음이라는 것은 사람이 가지고 있는 욕심이 없는

---

[20] 『東經大全』, 「論學文」 "身多戰寒 外有接靈之氣 內有降話之教 視之不見 聽之不聞 心尙怪訝 修心正氣而問曰 何爲若然也 曰吾心卽汝心也 人何知之 知天地而無知鬼神 鬼神者 吾也 及汝無窮無窮之道 修而煉之 制其文教人 正其法布德則 令汝長生 昭然于天下矣."

마음이다. 수운은 10년간의 공부 끝에 드디어 사람이 가지고 있는 욕심을 극복하고 한울님의 마음을 회복한 것이다. 이렇게 단정지을 수 있는 것은 수운이 10년간 전국을 다니면서 확인한 것은 세상이 무너지고 있다는 것이다. 그리고 세상이 이렇게 무너지는 원인으로 '각자위심(各自爲心)'[21] 즉 자기밖에 모르는 마음이 원인이라고 설명하고 있기 때문이다. 그래서 수운은 무너지고 있는 세상을 구원하기 위해서는 자기밖에 모르는 마음을 이기고 전체를 위하는 마음을 회복하는 것이 중요한 일이라고 하였다. 수운이 공부를 하여 전체를 위하는 마음을 회복한 증거가 바로 '내 마음이 곧 너의 마음' 즉 한울님 마음과 수운의 마음이 하나가 되었다는 것이다. 그렇다면 어떻게 했을 때 자신 안에 모시고 있는 한울님 마음을 회복할 수 있을까? 지금부터는 그 방법론에 대해서 알아보자. 방법론으로 제시한 것이 바로 "수심정기"[22]이다. 수심정기에 대해서 수운은 다음과 같이 말하고 있다.

> 인의예지는 옛 성인이 가르친 것이요, 수심정기는 내가 다시 정한 것이니라.[23]

인의예지는 옛 성인인 공자와 맹자가 우리에게 가르쳐서 사람은 누구나 자신의 마음속에 선천적으로 인의예지 네 가지의 마음을 가지고 있다고 하였다. 특히 맹자는 사람이면 누구나 인의예지의 마음을 선천적으로 가지고 있다는 것을 다음과 같이 말하고 있다.

---

[21] 『東經大全』,「布德文」"又此挽近以來 一世之人 各自爲心 不順天理 不顧天命 心常悚然 莫知所向矣"

[22] 『東經大全』,「論學文」"身多戰寒 外有接靈之氣 內有降話之敎 視之不見 聽之不聞 心尙怪訝 修心正氣而問曰 何爲若然也 曰吾心卽汝心也"

[23] 『東經大全』,「修德文」"仁義禮智 先聖之所敎 修心正氣 惟我之更定"

사람들이 모두 사람을 차마 해치지 못하는 마음을 가지고 있다고
말하는 까닭은, 지금에 사람들이 갑자기 어린아이가 장차 우물에
들어가려는 것을 보고는 모두 깜짝 놀라고 측은해 하는 마음을 가
지니, 이는 어린아이의 부모와 사귀려고 했어도 아니며, 고향 마을
과 친구들에게 인자하다는 명예를 구해서도 아니며, 잔인하다는 나
쁜 소리를 듣기 싫어서도 아니다. 이로 말미암아 본다면 측은지심
이 없으면 사람이 아니며, 수오지심이 없으면 사람이 아니며, 사양
지심이 없으면 사람이 아니며, 시비지심이 없으면 사람이 아니다.[24]

　　맹자에 의하면 사람은 누구나 선천적으로 사람을 해치지 못하는 인
의예지의 착한 마음을 가지고 있는데, 그런 사실을 알 수 있는 것이
어린아이가 우물에 빠져 죽으려고 하는 순간에 이르게 되면 사람은
누구나 어린아이를 구하려고 하는 마음이 생긴다는 것이다. 이런 마
음은 바로 생기는 것이지 다른 이유 때문은 아니라는 것이다. 그러면
서 맹자는 이런 마음을 그냥 두지 말고 넓히고 채우라고 하였다. 그
방법론이 유학의 역사에서 ”수양론“으로 계승되고 있었고 성인과 현
인들이 계속 출현하여 순수한 마음을 잃어버리지 않았다. 그러나 수
운의 시대에 이르러 세상 사람들이 자기밖에 모르고 하늘의 이치를
따르지 않았기 때문에 순수한 마음을 잃어버리고 말았다.[25] 순수한 마
음을 잃어버리게 된 현실을 수운은 다음과 같이 말하고 있다.

　　　질문하기를 “한울님 마음이 곧 사람의 마음이라면 어찌하여 착
한 사람 나쁜 사람이 있습니까?” 대답하기를 “(한울님이) 어떤 사람은

---

[24] 『孟子』, 「公孫丑 上」 “所以謂人皆有不忍人之心者 今人 乍見孺子將入於井 皆有怵惕惻隱
之心 非所以內交於孺子之父母也 非所以要譽於鄕黨朋友也 非惡其聲而然也 由是觀之 無惻
隱之心 非人也 無羞惡之心 非人也 無辭讓之心 非人也 無是非之心 非人也”

[25] 『東經大全』, 「布德文」 “又此挽近以來 一世之人 各自爲心 不順天理 不顧天命”

귀하게 태어나게 하고 어떤 사람은 천하게 태어나게 함을 명령하고, 또 어떤 사람은 힘들게 살게 하고 어떤 사람은 즐겁게 살게 했는데, 그러나 (수련하여) 군자의 덕을 갖게 된 사람은 기(氣)가 바르고 마음이 안정이 되어 천지와 더불어 그 덕이 하나가 되어 착하게 살고, 아직 수련하지 못한 소인은 기운도 바르지 않고 마음도 유혹에 흔들리므로 천지와 더불어 그 덕이 하나가 되지 못해서 나쁘게 살아가니, 사람이 그렇게 된 것은 자신의 노력 때문이 아니겠는가?"[26]

　　사람이 착한 사람과 나쁜 사람이 있게 된 원인을 수운은 한울님에 의하여 사람은 모두 다르게 태어나지만 모든 사람에게 공통적으로 주어진 것이 있다고 한다. 그것이 수련하여 군자가 되는 것이다. 그렇게 되면 기운이 바르고 마음도 안정이 되어 외부 사물에 흔들리지 않는 군자가 되어 착한 사람이 된다는 것이다. 반대로 수련하지 못한 소인은 외부 사물에 흔들려 나쁘게 살아간다고 하였다. 결국 사람이 착한 사람이 되느냐 나쁜 사람이 되느냐 하는 것은 외부의 누가 정해주는 것이 아니고 자신이 스스로 결정하는 것이라는 것을 알 수 있다. 그래서 수운은 외부의 사물에 흔들리는 마음을 지키고 기운을 바르게 하는 수련을 강조한 것이다. 수련의 내용은 다음과 같다.

　　　　가슴에 죽지 않는 약을 지녔으니 그 형상은 궁을이요, 입으로 길이 사는 주문을 외우니 그 글자는 스물 한자라.[27]

　　수운이 말하는 수련 방법은 가슴에 모시고 있는 죽지 않는 약을 자

---

[26] 『東經大全』, 「論學文」 "曰天心卽人心 則 何有善惡也 曰命其人 貴賤之殊 定其人 苦樂之理 然而君子之德 氣有正而心有定 故 與天地合其德 小人之德 氣不正而心有違 故 與天地違其 命 此非盛衰之理耶"

[27] 『東經大全』, 「修德文」 "胸藏不死之藥 弓乙其形 口誦長生之呪 三七其字"

기 것으로 만드는 것이다. 그 방법이 21자를 외우는 것이다. 21자를 외우는 방법은 크게 두 가지가 있다. 하나는 '현송(顯誦)'이고, 둘은 '묵송(黙誦)'이다. '현송'은 21자 주문을 소리 내어 외우는 것이다. 이렇게 하는 이유는 사람은 가만히 있으면 마음에 온갖 잡념이 생긴다. 그러면 자기도 모르게 마음이 외부의 유혹에 넘어가 버린다. 이런 잡념을 이기기 위해 주문에 집중하는 것이다. 초보자는 소리 내어 외우면 더욱 집중하기 쉽다. 소리 내어 외우는 방법을 김용희는 '수심정기(守心正氣)'로 나누어 먼저 '정기' 즉 기운을 바르게 한 다음에 마음을 지키는 '수심'의 순서로 가는 것[28]이라고 하였다. 다음으로 '묵송'은 21자 주문 중에 앞에 강령주문 8자를 제외하고 13자만 소리 내지 않고 마음으로 조용히 외우는 것이다. 이렇게 하는 이유는 이미 21자 주문을 소리 내어 외우면 기운이 바르게 되어 마음을 어느 정도 지킬 수 있다고 본 것이다. 이 상태에서 자신 안에 모시고 있는 한울님을 만나기 위해서 더욱 세밀하게 마음의 흐름을 살펴야 하는데 그때 소리 내어 외우면 그런 정밀한 작업을 할 수 없기 때문이다. 이 과정을 김용희는 '수심'에서 '정기'로 가는 것[29]이라고 하였다. 이 두 과정은 어느 것을 먼저 해야 되는 것은 아니다. 상황에 따라서 '현송'을 먼저 해야 할 때는 먼저하고, '묵송'을 해야 하면 '묵송'을 먼저 하면 된다. 가장 중요한 것은 21자 주문에 집중하여 마음에 일어나는 잡념을 따라가지 말고 마음 안에 있는 한울님을 만나야 하는 것이다. 수운은 10년의 방황과 천성산에 들어가서 두 번 실시한 49일의 기도, 그리고 마지막 용담에서 한울님을 만나기까지 이 과정이 모두 수운에게 소중한 시간

---

[28] 김용희, 「동학의 수양론」, 『도교문화연구』, 제22집, 한국도교문화학회, 2005, 182쪽.
[29] 김용희, 「동학의 수양론」, 『도교문화연구』, 제22집, 한국도교문화학회, 2005, 182쪽.

이었다. 이런 기나긴 시간을 투자하지 않았더라면 결코 동학이라는 새로운 가르침을 만들 수 없었을 것이다.

4. 공자의 극기복례와 수운의 수심정기 비교

공자의 '극기복례'는 안연이 공자에게 인이 무엇이냐고 질문했을 때 공자가 대답한 것이다. 내용은 "자신이 가지고 있는 욕심을 이기고 상대방에게 양보할 수 있는 마음을 회복하라는 것"이다. 공자는 이것은 자신이 하는 것이지 남이 하는 것이 아니라고 하였다. 이 대답을 들은 안연은 어떻게 하면 자신의 욕심을 이길 수 있는지 구체적인 실천 방법을 질문한다. 그 대답이 "예가 아니면 보지 말고, 예가 아니면 듣지 말고, 예가 아니면 말하지 말고, 예가 아니면 움직이지 말라"는 것이었다. 이 네 가지 방법을 송대의 정이천 선생은 경계하는 말씀을 만들어 철저하게 실천한다.

먼저 보는 것을 경계하는 말씀을 만들어 사람들에게 사물이 눈 앞에서 자신을 유혹하면 넘어가기 쉽다. 그럴경우 밖에 있는 사물을 함부로 보지 않게 되면 안에 있는 마음이 편안하게 유지된다고 하였다. 다음으로 듣는 것을 경계하는 방법을 제시한다. 내용은 귀로 소리를 들을 때 어떻게 조절하여 마음을 기르느냐 하는 것이다. 귀로 소리를 들으면 마음에서 소리에 대한 반응이 있게 된다. 그때 대상 사물에 대한 마음의 인식 능력이 생겨난다. 이럴경우 그냥 두면 마음이 대상 사물의 유혹에 넘어가 버린다. 이것을 막는 방법이 사물의 유혹에 따라가지 말고 멈추라는 것이다. 멈추어서 마음을 오랫동안 기르게 되면 마음의 성실함이 커져서 자신의 마음을 흔드는 소리는 저절로 듣지 않게 된다는 것이다. 세 번째 방법은 말을 할 때 조절하는 방법이다. 그 내용은 먼저 하는 방법은 말을 급하게 하거나 가볍게 말을 하면 그 때문에 마음이 흔들린다는 것이다. 그래서 말을 할 때 함부로 하지 않으면 마음이 고요하여 흩어지지 않는다는 것이다. 다음에 하는 방법은 자신이 먼저 상대방에게 고운 말을 사용해야 상대방도 자신에게 고운 말이 온다는 것이다. 그래서 말을 할 때 내가 지금 상대방에게 고운 말을 하고 있는지 항상 자신을 관찰하라는 것이다. 그 방법이 서로의 관계를 힘들게 하는 말은 하지 말라는 원칙을 지키라는 것이다. 마지막 방법은 몸을 움직일 때 어떻게 하면 자신을 지킬 수 있을까에 관한 내용이다.

몸으로 먼저 행동을 하기 전에 마음으로 깊이 생각을 하고 행동으로 옮기면 잘못된 실수가 줄어든다. 이런 실천을 오래하여 짧은 순간이라도 이런 습관을 가지게 되면 자신의 행동이 공자와 같은 성인이 되는 경지에 이르게 된다. 이것이 몸으로 실천하여 마음과 몸을 하나가 되게 하는 방법이다.

이상의 네 가지 방법을 통해서 유학자들은 자신이 가지고 있는 욕심을 이기는데 최선의 노력을 다했다. 철저하게 다른 것의 힘을 빌리지 않고 오로지 글을 만들어서 배우고 또 생각해서 자신의 마음을 기르는 데 최선을 다했다. 그 결과 공자가 원했던 하루라도 인을 회복하면 온 세상이 인의 세상이 되는 그런 세상을 만드는 데 성공은 못했지만 자신들은 최선을 다해서 평소 생활에 실천하여 주위 사람들에게 평화로운 일상을 만드는 데 큰 역할을 하였다.

동학의 수심정기는 수운 최제우가 1860년 한울님을 만나고 자신 안에 한울님을 모신 존재라는 사실을 깨닫고 난 이후에 사람들에게 제시한 공부 방법이다. 시천주 즉 모든 사람은 자신의 내면에 한울님을 모시고 있으니 이런 사실을 21자 주문을 독실하게 외움으로서 깨닫는 방법이다. 21자 주문을 외우는 방법은 두 가지가 있다. 하나는 '묵송'이다. 조용히 소리내지 않고 외우는 방법이다. 초보자들이 하기에는 조금 힘든 면이 있다. 조용히 있으면 수 많은 잡념들이 자신을 방해하기 때문이다. 이럴 때 하는 방법이 21자 주문을 소리 내어 크게 외우는 방법이 '현송'이다. 마음껏 소리 내어 외우면 다른 생각에 휘둘리지 않고 오로지 주문에 집중할 수 있다. 그렇게 하면 정기(正氣) 즉 기운이 바르게 되어 자신 안에 모시고 있는 한울님을 만나게 된다. 묵송 할 때는 21자 주문을 다 외우는 것이 아니고 13자만 외운다. 그렇게 하는 이유는 이미 소리내어 외우는 주문 공부를 해서 마음이 집중이 되어 있는 상태. 그래서 강령을 부르는 주문은 외울 필요가 없는 것이다. 바로 본 주문을 외우는 것이다. 이렇게 주문을 외워서 자신 안에 모시고 있는 한울님을 만나면 그동안 자신을 힘들게 했던 모든 생각들이 힘을 잃게 된다. 그렇게 되면 올바른 생각이 자신의 삶을 주도하기 때문에 마음에 걱정없이 행동하게 된다. 이런 내용을 수운은 지극한 성인의 경지에 도달하게 된다고 하였다.

공자의 극기복례 수양법은 자신의 마음에 있는 욕심을 이기기 위한 것이다. 그 방법으로 제자 안연에게는 예법을 지켜서 자신의 감각기관이 가지고 있는 욕심을 이기도록 하였다. 후대의 학자들은 욕심을 이기는 글을 지어서 늘 자신을 경계하여 이기는 길을 선택했다. 이 방법들의 공통점은 철저하게 이성적인 방법을 실천한 것이었다. 그것이 공자가 항상 강조했던 배우고 생각하는 과정을 끊임없이 되풀이하는 것이었다. 반면 수운의 공부 방법은 오로지 21자 주문을 외우는 것이었다. 짧은 주문을 반복적으로 외우는 행위를 통해서 자신의 마음에 붙어있는 쓸데없는 잡념들을 제거하는 것이다. 두 수련법의 공통점은 하나의 대상에 집중하는 것이다. 공자의 방법은 예법이나 글에 집중하여 자신이 가지고 있는 욕심을 극복하는 것이고, 수운의 방법은 21자 주문에 집중하는 것이다. 차이점은 집중하는 방법이 다르다. 하나는 이성적인 생각을 하는 것이고, 수운의 방법은 이성적인 생각보다는 반복적인 행위를 한다는 것이다. 그런데 수련하여 도달하는 목표지점은 두 방법 모두 성인이 되는 것은 공통점이라고 할 수 있다.

5. 맺음말

이상으로 공자의 '극기복례'와 동학의 '수심정기'를 비교하여 보았다. 공자의 '극기복례'는 '극기'를 통해서 '복례'로 가는 수양법이고, 동학의 '수심정기'는 '수심'을 통해서 '정기'로 가는 방법이다. '극기'는 자신이 가지고 있는 욕심을 이겨서, '복례' 즉 다른 사람에게 양보하는 마음을 회복하는 것이고, '수심'은 유혹에 흔들리는 마음을 지켜서 '정기' 즉 기운을 바르게 해서 올바른 삶을 실천하는 성인이 되는 것이다. 극기복례 하기 위해서는 예법이나 글을 통해서 배우고 생각하는 과정을 반복하는 것이었고, 수심정기 하기 위해서는 21자 주문만 오로지 외우면 되는 것이었다. 두 방법의 공통점은 하나의 주제에 집중하는 것이었고, 다른 점은 집중하는 방법이 다르다는 것이다. 이런 방법을 통해서 도달하고자 하는 목표지점은 성인이 되는 것은 공통점이었다.

현대는 서로 돈 권력 등을 많이 차지하기 위해서 경쟁을 벌인 결과 모두가 자기밖에 모르는 이기적인 삶을 살고 있다. 공자는 이것을 소인의 삶이라고 하였고, 수운은 자기밖에 모르는 마음을 가진 사람이라고 표현하였다. 서로의 표현은 다르지만 결국은 자기밖에 모르는 삶을 살게 된다는 것은 공통점이다. 이렇게 되면 우리나라는 물론이고 전체 지구가 자기 나라만 생각하는 삶을 살게 되어 이웃 나라에 전쟁이 일어나도 도와주지 않는 심각한 상태가 되고 만다. 이런 삶은 결코 행복한 삶이 아니다. 그래서 자기밖에 모르는 삶을 극복하기 위해서는 공자와 수운의 수양 방법을 실천해야 하는 시기가 온 것 같다. 서로의 수양 방법은 다르지만 각자 자신의 방법에 알맞은 방법을 선택하여 열심히 공부해서 자신의 욕심을 이기고 전체의 질서를 회복하는 삶을 살 때 우리 인류에게 희망이 있을 것이다.

『논어』

『맹자』

이기동 역해, 『논어강설』, 서울:성균관대학교출판부, 2019.

성백효 역주, 『논어집주』, 서울:전통문화연구회, 2013.

천도교중앙총부, 『천도교경전』, 천도교중앙총부출판부, 포덕 142년.

윤석산, 『동학교조 수운 최제우』, 서울:모시는 사람들, 2012.

정혜정, 『동학의 심성론과 마음공부』, 모시는 사람들, 2012.

송봉구, 『주자 거경궁리론 연구』, 성균관대 박사, 2005.

송봉구, 『동학을 배우다 마음을 살리다』, 서울:모시는 사람들, 2020.

송봉구, 「맹자의 호연지기와 동학의 수심정기 비교연구」, 『동학학보』 제66호, 2023.

김용휘, 「동학의 수양론」, 『도교문화연구』, 제22집, 2005.

김용휘, 『최제우의 철학』, 이화여자대학교출판부, 2012.

박경환, 「동학과 유학사상」, 『동학학보5』, 동학학회, 2003.

실천적 방법론으로서의 '侍天主'

김영진(경희대학교 후마니타스칼리지 교수)

1. 들어가며 – 수운의 인간관과 세계관

모든 인간이 지닌 인간관과 세계관은 개인이 처한 환경이나 시대적 상황과 절대로 무관하지 않다. 당대 이데올로기에 큰 불만이 없다면 친화적 삶에 가치를 두고 그렇지 않으면 저항적 삶에 가치를 두기 때문이다. 이때 당대 이데올로기에 순종하는 민중의 수보다 저항하는 세력이 많다면 새로운 시대적 요청이 있음을 의미한다. 이것이 19세기 중엽, 수운이 동학을 창도할 수밖에 없었던 조선의 시대 상황이었다.

19세기의 조선인들은 척족의 세도정치, 삼정의 문란, 매관매직, 유교의 타락, 적서차별, 반상의 차별, 신분 차별, 민란 등으로 아무런 희망도 없이 비천한 삶을 이어가야 했다. 그들과 동시대를 견디던 수운역시 '허무주의'[1]로 점철된 삶을 살았다. 10년 동안(1844~1854)의 생계형

---

[1] 『龍潭遺詞』, 「教訓歌」: "효박(淆薄)한 이 세상에 혼자 앉아 탄식하고, 그럭저럭 하다가

주유팔로(周遊八路)에서 수운이 직접 목도한 조선의 실상은 희망이 제거된 암담함 그 자체였다. 그가 『東經大全』과 『龍潭遺詞』에서 표현한 조선의 19세기 중엽은 아포칼립스적 상황과 디스토피아적 상황을 적나라하게 보여주고 있다.[2] 여기에 더해 '이양선(異樣船)'[3]이 조선의 해안에 출몰하는 지경에 이른데다 화이론(華夷論)적 세계관에 기반해 조선이 사대(事大)하던 중국도 아편전쟁이라 부르는 제1차 중·영 전쟁(1840~1842)과 태평천국운동(1851~1864)이 전개되면서 국제정세는 몹시 불안정했다.

민심이 크게 동요하는 가운데 주유팔로를 끝낸 수운은 비책을 받는 기이한 꿈을 꾸고 기도에 정진한다. 을묘천서(乙卯天書) 이후 49일간의 기

서 탕패산업(蕩敗産業) 되었으니 원망도 쓸데없고 한탄도 쓸데없네."

[2] 『東經大全』, 「布德文」: "우리나라는 악질이 세상에 가득 차서 백성들이 언제나 편안할 때가 없으니 이 또한 상해의 운수요, 서양은 싸우면 이기고 치면 빼앗아 이루지 못하는 일이 없으니 천하가 다 멸망하면 또한 순망지탄이 없지 않을 것이라. 보국안민의 계책이 장차 어디서 나올 것인가(我國惡疾 滿世 民無四時之安 是亦傷害之數也. 西洋 戰勝攻取 無事不成而 天下盡滅, 亦不無脣亡之歎 輔國安民 計將安出)."; 『龍潭遺詞』, 「道修詞」: "효박한 이 세상에 불사(不似)한 저 사람은 어찌 저리 불사한고"; 『龍潭遺詞』, 「勸學歌」: "효박한 이 세상에 불고천명(不顧天命) 하단말가"; 『龍潭遺詞』, 「教訓歌」: "효박(淆薄)한 이 세상에 혼자 앉아 탄식하고, 그럭저럭 하다가서 탕패산업(蕩敗産業) 되었으니 원망도 쓸데없고 한탄도 쓸데 없네."; 『龍潭遺詞』, 「夢中老少問答歌」: "평생에 하는 근심 효박한 이 세상에 군불군(君不君) 신불신(臣不臣)과 부불부(父不父) 자부자(子不子)를 주소간 탄식하니 울울한 그 회포는 흉중에 가득하되 아는 사람 전혀 없어 처자산업 다 버리고 팔도강산 다 밟아서 인심 풍속 살펴보니 무가내라 할 길 없네"; 『龍潭遺詞』, 「夢中老少問答歌」: "삼각산 한양도읍 사백년 지낸 후에 하원갑(下元甲) 이 세상에 남녀간 자식 없어…명명한 천지운수 남과같이 타고나서 기궁한 이내팔자 일점혈육 없단말가."

[3] 난징조약(南京條約, Treaty of Nanking, 1842)으로 청을 개항시킨 영국 정부는 동아시아 해역을 측량할 필요를 느껴 군함 사마랑(HMS Samarang)호를 파견했다. 사마랑호는 1845년 싱가포르, 필리핀, 류큐를 거쳐 제주도에 도착해 지형을 조사한 후 거문도(巨文島, Port Hamilton)에 이르렀다. 이때 영국은 거문도의 전략적 중요성을 확인하고 여러 장의 해도를 작성했다. 이후 러시아, 미국 등도 거문도 탐사에 동참했으며, 영국은 1885년, 러시아의 남하를 막고자 거문도를 불법 점령했다. 프랑스 해군 제독 세실(Jean-Baptiste Thomas Cécille) 또한 군함을 이끌고 조선 정부의 천주교 탄압에 항의하는 국서를 전달했고(1846년), 1848년에 이어 1856년 인도차이나 함대 사령관 게랭(Nicolas François Guérin)은 조선 식민지화를 위한 조사를 위해 서해안을 탐사하고 덕적군도 앞까지 이르렀던 것이다.

도를 작정했지만, 숙부의 죽음으로 중단한 뒤 다시 적멸굴에서 49일의 기도를 끝냈지만, 득도의 길에는 들어서지 못했다. 어쩔 수 없는 생업으로 인해 채무로 얽혀있던 죽은 할머니를 살려내는 사건을 겪고 용담으로 거처를 옮긴 뒤 새롭게 기도하는 삶으로 돌아온다. 이때 수운은 자신의 원래 이름인 '제선(濟宣)'에서 '어리석은 사람을 구제한다'는 의미의 '제우(濟愚)'로 개명하였으며 자를 성묵(性默), 호는 수운(水雲)이라 지었다. 어리석은 세상을 구하겠다는 의지와 신념으로 기도에 정진하던 어느 봄날, 그는 영부(靈符)를 받는 '신체험(神體驗)'[4]을 경험한다. 수운이 상제로부터 받은 것은 "이름은 선약(仙藥)이요, 그 형상은 태극(太極)이요 또 형상은 궁궁(弓弓)이니, 나의 영부를 받아 사람을 질병에서 건지고 나의 주문을 받아 사람을 가르쳐서 나를 위하게 하면 너도 또한 장생하여 덕을 천하에 펴리라."[5]라는 영부이다. 그러나 여기서 영부를 받은 '신체험'은 신비적이고 초현실적인 경험이므로 증명할 길이 없다. 따라서 신비 체험을 존재케 한 직접적인 계기를 추적할 필요가 있다.

수운이 상제로부터 영부를 받은 건, 경신년(1860년) 4월로 주유팔로를 끝낸 지 6년 만의 일이다. 그에게 6년이란 세월은 생계를 위해 철점을 운영한 일을 빼면 공부와 기도에만 정진했다고 볼 수 있다. 그렇다면 수운이 6년여에 걸쳐 집중했던 공부와 기도가 무엇이었는지도 살

---

[4] 수운이 신체험(divine experience)을 통해 상제로부터 靈符를 받은 날은 庚申年(1860년) 4월 5일이다. 최제우의 신체험 관련 연구들은 다음과 같다. 김경재, 「수운의 시천주 체험과 동학의 신관」, 『동학연구』제4집, 한국동학학회, 1999; 김광일, 「최수운의 종교체험」, 한국사상연구회, 『최수운 연구』, 서울: 경인문화사, 1974; 성해영, 「종교 경험의 비교종교학적 연구 방법 고찰」, 『종교연구』제56집, 한국종교학회, 2009; 성해영, 『수운(水雲) 최제우의 종교체험과 신비주의』, 서울: 서울대학교출판문화원, 2017; 성해영, 「인간의 내면에서 찾은 소통의 근거-동학의 신비주의적 보편성과 윤리성」, 『동학의 재해석과 신문명의 모색』, 서울: 모시는사람들, 2021.

[5] 『東經大全』, 「布德文」: "其名仙藥 其形太極 又形弓弓 受我此符 濟人疾病 受我呪文 教人 爲我則 汝亦長生 布德天下矣."

펴볼 필요가 있다. 그의 고뇌가 농축됐던 공부와 기도의 응답으로 '신체험'을 경험했기 때문이다. 수운이 천착했던 공부와 기도에 대한 응답이 바로 영부이다. 그가 「論學文」과 「布德文」에서 밝힌 영부는 '어떤 힘을 지는 듯 약동하면서 움직이는 형태가 우주의 불가사의한 원력과도 같고 우주의 한끝과 한끝이 서로 맞닿은 듯한 느낌'이 드는 무엇이다. 이러한 느낌이 영부라면, 영부는 어떤 정신 작용이라고 말할 수 있다. 깨달음의 경지에 오른 순간, 즉 득도라고 표현해도 좋을 것이다. 따라서 상제로부터 받은 영부는 어리석은 세상을 구하겠다고 무장한 수운의 정신이고, 그 정신이 깃들어 있는 수운의 몸이 인간을 넘어서는 '초인적 존재'가 되었음을 의미한다.

　'초인적 존재'란, '지극히 한울님을 위하는 마음으로 도·덕(天道·天德)을 순종하는 자'[6]를 가리킨다. 그가 사람을 하늘처럼 모시라는 '시천주(侍天主)'를 동학의 핵심 사상으로 내세운 이유가 이것이다. 자신처럼 모든 사람이 정성과 공경으로 도·덕(道·德)을 순종하여 초인적 존재로 거듭나면 어리석은 세상은 자연스레 구제될 것이기 때문이다. 하지만 초인적 존재로 거듭나는 일이 결단코 쉽지 않기에 수운은 부단히 수양할 것을 강조하여 강령주문 "지기금지원위대강(至氣今至願爲大降)"8글자와 본주문 "시천주 조화정 영세불망 만사지(侍天主 造化定 永世不忘 萬事知)"[7] 13글자를 합쳐 스물한 자의 주문을 짓기에 이른다. 여기서 핵심은 지기의 강림에 의해 천주와의 일체화(侍天主)가 무위이화(無爲而化, 인간의 사사로운 욕

6　『東經大全』,「布德文」: "人成君子 學成道德 道則天道 德則天德 明其道而修其德故 乃成君子 至於至聖 豈不欽歎哉."

7　『東經大全』,「論學文」: "侍者 內有神靈 外有氣化 一世之人 各知不移者也. 主者 稱其尊而與父母 同事者也. 造化者 無爲而化也. 定者 合其德定其心也. 永世者 人之平生也. 不忘者 存想之意也. 萬事者 數之多也. 知者 知其道而受其知也."

심이 끼어들지 않고 이루어진 자연의 질서처럼 변화한다)로 이루어진다(조화)는 것이다. 즉, 이 믿음이 견고하다면 진리를 알 수 있다는 말이다. 이는 곧 인간의 신선화(神仙化)를 의미하는 동시에 군자화(君子化)를 의미한다.[8]

이런 이유로 동학의 '시천주(侍天主)' 사상은 6년여에 걸쳐 천착했던 수운의 '공부와 기도(어리석은 세상을 구하겠다는)'의 응답으로 귀결되는 개벽 세상을 여는 방법론으로 기능한다고 볼 수 있다. 따라서 '시천주(侍天主)'를 핵심 사상으로 내세운 동학은 불온한 시대를 견뎌온 수운의 세계관과 인간관이 집약된 방법론으로서의 철학서 또는 사상서로 봐도 무방할 것이다.

2. '시천주'의 실천적 방법론

수운은 상제로부터 영부를 받은 '신체험'을 경험하고도 1년여 가까이 수련에만 힘썼다. 그가 곧바로 포덕하지 않고 수련에 몰두한 것은 한결같이 한울님의 마음을 붙잡고 도의 기운을 길러 천인합일(天人合一)을 이루기 위해서였다. 상제로부터 무궁한 도에 이르렀다는 사실을 인정받았음에도 수운이 부단히 수련에 정진한 것은 인간의 한계를 극복하겠다는 의지에서다. 불완전한 인간성을 극복할 방법이 수련밖에 없기 때문이다. 망각하는 존재이자 자신을 둘러싼 주변 환경과 세계에 영향을 받아 이리저리 흔들리는 존재가 인간인 까닭이다.

이런 조건이 인간을 가장 위대한 존재로 만드는 역설을 낳기도 한

---

[8] 조경달, 박맹수 옮김, 『이단의 민중반란: 동학과 갑오농민전쟁 그리고 조선 민중의 내셔널리즘』, 서울: 역사비평사, 2008, 45쪽.

다. 어리석은 세상을 구하겠다는 신념으로 '신체험'을 경험하고 동학을 창도한 수운이 역설의 주인공이다. 하지만 저 역설을 창조하는 일이 외롭고 힘든 여정인지 잘 알기에 그는 포덕을 결심하고 "시천주 조화정 영세불망 만사지"를 포함한 스물한 자의 주문을 지은 것이다. 이 주문은 '한울님을 위하는 글'로 사람을 하늘처럼 섬기자는 뜻이 내포돼 있다. 즉, 자신 안에 한울님을 모신 마음을 보존하면 그 도의 지혜와 그 덕의 밝음이 기로 화하여 지극한 성인에 이를 수 있다는 의미이다. 따라서 주문은 목적 지향적인 수련에 임할 때 흐트러지려는 정신을 하나로 모으는데 필요한 방법론이 된다. 인간의 의식은 무엇에 대한 의식으로, 의식의 대상(주제)을 붙들기 위해 정신을 곧추세우는 행위가 수련이기 때문이다. 이런 이유로 종교적 깨달음이나 진리를 추구하는 구도자는 기도하는 삶을 생활 속에서 실천한다. 자신과 합일(육화)시키기 위해서다. 이처럼 인간의 한계를 넘어서서 초인적 존재로 나가는 길이 그만큼 외롭고 험난한 여정임을 뜻한다.

무궁한 도에 이르러 천인합일(天人合一)을 이루기란 몹시 어려운 일이다. 수운이 우리 몸 안에 한울님을 모실 것을 강조하는 이유가 이 때문이다. 그가 49일간을 작정하고 드린 두 번의 기도를 통해서도 득도의 문을 열지 못한 이유이기도 하다. 심지어 '신체험'으로 득도를 하고도 천인합일에 실패한 경험도 있다.

> 나도 또한 그 말씀에 느끼어 그 ①영부를 받아 써서 물에 타서 마셔 본 즉 몸이 윤택해지고 병이 낫는지라, 바야흐로 선약인 줄 알았더니 이것을 병에 써봄에 이르른 즉 ②혹 낫기도 하고 낫지 않기도 하므로 그 까닭을 알 수 없어 그러한 ③이유를 살펴본즉 정성 드리고 또 정성을 드리어 지극히 한울님을 위하는 사람은 매번 들어맞고 ④도덕을 순종치 않는 사람은 하나도 효험이 없었으니 이것은 ⑤

받는 사람의 정성과 공경이 아니겠는가.[9]

이 글은 수운이 상제로부터 영부를 받은 '신체험'을 경험한 뒤의 일이다. 그는 ①선약인 줄 알았던 영부가 ②병을 호전시키지 못한 경험을 하고 ③그 까닭을 살펴보니 정성을 다해 한울님을 위할 때는 효험이 있고 ④그렇지 못했을 때는 효험이 없다는 것을 깨달은 것이다. 이는 ⑤정성과 공경이 부족한 탓, 즉 믿음의 부재에서 비롯된 정신 작용의 실패를 의미한다. 수운의 경험에서 알 수 있듯, 한번 한울님을 모셨다고 해서 절로 모든 의심이 깨쳐지는 것이 아니다. 이런 이유로 수운은 정성과 공경으로 '수심정기(修心正氣)'[10]할 것을 강조한다. 실천적 방법론의 제1 수칙이 수련(기도)이기 때문이다. 그래서 그는 "누워서 큰 소리로 주문을 외우는 것은 나의 정성된 도(道)에 태만함"[11]이라며 주문의 사용법도 가르친다. 먼저 마음으로 믿고, 믿는 마음을 닦고 닦으면 마침내 정성이 이루어진다는 사실을 강조하는 이유가 바로 이것이다. 한울님의 마음을 항상 잃지 않고 도의 기운을 기르는 수련에 정진하면 마침내 자신 안에 모신 한울님이 자신에게 체화되는 경험을 갖게 된다는 강조이다. 바로, 정신 작용에서 맞이하는 득도의 순간을 의미한다. 따라서 동학의 '시천주(侍天主)' 사상은 모든 인간이 자신의 한계를 넘어서려는 실천적 삶 속에서 하나의 방법론으로 기능한다는 것을 알 수 있다.

---

9 『東經大全』, 「布德文」: "吾亦感其言 受其符 書以吞服則 潤身差病 方乃知仙藥矣 到此用病 則 或有差不差故 莫知其端 察其所然則 誠之又誠 至爲天主者 每每有中 不順道德者 一一 無驗 此非受人之誠敬耶."

10 『東經大全』, 「修德文」: "修心正氣 惟我之更定 一番致祭 永時之重盟 萬惑罷去 守誠之故也."

11 『東經大全』, 「修德文」: "臥高聲之誦 呪 我誠道之太慢."

사실, '시천주(侍天主)'[12]의 실천적 방법론은 수운이 동학을 창도한 배경에서부터 드러난다. 그가 동학 창도의 배경을 밝힌 「布德文」에서 찾을 수 있다. 수운이 「布德文」에서 동학을 창도한 배경을 밝힌 것은 사람들을 포덕할 목적으로 쓴 글로 동학 관련한 모든 것을 알려 줄 필요가 있었기 때문이다. 「布德文」의 내용을 요약 서술하면 다음과 같다.

어리석은 사람들이 '세상 만물이 한울님의 조화인 줄 모를 때 수운 자신이 천명을 공경하고 천리를 따라 도·덕(道·德)을 이룬 학문을 펼치니 그 도가 천도이고 그 덕은 천덕'이다. 때마침 서양 사람들이 전쟁을 일으켜 그들의 교당을 세우고 그 도를 행한다는 소리를 듣고 의심하던 차에 상제로부터 영부를 받은 '신체험'을 경험하고 정성과 공경으로 한울님을 위하는 수련에 정진하다가 악질이 가득한 세상에서 백성들이 편안치 못하고 조선마저 위태로우니 보국안민의 계책에서 동

---

[12] 시천주에 대한 연구들은 다음과 같다. 이 연구들은 대체로 사변적이고 관념적인 것에 치우쳐 있다. 따라서 본고는 기존의 연구성과들을 인정하면서도 수운 최제우의 핵심 사상인 侍天主의 구체적이고도 실천적인 방법론에 천착하고자 시도했다. 김경재, 「최수운의 신개념」, 『한국사상』제12집, 한국사상연구회, 1974; 김경재, 「최수운의 시천주와 역사이해」, 『한국사상』제15집, 한국사상연구회, 1977; 김용휘, 「최제우의 시천주에 나타난 천관」, 『한국사상사학』제20권, 한국사상사학회, 2003; 김용휘, 「시천주 사상의 변천을 통해 본 동학 연구」, 고려대학교 박사학위 논문, 2004; 김용휘, 「수운 최제우의 시천주사상」, 오문환 편저, 『수운 최제우』, 서울: 예문서원, 2005; 김용휘, 『최제우의 철학: 시천주와 다시개벽』, 서울: 이화여자대학교출판부, 2012; 김용휘, 「수운 최제우 사상의 발전 계승과 의미-시천주 개념을 중심으로」, 『동학학보』제69호, 동학학회, 2024; 백진솔, 「동학사상과 시민론(侍民論)」, 『동학학보』제71호, 동학학회, 2024. 이문상, 「동학의 天 개념 고찰-시천주, 양천주, 인내천을 중심으로」, 『동학학보』제70호, 동학학회, 2024; 이원희, 「동학의 시천주 사상에 관한 연구」, 대구가톨릭대학교 박사학위 논문, 2008; 이재봉, 「시천주에 대한 고찰」, 『대동철학』제74집, 대동철학회, 2016; 이종우, 「동학에 있어서 천주의 초월성과 내재성에 근거한 인간관의 변화」, 『한국철학논집』제23집, 한국철학사연구회, 2008; Myongsook Moon, 「Donghak and the God of Choe, Je-u Throught the Donggyeong Daejeon and the Yongdam Yusa」, Catholic Theology and Thought, Vol.79, 2017; Seungyop Shin, 「Temporalities of Tonghak: Eschatology, Rebellion, and Civilization」, Journal of Korean Studies,Vol. 25, Issue 1, 2020.

학을 창도한다.

수운은 '천명을 공경하고 천리를 따르는 자'[13]로 성인의 반열에 오른 자신이 '비와 이슬의 혜택을 무위이화'로 아는 어리석은 사람들'[14]과 '도덕을 순종치 않아 동양을 빼앗으려는 서양 세력에 대한 보국안민의 계책'[15]에서 동학을 창도했다고 밝히고 있다. 즉, '위태로운 조선을 수호하기 위해 방법론적 차원에서 동학을 창도한'[16] 것이다. 따라서 동학은 '시천주(侍天主)' 사상으로 어리석은 사람들을 일깨우고, 서양 세력을 배척하여 조선 민중을 구원하기 위한 방법론으로서 실천을 강조하는 학문이 된다. 이러한 실천적 방법론은 과정의 단계를 거치면서 거대 담론으로 나아간다.

> ①오제 후부터 성인이 나시어 일월성신과 천지도수를 글로 적어내어 천도의 떳떳함을 정하여 일동일정과 일성일패를 천명에 부쳤으니, 이는 ②천명을 공경하고 천리를 따르는 것이니라. 그러므로 ③사람은 군자가 되고 학은 도덕을 이루었으니, 도는 천도요 덕은 천덕이라. ④그 도를 밝히고 그 덕을 닦음으로 군자가 되어 지극한 성인에까지 이르렀으니 어찌 부러워 감탄하지 않으리오.[17]

---

[13] 『東經大全』, 「布德文」: "敬天命而順 天理者也."

[14] 『東經大全』, 「布德文」: "愚夫愚民 未知雨露之澤."

[15] 『東經大全』, 「布德文」: "西洋 戰勝攻取 無事不成而 天下盡滅, 亦不無脣亡之歎 **輔國安民** 計將安出."

[16] 『東經大全』, 「布德文」: "우리나라는 악질이 세상에 가득 차서 백성들이 언제나 편안할 때가 없으니 이 또한 상해의 운수요, 서양은 싸우면 이기고 치면 빼앗아 이루지 못하는 일이 없으니 천하가 다 멸망하면 또한 순망지탄이 없지 않을 것이라. 보국안민의 계책이 장차 어디서 나올 것인가(我國惡疾 滿世 民無四時之安 是亦傷害之數也. 西洋 戰勝攻取 無事不成而 天下盡滅, 亦不無脣亡之歎 輔國安民 計將安出)."

[17] 『東經大全』, 「布德文」: "自五帝之後 聖人以生 日月星辰 天地度數 成出文卷而以定天道之常然 一動一靜 一盛一敗 付之於天命 是 敬天命而順天理者也 故 人成君子 學成道成 道則天道 德則天德 明其道而 修其德 故 乃成君子 至於至聖 豈不欽歎哉."

수운은 ①고대 중국의 다섯 성군 이후 천명을 받고 출현한 성인이다. 그가 성인으로 거듭난 것은 ②천명을 공경하고 천리를 따랐기 때문이다. 그리하여 ③인간 최제우가 군자가 되고 자신이 이룬 학문이 도·덕(道·德)을 이루었다. 이후 부단히 ④그 도를 밝히고 그 덕을 닦음으로 군자에서 성인의 반열에 올랐다. 즉, 자신은 학문의 일가를 이루어 천명을 받고도 부단히 道·德을 실천하여 성인에 이르렀다는 말이다. 이후, 성인이 된 수운 앞에 나타난 세상은 악질로 가득 찬 세상이었다.

> ①경신년 사월에 천하가 분란하고 민심이 효박하여 어찌할 바를 알지 못할 즈음에 또한 괴상하고 어긋나는 말이 있어 세간에 떠들썩하되, 「서양사람은 도성입덕하여 그 조화에 미치어 일을 이루지 못함이 없고 무기로 침공함에 당할 사람이 없다 하니 ②중국이 소멸하면 어찌 가히 순망의 환이 없겠는가.」 「도무지 다른 연고가 아니라, ③이 사람들은 도를 서도라 하고 학을 천주학이라 하고 교는 성교라 하니, ④이것이 천시를 알고 천명을 받은 것이 아니겠는가.[18]

①경신년 4월은 수운이 상제로부터 영부를 받은 '신체험'을 경험한 무렵이다. 이즈음 어지럽고 시끄러운 조선에 괴이한 말이 돌았다. ②중국이 서양 세력의 침공으로 소멸하면 조선에도 근심이 닥칠 수 있다. 어떤 명분도 없이 ③중국을 침공한 서양 사람들이 믿는 종교가 천주교이다. 이때 서학이 놓치고 있는 한울님을 위하는 동학이 출현한 것은 ④천명(天命)이었다. 여기서 '천명(天命)'은 수운을 예비해둔 하늘이 어리석은 세상을 구할 때가 되어 '신체험'을 시키고 동학을 창도케 했

---

[18] 『東經大全』, 「論學文」: "夫庚申之年 建巳之月 天下紛亂 民心淆薄 莫知所向之地 又有怪違之說 崩騰于世間 西洋之人 道成立德 及其造化 無事不成 功鬪干戈 無人在前 中國燒滅 豈可無脣亡之患耶 都緣他故 斯人 道稱西道 學稱天主 敎則聖敎 此非知天時而 受天命耶."

다는 의미인지, 다른 숨겨진 메타포가 있는지 고민해볼 일이다. 이 문제는 다음 장에서 고찰하기로 하고 논의를 마무리하면, 세상을 구하겠다는 한 개인이 공부와 수련에 정진함으로써 인간에서 군자로, 군자에서 성인으로 발전하여 서양 세력의 침략으로 위태로워진 조선을 수호하고자 보국안민의 계책에서 '시천주(侍天主)'를 핵심 사상으로 내세운 동학을 창도한 것이다. 이것이 과정의 단계를 거쳐 거대 담론으로 나아간 실천적 방법론의 전형적인 사례가 된다. 바로, 수운의 동학 창도 과정이다. 따라서 수운이 강조하는 '시천주(侍天主)' 사상은 '지금도 듣지 못하고 옛적에도 듣지 못했던, 지금도 비교하지 못하고 옛적에도 비교하지 못했던 법으로 닦는 사람에게만 실지가 있고, 그렇지 않은 사람에겐 헛된 것이'[19] 된다. 이로써 수운의 동학은 '侍天主'를 방법론적으로 실천할 때 열릴 수 있는 다시 개벽한 세상을 의미한다. 지금까지 잘못 알고 믿었던 한울님에 대한 인식을 새롭게 하지 않으면 불가능한 세상이다.

> 묻기를 「온 세상 사람이 어찌하여 한울님을 공경치 아니합니까.」
> 대답하기를 「①죽음에 임하여 한울님을 부르는 것은 사람의 상정이라. ②목숨이 한울에 있음과 한울이 만민을 내었다는 것은 옛 성인의 하신 말씀으로서 ③지금까지 미루어 오는 것이나 그런 것 같기도 하고 그렇지 않은 것 같기도 하여 ④자세한 것을 알지 못하기 때문이니라.」[20]

---

[19] 『東經大全』,「論學文」: "曰反道而歸者何也 曰斯人者不足擧論也 曰胡不擧論也 曰敬而遠之 曰前何心而後何心也 曰草上之風也 曰然則 何以降靈也 曰不擇善惡也 曰無害無德耶 曰堯舜之世 民皆爲堯舜 斯世之運 與世同歸 有害有德 在於天主 不在於我也 一一究心則 害及其身 未詳知之 然而斯人享福 不可使聞於他人 非君之所問也 非我之所關也."

[20] 『東經大全』,「論學文」: "曰一世之人 何不敬天主也 曰臨死號天 人之常情而命乃在天 天生萬民 古之聖人之所謂而 尙今彌留 然而 似然非然之間 未知詳然之故也."

그동안 사람들이 ①죽음 직전에야 한울님을 찾는 것은 ②옛 성인도 마찬가지로 한울님이 인간의 목숨을 관장한다고 믿었고 ③여전히 그 것에 관해 깊이 천착하지 않았으므로 ④지금까지 정성과 공경으로 한울님을 믿지 못하고 있다. 이러한 사람들에게 수운은 '사람을 바르게 하고 그 몸을 닦고 그 재주를 기르고 그 마음을 바르게'²¹ 할 수 있는 실천적 방법론으로서 '시천주(侍天主)'를 강조했다. '천지의 무궁한 수와 도의 무극한 이치'가 모두 담긴 동학의 시천주 사상으로의 개벽이 바로 이것이다.

3. '天道'와 사르트르의 '無' 개념

수운은 「論學文」에서 동학의 핵심 키워드인 천도(天道)에 대해 자세히 설명한다. 하지만 추상적이고도 형이상학적인 천도를 이해하기란 만만치가 않다. 천도에 대한 그의 설명을 좇아서 앞장에서 문제 제기한 天命이라는 의미도 같이 헤아려 보기로 한다.

> 무릇 천도란 것은 형상이 없는 ①것 같으나 자취가 있고, 지리란 것은 넓은 것 같으나 방위가 있는 것이니라. ②그러므로 한울에는 구성이 있어 땅의 구주와 응하였고 땅에는 팔방이 있어 팔괘와 응하였으니, 차고 비고 서로 갈아드는 수는 있으나 동하고 정하고 ❷ 변하고 바뀌는 이치는 없느니라. ③음과 양이 서로 고루어 비록 백

---

²¹ 『東經大全』, 「論學文」: "嗚呼噫噫 諸君之問道 何若是明明也 雖我拙文 未及於精義正宗 然而矯其人 修其身 養其才 正其心 豈可有岐貳之端乎 凡天地無窮之數 道之無極之理 皆載此書 惟我諸君 敬受此書 以助聖德 於我比之則 怳若 甘受和白受采 吾今樂道 不勝欽歎故 論而言之 諭而示之 明而察之 不失玄機."

천만물이 그 속에서 화해 나지마는 ④오직 사람이 가장 신령한 것이니라.[22]

천도(天道)는 ①의 ~같은 느낌으로 손에 잡히지도, 눈으로 볼 수도, 머릿속에 그릴 수도 없는 무엇이다. 그런데도 ②의 우주 만물은 한울의 조화로 작동하니 ③의 만물이 짝을 이루는 가운데 변화가 일어나지만 ④의 그중 사람이 가장 신령하다. 천도(天道)에 대한 수운의 설명은 우주 만물에서 사람만이 유일하게 영적(신령)인 존재라는 것이다. 그리하여 '삼재(하늘과 땅과 사람)로 이치를 정하고 오행(우주 만물을 이루는 다섯 가지의 원소)의 수를 내었는데, 한울이 오행의 벼리가 되고 땅은 오행의 바탕이 되고 사람은 오행의 기운이'[23] 된다. 이 말뜻은 우주 만물의 뼈대이자 바탕이 되는 한울이지만, 그것을 움직이는 힘은 인간만이 지녔다는 의미이다. 따라서 한울의 조화로 만물이 작동하는 듯하지만 변하고 바뀌는 이치는 인간에 의해서만 가능하다는 것이다.

이러한 설명에도 천도(天道)를 '한울님의 은혜 또는 조화의 자취'[24]로 이해한다면 지금껏 그 '이치를 바로 살피지 못한 것'[25]이라고 수운은 말한다. 그렇다면 이치란 무엇인가. 이치(理致)의 사전적 해석은 사물의 정당한 조리 또는 도리에 맞는 취지이다. 결국, 사물의 이치는 스스로 변화할 수 없는 존재를 뜻한다. 여기서 사물의 이치와 대척을 이루는, 즉 변화를 일으키는 인간을 대입하면 천도(天道)에 대한 수운의 설명을

---

[22] 『東經大全』, 「論學文」: "夫天道者 如無形而有迹 地理者 如廣大而有方者也 故 天有九星 以應九州 地有八方 以應八卦而 有盈虛迭代之數 無動靜變易之理 陰陽相均 雖百千萬物 化出於其中 獨惟人 最靈者也."

[23] 『東經大全』, 「論學文」: "定三才之理 出五行之數 五行者 何也 天爲五行之綱 地爲五行之質 人爲五行之氣 天地人三才之數 於斯可見矣."

[24] 『東經大全』, 「論學文」: "天主之恩 或云 化工之迹."

[25] 『東經大全』, 「論學文」: "其中未必者也."

이해할 수 있다. ④의 사람이 가장 신령하다는 것은 인간이 사물과 차별화되는 유일한 존재라는 의미를 지닌다. 그리하여 무엇으로든, 얼마든지 변화시킬 수 있는 존재가 인간이므로 오행의 기운(움직이는 힘)이 되는 것이다. 이런 이유로 천도(天道)도 ❷의 ~같은 느낌으로밖에 느낄 수 없는, 스스로 변화할 수 없는 사물과 같은 존재에 불과할 뿐이다. 즉, 우주 만물 중 무언가로 변화할 수 있고, 무언가를 변화시킬 수 있는 유일한 존재가 인간이다. 이것이 인간존재를 무(無)로 규정한 장 폴 사르트르(Jean Paul Sartre)와 맥을 같이하는 수운의 인간관인 셈이다.

　장 폴 사르트르는 자신의 저작 『存在와 無: 현상학적 존재론 시론 (*L'Être et le Néant : Essai D'ontologie Phénoménologique*)』에서 스스로 변화할 수 없는 사물을 존재로, 무한히 나아가면서 변화를 추구하는 인간을 무(無)로 규정했다. 사르트르의 무(無)는 '인간적 행동의 한 유형인 부정의 기원과 그 근거로서 문제를 출발시키는, 즉 존재에 관한 질문'[26]에서 비롯된 개념이다. 그가 존재에 관한 질문을 던질 수 있도록 도입한 무(無)는 '상호보완적이고 추상적인 개념으로서든, 존재가 그 속에 정지되는 무한한 환경으로서든, 존재 바깥에서는 생각할 수 없는'[27] 것이다. 그러니까 결국, 인간 안에 내재한 부정태로서의 무(無)는 질문을 하기 위해 존재한다고 할 수 있다. 세상의 모든 질문이 그렇듯 '본질상 부정적인 대답의 가능성을 정립하고'[28] 있기 때문이다. 우주 만물 중 존재 물음을 할 수 있는 유일한 존재가 인간이라는 의미이다. 사르트르가 이토록 어렵고 장황하게 무(無)를 설명하는

---

[26] 장 폴 사르트르 지음, 변광배 옮김, 『存在와 無: 현상학적 존재론 시론(*L'Être et le Néant : Essai D'ontologie Phénoménologique*)』, 서울: 민음사, 2024, 96쪽.

[27] 장 폴 사르트르, 『存在와 無』, 97쪽.

[28] 장 폴 사르트르, 『存在와 無』, 99쪽.

것은 '인간에게는 본질이 없다'라는 핵심을 말하기 위해서다. 실존이 본질에 앞선다는 말이 여기서 도출된 명제가 된다.

사르트르가 사물로 규정한 '존재'에 대해 살펴보면 인간존재가 왜 무(無)인지를 금세 헤아릴 수 있다. 그가 말하는 사물 존재는, "하나의 실재적 원인은 하나의 실재적인 결과를 산출하고, 결과로 산출된 존재는 원인에 의해 긍정성 속에 전적으로 구속되어 있다."[29] 이는 어떤 '결과로 산출된 존재가 그 존재 속에서 원인에 의존하고 있는 한, 그 존재 속에는 無가 싹틀 최소한의 여지'[30]도 없다는 의미이다. 쉽게 풀이하면, 사물 존재는 인간존재와 달리 인간이 용도에 맞게 제작함으로써 본질이 규정되므로, 만들어지고 폐기될 때까지 처음 본질 그대로일 뿐이다. 즉 스스로 인식할 수 없기에 스스로 변화하지 못하는 '즉자존재'[31]라는 말이다. 바로, 존재 자체에 의미를 부여함으로써 현재(지금. 여기)에 만족하지 않고 부단히 가능성을 향해 자신을 '기투'하는 인간이라는 '대자존재'와 대척점을 이루는 지점이다. 이것이 사르트르가 인간을 무(無)로 규정한 이유이자 부단히 무엇에 대한 의식을 통해서 현재와는 다른 무엇을 추구하는 자유로운 존재가 인간이다. 이런 이유로 인간은 자유롭도록 저주받은 존재라는 표현까지 서슴지 않았다고 할 수 있다.

수운은 사르트르보다 100여 년을 앞서 인간을 무(無)로 본 유일한 사상가다. 수운의 동학이 서구에까지 전해지고 명성을 얻었다면 사르트르는 영향에 대한 불안을 느꼈을지도 모를 일이다. 수운은 천도(天

---

[29] 장 폴 사르트르, 『存在와 無』, 100쪽.
[30] 장 폴 사르트르, 『存在와 無』, 100쪽.
[31] 장 폴 사르트르, 『存在와 無』, 98쪽.

道)를 ❷의 변하고 바뀌는 이치가 없는 사물 존재로 보고, 그런 천도(天道)를 정신 작용으로 변화시키는 즉, 이치가 있는 존재로 바꿀 수 있는 존재를 인간으로 보았다. 이 말뜻은 추상적이고도 형이상학적인 천도(天道)를 정신 작용으로 자기화시켜 변화를 도모한다는 의미다. 따라서 수운이 「論學文」에서 설명한 천도(天道)는 정신 작용으로 자기화하여 변화를 도모하는 인간과 동일시된다. 바로, 인간은 "무가 세계 속에서 알을 깨고 나오도록 하는 하나의 존재로 현전"[32]한다는 사르트르의 무(無) 개념과 맥을 같이 한다. 수운이 상제로부터 영부를 받은 '신체험'과 사르트가 설명하는 "세계를 무지갯빛으로 채색하고 사물 위에서 영롱하게 빛나는 것을 본다."[33]라는 무(無)가 같은 것이다. 이러한 체험은 "인간을 둘러싼 존재의 한복판에서 인간이 솟아오름으로써 하나의 세계가 드러나는"[34] 원리이다. 따라서 정신 작용으로 내재화된 천도(天道)는 한울님이 인간으로 인간이 한울님으로, 하늘의 명(천명)이 인간의 명으로 인간의 명이 하늘의 명으로 심지어는 한울님이 아버지로 아버지가 한울님으로 변화할 수도 있는 것이다. 이것이 수운이 상제로부터 영부를 받는 '신체험'을 경험한 순간이다. 이런 이유로 '신체험'을 경험한 '수운이 몸에 이상한 기운을 느껴 상제에게 묻지만'[35], 상제는 그 증상에 대해 알 수 없다고 대답하는 것이다.

> 대답하시기를 「내 마음이 곧 네 마음이니라. ①사람이 어찌 이를 알리오. ❶천지는 알아도 귀신은 모르니 귀신이라는 것도 나니라.

---

[32] 장 폴 사르트르, 『存在와 無』, 100쪽.
[33] 장 폴 사르트르, 『存在와 無』, 100쪽.
[34] 장 폴 사르트르, 『存在와 無』, 101쪽.
[35] 『東經大全』, 「論學文」: "身多戰寒 外有接靈之氣 內有降話之敎 視之不見 聽之不聞 心尙怪訝 修心正氣."

②너는 무궁 무궁한 도에 이르렀으니 닦고 단련하여 그 글을 지어 사람을 가르치고 그 법을 바르게 하여 덕을 펴면 너로 하여금 장생하여 천하에 빛나게 하리라.[36]

①의 "사람이 이를 어찌 알리오."라는 상제의 말이 참으로 의미심장하다. 수운의 '신체험'에서 영부를 준 상제가 아니던가. 의구심이 들지만 상제의 말은 지극히 당연지사이다. 왜냐하면 수운의 정신 작용으로 나타난 상제는 실재하지 않는 존재이기 때문이다. 위 인용문의 상제와 수운의 대화는 결국 수운의 자문자답이다. 그리하여 ❷의 '천지는 알아도 귀신은 모르니 귀신이라는 것도 나'가 되는 것이다. 수운이 상제와 귀신으로 빙의되는 초자연적인 현상과도 같은 찰나의 순간, 즉 천인합일이라는 특수한 상황에 놓였다고 볼 수 있다. 이런 이유로 수운은 ②의 무궁한 도를 닦고 단련하여 부단히 그 법과 덕을 바르게 펴면 천하에 빛날 것을 확신하는 것이다. 따라서 부단히 변화를 추구하는 장 폴 사르트르의 인간 실존이 현재에 머물지 않고 가능성을 향해 기투하듯이 수운의 인간도 공경과 정성으로 매 순간을 천인합일에 이를 것을 요구받는다고 할 수 있다.

4. 나오며 – 다시 개벽 사상

지금까지 고찰한 결과, 수운이 창도한 동학의 핵심 사상인 '시천주(侍天主)'와 '천도(天道)'는 다시 개벽을 위한 방법론으로 기능한다. 먼저,

---

36 『東經大全』, 「論學文」: "曰吾心卽汝心也 人何知之 知天地而無知鬼神 鬼神者吾也 及汝無窮無窮之道 修而煉之 制其文敎人 正其法布德則 令汝長生 昭然于天下矣."

'시천주(侍天主)'는 자신의 몸 안에 한울님을 모시듯 사람을 한울님처럼 모시라는 사상이다. 그의 전언대로 모든 인간이 '시천주(侍天主)' 사상을 좇아 사람을 모신다면 싸움도, 전쟁도, 이기적임, 사리사욕도 사라질 것이다. 인간 사회에서는 절대 불가능한 희망 고문일 수 있는 요구이다. 하지만 불가능한 일을 가능케 만드는 능력이 인간에게 있다고 수운은 믿어 의심치 않았다. 장 폴 사르트르보다 100여 년 앞서 인간존재를 무(無)로 보았기 때문이다.

수운이 생각하는 천도(天道)는 '우주 만물 중 사람만이 유일하게 영적(신령)인 존재이고, 삼재로 이치를 정한 오행에서 한울은 오행의 벼리이고, 땅은 오행의 바탕이고, 사람은 오행의 기운'이다. 이 말뜻은 한울은 분명 '우주 만물의 뼈대이자 바탕이지만 한울을 움직이는 힘은 인간만이 지녔다는 의미'가 된다. 따라서 한울의 조화로 만물이 작동하는 듯하지만 변하고 바뀌는 이치는 인간에 의해서만 가능하다는 것이다. 사르트르 역시 '인간적 행동의 한 유형인 부정의 기원과 그 근거로서 문제를 출발시키는, 즉 존재에 관한 질문'에서 비롯된 개념을 무(無)라고 규정한다. 그가 존재에 관한 질문을 던질 수 있도록 도입한 무(無)는 '상호보완적이고 추상적인 개념으로서든, 존재가 그 속에 정지되는 무한한 환경으로서든, 존재 바깥에서는 생각할 수 없다. 그러니까 결국, 인간 안에 내재한 부정태로서의 무(無)는 질문을 하기 위해 존재하는 것으로 우주 만물 중 존재 물음을 할 수 있는 유일한 존재가 인간이라는 것이다. 바로, 우주 만물 중 무언가로 변화할 수 있고, 무언가를 변화시킬 수 있는 유일한 존재가 인간이다. 이것이 인간존재를 무(無)로 규정한 장 폴 사르트르(Jean Paul Sartre)와 맥을 같이하는 수운의 천도(天道) 사상이다.

이러한 인간관으로 '신체험'을 경험한 자신처럼, 사람들이 동학의 핵심 사상을 체화하면 가능하다고 믿었다고 할 수 있다. 하지만 결코 쉬운 일이 아니기에 수련에 임하는 방법론을 제시하기에 이른다. 수운이 포덕을 결심하고 지은 "시천주 조화정 영세불망 만사지"라는 주문이 바로 방법론이다. 이 주문은 '한울님을 위하는 글'로 사람을 하늘처럼 섬기자는 뜻이 내포돼 있다. 즉, 자신 안에 한울님을 모신 마음을 보존하면 그 道의 지혜와 그 덕(德)의 밝음이 氣로 化하여 지극한 성인에 이를 수 있다. 부단히 변화를 추구하는 장 폴 사르트르의 인간 실존이 현재에 머물지 않고 가능성을 향해 기투하듯 수운의 인간도 공경과 정성으로 매 순간을 천인합일에 이를 것을 요구받는다고 할 수 있다.

이렇듯 수운이 부단히 수련해야만 하는 동학을 창도한 이유가 있다. 수운이 득도를 경험한 19세기 중엽, 도·덕을 순종치 않는 서양 세력이 동양을 빼앗으려고 전쟁을 시작했다. 조선이 사대하던 중국이 서양 세력에 의해 소멸하면 조선의 미래도 장담할 수 없었다. 어떤 명분도 없이 중국을 침공한 서양 사람들이 믿는 종교가 천주교이다. 천주교는 '한울님을 위하기보다는 제 몸을 위해 빌 따름으로, 몸에는 기화지신이 없고 학에는 한울님의 가르침'이 없다. 그러므로 道는 허무하고, 학은 한울님을 위하지 않으므로 동학과는 전적으로 다르다. 이것이 서학이 놓치고 있는 한울님을 위하는 동학의 출현이었다. 수운은 서양 세력의 침략으로 위태로워진 조선을 수호하고자 보국안민의 계책에서 '시천주'를 핵심 사상으로 내세운 동학을 창도했다고 밝혔다. 따라서 동학은 '시천주(侍天主)' 사상으로 어리석은 세상과 사람들을 일깨우고, 서양 세력으로부터 조선 민중을 구원하기 위한 방법론으로서 실천을 강조하는 학문이라 할 수 있다.

이러한 실천적 방법론은 과정의 단계를 거치면서 거대 담론으로 나아간다. 세상을 구하겠다는 일념으로 수련에 정진함으로써 개인으로서의 수운이 인간에서 군자로, 군자에서 성인으로 발전하여 끝내 동학을 창도했듯이 말이다. 그렇다면 동학 창도 이후의 단계, 즉 거대 담론은 무엇인가. 바로, 수운이 「龍潭歌」에서 밝힌 '후천 5만 년의 무극대도'이다. 모든 사람이 그의 가르침을 온전히 추종하는 날 새로운 세상이 열릴 것이라는 대운이다.

　수운의 바람이 이루어지면, 당시 아무런 희망도 없는 삶을 견뎌야 했던 조선 민중들도 새로운 세상을 맞이할 것이다. 따라서 후천 5만 년이라는 뜻은 현존하는 세상과 전혀 다른 딴 세상이 아니다. 인간의 노력과 의지로 만든, 즉 여기서부터 다시금 새롭게 시작하는 세상이다. 다시 개벽을 의미한다. 그러니까 당시 조선인들이라면 '세도정치, 삼정의 문란, 매관매직, 유교의 타락, 적서차별, 반상의 차별, 신분 차별, 민란' 등이 없는 인간의 평등과 자유가 보장된 세상이다. 이것이 '시천주(侍天主)'와 '천도(天道)'로 개벽 세상을 열고자 했던 수운의 사상이었다. 따라서 수운의 사상은 다시 개벽을 여는 방법론으로 다시금 새롭게 영원히 되풀이되며 이바지할 것이다.

『東經大全』
『龍潭遺詞』
『道源記書』
『天道教創建史』

김경재, 「최수운의 신개념」, 『한국사상』제12집, 한국사상연구회, 1974.

김경재, 「최수운의 시천주와 역사이해」, 『한국사상』제15집, 한국사상연구회, 1977.

김경재, 「수운의 시천주 체험과 동학의 신관」, 『동학연구』제4집, 한국동학학회, 1999.

김광일, 「최수운의 종교체험」, 한국사상연구회, 『최수운 연구』, 서울: 경인문화사, 1974.

김삼웅, 『수운 최제우 평전』, 서울: 두레, 2020.

김용덕, 「東學思想研究」, 『中央大論文集』제9집, 중앙대학교, 1964.

김용휘, 「최제우의 시천주에 나타난 천관」, 『한국사상사학』제20권, 한국사상사학회, 2003.

김용휘, 「시천주 사상의 변천을 통해 본 동학 연구」, 고려대학교 박사학위 논문, 2004.

김용휘, 「수운 최제우의 시천주사상」, 오문환 편저, 『수운 최제우』, 서울: 예문서원, 2005.

김용휘, 『최제우의 철학: 시천주와 다시개벽』, 서울: 이화여자대학교출판부, 2012.

김용휘, 「수운 최제우 사상의 발전 계승과 의미-시천주 개념을 중심으로」, 『동학학보』제69호, 동학학회, 2024.

김의환, 「동학의 성립연구: 최제우 시대를 중심으로」, 『역사와세계』제1집, 부산대사학회, 1961.

김의환, 「동학사상의 사회적 기반과 사상적 배경」, 『한국사상』제6집, 한국사상연구회, 1963.

김의환, 「초기 동학사상에 관한 연구」, 『우리나라 近代化史論考』, 서울: 삼협출판사, 1964.

김창규, 「'감성적 근대성'으로서의 동학농민운동」, 『역사학연구』제81집, 호남사학회, 2021.

박맹수, 「동학의 성립과 사상적 특성」, 『근현대사강좌』제5호, 서울: 한울, 1994.

박명규, 「東學思想의 宗敎的 전승과 社會運動」, 『사회와역사』제7집, 한국사회사학회, 1987.

백진솔, 「동학사상과 시민론(侍民論)」, 『동학학보』제71호, 동학학회, 2024.

성해영, 「종교 경험(religious experience)의 비교종교학적 연구 방법 고찰」, 『종교연구』제56집, 한국종교학회, 2009.

성해영, 『수운(水雲) 최제우의 종교체험과 신비주의』, 서울: 서울대학교출판문화원, 2017.

성해영, 「인간의 내면에서 찾은 소통의 근거-동학의 신비주의적 보편성과 윤리성」, 『동학의 재해석과 신문명의 모색』, 서울: 모시는사람들, 2021.

신복룡, 「동학의 형성.발전과정에 미친 서구의 충격」, 『동학사상과 갑오농민전쟁』, 서울: 평민사, 1985.

신용하, 「東學의 社會思想」, 『한국근대사회사상사연구』, 서울: 일지사, 1987.

신용하, 「1894년의 사회신분제의 폐지」, 『규장각』제9집, 서울대학교 규장각한국한연구원, 1985.

신용하, 『東學과 甲午農民戰爭研究』, 서울: 일조각, 2016.

신일철, 「崔水雲의 歷史意識」, 『한국사상』제12집, 한국사상연구회, 1974.

신일철, 「수운 최제우의 동학사상」, 『동학사상의 이해』, 서울: 사회비평사, 1995.

신일철, 「최제우의 민족사상」, 『동학연구』제2집, 한국동학학회, 1998.

오문환, 「水雲 崔濟愚의 人間觀」, 『동학연구』제4집, 한국동학학회, 1999.

이문상, 「동학의 天 개념 고찰-시천주, 양천주, 인내천을 중심으로」, 『동학학보』
　　제70호, 동학학회, 2024.

이원희, 「동학의 시천주 사상에 관한 연구」, 대구가톨릭대학교 박사학위 논문,
　　2008.

이재봉, 「侍天主에 대한 한 고찰」, 『대동철학』제74집, 대동철학회, 2016.

이종우, 「동학에 있어서 천주의 초월성과 내재성에 근거한 인간관의 변화」,
　　『한국철학논집』제23집, 한국철학사연구회, 2008.

이현희, 「東學思想의 背景과 그 意識의 成長」, 『한국사상』제18집, 한국사상연구회,
　　1981.

이현희, 「東學成立의 背景」, 『新人間』No415, 서울: 신인간사, 1984.

장 폴 사르트르 지음, 변광배 옮김, 『存在와 無: 현상학적 존재론 시론(L'Être et
　　le Néant : Essai D'ontologie Phénoménologique)』, 서울: 민음사,
　　2024.

조경달, 박맹수 옮김, 『이단의 민중 반란: 동학과 갑오농민전쟁 그리고 조선 민중
　　의 내셔널리즘』, 서울: 역사와비평사, 2008.

조극훈, 「동학 개벽사상의 역사철학적 의미」, 『동학학보』제27호, 동학학회, 2013.

조성환, 『한국 근대의 탄생: 개화에서 개벽으로』, 서울: 모시는사람들, 2018.

조용일, 「수운이 창도한 동학의 사상적 배경」, 『한국사상』제10집, 한국사상연구
　　회, 1972.

최종성, 「시천주 사상: 동학의 신학과 인간학」, 『종교학연구』제23집, 서울대학교
　　종교학연구회, 2004.

표영삼, 「水雲大禪師의 生涯」, 『한국사상』제20집, 한국사상연구회, 1985.

한우근, 「東學思想의 本質」, 『동방학지』제10집, 연세대학교 국학연구원, 1969.

한우근, 「東學思想의 基本構造」, 『윤리연구』제4권, 한국윤리학회, 1975.

황묘희, 「동학에 나타난 시대개혁론」, 『동학학보』제6호, 동학학회, 2003.

Myongsook Moon, 「Donghak and the God of Choe, Je-u Through the Donggyeong Daejeon and the Yongdam Yusa」, *Catholic Theology and Thought*, Vol.79, 2017.

Seungyop Shin, 「Temporalities of Tonghak: Eschatology, Rebellion, and Civilization」, *Journal of Korean Studies,* Vol. 25, Issue 1, 2020.

현대물리학 관점에서 본 수운의 지기론

김선배(동국대학교 과학영재원 지도교수)

1. 머리말

고전물리학은 19세기에 완성되었다. 이 당시 과학자들은 이러한 이유에서 더 이상 연구할 것이 없다고 생각을 하였다. 물리학 연구의 대상은 분리하여보면 역학, 열역학, 전자기학, 파동역학으로 나누어 연구가 마무리가 되었다고 생각을 하고 있었다. 다시 말해 기본적인 원리는 밝혀지고 이들의 이론을 합하여 응용하고 이를 활용할 방안을 모색하던 시기였다. 이러한 고전물리학의 종말은 뉴턴과 같은 훌륭한 과학자가 있었기 때문에 가능했었다. 거시적 세계에서의 물체의 운동은 뉴턴역학으로 해석이 가능했기 때문이다.

1905년 아인슈타인[Albert Einstein]은 25살 무명의 스위스 특허국 직원이었던 그가 그해 말 3편의 논문을 발간하였다. 첫 번째는 브라운 운동, 두 번째는 광전효과, 세 번째는 뉴턴의 시공간에 대한 세계관을 재편할 것을 제안한 특수상대성 이론[Special Theory of Relativity]을 발표하였다. 이 당시 원자구조에 연구도 활발하게 이루어졌다. 결론적으로 원자의 내부에너지 또한 양자화되어 있다는 결론에 이르렀다. 우주는 양자화되어 있고, 불연속적인 값만 가지게 되어 있다.

본 연구에서는 현대물리학의 많은 내용과 이론을 자세하게 설명하기보다는 논문에 필요한 내용과 지기[至氣]의 해석에 필요한 내용만 비교하여 보도록 하겠다.

2. 수운의 지기론

1) 극한의 개념

지자[至者] 극언지위[極焉之爲]에서 至의 해석은 강령주문[降靈呪文]의 첫 글자인 至의 해석이 아닌 일반적인 정의라 하겠다. 즉 至( )는 ( )을 至의 해석방법으로 해석을 하겠다는 일종의 약속이고 정의라 할 수 있다.

수전지위[羞前之爲]는 전에 했던 부끄러운 행위이다. 이런 해석을 참조하여 보면 극언지위[極焉之爲]의 해석은 지극한 극으로 취하고 난 후 어떠한 행위를 할까? 라는 의미로 해석을 하려 한다. 즉 至氣는 기운이라는 것을 지극하게 극으로 보내면 결론적으로 氣는 어떤 행위를 할까? 이러한 이유에서 수운의 지기[至氣] 해석은 하나의 고유명사 이해되어야 한다. 논학문에서 수운은 주문의 해석과정을 조사하여보면 그 말미는 반드시 也로 끝내고 있다. 이러한 의미에서 至는 이렇게 해석하겠다는 정의로 해석하여야 한다. 다시 부연 설명하면 논학문에서 至

者 極焉之爲로 마무리되고 있다. 이러한 이유로 至者가 주문의 첫 자로 해석이 되어서는 아니 된다.

2) 지기[至氣]와 허령창창[虛靈蒼蒼] 그리고 원자의 구조

원자의 구조를 조사하여보면 원자핵은 크게 보면 양성자와 중성자가 아주 강력한 핵력으로 결합되어 있다. 주변에는 전자가 분포되어 있다. 전자의 정확한 위치를 원자의 어느 공간에 존재할 수 있는 확률로 표현하고 있다. 우리는 학창 시절 접했던 과학책에서 시각적 오류의 설명이 있었다. 핵 주변에 바로 전자가 돌고 있는 그림으로 설명된 과학책으로 원자구조에 대한 오해를 갖기에 충분했다. 즉 원자핵과 전자가 바로 옆에 있는 그림으로 인한 지식의 혼란을 갖기에 충분했다. 이러한 이유에서 원자구조를 다음과 같이 비교하여 설명하면 이해를 도울 수 있다고 생각을 해 보았다.

원자핵의 크기를 테니스공 정도의 크기로 하고 전자를 모기 정도의 크기로 하자. 그러면 이 둘 사이의 거리가, 다시 이해하자면 테니스공과 모기 사이의 거리를 계산하여 보면 약 5km가 된다. 그리고 테니스공과 모기 사이의 어마어마한 큰 공간이 존재한다. 마치 태양과 지구처럼 비교하여 이해할 수 있다. 이 둘 사이의 빈 공간은 진공이다. 그러나 빈 공간이 아닌 허의 개념으로 이해하여야 한다. 이러한 무언가 있는 공간은 虛[허]의 개념으로 설명이 가능하다,

이 공간적 영역을 역시 지기로 가득차 있는 창창[蒼蒼]한 영역이라 하였다.

원자의 구조에서도 99.999999% 이상 비어있는 공간이 존재한다는 것이다. 이러한 개념이 바로 虛[허]의 개념인 것이다. 원자로 이루어진 모든 물질을 원자구조로 해석하면 비어있는 虛[허]인 것이다. 우리

의 몸도 원자로 이루어져 있기 때문이다. 이런 이유로 인간의 몸도 虛[허]이다. 우리의 몸뿐만 아니라 모든 사물도 虛[허]다. 결국 우주도 虛[허]인 것이다.

지구상에 존재하는 모든 수의 인간을 원자 실질적 크기로 하여 해석한다면 사과 하나 정도의 크기로 해석이 가능하다고 한다. 우주에 존재하는 별의 개수도 7×10^{22}개 정도라고 한다. 이러한 별의 개수는 지구의 표면에 존재하는 모래알의 개수보다 많은 수라고 한다. 이렇듯 우주나 우주에 모두 존재하는 생명이나 무생물 역시 들어가서 원자구조로 해석하여 보면 허인 존재인 것이다.

이러한 허[虛]의 사전적 의미를 보면 10^{-104}이다. 어마어마하게 작은 값이다. 반면 공[空]은 허의 일억분의 일의 크기를 갖는다. 이를 수로 표기하면 10^{-112}이다. 다시 말하면 공[空]의 일억 배가 허[虛]인 것이다. 이러한 허[虛]의 반대말이 실[實]이다. 우주 공간은 공[空]이 아닌 허[虛]인 상태인 것이다. 원자를 미시적 관점에서 바라보았을 때도 허[虛]이기 때문이다.

이렇듯 수운[水雲]은 至氣[지기]의 결론을 즉 극언지위[極焉之爲]를 **虛靈蒼蒼**(허령창창)[1]이라 했다. 그러면 虛이면 虛이지 虛靈(허령)은 또 무엇인가. 지극한 기운, 우주에 가득찬 창창[蒼蒼]한 허령[虛靈]이 곧 지기[至氣]인 셈이다. 지기[至氣]의 운영[運營]을 다시 말하면 경신년[1860] 음력 4월에 접한 허령[虛靈]의 기운을 수운[水雲]은 상제, 하느님, 한울님이라고 했다. 수운[水雲]은 이러한 이유에서 허령[虛靈]이 창창[蒼蒼]하다고까지 특성지어 부연 설명했다.

이러한 허령창창[虛靈蒼蒼]蒼이 어떠한 행위[行爲]를 하는지 수운[水雲]은

---

[1] 『동경대전』 「논학문」

구체적인 설명을 하였다. 그 첫 번째가 무사불섭[無事不涉][2]인 것이다. 간섭하지 않음이 없다. 과학적으로 접근하여 해석하여보면 다음과 같다. 파동에 있어서 두 개의 파동이 있어도 간섭[干涉]현상이 일어난다. 하나의 파동이 다른 파동에 영향을 주기도 하고 다른 파동에도 받기도 한다는 것이다. 이런 두 개의 파동 현상이 아닌 무수히 많은 파동 함수도 간섭적인 집단적 특성으로 수렴이 되며 이러한 무수히 많은 파동의 간섭으로 결론지어 설명한 표현이 허령창창[虛靈蒼蒼]이라고 할 수 있다. 파동의 군집으로 이루어져 있다. 이를 수운은 결론적으로 혼원지일기[渾元之 一氣][3]로 설명하고 있다. 이러한 무수히 많은 파동으로 이루어져 있기에 모든 사물과 생명체를 간섭을 할 수 있다. 극으로 보내 이루어진 무한의 파동은 무한의 사물과 생명에 간섭하게 된다.

이러한 파동을 특성을 커다란 하나의 기운이라 하며 혼원지일기[渾元之 一氣]라 했다. 즉 우주의 모든 것을 간섭하는 것이다. 이렇게 우주의 모든 것을 간섭하면서 명령하지 아니함이 없다는 무사불명[無事不命]으로도 설명하고 있다.

무사불명[無事不命]은「단순한 명령이 아닌 생명[生命]에까지 관여 한다」로 접근하여 생명[生命]으로 해석한다면 어떨까 생각한다. 다시 말하자면 지기[至氣]는 간섭[干涉]도 하지만 생사[生死]에도 관여한다고 할 수 있다. 이러한 의미로 지기[至氣]를 해석하여 본다면 무시무시한 하느님의 존재로 인식이 된다고 할 수 있다. 수운은 이러한 이유에서 우주의 모든 것을 간섭하고 생사까지 관계한 지기[至氣] 곧 상제, 하느님, 지기[한울님]에 접함을 알아야 한다[知其氣接]. 다시 말해서 지금 도에 들어온 사람

---

[2] 『동경대전』「논학문」
[3] 『동경대전』「논학문」

들은 이러한 지기에 접하여 알아야 하며, 또한 간절히 청하여 지기와 화하기를 원해야 된다. 즉 지기와 강령[降靈]이 되어 기화[氣化]되기를 원해야 된다고 했다. 이렇게 되어야 지기[至氣]를 모심의 단계가 하나가 될 수 있다.

수운은 논학문과 한글 가사인 안심가에서 지기에 접하는 과정 즉 하느님과 만나는 과정에서 일어나는 현상을 비교적 상세하면서도 솔직하게 설명하였다.

신다전한 외유접령지기 내유강화지교 시지불견 청지불문[身多戰寒 外有接靈之氣 內有降話之敎 視之不見 聽之不聞][4]「몸이 몹시 떨리면서 밖으로 접령하는 기운이 있고 안으로 강화의 가르침이 있으되, 보였는데 보이지 아니하고 들렸는데 들리지 아니하므로」이러한 상제와의 만남, 지기의 접령[接靈] 체험을 기술하였다.

비교적 이 표현은 수운이 초기에 하느님과의 만남 과정을 비교적 사실적으로 표현하고 있다. 즉 나도 지기의 접령과정에서 이러한 경험 했다는 사실을 과하지도 않은 감하거나 더함이 없는 표현이었다. 이러한 경험을 통하여 사실 중 시지불견 청지불문[視之不見 聽之不聞]을 당시 하느님을 만났을 때 체험과정을 사실적으로 표현하였다.

여기서 시[視]와 견[見], 청[聽]과 문[聞]의 해석이다. 먼저 시[視]와 견[見]을 설명하여 보면 시[視]는 보여지는 현상이다. 자기의 주관적 의지가 아닌 것이다. 이에 반해 견[見]은 주관적 의지를 가지고 보려고 하는 행위이다. 지기의 현상 체험에서 무언가가 보였는데 자각적인지로 보려고 하니 보이지 않는다는 것이다. 청[聽]과 문[聞]의 해석도 동일하게 해석이 가능하다. 들리는 소리이다. 무언가 음성이 있었을 것이다. 즉 수

---

[4] 『동경대전』「논학문」

동적인 들림을 말한 것이다. 자세하게 주관적으로 인지하여 들으려고 했을 때는 들리지 않았다는 내용의 글이다. 이러한 초기적 지기의 체험을 숨김없이 비교적 솔직하게 묘사하였다. 이렇게 무언가 확실하지 않은 것 같은 상황을 정확하게 정리하여 후학들에게 전하고자 노력하였다. 즉 지기의 접령 과정에서 일어난 현상을 상제로부터 받은 도를 확인하기 위하여 1년 2개월 동안 내유강화지교를 통하여 정리하였다. 이러한 확인과정에서 수운은 하느님으로부터 받은 대도를 보다 확실하게 정리하였다. 이러한 결과로 주문 해의에서는 지기의 해석이 정제되고 함축적인 글로 표현하였다. 시지불견 청지불문[視之不見 聽之不聞]을 여형이난상 여문이난견 [如形而難狀 如聞而難見]5으로 다시 정리 하였다.

수운은 이러한 지기와 접하는 과정을 단계적으로 설명하였다.

그 첫 번째로 바로 동학에 입도한 사람들은 지기기접[知其氣接]6과 이후에 기화지원[氣化之願] 과정에서 바로 한울을 모시는 단계에 이르게 된다. 초기의 지기의 접하는 과정 즉 신다전한 외유접령지기 내유강화지교 시지불견 청지불문[身多戰寒 外有接靈之氣 內有降話之敎 視之不見 聽之不聞]의 내용이 논학문 주문해의에 나오는 「시자 내유신령 외유기화 일세지인 각지불이」[侍者 內有神靈 外有氣化 一世之人 各知不移]7은 위의 과정 즉 한울과 첫 대면 후에 있었던 체험의 과정을 자세하게 정제된 언어로 묘사가 되고 있다. 즉 일세지인 각지불이[一世之人 各知不移]을 부연하여 설명하였다.

여기서 시지불견 청지불문[視之不見 聽之不聞]을 세세하게 한자[漢字]를 해석을 하게되면 먼저 시[視]와 견[見]의 차이점 이다. 여기서 접령의 단계에서 본인의 의지와 관계없이 보여지는 현상을 시[視]로 해석을 해야 한

---

5 『동경대전』「논학문」

6 『동경대전』「논학문」

7 『동경대전』「논학문」

다. 즉 수동적이라 할 수 있다. 이에 반해서 견[見]자는 의지를 가지고 볼려는 현상을 말한다. 관측을 하려는 것이다. 능동적인 자세로 볼 수 있다. 수운이 지기의 접령단계에서 보았던 현상들의 본인의 의지와 관계없이 보여진 세상이고 지기인 것이다.

그러나 이러한 지기를 깨어진 의식속에서 관찰을 하려고 한순간 볼 수가 없었다는 것이다. 구체적으로 설명이 없었다. 마찬가지로 청[聽] 의 해석도 들려지는 소리일 뿐이다. 이 역시 명확하지 않은 소리였을 것이다. 이러한 모든 현상의 바탕이 되는 상태가 바로 신다전한[身多戰寒] 인 것이다. 이러한 혼미한 상태에서 들린 소리를 묘사했다. 그러니 정확하게 본인의 의지로 듣기가 힘들었을 것이다. 위 두 가지 즉 보이는 것과 들리는 현상이 신다전한[身多戰寒]의 상황이기에 그랬을 것으로 추정된다. 수운은 한울님과의 만남에서 일어났던 일련의 과장을 숨김없이 비교적 사실적으로 안심가에 서도 저술하였다.

「사월이라 초오일에 꿈일런가 잠일런가 천지가 아득해서 정신수습 못 할러라.
공중에서 외는 소리 천지가 진동할 때 집안사람 거동 보소. 경황실색(驚惶失色) 하는 말이
애고 애고 내 팔자야 무삼 일로 이러한고, 애고 애고 사람들아 약(藥) 도사 못해 볼까?
침침칠야(沈沈漆夜) 저문 밤에 눌로 대해 이 말할꼬, 경황실색 우는 자식 구석마다 끼어 있고
댁의 거동 볼작시면 자방머리 행주치마 엎어지며 자빠지며 종종걸음 한창 할 때,
공중에서 외는 소리 물구물공(勿懼勿恐) 하여스라. 호천금궐(昊天金闕) 상제님을 네가 어찌 알까보냐」
「그럭저럭 장등달야(張燈達夜) 백지 펴라 분부하네. 창황실색 할 길 없어 백지 펴고 붓을 드니 생전 못 본 물형부(物形符)가 종이 위에 완연터라.

내 역시 정신없어 처자 불러 묻는 말이 이 웬 일고 이 웬 일고

저런 부(夫) 더러 본가 자식의 하는 말이 아버님 이 웬 일고

정신수습 하옵소서 백지 펴고 붓을 드니 물형부 있단 말씀

그도 또한 혼미로다. 애고 애고 어머님아 우리 신명 이 웬 일고

아버님 거동 보소. 저런 말씀 어디 있노. 모자가 마주 앉아

수파통곡(手把痛哭) 한창 할 때 한울님 하신 말씀

지각없는 인생들아 삼신산(三神山) 불사약(不死藥)을 사람마다 볼까 보냐」[8]

안심가에서 수운 자신이 상제를 만나서 체험하는 과정을 주변의 처와 아들이 보았을 때는 제정신이 아닌 미치광이 행동임을 묘사했다. 자기의 부끄러울수도 있는 행위를 꾸밈없이 글로 표현하는 모습에서 수운의 진정성과 인간성의 모습을 보여주었다. 이러한 모습은 수운이 대도를 받고 더욱 더 자신을 낮추고자 함을 보였다. 이러한 이유에서 특별함을 강조하지도 않고 천명을 받아 대도를 책임지는 구도자의 모습이었다.

3) 불확실성의 원리와 여형이난상 여문이난견 [如形而難狀 如聞而難見]

이렇게 지기를 경험한 수운은 정제된 언어로 지기의 특성을 명확하게 설명하였다. 그 단어가 바로 여형이난상 여문이난견 [如形而難狀 如聞而難見]이다. 참으로 간단명료하게 정리하였다. 시지불견 청지불문[視之不見 聽之不聞]이라는 초기의 접령의 상황을 특성있게 표현했다.

이러한 설명을 현대물리학에서의 대단한 이론인 불확정성의 원리와 비교하여 설명을 하여보려고 한다. 현대물리학의 출발은 아주 작은 원자 세계의 신비로움을 풀어나가는 과정이다. 이런 과정을 해결

---

8 『용담유사』「안심가」

하는데 결정적인 역할을 한 양자역학의 중요한 원리 중 하나가 불확정성의 원리이다. 아주 작은 전자의 세계에서는 전자의 크기도 모르고 전자의 움직임도 볼 수가 없다는 것이다. 부연하자면 전자가 어느 길로 움직이는지 알 수가 없다는 것이다. 현대 물리학에서는 전자의 위치를 어느 위치에 있을 확률함수로 설명하고 있다. 전자의 이러한 운동의 결과로 전자의 위치를 정확하게 알 수 없다.

불확성의 원리는 물체의 위치와 속도를 정확하게 동시에 측정할 수 없다는 것이다. 불확정성의 원리는 전자에 대해서만 성립하는 것이 아니고 날아가는 야구공이나 달리는 자동차에 대해서도 적용이 된다는 것이다.

물체의 위치를 정확하게 측정을 하면 위치에 대한 오차가 0이 되고, 운동량을 정확하게 측정하면, 운동량은 질량속도이므로 속도에 대한 오차가 0이 된다. 그런데 물체의 위치와 속도를 정확하게 동시에 측정할 수 없다. 이런 이유로 위치오차와 속도오차의 곱을 하면 영이 아닌 값이 된다.

위치오차 × 속도오차 = 양자상수 ÷ 질량

양자 상수는 약 10^{-34}의 작은 값을 갖는다. 이 값은 영 보다 크므로 오차의 곱이 영이 아닌 셈이다. 위치오차속도오차가 곱이므로 두 값이 서로 반비례 한다. 곱이 일정하므로 한 값이 작으면 다른 값이 커진다는 결론이다.

다시 요약하면 위치를 정확하게 측정이 된다면 운동량은 반대로 정확하게 기술할 수 없다.

역으로 운동량을 정확하게 알 수 있다면 물체의 위치는 정확하게 관측하기 어렵다는 것이다.

불확실성의 원리를 여형이난상 여문이난견 [如形而難狀 如聞而難見]에 견주어 해석을 하여야 한다. 무리가 있을 것 같으나 지기의 세계를 이해하여 접목해 보았다. 여형이난상[如形而難狀]을 물체의 운동량 형태로 해석을 하여 보았다. 운동의 형태, 물체의 운동상태로 비교하여 보면 여형이난상에 두 글자 형상[形狀]이 같지 않을까 했다. 다시 말해 운동량을 설명하기가 어렵다고 하여도 되지 않을까 한다. 여문이난견[如聞而難見]에서는 본다는 개념을 물체의 위치개념으로 생각해도 되지 않을까 생각했다. 이러한 접근으로 해석을 하여 보았다. 접근하여 해석함이 무리가 있을 수 있으나 나름대로 접근하여 해석을 하여 보았다.

이러한 개념이 정확하게 일치하여 해석이 어려울 수는 있어도 서구의 과학적 해석이 조선에 들어오지 못한 시절에 이렇게 표현이 되었다는 사실에 수운의 해석능력이나 표현에는 무리가 없어 보인다.

부연하자면 1860년 하느님으로부터 무극대도를 받은 수운은 1920년경에 해석된 이러한 개념을 이해하고 정리를 하였다는 점에서 수운의 자연과학적 탐구 능력을 볼 수 있었다. 이것이 가능한 것은 하느님으로부터 받은 도를 1년 2개월이라는 긴 시간 동안 다시 한번 확인하고 연구한 구도자의 모습이었다. 다르게 해석하면 가장 정확한 언어로 논리로 정리하여 후학들을 지도하고자 하다. 14개월이란 세월을 하늘로부터 받은 도를 확인하고 가장 확실한 방법으로 정리하는 기간이었다. 이는 과학자들이 자연을 탐구하고 그 결과를 간단한 수식으로 정리하듯이 수운 역시 천도를 가장 간결한 언어로 정리하려고 하였다.

4) 무리에 급수와 혼연지일기[渾元之 一氣]

허령창창[虛靈蒼蒼]을 시역[是易] 혼원지일기[渾元之 一氣]라 하였다. 다시 말해서 허령창창이 혼원지일기인 셈이다. 한자의 해석을 하여보면, 渾:

흐릴 혼으로 해석이 되며 물이 어지러이 흐르는 소리, 물이 합수로 해석이 된다. 이 혼[渾]의 글자는 섞이면 하나가 되는 경우이고 다시 분리가 되지 않는 완전한 하나가 될 때 사용되는 한자이다. 혼연일체[渾然一體], 혼천의[渾天儀] 등으로 사용이 된다. 우리의 문화의 방면에서도 혼[渾] 문화가 존재한다, 공연자와 관객이 하나가 되는 문화는 우리민족에게서 더욱 더 표현이 되고 있다. 서양의 클래식 공연은 공연중에 공연자와 관객이 공연이 끝나기 전까지는 분리되어진 형태로 공연이 진행이 된다.

그러나 우리의 국악이나 판소리 모두 관객의 추임새를 속에서 모두 하나가 되어 처음부터 공연이 마무리 되기까지 하나가 되어 진행된다. 이러한 문화가 바로 혼[渾]의 문화이다. 개념이 비슷한 한자 혼[混] 섞을 혼으로 흐리다, 혼탁하다로 사용되면 완전하게 하나가 되지 않은 상태이다. 혼합물[混合物]을 해석하면 두 종류 이상의 물질이 각각의 성질을 가지며 화학적으로 결합하지 않고 뒤섞인 물질로 해석이 된다. 그리하여 혼원지일기[渾元之 一氣]는 모든 기운이 결합되어 하나의 기운이 된 상태이다. 즉 일기지화[一氣之化]가 되었다. 무수히 많은 개개의 특성이 모여 하나가 되었지만 역으로 다시 개개의 특성으로 분해할 수 없는 상태를 말한다. 이러한 과학적 논리는 푸리에 급수로 설명이 가능하다. 무수히 많은 정현파(sin파 cosin파)의 합도 하나의 함수로 표현이 가능하다는 수식이다. 이러한 수식을 정리하여 보면 다음과 같다.

$$f(x) = a_0 + \sum_{n=1}^{\infty} (a_n \cos nx + b_n \sin nx)$$

대단한 식이다. 우리는 개인마다, 또는 다양한 물체 또한 고유진동수를 가지고 있다. 와인잔의 경우도 고유 진동수가 있어 사람의 소리로 이 와인잔을 깨는 영상도 있다. 이는 와인잔이 가지고 있는 동일한 주파수와 동일한 주파수가 더 해질 때는 이 힘을 와인잔이 견디지 못하고 깨지게 되는 것이다. 와인잔의 공명진동수를 파악하여 지속적으로 동일한 진동수의 소리를 전달하여주면 와인잔에 공명을 일으켜 깨기가 충분히 가능하다.

이런 이유로 모든 물체의 모든 진동수를 무한히 더하여도 하나의 지기로 표현을 할 수 있다는 것이다. 이러한 지기속에 내가 존재하는 것이다.

각자가 이러한 지기속에서 개개인과 지기가 하나가 됨을 경험을 해야됨을 수운은 강령주문 지기 다음에 금지에서 다음과 같이 설명하고 있다. 수운은 지기를 설명을 통하여 지기의 간섭과 명령 이에 대한 구체적인 설명[여형이난상 여문이난견 시역 혼원지일기]을 하였다. 이런 이유로 내가 접한 지기 즉 한울을 신속하게 체험하여 모두가 사람이 한울을 모신 존재임을 알려주려고 했다. 이런 이유로 동학의 출발은 수운의 입장에서 바라보면 바로 지기의 체험이라고 할 수 있다.

금지자 어사입도 지기기접자야[今至者 於斯入道 知其氣接者也][9]

"지금 도에 입도하는 자는 지기의 접함을 알아야 한다" 수운의 간절한 당부라고 할 수 있다.

---

9 『동경대전』「논학문」

3. 맺음말

수운이 논학문에서 설명한 지기를 현대물리학의 관점에서 이해하려고 노력했다. 수운의 글은 비교적 간단하고 정제된 언어로 하늘로부터 받은 도를 비교적 많지 않은 글로 저술하였다.

자연과학의 논문은 비교적 간단하게 정리하려고 한다.

간단한 이론과 실험과정 결과로 정리된다. 수운의 지기도 이론이 있고[논학문], 여기에 본인이 경험했던 과정을 비교적 자세하게 기록이 되었다. [포덕문, 논학문, 안심가]

그 결과는 무엇인가는 논학문의 주문 해의 21자의 마지막에 정리되어 있다. 물론 21자의 모든 과정이 실험의 과정일 수 있다. 무엇을 보여주고자 하는 실험의 과정이었을까. 주문 21자를 해석하여 보면 수학적 귀납법적으로 연결되며 결론은 다음과 같이 마무리 되고 있다.

"고 명명기덕 념념불망 즉 지화지기 지어지성"
[故 明明其德 念念不忘 則 至化至氣 至於至聖][10]

그러므로 그 덕을 밝고 밝게 하여 늘 생각하며 잊지 아니하면 지극히 지기에 화하여 지극한 성인에 이르느니라. 여기서 지화지기[至化至氣] 지극히 지기에 화하는 삶. 혼원지일기가되는 하느님과 하나가 되기를 원하는 생활이 바로 성인이지 않느냐? 하는 결론이다. 이러한 과정을 원자의 세계, 간섭현상, 불확정성의 원리, 푸리에 급수를 이용한 과학적 접근을 통하여 동학의 가장 중요한 단어 지기[至氣]에 접목하여 해석하려고 했다.

---

[10] 『동경대전』「논학문」

참고문헌

『동경대전』
『용담유사』

『대학일반물리학』10판, 북스힐(2024)
갈라보티, 이충호 옮김, 『우주 바바라』, 사계절(2004)
레너드몰로디노프, 정영목 옮김, 『파인만에게 길을 묻다』, 세종서적(2004)
레이임스연구소, 박진희 옮김, 『10의 제곱수』, 사이언스북스(2012)
쓰즈키 타쿠지, 강석태 옮김, 『그림으로 배우는 양자역학』, 한승신서(1996)

수운의 관계론적 세계인식과
비판적 사상 고찰

백진솔(고려대학교 사회학과 박사과정)

1. 머리말

본 글은 동학사상의 인식론적 전제가 되는 수운 최제우의 관계론적 세계인식과 비판적 사상 고찰을 살펴보는 것을 목적으로 한다. 수운의 관계론적 세계인식은 수운의 '지역, 역사, 시대, 시운'에 대한 인식을 기준으로 살펴보고, 당시 주요 사상에 대한 수운의 비판적 고찰은 '서학과 유학'을 중심으로 분석하고자 한다. 이를 통해 오늘날 현대 사회가 당면한 여러 시대적·사회적 문제들을 풀어가기 위한 '사상의 방법'으로서 수운의 관계론적 세계인식 및 비판적 사상 고찰의 의의와 그것이 현대 사회에서 새로운 '사상의 형성, 변용, 실천'의 조건으로서 가지는 함의에 대해 살펴보고자 한다.

동학사상의 '동'이라는 이름에는 아동방(我東方)이라는 '지역'과 '역사'를 중심으로 하는 수운의 자주적인 세계인식이 반영되어 있으면서도, 당시 '시대' 및 '시대변동'의 이행기 속에서 부상했던 서구 및 서학과 구별되는, '동인(東人)'으로서의 수운의 자주의식도 함께 반영되어 있다. 수운의 선조인 최치원이 동인으로서의 자주적인 의식을 강조했을 때의 '동'이 '중국'을 의식하는 측면이 강했다면, 수운이 동학사상이 창도했을 때의 '동'은 서구와 서학을 의식하며 자주적인 의식을 드러낸 측면이 강했다고 할 수 있다. 이는 당시 일어나고 있었던 새로운 시대변화의 흐름에 대한 수운의 인식과 감각을 보여준다.

본 연구는 수운의 저술인 『동경대전』과 『용담유사』를 중심으로 수운의 지역, 역사, 시대, 시운에 대한 인식 및 그의 비판적 사상 고찰에 대해 살펴보고자 한다. 동학사상의 인식론적 토대가 되는 수운의 '지역, 역사, 시대, 시운(시대변화의 흐름)'에 대한 인식은 수운 그 자신이 창도한 '동학사상'과의 관련성을 중심으로 논하고자 한다. 수운이 당시의 사회문제와 곤경을 극복하기 위해 새로운 사상을 모색하는 과정에서 비판적으로 고찰하였던 '서학'과 '유학'의 경우, 수운이 그 사상에 어떠한 문제의식을 가졌고 이를 동학사상을 통해 어떻게 넘어서고자 하였는지를 중심으로 살펴보고자 한다.

2. 수운의 관계론적 세계인식

1) 지역과 역사인식

수운에게 사람은 그 자신이 살아가는 '지역'과 그 자신 및 지역의 '역사'와의 관계 속에서 이해된다. 한 인간에게 있어 자기 자신이 살아가는 지역은 자신의 삶과 일상이 전개되는 공간이자, 자신의 삶이 영위되는 기반이자 뿌리이다. 수운은 인간을 '천지인'과의 관계 속에 서 인식할 뿐만 아니라, 그 자신이 살아가는 지역 및 자연지리와 깊은 관계를 맺고 살아가는 존재로 이해한다[1].

수운의 지역인식은 '지역의 역사인식'과 '자연지리에 대한 인식'을 아우른다. 지역에는 그 지역을 기반으로 한 고유한 역사가 함께 보존 되어있다. 예를 들어 지역에는 개인 가문의 역사와, 마을의 역사, 국 가의 역사, 이전 국가의 역사까지도 깊게 보존이 되어 있다. 수운 역 시 자신이 살아가는 지역을 기반으로 한 지역 역사를 폭넓게 인지하 고 있었다. 수운은 「용담가」에서 자신이 득도를 했던 연원인 구미산 의 '용담[2]'에 대해 이야기하면서, 용담이 있는 지역인 조선의 '경주'뿐 만이 아니라, 일천년 신라국의 '동도(東都)'에 대해서도 함께 언급했다. 수운의 지역이해는 수운이 살았던 조선시대뿐만 아니라, 신라시대까 지도 함께 아우르고 있었다. 「용담가」에는 수운이 살았던 경주에 유 적으로 남아있던 신라의 고분 '봉황대(鳳凰臺)'와, 신라의 천문대인 '첨 성대(瞻星臺)'에 대한 언급도 있다[3]. 수운의 지역인식은 지역의 역사뿐만 아니라, 선조(先祖)와 가문(家門)에 대한 인식도 포함한다[4]. 「수덕문」에는

---

[1] ⓐ『용담유사』,「몽중노소문답가」: "인걸人傑은 디령地靈이라 승지勝地에 살아보세 명기明氣는 필유명산하必有名山下라", ⓑ『용담유사』,「용담가」: "인걸人傑은 디령地靈이 라", ⓒ『용담유사』,「도덕가」: "나도또한 이세상의 양의사상兩儀四象 품기稟氣해서 신체 발부身體髮膚 받아내어", ⓓ『동경대전』,「東學論」: "陰陽相均 雖百千萬物化出於其中 獨惟人 最靈者也(...) 人爲五行之氣"

[2] 『大先生主文集』: "龍潭卽山林公講習之齋也." 용담은 수운의 할아버지 최종하(崔宗夏)가 마련한 구미산 동향 골짜기의 터에, 수운의 아버지 근암 최옥이 과거를 단념한 후 수양 과 강학을 하였던 용담서사書社이자, 이후 수운이 득도를 하였던 '용담정'을 말한다.

[3] 『용담유사』,「용담가」: "봉황대(鳳凰臺) 높은봉(峯)은 봉거대공(鳳去臺空) 하여있고, 첨성대(瞻星臺) 높은탑(塔)은 월성(月城)을 지켜있고, 청옥적(靑玉笛) 황옥적(黃玉笛)은 자웅(雌雄)으로 지켜있고, 일천년(一千年) 신라국(新羅國)은 소리를 지켜내네. 어화세상 (世上) 사람들아 이런승지(勝地) 구경하소."

[4] ⓐ『용담유사』,「용담가」: "기장(奇壯)하다 기장하다 귀미산기(龜尾山氣) 기장하다. 거룩

선조의 충의를 기리는 '용산서원'에 대한 언급이 있다[5]. 수운이 지역의 유적을 통해서 선조들을 함께 의식하고 그 선조들로부터 전해 내려오는 정신을 함께 기억하고 있었음을 확인할 수 있다.

수운의 지역인식은 그 지역의 '자연 지리'에 대한 인식도 포함한다[6]. 수운에게 인간은 자연지리와 분리되어 살아가는 존재가 아니라, 천지자연 및 그 기운과의 조화 속에서 살아가는 존재였다. 수운은 '자연 지리와 지역(혹은 나라)'을 불변의 고정된 실체로 보지 않고, 그 속에 살아가는 사람과의 관계 속에서 유동적·유기적으로 변화하는 실체이자 상호구성적인 실체로 바라보았다. 수운은 「용담가」에서 귀미산의 산기(山氣)와 산수의 좋은 풍경을 예찬하면서[7], 자신이 무극대도를 그러한

한 가암최씨(佳岩崔氏) 복덕산 아닐런가. 귀미산 생긴후에 우리선조(先祖) 나셨구나. 산음(山蔭)인가 수음(水蔭)인가 위국충신(爲國忠臣) 기장하다. 가련(可憐)하다 가련하다 우리부친(父親) 가련하다. 귀미용담(龜尾龍潭) 좋은승지(勝地) 도덕문장(道德文章) 닦아내어, 산음수음(山蔭水蔭) 알지마는 입신양명(立身揚名) 못하시고, 구미산하(龜尾山下) 일정각(一亭閣)을 용담이라 이름하고, 산림처사(山林處士) 일포의(一布衣)로 후세(後世)에 전(傳)탄말가.", ⓑ『용담유사』, 「안심가」: "가련하다 우리부친 귀미산정龜尾山亭 지을때에 (...)", ⓒ『東經大全』, 「修德文」: "龍潭古舍 家嚴之丈席; 東都新府 惟我之故鄉."

[5] 『東經大全』, 「修德文」: "先祖之忠義, 節有餘於龍山" 수운의 선조 최진립은 '임진왜란과 병자호란'에서 공을 세워 숙종 때 국가적 차원에서 최진립의 공덕을 기리기 위하여 용산서원龍山書院 및 신도비각神道碑閣이 세워졌고, 숙종은 용산서원에 있는 사당에 "숭렬사우崇烈祠宇"라는 사액현판을 내리기도 하였다. 따라서 최진립은 가문 내에서 뿐만 아니라 향촌사회 내에서도 그 충의와 공덕이 기려졌다.

[6] ⓐ『용담유사』, 「용담가」: "금오(金鰲)는 남산(南山)이오 구미(龜尾)는 서산(西山)이라", ⓑ『東經大全』, 「修德文」: "龜尾之奇峯怪石, 月城金鰲之北; 龍湫之淸潭寶溪 古都馬龍之西"

[7] 『용담유사』, 「용담가」: ⓐ"수세(水勢)도 좋거니와 산기(山氣)도 좋을시고"; ⓑ"기장(奇壯)하다 기장하다 구미산기(龜尾山氣) 기장하다"; ⓒ"귀미용담 차자오니 흐르나니 물소리오 노푸나니 산이로세. 좌우산천山川 둘러보니 산수山水는 의구依舊하고 초목草木은 함정含情하니)"; ⓓ"귀미산수 좋은풍경 물형으로 생겼다가 이내운수 마쳤도다. 디디엽엽枝枝葉葉 좋은풍경 군자락지君子樂之 아닐런가."

명승지(名勝地)[8]인 귀미용담에서 닦아내었다고 말하면서도[9], 귀미산수의 좋은 풍경은 수운 '자신(혹은 인간)'이 있기에 이런 아름다운 산수 및 나라가 있을 수 있는 것이라고도 말하기도 하였다[10]. '좋은 산수, 좋은 풍경, 아동방'과 같은 자연지리와 지역(혹은 나라)은 이를 주체적으로 인식하고 자각하는 사람이 있을 때 비로소 그 의미가 있을 수 있다는 것이다. 수운은 귀미용담이라는 자연지리이자 터가 있었기에 그 자신이 그곳에서 살아갈 수 있었을 뿐만 아니라 무극대도 또한 그곳에서 깨달을 수 있었고, 귀미용담 역시 그 자신을 인식하는 수운이라는 사람이 있었기에 좋은 산수와 지역으로 인식될 수 있었으므로, 수운과 귀미용담의 관계(인간과 자연지리와의 관계)는 상호호혜적이면서도 상호의존적인 특징을 가진다. 이처럼 수운은 자기 자신과 '자신이 사는 지역(및 땅)'을 상호유기적이고도 상호구성적인 관계로 바라보았다.

또한 수운은 득도 이후에 가장 먼저 「용담가」라는 한글가사를 통해 자신이 깨달은 무극대도의 연원이 '용담'임을 밝힘으로써, '지역'을 통해 자신의 사상적 자주성과 주체의식을 표명하였다[11]. 수운은 '동학'이라는 이름을 통해서도 사상적·학문적 자주성을 드러내었지

---

[8] 수운은 용담을 둘러싼 산들 및 자연 지리의 기운을 '신선이 사는 산' 및 공자와 맹자를 배출할 만한 '추로지풍(鄒魯之風)'에 견주기도 하였다. 『용담유사』, 「용담가」: "동읍삼산 볼작시면 신선(神仙)없기 괴이(怪異)하다. 서읍주산 있었으니 추로지풍(鄒魯之風) 없을소냐"

[9] 『용담유사』, 「용담가」: ⓐ"귀미용담龜尾龍潭 좋은승지勝地"; ⓑ"귀미산수龜尾山水 좋은승지 무극대도 닦아내어 오만년지 운수로다. (...) 귀미산수 좋은풍경 물형으로 생겼다가 이내운수 마쳤도다"; ⓒ"일천지하一天之下 명승지名勝地로 만학천봉萬壑千峰 기암괴석奇岩怪石 산마다 이러하며, 억조창생 많은사람 사람마다 이러할가."

[10] 『용담유사』, 「용담가」: "귀미산수 좋은풍경 아무리 좋다해도 내아니면 이러하며 내아니면 이런산수 아동방 있을소냐.", (참고) (『의암성사법설』, 『詩文』, 「우음偶吟」: "靈莫靈於天地 非人生而不靈, 明莫明於日月 非耳目而不明"

[11] 수운의 한글가사를 모은 문집의 이름이 『용담유사』인 점에 대해서도 주의 깊게 생각해볼 필요가 있다.

만, 수운은 자신이 깨달은 도와 사상의 자주성과 주체성을 용담이라는 '지역' 이름을 통해 가장 먼저 드러내었다. 용담은 수운이 득도를 할 때 거주하였던 곳이자, 선조의 덕과 정신이 이어져 오고 있는 곳이었다. '용담'은 수운이 사람들의 권유 속에서 가장 먼저 '포덕'을 시작한 장소이자, 사람들이 '도(道)'를 배우기 위해 자발적으로 모였던 장소이기도 하다[12]. 수운은 「절구(絶句)」에서 자신이 무극대도를 깨달은 곳인 '구미용담'의 물과 봄을 사해(四海)의 근원이자 당대에 꽃을 불러오는 봄으로 비유하기도 했다[13]. 수운은 이와 같은 비유를 통해 자신이 깨달은 무극대도의 사상적 보편성을 강조하면서 동시에, 수운이 포덕을 시작했던 '구미용담'을 당대에 봄을 알리는 새로운 진원지(震源地)로 선언하였다. 수운은 자기 자신과 자기 자신이 살아가는 지역을 만세에 봄(다시개벽)을 불러오는 새로운 중심으로 자각하며, 자주적이고 주체적인 관점에서 자신의 지역과 사상을 논하였다. 이처럼 수운은 지역을 통해 '자기 지역의 역사, 선조, 자연 지리'에 대해 인식하였을 뿐만 아니라, 그 지역과에 관계 속에서 자기 자신을 이해하였다. 또한 수운은 자신이 살아가고 있는 지역의식을 기반으로, 자신이 깨달은 사상의 주체성을 표명하기도 하였다.

수운은 자기 자신의 연원(역사)과 뿌리에 대해서도 깊이 자각하는 사람이었다. 수운의 자기이해는 자기 자신뿐만이 아니라, 자기 선조에 대한 인식까지를 모두 포함한다. 한 인간에게 있어 자기 자신의 역사

---

[12] 『東經大全』, 「修德文」: "不意布德之心 極念致誠之端, 然而彌留 更逢辛酉. 時維六月 序屬三夏. 良朋滿座 先定其法. 賢士問我 又勸布德. (...) 開門納客 其數其然. 肆筵設法其味其如. 冠子進退 若有三千之班, 童子拜拱 倚然有六七之詠. 年高於我 是亦子貢之禮; 歌詠而舞 豈非仲尼之蹈"

[13] 『東經大全』, 「絶句」: "龍潭水流 四海源 龜岳春回 一世花"

(선조와 선대)를 인식하는 것은 자기 자신에 대한 더 깊은 이해로 이어진다. 수운의 「용담가」, 「수덕문」, 「안심가」에는 수운의 '선조'에 대한 이야기가 나온다. 수운이 자신의 저술에서 직접적으로 언급한 선조로는 자신의 아버지 '근암 최옥(近庵 崔鋈, 1762-1840)'과 7대조 정무공(貞武公) '잠와 최진립(潛窩 崔震立, 1568-1636)'이 있다.

수운의 아버지 '근암 최옥'은 영남 일대에서 도덕과 문장이 뛰어나 사림(士林)의 사표로서 유명한 유학자였으며, 정통 '퇴계학'의 영향을 받은 유학자였다. 근암 최옥은 '산림공'과 '근암공'으로 불렸는데, 이 두 호에서 조선시대 때 과거에 급제를 하지 못하고 산림에서 '실학(實學)'을 지향했던 선비의 정신을 엿볼 수 있다[14]. '산림공(산림처사)[15]'과 '근

---

[14] 강지은(2019)은 조선시대에서 '실학'이라는 개념이 당시 어떤 의미로 쓰였는지에 대해서 고찰한 바 있다. 강지은은 조선시대에는 관직에 오르지 못하는 다수의 유가지식인들이 있었으며, 그들은 독서인으로서 생을 마감하는데 '수기(修己)'만하고 '치인(治人)'하지 못하는 유학자의 공부와 삶이 어떻게 유의미한가에 대해 논하였던 것이 조선의 '실학'론이라고 말하고 있다. (강지은, 「조선시대 '실학' 개념에 대한 고찰」, 『韓國史學報』제75호, 고려사학회, 2019. 133쪽) 예컨대 실학은 '과거시험, 명예나 이익, 문장공부(문장적 아름다움에만 골몰하는 태도), 경서학습에서 장구章句만 익히는 태도'가 아니라, 평상시에 자신의 삶 속에서 군자 및 성인의 행실을 지향하며 '위기지학'에 집중하는 태도를 말한다. 즉, 결과론적 유용성이나 실용적인 목적을 가지지 않고, 일상 속에서 장기간 꾸준히 진실한 마음으로 '수기(修己)'와 '위기지학(爲己之學)'에 힘쓰는 태도를 말하는 것이다. 일상 속에서 부단히 참된 修己(실학)를 행한다면, 자연스럽게 그 행실이 사람들을 감화시킬 것이므로, 참된 '수기'만으로도 유학자의 삶은 유의미하게 평가될 수 있는 것이다. 조성환(2018)도 조선 후기의 '실학파'의 흐름을 조선 성리학의 연장선상에서, 실심(實心)을 바탕으로 "약화된 유학의 실천성(實)과 진정성(實)'을 강화"하려 했던 흐름으로 보았다. (조성환, 『한국 근대의 탄생: 개화에서 개벽으로』, 서울: 모시는 사람들, 2018. 15쪽) 조성환은 조선왕조실록에는 실학보다는 '실심'이라는 표현이 더 자주 등장하며, '실심'개념은 특정 당파나 학파와 상관없이 두루 사용되었으며, '진정성' 및 '실천의지'를 가리킨다고 보았다. 조성환은 조선왕조실록의 기록 및 율곡 이이의 언급에서 살펴볼 수 있는 '실학' 개념 역시, 주로 유교(성리학)경전을 공부하는 학문 및 도덕적 실천을 하는 학문의 의미라고 지적하기도 하였다. (조성환, 『한국 근대의 탄생: 개화에서 개벽으로』, 서울: 모시는 사람들, 2018. 96-97쪽)

[15] 산림처사는 관직(벼슬)에 진출하지 않고 산림山林(혹은 초야草野) 속에서 조용히 살던 선비를 뜻한다. 산림공과 근암공이라는 두 명칭은 근암이 과거응시를 단념하면서 생

암공'이라는 이름에 담긴 조선의 실학 정신이 수운의 삶에 적지 않은 영향을 미친 것으로 보인다. 수운은 어머니가 재가녀라는 이유로 과거에 응시하여 관직에 진출할 수 없었는데[16], 근암 최옥도 높은 도덕과 문장실력에도 불구하고 현실 속 세도정치 하에 영남 남인의 신분으로 경시(京試)에 급제하지 못했다[17]. 근암은 관직에 올라 '치인(治人)'을 하지는 못하였으나, 자신의 지역에서 부단히 '수양'과 '강학(講學)'에 매진하는 실학 정신을 가진 유학자였다. 근암은 50세 이후에 과거에 응시하는 것을 그만두고, 호를 '근암(謹庵)'에서 '근암(近庵)'으로 바꾸며 남은 생을 실학정신을 바탕으로 살았다. 과거 응시에 연연하지 않고 실학 정신에 집중하며 살아갔던 근암 최옥의 삶은 비슷한 처지의 '수운'으로 하여금 '참된 도덕'과 '근사(近思)' 정신을 궁리하도록 한 것으로 보인다. 수운은 비록 관직에 올라 '치인(治人)'에 힘쓸 수는 없으나, 근암처럼 자신의 삶 속에서 부단히 실학 정신을 가지고 참된 도덕을 추구하는 삶을 살았다. 또한 근암은 『근암유고(近庵遺稿)』〈허개가사의(許改嫁私議)〉라는 글을 통해, 미망인이 경제적으로 어렵게 살아가는 경우 미망인의 개가를 허용해야 한다고 주장하기도 했으며, 〈파과거사의〉, 〈한민전사의〉 등의 글을 통해, 과거제도 폐지 및 한전법 실시 등을 주장

긴 것인데, 최옥 자신이 지은 호는 '근암近庵'이다.

[16] 『경국대전』의 「禮典」에는 재가녀의 자손이 소과小科(생원生員과 진사進士)에 응시할 수 없도록 하여, 수운은 재가녀자손금고법再嫁女子孫禁錮法에 의해, 재가녀의 자손(再嫁女子孫)이라는 이유로 문과에 응시할 수 없었다.

[17] 근암 최옥의 『행장(行狀)』에는 20세 이후에 지방향시에 8번 나가서 모두 합격하였고, 비정규적으로 하급관리를 뽑는 굉사시(宏詞試)에도 한 번 합격하였다는 기록이 나온다. 『행장行狀』에 경주부사가 근암의 문장을 영남 제일이라고 감탄하였다는 문장도 있었지만, 근암은 서울에서 3년마다 한 번 치를 수 있는 경시京試(小科)에는 9번 모두 한 번도 합격하질 못했다. 근암 최옥이 경시에 합격하지 못한 것은 노론이 주도하는 세도정치 하에서 그가 영남 남인 출신이었다는 것과 관련이 클 것이다.

하기도 하였다[18]. 김기승(2001)은 이러한 근암을 개혁성향을 지닌 지식인으로 평가하였다. 수운의 개혁(비판)정신 및 참된 도덕을 지향하는 태도는 근암의 '실학 정신'과 '개혁(비판)정신'과 무관하다고 보기 어려울 것이다.

수운이 언급했던 또 다른 선조인 7대조 최진립 장군은 임진왜란(1592-1598)과 병자호란(1636-1637) 때 공을 세워 1637년에 '병조판서(兵曹判書)'로 추서(追敍)되었고 '정무공(貞武公)'이라는 시호(諡號)를 받은 "위국충신(爲國忠臣)"의 무관이었다. 수운은 「안심가」에서 제국주의의 위협으로부터 나라(我國)의 운수를 걱정하면서, 의병 및 공주영장(公州營將)의 신분으로 외세와 맞서 싸웠던 '선조 최진립'을 언급하면서, 과거 임진왜란과 병자호란 속에서 선조의 공덕과 절개를 재상기시킨 바 있다[19]. 이는 수운이 '선조에 대한 인식'을 통해, 임진왜란과 병자호란과 같은 선대(先代) 때 조선에서 발생했던 역사적 사건들에 대해서도 인지하고 있었음을 보여준다. 수운은 자기 자신의 연원으로서 선조를 깊이 의식하고 있었고, 선조 인식을 통해 외세의 침범으로 인해 발생할 수 있는 민중의 고통과 혼란에 대해 경각심을 가질 수 있었던 것이다. 서양이 조선을 침범하지 않은 상황임에도, "순망지탄(脣亡之歎)"·"순망지환(脣亡之患)"과 같은 경각심을 가지며 '보국안민'의 계책을 궁리하였던 것은 수운의 이러한 선조 의식과 관련지어 생각해볼 수 있다. 특히 수운은 최진립이 '의병'으로서 임진왜란에 참여하고, 69세의 나이에 노장(老將)

---

18 김기승, 「『용담유사』의 역사적 이해 –최제우 사상의 발전과정을 중심으로-」, 『동학학보』 제2호, 동학학회, 2001, 83쪽.

19 『용담유사』, 「안심가」: "우리선조(先祖) 험천(險川)땅에 공덕비(功德碑)를 높이세워 만고유전(萬古遺傳) 하여보세. 송백(松栢)같은 이내절개(節槪)." 험천(險川)은 최진립장군이 청군과 싸우다 전사하였던 용인龍仁의 '험천險川'이라는 지역을 뜻한다.

으로서 병자호란에서 싸우다가 전사하였던 마음 자세야말로, 향후 다가올 제국주의의 침범에 대응하는 과정에서 좋은 전범(典範)이 될 수 있으리라 생각했을 것이다. 그랬기에 수운이 당시 사람들이 동국참서를 믿으며 자기 안위를 위해 홀로 몸을 피하고자 하는 '도피심'과 진인과 같은 영웅(혹은 신神)이 나타나 자신을 구원해주기를 바라는 '의타심'과 같은 태도를 보일 때 더욱 비판적 시선을 견지할 수 있었을 것이다. 수운이 임진왜란을 3개월이면 끝낼 전쟁을 8년을 끌게 되었다[20]고 개탄하였던 것도, 사람들이 내부적으로 함께 한마음으로 외세와 맞서 싸우지 않고 서로 자신의 안위와 이익만을 걱정하는 태도에 대한 비판의식을 가진 것으로 생각해볼 수 있다. 또한 최진립을 기리는 '용산서원'은 선현봉사(先賢奉祀) 이외에도, 빈민(貧民)을 구제하는 역할을 담당하기도 했다. 최씨가문은 잉여자산을 용산서원에 기부하여 평민이나 노비들이 금전 및 곡식을 대출해갈 수 있도록 하였는데, 그 중에 원금 및 이자를 상환하기 어려운 이들의 경우, '사핵소(査覈所)'라는 조사위원회를 통해 원금 및 이자를 감면 및 탕감해주었다고 한다[21].

수운은 최진립을 "위국충신(爲國忠臣)"으로, 최옥을 "산림처사(山林處士) 일포의(一布衣)"로 비유함으로서 선조의 공덕과 도덕을 칭송하였다[22]. 「수덕문」에서도 수운은 선조의 도덕을 예찬하며 자신 및 자신의 도덕의 연원이 선조로부터 이어지는 것이며, 자신의 득도 및 도덕 역시,

---

[20] 『용담유사』,「안심가」: "소인참소 괴험하다. 불과삭삭 마칠거로 팔년지체 무삼일고."

[21] 김용옥,『동경대전 2: 우리가 하느님이다』, 서울: 통나무, 2021b. 165쪽

[22] 『용담유사』,「용담가」: ⓐ"구미산 생긴후에 우리선조(先祖) 나셨구나. 산음(山蔭)인가 수음(水蔭)인가 위국충신(爲國忠臣) 기장하다.": ⓑ"우리부친(父親) 가련하다. (...) 도덕문장(道德文章) 닦아내어(...), 산림처사(山林處士) 일포의(一布衣)로 후세(後世)에 전(傳)탄말가. (...) 가련하다 이내부친(父親) 여경(餘慶)인들 없을소냐."

선조의 덕이 대를 이어 후손이 받는 여경(餘慶)으로도 보았다[23]. 이처럼 수운은 자신 도덕을 자신이 홀로 성취한 것으로 보지 않고, 자신 도덕의 연원이 선조의 도덕에 있다고 보았다. 수운의 선조 및 선조의 도덕의식에 대한 고찰은 선조의 선조인 '태초의 ㅎㄴ님'과 '그 ㅎㄴ님의 도와 덕'에 대한 인식으로까지 이어진다. 수운이 또 다른 선조이자 부모로서 'ㅎㄴ님'을 의식하고 있음을 수운의 「불연기연」에서 확인할 수 있다. 수운은 자신을 비롯한 천지·인간·만물이 모두 '태초의 근원의 속성(생명을 화생하고 화육하는 ㅎㄴ님의 영과 기)'을 품부받았다고 보았다. 수운은 태초까지 소급하여 거슬러 올라가는 자신의 역사에 대한 고찰을 통해, 천지·인간·만물이 모두 ㅎㄴ님의 '영'과 '기'를 품부받아, '천도'와 '천덕'을 따라 살아갈 수 있는 가능성을 내재한 채 살아간다고 보았다. 이는 이후 수운의 '시천주' 사상과 '자재연원(自在淵源: 자신의 외부가 아닌 내부에서 인간이 사람다운 삶을 살아갈 수 있는 길을 찾을 수 있다고 보는 태도)' 사상으로 이어졌다고 할 수 있다. 이처럼 수운은 '자기 역사(연원)'에 대한 인식과 고찰을 통해 자신의 '문제의식과 우환의식'을 확장하였으며, '사상 창도' 과정에서도 적지 않은 영향을 받은 것으로 보인다.

2) 시대와 시운인식

수운은 자신 개인이 처한 태생적 조건 및 경제적인 상황으로 인해, 동시대 사람들이 처한 다양한 입장과 시선에서 자기 자신과 시대를 인식할 수 있었다. 수운은 덕망 높은 유학자의 자식으로 태어나 '유학

---

[23] 『東經大全』,「修德文」: ⓐ"余出自東方, 無了度日. 僅保家聲, 未免寒士. **先祖之忠義, 節有餘於龍山. 吾王之盛德, 歲復回於壬丙**(壬辰倭亂, 丙子胡亂). 若는餘蔭, 不絶如流. **家君出世 名盖一道, 無不士林之共知. 德承六世, 豈非子孫之餘慶.**"; ⓑ『東經大全』,「修德文」: "携筇理履 悅若處士之行; 山高水長 莫非先生之風", ⓒ『東經大全』,「絶句」: "運自何方 吾不知 平生命受 千年運. **聖德家承 百世業.**"

자(士)'로서의 정체성을 가지면서도, 재가녀(再嫁女)의 자식이라는 이유로 문과에 응시할 수 없는 사회적 한계를 가지는 이중적 정체성 속에서 살았다[24]. 이러한 수운의 사회적 위치는 수운으로 하여금 자신의 삶을 통해, 태생적으로 강제로 주어진 사회적 신분의 정체성으로부터 벗어나 서로 다른 사회적 신분의 사람들을 이해할 수 있는 계기를 가져다 주었다. 수운은 열 살 때 어머니를 잃었고, 열일곱 살 때 아버지를 잃었다. 어린 시절 재가녀의 자식으로 태어나 받았던 사람들의 차별적인 시선들로부터 자신을 보호해주고, 성리학적 가르침과 지도를 해주셨던 아버지를 잃은 경험은 수운에게 있어 중대한 삶의 변화를 경험하는 계기가 되었다. 수운은 아버지의 삼년상을 마친 뒤 열아홉 살 (1842) 때 울산에 '밀양 박씨'와 결혼하였고, 아버지를 잃은 뒤 경제적으로 곤란한 상황에 놓였던 수운은 스물한 살 무렵부터 상인(商)으로서 삶을 살았다. 선전관(宣傳官) 정운구(鄭雲龜)의 장계에 따르면, 수운이 무명 (白木) 장사를 했다는 기록이 있으며, 수운이 주로 '바늘'을 취급하여 장사를 하기도 하고[25], 철점[26]을 운영하며 사철(沙鐵) 등을 사서 용광로에서 녹여 편철을 만들어 팔기도 한 것으로 보인다[27] 수운은 잠깐이지만 울산 여시바윗골에서 집 앞 6두락(여섯 마지기)의 논을 사서 농사를 짓기

---

[24] 근암공은 63세(1824)에 세 번째 부인인 곡산(谷山) 한씨(韓氏) (1793-1833, 당시 나이 30세)와 혼인하여 수운을 낳았다. 근암공은 그동안 아들이 한 명도 없었으며, 수운이 태어난 이후에 굉장히 기뻐하며, 수운을 애지중지 돌보았다고 한다.

[25] 김기승, 「『용담유사』의 역사적 이해 ―최제우 사상의 발전과정을 중심으로―」, 『동학학보』 제2호, 동학학회, 2001, 84쪽

[26] 『大先生主文集』: "沓六斗, 斥賣於七人處, 外設鐵店, 內有禱誠." 김용옥(2021a)은 '철점'을 '제철업(철광업)'을 의미하는 것으로 보았으며, 울주군 두동면 봉계리의 중리(中里)에 용광로의 흔적이 남아있다 하였다. (김용옥, 『동경대전 1: 나는 코리안이다』, 서울: 통나무, 2021a, 114쪽)

[27] 박종천, 「'서발턴(subaltern)'의 관점에서 본 한국의 자생 신종교 사상: 수운, 증산, 소태산의 비교를 중심으로」, 『대순사상논총』제37호, 2021. 152쪽

도 했다. 이처럼 수운은 '사농공상(士農工商)'의 여러 직분의 삶을 직접적으로 경험해봄으로써, 자신의 경험(接)을 바탕으로 더 폭넓은 세계인식 및 시대인식을 할 수 있었다[28]. 이처럼 수운은 사회적 '신분간, 직업간 월경(越境)'을 통해, 동시대 사람들이 처한 다양한 입장을 이해할 수 있었고, 이를 바탕으로 자신이 살아갔던 시대적 상황을 더욱 폭넓게 이해할 수 있었다.

뿐만 아니라 수운은 여러 '지역간, 사상간의 월경(越境)'을 통해서, 자신의 사유를 확장시키기도 하였다. 이십 대에 떠났던 주유팔로(周遊八路, 1844-1854) 속에서 수운은 자신의 삶과 생각의 경계를 부단히 확장시켜 나갈 수 있었고, 이를 바탕으로 주체적으로 자신이 살아갔던 '시대'를 의식할 수 있었다. 수운에게 있어 10년간의 주유팔로라는 경험은 수운으로 하여금, 서로 다른 지역을 오가며 다양한 직업 및 서로 다른 사회적 신분의 사람들을 만날 수 있는 기회를 가져다주었다고 볼 수 있다. 수운이 서구 제국주의에 의한 외세의 침략을 경계하는 우환의식을 가지게 되었던 것도 이러한 주유팔로의 경험 속에서 1840-42년 1차 아편전쟁에 대한 소식을 접한 것이 계기가 되었을 수 있다. 또한 수운은 자신이 득도를 한 이후 전라도 지역에 갔을 때 사람마다 낯이 설고 매매사사 타도타관의 느낌을 받았다고 소회(所懷)한 바 있다[29]. 이처럼 수운은 다른 지역 및 다른 지역 사람들과의 만남을 통해서

---

[28] 수운이 장인으로서 공(工)의 경험이 있다고 보기는 어렵지만, 물건을 만들어내는 생산자로서 편철을 만들어 판 공(工)으로서의 경험이 있다는 측면에서 수운이 '사농공상'의 여러 직분의 삶을 경험해보았다고 서술하였다.

[29] 『용담유사』, 「권학가」: "생장生長한 이내곳에 인심풍속人心風俗 한탄해서 불고가산不顧家産 발정發程하여(길을 떠남) 방방곡곡 차자와서 매매사사 살펴보니 허다許多한 남녀사람 사람마다 낯치설고(낯이설고) 인심풍속 하난거동擧動 매매사사每每事事 눈의거처 타도타관他道他關 아닐런가. (...) 편답강산遍踏江山 아니하면 인심풍속人心風俗 이런 줄을 아니보고 어찌알꼬. 대저인간 백천만사 보고나니 한이없네."

도 자신의 시대인식을 확장할 수 있었다. 수운은 자신이 살고 있는 지역의 풍속을 면밀히 잘 살피는 것만으로도 당시 '시대 상황' 및 '시대가 바뀌는 변화'를 이해할 수 있다고 보기도 했다[30]. 시대적 모순이 한 지역에서만 발생하는 것이 아니라 여러 지역에서 함께 발생하는 것이며, 따라서 한 지역에 대한 사회모순을 정확하게 읽어내는 것만으로도 전 지역 및 시대 속에서 발생하고 있는 사회모순을 깨달을 수 있다고 보았던 것이다. 수운은 '주유팔로'를 시작으로 수운은 유학자에서 구도자의 삶으로 사상적 정체성을 전환하였고, 경신년(庚申年, 1860)에 득도하기 전까지 '유·불·선, 민간신앙, 도참사상, 서학' 등을 섭렵하면서 폭넓은 사상적 월경(越境)을 감행했던 것으로 보인다. 수운의 저술에는 유·불·선, 민간신앙, 도참사상, 서학과 관련된 용어가 폭넓게 사용되고 있고, 그 각각의 사상적 한계에 대한 수운의 비판이 실려 있다. 수운은 폭넓은 '사상적 월경'을 통해 당시 '서구 제국주의와 서학의 침범', '전염병', '유학적 사회질서와 도덕의 무너짐'과 같은 사회현실 및 모순을 극복할 수 있는 새로운 사상을 모색한 것이다. 수운의 비판적 사상 고찰에 대한 논의는 뒤에서 더 자세히 논하고자 한다.

　이러한 수운의 사회적 '신분간, 직업간, 지역간, 사상간의 월경'은 수운으로 하여금 그가 동시대 사람들이 처한 다양한 입장과 시선에서, 자기 자신과 시대(시대변화, 사회변동을 포함)를 폭넓게 인식하고, 그 자신의 정체성과 사유를 더 다중적·보편적으로 재구성할 수 있는 바탕이 되었다고 할 수 있다. 즉 수운은 여러 사람, 지역, 사상과의 '만남(接)'과 '성찰'을 통해, 다양한 처지와 환경 속에서 살아가는 사람들에 대한

---

[30] 『용담유사』, 「권학가」: "어화세상 사람들아 세상풍속(世上風俗) 모르거든, 내곳풍속(風俗) 살펴보소 이도역시(亦是) 시운(時運)이라."

이해를 바탕으로 더 폭넓은 세계인식과 시대인식을 할 수 있었고, '시대'에 대한 자신의 문제의식과 우환의식 역시 더욱 심화시킬 수 있었으며, 이를 통해 자신의 '사상'을 더욱 보편적으로 형성해 나갈 수 있었던 것이다. 수운이 동시대를 살아가는 다양한 사람들과의 만남과 성찰 속에서 형성한 문제의식은 이후 수운이 '시천주' 사상과 '보국안민' 및 '다시개벽' 사상을 제기하는 인식론적 바탕이 된다. 이처럼 수운은 자신이 살아가는 시대에 대한 이해에 기초하여 자신의 문제의식과 사상을 형성하였으며, 시대와 그 시대 속에서 살아가는 사람을 분리하여 이해하지 않았다. 수운은 요순지세(堯舜之世) 때에 민이 모두 요순이 되었다고 말하면서[31], 시대가 그 시대를 살아가는 인간에게 미치는 영향에 대해 강조한 바 있다. 하지만 수운은 시대가 인간에게 미치는 영향뿐만 아니라, 인간이 시대에 미치는 영향도 간과하지 않았다. '시대와 인간'의 관계를 서로 무관한 것으로 본 것이 아니라, 인간과 시대의 관계를 서로가 서로에게 부단히 영향을 주고받는 관계로 인식한 것이다.

인간이 시대에 미치는 영향에 대한 수운의 관점은 그의 '시운(운수관)'에 대한 인식 속에서 더 자세히 확인할 수 있다. 수운은 세상의 운수가 세상 사람들과 그 궤를 같이 한다고 보았다[32]. 이러한 관점은 끊임없이 운동하며 변화하는 운수에 의해, 세상 사람들의 삶이 영향을 받는다고 해석할 수도 있지만, 이는 반대로 인간이 주도성을 발휘하면 시대의 운수까지도 바꿀 수 있다는 관점으로도 이해해 볼 수 있다. 수운의 시대인식 및 운수인식에서 흥미로운 점은 수운이 인간을 '시대

---

[31] 『東經大全』,「東學論」: "堯舜之世 民皆爲堯舜."
[32] 『東經大全』,「東學論」: "斯世之運 與世同歸."

와 운수' 앞에서 수동적으로 순응하는 존재가 아니라, '주도성'을 발휘하는 존재로 인식하고 있다는 점이다.

수운은 사람마다 모두 똑같은 '명명(明明)한 운수(천지운수)'를 받음에도 불구하고, 사람마다 각각의 명운이 모두 다르다고 하였다[33]. 이는 각각의 사람들의 '개인적인 행실'에 따라 그 사람의 명운이 달라지기 때문이다. 그렇기에 수운은 자신이 받은 천지운수(이미 주어진 운수)와는 별개로 개별적 차원에서 '적선적덕(積善積德)'과 같은 자신의 노력과 행실을 통해 새로운 운수와 시운을 만들어가야 한다고 보았다[34]. 이처럼 수운은 '시운(운수)과 인간의 관계'를 상호유기적인 관계로 이해하였다. 수운은 사람들이 당시의 '시운'을 모를 뿐만 아니라[35], 인간이 주도성을 발휘하여 기존의 운수를 바꾸어가는 이러한 '운수관계'를 논했던 경우가 고금에 없었던 것으로 보고, 이를 사람들에게 알리고자 하였다[36]. 수운은 자신이 사는 지역의 풍속을 살피는 것만으로도 현재의 시운을 확인할 수 있다고도 하였다[37].

---

[33] ⓐ『용담유사』,「흥비가」: "명명한 이운수運數는 다같이 받지만은 어떤사람 저러하고 어떤사람 이러한지 이리촌탁 저리촌탁 각각명운 분명하다", ⓑ『용담유사』,「도수사」: "애달다 저사람은 명명明明한 이운수는 다가치 받지만은 어떠사람 군자되고 어떤사람 저러하고", ⓒ『용담유사』,「몽중노소문답가」: "우리도 이세상의 명명한 천지운수 남과같이 타고나서 ", ⓓ『東經大全』,「和訣詩」: "運兮運兮得否 時云時云覺者, 鳳兮鳳兮 賢者 河兮河兮 聖人"

[34] 『용담유사』,「교훈가」: "천운(天運)이 순환(循環)하사 무왕불복(無往不復) 하시나니 그러나 이내집은 적선적덕(積善積德) 하는공(功)은 자전자시 고연(固然)이라 여경(餘慶)인들 없을소냐"

[35] 『東經大全』,「布德文」: "惜哉 於今世人 未知時運 聞我斯言, 則 入則心非 出則巷議, 不順道德, 甚可畏也. 賢者聞之, 其或不然, 而吾將慨歎"

[36] 『용담유사』,「권학가」: "운수관계運數關係 하눈일을 고금古今의 업눈고로 졸필졸문拙筆拙文 지어내야 몰몰염치冒沒廉恥 전전傳해쥬니 이글보고 웃지말고 흠재훈사欽哉訓辭 하였어라"

[37] 『용담유사』,「권학가」: "어화세상 사람들아 세상풍속 모르거든 내곳풍속 살펴보쇼 이도역시 시운時運이라 무가내無可柰라 할낄업내"

수운은 운수를 기본적으로 성운과 쇠운이 번갈아 갈마드는 '윤회시운(운수)'으로 보았다[38]. 스스로 왔다가 돌아가는 이 운수는 과거로부터 변하지 않는 항상적인 것으로[39], 수운은 이러한 이치를 "무왕불복지리(無往不復之理)[40]"라고 표현하기도 하였다. 수운은 당시 전염병이 돌았던 시기의 시운을 사람들이 해를 입는 '상해지수'이자 '괴질운수'로 보았으면서도[41], '윤회시운'의 관점에서 쇠운(衰運) 이후에 곧 성운이 도래하리라고 보았다[42]. 수운은 도래할 '성운'을 두 가지 측면에서 설명하였다. 하나는 자신이 "오만년지 운수", "귀미산수", "산하대운(山河大運)", "(성덕가문에서 받은) 천년운(千年運)", "천운(天運)", "무극지운[43] 속에서 새

---

[38] ⓐ『용담유사』,「권학가」: "차차차차 증험證驗하니 윤회시운輪廻時運 분명하다"; ⓑ『용담유사』,「몽중노소문답가」: "윤회輪廻가치 둘닌운수運數", "천운이 둘렀으니 근심말고 돌아가서 윤회시운 구경하소.

[39] 『東經大全』,「不然其然」: "數定之幾年分 運自來而復之 古今之不變分 豈謂運, 豈謂復"

[40] 수운의 언어적 표현 중에서 '운'이라는 표현은 '천지(ᄒᆞ놀님)의 (음양) 운동運動'으로 이해할 수 있다. 수운이 말하는 ᄒᆞ놀님은 부단히 음양이 갈마드는 순환하는 운동("무왕불복지리")을 뜻하는데, 천운이 순환한다는 표현 역시 이를 뜻한다. "텬운天運이 순환循環하사 무왕불복無往不復 하시나니(「교훈가」)" 수운은 천령이 강림하였을 때, 자신이 "무왕불복지리"의 깨달음을 얻었다고 말한 바 있다. 『東經大全』,「東學論」: "曰今天靈降臨先生 何爲其然也. 曰受其無往不復之理, 曰然則 何道以名之? 曰天道也" 즉 무왕불복지리에 대한 깨달음 곧 'ᄒᆞ놀님'에 대한 깨달음이기도 한 것이다.

[41] ⓐ『東經大全』,「布德文」: "是故我國惡疾滿世 民無四時之安 是亦傷害之數也", ⓑ『용담유사』,「안심가」: "십이제국十二諸國 괴질운수怪疾運數", ⓒ『용담유사』,「권학가」: "아동방 삼년괴딜"

[42] 『용담유사』,「권학가」: "시운時運을 의논해도 일성일쇠一盛一衰 아닐런가 쇠운衰運이 지극하면 성운盛運이 오지마는."

[43] ⓐ『용담유사』,「용담가」: "긔장하다 긔장하다 이내운수運數 긔장하다. 귀미산수 좋은 승지 무극대도 닦아내니 오만년지 운수로다.", ⓑ『劍訣』: "時乎時乎 이내 時乎 不再來之時乎! 萬世一之丈夫 오만년지 時乎로다", ⓒ『용담유사』,「용담가」: "귀미산수 좋은풍경 물형으로 생겼다가 이내운수 마쳤도다.", ⓓ『東經大全』,「歎道儒心急」: "山河大運 盡歸此道 其源極深 其理甚遠", ⓔ『東經大全』,「絶句」: "平生命受 千年運 聖德家承 百世業.", ⓕ『용담유사』,「몽중노소문답가」: "천운이 둘렀으니 근심말고 돌아가서 윤회시운 구경하소", ⓖ『용담유사』,「용담가」: "무극지운無極之運"

롭게 창도한 '무극대도'를 뜻하고[44], 다른 하나는 '다시개벽'의 도래를 뜻한다[45]. 수운은 자신이 새롭게 '무극대도'를 깨달은 사건과 그 깨달음을 바탕으로 새롭게 시작될 '다시개벽'의 세상을 새로운 '성운(혹은 시운)'의 발단으로 본 것이다. 수운은 '시대'나 '운수'를 고정된 것으로 인식하지 않았고, 끊임없이 유동하는 운수 속에서 사람에 의해 '시운'이 부단히 변화하는 것으로 이해하였다. 수운이 언급했던 이러한 '시운'과 '성운' 역시 바로 그 시대변화의 흐름 속에서, 수운(인간)의 구도(求道)의 노력을 통해 형성된 것이라고 할 수 있다.

수운의 '운수관(시운관)'은 단순히 '성운과 다시개벽'이 도래할 것임을 사람들에게 알리는 것으로 끝나는 것이 아니라, 그러한 시운 속에서의 '인간의 노력'을 강조하는 것으로 이어진다. 수운은 먼저 당시 유행했던 전염병이라는 '상해지수, 괴질운수'를 극복하기 위해, 개인적 차원에서 ㅎ놀님을 공경하는 실천을 중요시하였다[46]. 특히 일일시시(日日時時) 때마다 정성과 공경의 마음으로 음식을 먹는 것을 ㅎ놀님을 공경하는 방법의 예로 들어 이야기하기도 하였다. 수운은 그렇게 ㅎ놀님을 공경하면 약을 쓰지 않고도 효험이 있다("물약자효勿藥自效")고 하였다.

---

[44] ⓐ『용담유사』,「용담가」: "만고萬古없는 무극대도無極大道 여몽여각 득도得道로다. 긔 장하다 긔장하다. 이내운수運數 긔장하다.", ⓑ『용담유사』,「권학가」: "이제야 이세상의 홀연이 생각하니 시운時運이 둘렀던가 만고萬古없는 무극대도無極大道 이세상의 창건하니 이도역시 시운時運이라", ⓒ『용담유사』,「몽중노소문답가」: "십이제국 괴질운수 다시개벽 아닐런가 태평성세 다시정해 국태민안 할것이니 개탄지심 두지말고 차차차차 지냈어라. 하원갑 지나거든 상원갑 호시절의 만고없는 무극대도 이세상에 날 것이니."

[45] 『용담유사』,「안심가」: "십이제국十二諸國 괴질운수怪疾運數 다시개벽 안일넌가"

[46] 『용담유사』,「권학가」: "ㅎ놀님을 공경하면 아동방 삼년괴딜 죽을염녀 잇을소냐. (...) 일일시시日日時時 먹는음식 성경誠敬이자 지켜내야 ㅎ놀님을 공경하면 자아시自兒時 잇던신병身病 물약자효勿藥自效 아닐런가 가중차제家中次第 우환憂患업셔 일년삼백 육십일을 일조一朝가치 지내가니 텬우신조天佑神助 아닐런가"

수운에게 ᄒᆞᄂᆞ님은 곧 자신의 마음("오심즉여심吾心卽汝心")과 같았는데, 수운
은 자신의 마음과 기운을 ᄒᆞᄂᆞ님 마음과 기운으로 다스림으로써, 전
염병을 극복하고자 한 것이다. 이러한 접근은 한의학에서 인간을 치
료할 때 '몸(身)' 뿐만 아니라, '마음(心)과 기(氣)'를 모두 고려하여 함께
치료하는 것과 같은 맥락에 있다[47]. 수운이 말한 "만고없는 무극대도"
를 깨닫기 위해서도 인간의 적극적인 노력(수도와 수덕)이 요구된다. 그렇
기에 수운은 '수심정기, 정심수도, 성지우성(誠之又誠), 성·경(誠敬)의 실천'
과 같은 인간의 노력의 필요성과 중요성을 강조하였다[48]. 이처럼 수운
은 '시운'을 기본적으로는 성운과 쇠운이 갈마드는 '윤회시운'이라는
관점으로 이해하면서도, 그러한 시운(운수)이 인간의 노력 속에서 달라
질 수 있으며, 인간이 노력을 통해 시운을 적극적으로 만들어갈 필요
가 있다고 보았다.

　수운은 새로운 '시운(혹은 성운)'을 만들어가는 인간의 노력이 개인적
차원뿐만이 아니라 사회적 차원에서 여러 사람들간의 연대를 통해서
이루어져야 한다고 보기도 하였다. 수운은 당시 시대와 시운의 상황
속에서, 현숙한 현인군자들이 동귀일체 하고 있는지에 대해 되물었

---

[47] '수심정기'로써 사람들의 마음과 기운을 바르게 하는 행위는 심신의학의 측면에서 생
　각해본다면, 수운이 말한 것처럼 '물약자효勿藥自效'의 효과를 얻는데 도움이 되었을
　지도 모른다.

[48] ⓐ『용담유사』, 「도수사」: "작심作心으로 불변不變하면 내성군자乃成君子 아닐런가 귀
　귀자자句句字字 살펴내야 정심수도正心修道 하여두면 춘삼월春三月 호시절好時節의
　또다시 만느볼가", ⓑ『용담유사』, 「권학가」: "어화세상 사람들아 이내경계 하는말씀 세
　세명찰細細明察 하온후의 잊지말고 지켜내야 셩지우셩誠之又誠 공경恭敬해서 ᄒᆞ날님
　만 생각하쇼. 처자妻子불러 효유曉諭하고 영세불망永世不忘 하였어라", ⓒ『용담유사』,
　「도수사」: "어질고 어딘벗은 매몰한 이내사람 부디부디 갈디말고 셩경이자誠敬二字 지
　켜내야 차차차차 닦아내면 무극대도無極大道 아닐런가 시호시호時乎時乎 그때오면 도
　성입덕道成立德 아닐런가(「도수사」)", ⓓ『용담유사』, 「권학가」: "이글보고 웃지말고 숙
　독상미熟讀賞味 하엿스라 (...) 귀귀자자 살펴내야 력력히 외와내서 춘삼월 호시절의
　놀고보고 먹고보세"

다[49]. 수운은 다시 성운이 도래하여 무극대도가 세상에 드러났고, 앞으로 다시개벽의 세상이 도래하리라고 이야기하면서도 동시에, 어진 사람들에게 다시개벽의 운수를 타고 현인들과 함께 '동귀일체'하자고 하였다. 실천을 할 때에도 그 적절한 '때'가 중요하므로[50], 어진 사람(혹은 영우靈友)과 함께 시운시변을 의논하고 결의하여, 붕우유신·동귀일체 하여보자는 것이다. 이처럼 수운은 사회적인 차원에서 자신과 같은 문제의식과 우환의식을 가진 어진 사람들과 함께 연대적 행위를 통해서, '운수와 시운'을 적극적으로 만들어가는 노력의 중요성을 강조하였다. 더 나아가, 수운은 풍운대수가 '사람의 기국(器局. 도량度量과 재간才幹)'을 따라간다고 보았다[51]. 그렇기에 수운은 먼저 '수심정기, 정심수도, 성·경의 실천'과 같은 '수도와 수덕'을 통해 자신의 그릇을 키우는 것을 중시하였다. 그 자신이 새로운 시대변화의 흐름을 만들어가는 주체이자 행위자가 되려면, 먼저 자신의 그릇(기국器局)을 키울 수 있어야 하고, 그러한 노력을 하는 다른 어진 현인들과 함께 사회적 차원에서 새로운 '다시개벽'의 세상을 만들어나갈 필요가 있다고 본 것이다. 수운은 당시 시대 상황 속에서 현숙한 현인군자들 간의 동귀일체의 중요성에 대해 이야기 한 뒤에, '보국안민'의 계책을 세울 필요성에 대해서도 이야기하였다[52]. 수운이 〈포덕문〉을 통해 서구 제국의 침략에 대비하는 보국안민의 필요성을 주장한 시기는 제 2차 아편전쟁

---

[49] 『용담유사』, 「권학가」: "윤회輪廻가치 둘닌운수運數 수원수구誰怨誰咎 안일넌가" (...) 시운時運을 의논해도 일성일쇠一盛一衰 아닐넌가 쇠운衰運이 지극하면 성운盛運이 오지마는 현숙賢淑한 모든군자君子 동귀일체同歸一體 하였던가. (...) 어진사람 만나거든 시운시변 의논하고 백년신세 말하거든 이글주고 결의해서 붕우유신 하여보세"

[50] 『東經大全』, 「降訣」: "時有其時恨奈何 新朝唱韻待好風"

[51] 『東經大全』, 「歎道儒心急」: "風雲大手 隨其器局"

[52] 『용담유사』, 「권학가」: "현숙賢淑한 모든군자君子 동귀일체同歸一體 하엿던가 (...) 함지사지陷之死地 출생들아 보국안민 어찌할꼬."

(第二次鴉片戰爭, 1856-1860)이 끝난 직후의 시기임을 다시 한 번 주의할 필요가 있다. 수운은 달라지는 시대의 흐름과 변화를 인지하고, 다시개벽으로 가는 길의 그 중간 단계로써 '보국안민'의 필요성을 자각하였으며, 개인적 차원에서 '수도와 수덕', 사회적 차원에서 '동귀일체'를 강조함으로써 '보국안민'과 '다시개벽'의 길을 모색하였던 것이다. 이처럼 수운은 인간을 그 자신이 살아가는 그 시운(시대흐름의 변화)과의 상호유기적·구성적인 관계 속에서 이해하였다.

이처럼 수운의 지역·역사·시대·시운에 대한 인식은 수운이 당시 시대에 필요한 사상을 모색하는 과정에서 중요한 사상적 바탕이 되고, 그가 구체적인 현실과의 대면 속에서 형성한 문제의식은 이후 수운이 새로운 사상(동학사상)을 창도하는 과정에서 해결해야 하는 중요한 논점에 대한 인식으로 이어졌다고 볼 수 있다. 즉, 수운은 이러한 관계론적 세계인식을 통해, 자기 자신과 자신의 사유를 더 넓은 생태적·사회적 관계망 속에서 인식 및 형성할 수 있었고, 당시 사회를 살아갔던 여러 사람들의 입장과 처지에서 사회현실을 인식함으로써 사회모순과 위기상황에 대한 문제인식을 더욱 깊이 있게 형성할 수 있었으며, 이를 통해 당시의 수많은 사람들의 공감과 큰 사회적 영향력을 가졌던 동학사상을 형성할 수 있었던 것으로 보인다.

3. 수운의 당대 사상에 대한 비판적 고찰

1) 서학

먼저 수운의 서학 인식에 대해 살펴보자. 수운은 서학과 동학을 비교하면서, 운(運)은 하나(一)이고, 도(道)는 같다(同)고 하였으나, 리(理)는 어 긋난다(非)고 보았다[53]. 서학과 동학의 도(道)는 같은 시대(혹은 시대흐름으로서 운수·시운) 속에서 제기되고 대두된 것이며[54], 둘 다 동·서를 가리지 않는 보편적인 천도를 지향하고 있다는 것이다.

이는 수운이 서학의 '도' 역시 동학의 '천도'처럼 당시의 상황 및 시 대흐름(시운) 속에서 의미를 가진다는 점을 받아들였을 뿐만 아니라, 보 편적인 '하늘'을 사유하는 천도를 지향한다는 점에 대해서 이를 인정 하고 수용하였음을 의미한다. 다만 보편적인 '천도'를 궁구하는 방법 인 '리'는 어긋난다고 하면서, 동학과 서학이 서로 '도'에 도달하는 방 법이 다르다며 이를 구별 지었다. 그렇다면 수운이 생각하는 서학과 동학의 다름, 즉 '도(보편적 이상)'에 도달하기 위한 일종의 '과정'이자 방 법(理)의 다름이란 정확히 무엇이며, 수운이 서학에 대해 가졌던 의문 과 문제의식은 무엇이었는가.

첫째, 수운은 서양의 제국주의 국가들이 다른 나라를 침범할 때 함 께 세워지는 천주당을 비판하며, 제국주의적 폭력과 공존하는 서학에 대해 비판의식을 가졌다. 서양 사람들이 중국을 침범하면서 천주당을 높이 세우고 '도'가 천하에 가득 찼다고 하는데, 수운은 이를 터무니 없고 황당한 언설이라고 보았다[55]. 수운은 서양 사람들이 말로는 천주

---

[53] 『東經大全』,「東學論」: "曰 與洋道 無異者乎? 曰 洋學如斯而有異 如呪而無實. 然而運則一 也 道則同也 理則非也"

[54] 수운이 서학을 동학과 같은 '운'으로 바라본 것을 가볍게 이해해본다면 당시 서학이 사람들 사이에서 유행하며 크게 관심을 받기 시작한 것으로 볼 수도 있고, 더 적극적 으로 해석해본다면, 당시 서학이 (하느님 앞에서) 모든 인간은 평등하다는 관점을 제 시함으로써 당시 사람 간의 구별과 차별을 하였던 시대적 문제를 해결하는 실마리를 제시하고 있다는 점에서 수운이 생각하였던 새로운 시대 흐름으로의 전환에 부합하는 측면이 있다는 것으로 해석해 볼 수 있을 것이다.

[55] ⓐ『용담유사』,「권학가」: "요망妖妄한 서양적西洋賊이 듕국中國을 침범侵犯해서 텬듀 당天主堂 노피세워 거쇼위所謂 하ᄂᆞᆫ도道를 텬하天下의 편만遍滿하니 가쇼절창可笑絶

의 뜻이 부귀를 취하지 않는 것에 있다고 하면서 행동으로는 천하를 공격하며 빼앗아 천주당을 세우고 '도'를 행한다는 모순적인 행태를 비판적으로 바라보며[56], 서학에서 말하는 '(천)도'에 도달하는 그 과정인 '리(理)'에 대해 의구심을 가진 것이다.

둘째, 서학이 천주학이며 그 가르침은 성스러운 가르침('聖敎')라고 말하지만, 수운은 서학에 천주의 가르침이 없을 뿐만 아니라 천주는 배제되어 있으며, 그 '도(道)'는 허무에 가깝다고 보았다[57]. 수운은 서학을 믿는 사람들이 천주에게 밤낮으로 자신이 죽거든 삼십삼천 옥경대에 가게 해 달라는 기도를 하는 모습을 무의미한 행위이자 허송세월을 하는 행위로 보았다[58]. 수운은 그러한 기도에는 진정으로 천주를 위한 뜻이 없고 자기 몸을 위해서만 빌며, 기도의 내용에도 실이 없다고 보았다[59]. 사람들이 서학에 입도하고 나서도 자기만을 위하는 마음으로 자신이 옳고 다른 사람이 그르다며 시비분분하는 모습에 대해서도 개탄하기도 하였다[60]. 수운은 서학을 믿는 사람들이 보이는 행위를 보며, 서학의 '도'를 비롯하여 그 '도'를 지향하는 과정이자 방법이 과연 올바른 것인지에 대해 의구심을 가진 것으로 보인다.

唱 아닐런가", ⓑ『東經大全』, 「布德文」: "西洋戰勝功取 無事不成, 而天下盡滅", ⓒ『東經大全』, 「東學論」: "西人言無次第 書無早白"

[56] 『東經大全』, 「布德文」: "至於庚申 傳聞西洋之人 以爲天主之意 不取富貴 功取天下 立其堂 行其道 故 吾亦有其然 豈其然之疑"

[57] 『東經大全』, 「東學論」: "學稱天主 敎則聖敎 (...) 學無天主之敎. (...) 道近虛無, 學非天主"

[58] 『용담유사』, 「권학가」: "아동방 어린사람 禮義五倫 다바리고 男女老少 兒童走卒 성군취 당成群聚黨 극성중極盛中의 허송세월虛送歲月 한단말을 보난다시 드러오니 무단이 ᄒ 놀님게 주소간晝宵間 비는말이 삼십삼련三十三天 옥경대玉京臺의 나죽거든 가게하소"

[59] 『東經大全』, 「東學論」: ⓐ"而頓無爲天主之端, 只祝自身身之謀 (...) 如思無呪"; ⓑ"曰 與洋道 無異者乎? 曰 洋學如斯而有異 如呪而無實."

[60] 『용담유사』, 「몽중노소문답가」: "서학西學에 입도入道해서 각자위심各自爲心 하는말이 내옳고 네그르지 시비분분是非紛紛 하는말이 일일시시日日時時 그뿐일네"

셋째, 수운은 서학에서 말하는 천주는 형상은 있다는데, 그 구체적인 자취가 없다는 것에 의문을 가졌다[61]. 특히 서학에서 말하는 '천주지은(天主之恩)'이나, '화공지적(化工之迹)'은 눈으로 직접 볼 수 있는 천지인 삼재지수(天地人三才之數)와 달리[62], 눈으로 볼 수 없을 뿐만 아니라, 언어로 형용하기 어렵고, 그러한 일은 고금을 아울러 생각해보아도 반드시 그러하다고 보기 어렵다고 하였다('未必')[63]. 수운은 현실 속에서 실체의 근거를 찾을 수 없는 형이상학적인 천주를 막연히 믿는다는 것에 대해 회의적으로 바라보고, 현실 속에 구체적인 실체로 존재하는 천주의 흔적(혹은 그 실체)에 기초하여 천주를 사고하는 것을 중시하였다. 이러한 사고의 틀은 수운의 「불연기연」에 의해 다시 한번 강조된 바 있다. 그러하다고 말하기 어려운 ᄒᆞᄂᆞᆯ님이라는 천주의 경우, 그러하다고 말하기 어려운 '불연'에 기초하여 사고할 것이 아니라, 그러하다고 말할 수 있는 '기연'에 기초하여 사유할 필요가 있다는 것이다. 이는 일종의 유물론적 접근이라고 할 수 있으며, 수운은 '천지인'과 같은 유물론적 실체를 통해 'ᄒᆞᄂᆞᆯ님'과 같은 유심론적 실체를 이해해야 한다고 보았다. 이러한 관점은 일종의 유물론적 관점(氣, 기연)과 유심론적 관점(靈, 불연)을 회통하여 풀어낸 동학의 'ᄒᆞᄂᆞᆯ님'관의 사상적 바탕을 이루는 전제라고 할 수 있다.

수운은 이러한 관점을 바탕으로 서학에서 사람의 몸에 '신神(혹은 신성적 측면神靈, 氣化之神)'이 없다고 이해하는 것에 대해서도 의문을 가졌다[64].

---

[61] 『東經大全』,「東學論」: "西人言無次第 書無早白 而頓無爲 天主之端 只祝自爲身之謀 身無氣化之神 學無天主之敎 有形無迹 (…)"

[62] 『東經大全』,「東學論」: "天地人三才之數 於斯 可見矣"

[63] 『東經大全』,「東學論」: "或云天主之恩 或云化工之迹 然而 以恩言之 惟爲不見之事; 以工言之 亦爲難狀之言 何者? 於古及今 其中未必者也"

[64] 『東經大全』,「東學論」: "身無氣化之神"

수운은 서학을 믿는 사람들이 부모가 죽은 후에도 '신(神 혹은 魂靈魂魄)'이 없으니 제사를 지낼 필요가 없다고 말하면서도, 자신은 어찌 '신(神 혹은 魂靈魂魄)'이 있어 상천(上天)한다는 것인가와 같은 모순적 언설에 대해 지적한 것이다[65]. 인간을 천주의 조화(造化) 속에서 태어났다고 바라보면서, 사람을 그런 '신성(神: 神靈, 氣化之神)'으로부터 완전히 분리된 대상으로 간주하는 것에 의구심을 가진 것이다[66]. 수운은 생명과 만물의 태어남(化生)을 초월적인 절대자로서 천주가 빚어낸 것으로 이해하기보다, 세상 속 '천지(天地), 귀신(鬼神), 음양(陰陽), 영허(盈虛), 기운(氣運)의 운동과 그 음양의 균형('陰陽相均')에서 빚어지는 조화 속에서 화생하는 것으로 보았고, 우리 자신(사람, 百千萬物) 속에서 그러한 조화(造化)의 흔적을 발견할 수 있다고 보았다[67]. 수운은 사람을 그러한 ㅎ놀님의 품성(영기靈氣)을 품부받은 실체(最靈者)이자 또 하나의 (실체로서) ㅎ놀님(혹은 ㅎ놀님의 협력자)으로 바라보고[68], 사람이라면 그 스스로 존엄성과 자율성을 자각하여 세상에서 주도적으로 새로운 변화를 만들어 갈 수 있다고 보았다.

이와 같은 수운의 문제의식에서 확인할 수 있는 사실은 수운이 당시 사회문제 및 위기상황을 극복하는 길을 서학에서 말하는 현실로

---

[65] 『용담유사』, 「권학가」: "우습다 저사람은 저의부모父母 죽은후의 신神도업다 이름하고 제사祭祀조차 안지내며 오륜五倫의 벗어나서 유원속사唯願速死 무삼일고 부모없는 혼령혼백魂靈魂魄 저는어찌 유독있어 상련上天하고 무엇하고 어린소리 마라스라 그말져 말 다던던고"

[66] 수운은 천주의 조화는 흔적이 있다고 보았다. ⓐ『東經大全』, 「布德文」: "天主造化之迹", ⓑ『東經大全』, 「東學論」: "天道者 如無形而有迹"; ⓒ『東經大全』, 「東學論」: "天地人三才之數 於斯 可見矣"

[67] ⓐ『東經大全』, 「布德文」: "盖自上古以來 春秋迭代 四時盛衰 不遷不易, 是 亦天主造化之迹 (...) 日月星辰 天地度數", ⓑ『東經大全』, 「東學論」: "夫天道 如無形而有迹 地理者 如廣大而有方者也. (...) 而有盈虛迭代之數 無動靜變易之理 陰陽相均 雖 百千萬物化出於其中 (...)", ⓒ『용담유사』, 「도덕가」: "천지역시 귀신이오 귀신역시 음양인줄"

[68] 『용담유사』, 「도덕가」: "사람의 수족동정 이는역시 귀신이오 선악간 마음용사 이는역시 기운이오 말하고 웃는 것은 이는역시 조화로세"

부터 초월한 '절대자로서의 천주'에 맹목적으로 의지하는 것에서 찾지 않았다는 점이다. 또한 수운은 '내세'에 자신의 삶을 의탁하기보다는 '현세'를 더 중시하고 강조하였다는 점에서 서학과 구별된다. 수운은 천지운수와 시운이 갈마드는 운수관을 가지고 있으면서도, 막연하게 천지운수라는 외부적 요인이나 외재적인 신에 의해 인간의 운명이 결정되는 것으로 보지 않았다. 오히려 사람의 '자율성'과 그 주도적 가능성을 부각함으로써 기존의 운수를 바꾸어갈 수 있다고 보았으며, 인간의 사후에서 새로운 희망을 찾기보다는 현실을 희망적으로 바꾸어가는 인간의 실천을 중시하였다. 수운은 이를 통해 사람들이 '의타적·현실도피적 태도[69]'가 아니라 '자주적이고 주체적인 태도'를 바탕으로 당시 사회모순 및 위기상황을 대면하고 '보국안민'의 계책을 세워, "다시개벽(혹은 '지상천국')"이라는 이상세계를 직접 만들어가기를 바랐던 것이다. 당시 수운의 '서학'에 대한 이해가 반드시 다 옳다고만은 할 수 없을 것이다. 다만 수운의 의문(및 문제의식)에서 확인할 수 있는 사실은 수운이 당시 '서학'을 무조건적으로 긍정하거나 부정하지 않았으며, 서학에서 긍정적인 부분은 인정하고 의문이 생기는 점에 대해서는 비판적으로 고찰하였다는 점이다. 수운은 서학이 당시 현실 사

---

[69] 수운은 당시 사람들이 사회문제를 정면으로 마주하려고 하지 않고, 『정감록』과 같은 예언서('동국참서東國讖書')를 믿으면서 신(혹은 귀신)에 의지하려는 의타적 사고 및 개인적인 차원에서 위기를 모면하고자 하는 '도피심'을 비판한 바 있다(『용담유사』, 「몽중노소문답가」: "고이한 동국참서 치켜들고 하는말이 이거(己去) 임진왜란 때는 이재송송利在松松하여 있고 가산정주서적(嘉山定州西賊, 필자: 홍경래의 난) 때는 이재가가(利在家家) 하였더니 (...)"). 수운이 사람들이 자기 혼자 만첩산중에 들어가 도피해서 살 궁리를 하거나, 천상의 상제님을 믿으며 내세에서 희망을 찾거나, 다른 사람에게 자기주장만이 옳다고 강조하는 태도, 귀신(ghost)을 모시며 이에 의타적으로 의지하는 태도를 비판했던 것은 사람들이 당시의 위기상황 속에서 함께 연대하여 이를 극복하려 하지 않고, 오로지 개인의 안위만을 걱정하며 자기중심적인 태도("각자위심") 및 현실도피적 태도로 일관하고 있음을 비판한 것으로 볼 수 있다.

회의 문제를 해결하고 극복하는데 제 역할을 할 수 없다는 관점하에
서 구도(求道)를 통해 새로운 방법이자 사상을 모색하였고, 서학에 대한
그의 비판적 사상 고찰은 '동학'이라는 사상과 학(學問)을 형성하는데
중요한 생각거리를 제공하였다고 할 수 있다.

2) 유학

다음으로 수운의 유학 인식에 대해 살펴보자. 수운은 유도(儒道)와 유
학에 대해서는 어느 정도 긍정적인 입장을 견지하였다. 수운은 자신
의 저술 속에서 '삼황오제, 요순, 공부자孔夫子'를 언급하며, 고대의
성현들이 '경천순천(또는 敬天命而順天理)'하였던 것을 기리고, 요순을 비롯한
성현들이 이룩했던 도덕과 덕화를 흠모하였다[70]. 수운은 성현(聖賢)문도
들이 연원도통을 지켜내어 어진 도덕을 밝히고, 이를 세상에 전해 왔
던 것을 기쁘게 여겼다[71]. 수운이 자신의 저술에서 유도나 유학을 직
접적으로 비판한 대목은 없다. 수운은 옛 성현들이 이룩한 어진 도덕
또한 근본적으로 '천도와 천덕'에 바탕을 두고 있으며[72], 인간이 천도
와 천덕을 따라 살아가는 것에 뜻을 두는 위성지학(爲聖之學)으로서의 유
학에 뜻을 함께 하는 측면이 강하다. 그렇기에 수운은 자신이 새롭게
천명한 무극대도(無極大道)를 공자(孔夫子)의 유도(儒道)와 비교하며 크게 보면

---

[70] 『용담유사』,「권학가」: ⓐ"삼황오제三皇五帝 성현聖賢들도 경텬순텬敬天順天 아닐런
가"; ⓑ"자고급금自古及今 촌탁忖度하니 요순성세 그때라도 일텬디하一天之下 많은사
람 사람마다 요순일세"

[71] 『용담유사』,「도수사」: "자고성현 문도들은 백가시서 외와내야 연원도통 직혀내서 공
부자 어진도덕 가장더욱 발켜내야 천추의 전하오니 그아니 기쁠소냐"

[72] 『東經大全』,「布德文」: "自五帝之後 聖人以生 日月星辰 天地度數 成出文卷而以定天道之
常然. 一動一靜一盛一敗 付之於天命 是 敬天命而順天理者也. 故 人成君子 學成道德 道則
天道 德則天德 明其道而修其德故 乃成君子 至於至聖 豈不欽歎哉"

같지만, 다름이 있다고("대동소이")한 것이다[73]. 다만 성현들이 밝힌 어진 도덕이 후대에 이르러 왜곡되고 있는 것에 개탄하였고("난법난도亂法亂道")[74], 유도(儒道) 및 유학이 당시 시운과 사회현실 속에서 과연 제대로 실효성을 가질 수 있는지에 대해서는 의문을 가진 것으로 보인다. 그렇기에 '유도'가 이제 그 운이 다 하여[75] 당시 시대에 제 역할을 할 수 없다고 보고, 오랜 구도의 시간을 통해 '무극대도'라는 새로운 방향성과 '동학'이라는 방법을 모색한 것이다.

그렇다면 수운은 구체적으로 유학의 어떤 점에 대해 그 한계가 있다고 보고, 동학을 통해 이를 어떻게 새롭게 극복하고자 하였는가? 당시 수운이 유도(儒道)가 운이 다했다고 간주하는 것에는 여러 이유가 있겠으나, 무엇보다 가장 큰 이유는 유도(儒道)로는 아마도 사람들이 '각자위심(各自爲心)'하고 '막지소향(莫知所向)'하는 당시 세태를 극복하기 어렵다고 생각하였던 것으로 보인다. 수운은 사람들이 저 자신만을 생각하고 삶의 방향을 잃은 배경에는 '도덕의 망각'과 '하늘의 망각'이 있다고 보았다[76]. 그렇기에 수운은 동학을 통해 기존의 전통적 하늘을 새롭게 재해석하고, '도덕(천도와 천덕)'에 이르는 또 다른 길을 제시하고자 하였던 것이다. 본 글에서는 유학과 동학의 차이점을 통해 수운이 유학에 대해 가졌던 문제의식을 간접적으로 살펴보고, 수운이 동학을 통해 그러한 측면을 어떻게 넘어서고자 하였는지를 살펴보고자 한다.

---

[73] 『東經大全』, 「修德文」: "覺來夫子之道, 則一理之所定也. 論其惟我之道,則 大同而小異也."

[74] 『용담유사』, 「도수사」: "공부자 어진도덕 일관一貫으로(일이관지一以貫之) 일음해도 삼천 제자 그가운데 신통육예 몇몇인고 칠십이인 도통해서 전천추 후천추의 일관으로 전차해도 일천년 못다내서 전자방 단간목이 난법난도亂法亂道 하엿시니 그안이 슬풀소냐"

[75] 『용담유사』, 「교훈가」: "유도 불도 누천년에 운이 역시 다했던가"

[76] ⓐ『東經大全』, 「布德文」: "不順道德, 甚可畏也", ⓑ『東經大全』, 「修德文」: "於是乎, 惟知先儒之從命, 自歎後學之忘却"

첫째, 동학은 한국의 전통적 하늘을 새롭게 재해석함으로써, 유학과 같이 성인이나 경전에 의지하지 않고도 누구나 자신 안에서 천도와 천덕의 이치를 깨달을 수 있다는 인식론적 토대를 마련했다. 유학과 동학은 모두 '하늘'에 근거하여 '도(천도)'에 대해 이야기한다는 공통적인 특징을 지닌다. 그러나 유학이 성인의 가르침을 중심으로 '도'에 대해 논하는 반면, 동학은 수운이 새롭게 깨달은 'ᄒᆞᄂᆞᆯ님의 가르침(天敎)'에 기초하여 '도'와 '학'을 논했다[77]. 조성환(2022)은 도덕의 근원을 'ᄒᆞᄂᆞᆯ님'에서 찾는 이러한 접근을 수운의 새로운 해석학이라고 지적하기도 하였다. 하지만 수운은 자신이 깨달은 'ᄒᆞᄂᆞᆯ님의 가르침(天敎)'를 무조건적으로 믿거나 절대화하지 않았으며, 그 깨달음이 합리성을 가지고 있는지 또 이치에 부합하는 지를 고금(古今)을 아울러 돌아보며 고찰하고 행해보았다[78] 그렇기에 수운은 그 자신이 그러했던 것처럼 사람들에게 자신이 깨달은 ᄒᆞᄂᆞᆯ님에 대한 무조건적인 믿음을 요구하거나 강요하지 않았으며, 사람들에게 자신이 'ᄒᆞᄂᆞᆯ님'이라는 개념을 통해 말하고자 했던 그 이치에 대해 생각해보고 또 생각해보기를 권유했다. 동학의 ᄒᆞᄂᆞᆯ님(영·기)은 자기 자신(인간)의 외부 뿐만 아니라, 자기

---

[77] 유교에서 '가르침(敎)'의 주체는 성인이지만. 동학에서 '가르침(敎)'의 주체는 수운이 새롭게 깨달은 'ᄒᆞᄂᆞᆯ님'이다. 조성환(2018)은 동학의 특징을 '천교(天敎)'에서 찾고 있는데, "천(天)이 교(敎)의 주체가 되었다"고 보기 때문이다. (조성환, 『한국 근대의 탄생: 개화에서 개벽으로』, 서울: 모시는 사람들, 2018. 175쪽) 이는 성인의 가르침을 중심으로 하는 유학과 구별된다. 조성환(2018)은 중국 성리학 역시 천보다는 '리'를 강조하며, 천을 리의 하위개념 혹은 리의 다른 표현으로 이해한다. 중국 성리학에서는 천은 '리'로 더욱 추상화되었을 뿐만 아니라 '리'가 천을 대체하는 경향을 보이고 있지만, 한국에서는 '하늘이' 중국사상에서 강조하는 '도, 리'보다 더 상위에 있는 최상위 개념으로 쓰고 있으며, '천'이 리의 바탕이자 최소 양자가 동일시되었다고 보았다. 또한 하늘과 인간의 상호협력을 강조하는 동학의 '천인관'을 바탕으로, 동학의 사상적 연원이 중국과는 다른 한국 전통적 하늘에 기원하고 있다고 보았다. (조성환, 『한국 근대의 탄생: 개화에서 개벽으로』, 서울: 모시는 사람들, 2018. 37-43쪽) 조성환(2018)은 이처럼 동학의 핵심이 '천(天)'에 있다는 점에서 동학을 '천학'으로 분류한 바 있다.
[78] 『東經大全』,「修德文」: "察其易卦大定之數 審誦三代敬天之理 (...) 修而煉之, 莫非自然".

자신의 안에도 내재한다는 점에서, 더 이상 가르침의 근원을 성인이나 경전과 같이 외재적인 것에서 구할 필요가 없어지게 된다는 점에서 중요한 의의가 있다[79]. 성인에게서 가르침을 얻으려면 '성인이 쓴 경전'에 의지해야 했지만, 수운이 말한 ᄒᆞᄂᆞᆯ님(천도와 천덕)에 대한 깨달음은 자신 안에 내재하는 마음(神靈)에 의지하는 것으로도 그 깨달음에 이를 수 있기 때문이다("자재연원[80]"). 이는 앞으로 사람들이 더 이상 외재적인 성인이나 경전(서학의 천주도 포함)에만 의지할 필요가 없으며, 그 가르침을 매개하는 타자(대리인)에 의해 정신적으로 종속될 필요가 없음을 시사한다. 이는 천도를 독점적으로 대리하였던 왕도정치와 유학자들에 의한 치인(治人)과 치국(治國)이라는 조선의 통치 이데올로기를 근본적으로 위협하는 인식론적 전환이라고 할 수 있다. 이를 통해 당시의 피통치자로서의 '민'은 조선의 통치 이데올로기를 직접 전유할 수 있는 바탕을 마련할 수 있었다. 전봉준이 붙잡혀 관으로부터 심문을 당할 때, 동학이 '수심경천(守心敬天)'하는 도이기 때문에 그 자신이 몹시 좋아한다는 말을 당당하게 할 수 있었던 것 역시, 전봉준을 비롯한 일부 동학농민군들이 동학사상을 통해 '조선의 통치 이데올로기'를 재전유하여 자신의 봉기를 정당화하고 있었기에 가능했던 것이라고 할 수 있다. 이처럼 수운은 기존의 전통적 하늘을 재해석하여 사람들로 하여금 자신의 안에서 보편적 이상과 생명만물의 이치(天道)를 깨달을 수 있다는

---

[79] 수운은 당시 사람들이 '지벌(地閥: 族閥과 家閥)'과 문필(文筆)을 근거로 군자를 비유하고 도덕을 의논하는 현실을 개탄한 바 있는데, 당시 한문으로 쓰여진 성인의 경전과 말을 독점한 사람들이 '천도'에 대한 해석과 그에 기초한 명분을 독점한 채 이를 사적으로 남용하여, 성인이 본래 논하였던 도덕의 참뜻은 잊혀지고 허례허식만 남은 당시 현실에 대한 비판의식을 가진 것이라고 할 수 있다.

[80] 『용담유사』, 「흥비가」: "자고급금自古及今 사사상수師師相授 한다해도 자재연원自在淵源 아닐런가"

점을 강조함으로써, 사람들로 하여금 외재적인 규범, 경전, 신, 타자에 의해 그 자신이 종속적인 관계로 전락하지 않을 수 있도록 하였다.

둘째, 유학과 동학은 둘 다 천도와 천덕에 따라 어진 도덕적 삶을 살아가는 '성인(聖人)'을 이상적 인간으로 간주하며 그에 이르는 길을 제시하고 있지만, 유학은 주로 엘리트적 통치자(治者)의 성인화를 지향하고 동학은 만민의 성인화를 지향한다. 그렇기에 수운은 모든 사람들이 자신이 깨달은 바를 이해할 수 있도록, 한문뿐만 아니라 한글가사로도 자신의 깨달은 '도'와 '학'을 저술하였고, '영부'나 '주문' 같은 민중에게 친숙한 방식으로 포덕을 하였다. 이때의 '영부'나 '주문'이라는 개념은 주술적인 의미를 내포한 개념이라기보다는 '탈주술적'인 특징을 가지는 개념에 가깝다. 수운은 '영부'를 말하면서도 '영부'가 절대적으로 효험을 가진 것이 아니라, 사람들 각자가 정성(誠)과 공경(敬)을 실천하는 정도에 따라 그 효험이 다른 것으로 이야기함으로써, 사람들이 미신·부적·주술을 믿는 것이 아니라 각자 '정성과 공경(誠·敬)'을 행하는데 힘쓰도록 하였고, '주문'이란 천도의 이치를 깨닫기 쉽게 간명하게 요약한 글과 같다. 수운은 당시 민중 누구나 쉽게 수양할 수 있는 방법을 통해 만민의 성인화를 지향하고자 하였는데, 이는 수운이 '보국안민' 및 '다시개벽' 사상을 실천하는 주체로 만민을 고려하고 있음을 보여준다. 유학의 공부는 주로 경전공부와 수신(修身)을 통해 인간의 도덕을 닦고자 하지만, 동학은 삼칠자 주문(및 정성과 공경)을 통해 천도의 이치와 천덕을 깨달아 도덕적 삶을 살아가고자 한다[81]. 천도의 요체가 담긴 삼칠자 주문을 외우는 방법을 통하면, 도덕수양에 '한문'이

---

[81] 『용담유사』,「도수사」: "내역시 이세상의 무극대도 닦가내야 오는사람 효유해서 삼칠자 전해듀니 무위이화 아닐런가"

라는 언어적 제약이 따르지 않아 남녀노소 누구나 쉽게 도덕수양에 참여할 수 있다. 또한 도덕수양을 익히는 과정에서 유교적 엘리트에 반드시 의존하지 않아도 되며, 오랜 수도 기간을 필요로 하지 않는다는 장점이 있다. 수운은 정성과 공경의 마음으로 수도를 한다면 도를 깨우치는데 삼년의 시간이면 충분하리라 보았다[82]. 동학은 수도(修道)의 방법을 '수심정기'와 '성·경[83]'으로 압축함으로써, 사람들이 일상 속에서도 수도를 더욱 쉽게 의식하며 살아갈 수 있도록 하였다. 또한 사회 속에서 지벌(地閥: 지세(族閥)와 문벌(家閥)·가세(家勢)·문필(文筆)'에 구애받지 않는 도덕수양의 방법이라는 점에서 더욱 모든 사람에게 열린 도덕수양의 길이라고 할 수 있다. 이러한 관점에서 유학은 유교적·도덕적 엘리트를 중심으로 한 '통치(敎化)'를 지향하지만, 동학은 수도하는 도덕적 만민을 중심으로 하는 '통치(敬治, 敬人, 敬物)'를 염두에 두고 있다고 할 수 있다.

셋째, 유학은 공자의 인의예지(仁義禮智)를 방법론으로 삼으나, 동학은 수운의 수심정기(守心正氣)를 방법론으로 삼음으로써 유교와는 다른 '입덕(立德)(혹은 도성입덕)'의 길을 제시하였다. 그렇다 하여 수운이 '인의예지'를 부정한 것은 아니다[84]. 인의예지를 인정하면서도, '수심정기'라는

---

[82] 『용담유사』, 「도수사」: "십년十年을 공부工夫해서 도성입덕道成立德 되게되면 속성(速成)이라 하지마는, 무극(無極)한 이내도(道)는 삼년불성三年不成 되게되면 그아니 헛말인가" 수운은 성인의 말씀을 공부하는 '유학'을 통한 도성입덕의 길이 빨라야 '10년'이라고 보았고, 자신의 안에서 천도를 깨닫는 동학은 도성입덕을 하는데 늦어도 3년이 걸린다고 보았다.

[83] 『용담유사』, 「도수사」: "어질고 어딘벗은 매몰한 이내사람 부디부디 갈디말고 성경이자誠敬二字 지켜내야 차차차차 닦아내면 무극대도無極大道 아닐런가 시호시호時乎時乎 그때오면 도성입덕道成立德 아닐런가"

[84] 수운은 '인의예지'를 중시하였다. 특히 '삼강오륜(예의오륜)'이 망각되고 있는 현실에 대해서 여러번 탄식하였다(ⓐ『용담유사』, 「몽중노소문답가」: "군불군, 신불신, 부불부, 자불자", ⓑ『용담유사』, 「권학가」: "아동방 어린사람 례의오륜禮義五倫 다버리고", ⓒ 『용담유사』, 「도수사」: "수신제가修身齊家 아니하고 도성입덕道成立德 무엇이며. 삼강오륜三綱五倫 다버리고 현인군자賢人君子 무엇이며") 또한 수운의 『용담유사』에서는 "여

새로운 방법론을 제시하고 있을 뿐이다. 수심정기는 인간이 자신 스스로 자신 안의 ᄒᆞ놀님 마음과 자신 밖의 ᄒᆞ놀님 기운과의 일치를 이루어, 천도와 천덕을 깨달아 성인(혹은 군자, 지상신선)에 이르는 길이라고 할 수 있다. 수운은 천도의 특성으로 '무위이화(無爲而化)'를 강조한 바 있는데, '천도에 대한 깨달음'은 인간으로 하여금 천덕을(혹은 인의예지와 같은 덕목을) 무위적 차원에서 자연스럽게 행하게 하는 바탕이 된다는 것이다. '인의예지'를 중심으로 하는 유교적 규범은 때때로 특정 사람에 의해 현실 속에서 완고한 이데올로기자 도그마로 악용될 수 있다. 수운은 인의예지와 같은 도덕적 가치가 외재적 규범에 의해 '유위'적으로 강제되기보다, '수심정기'라는 수양을 통해 자신의 마음을 하늘마음으로 가꿈으로써 '무위'적 차원에서 자연스럽게 실천될 필요가 있다고

필종부(「도수사」)", "부화부순(「교훈가」)", "임금에게 공경恭敬하면 충신열사忠臣烈士 아닐런가 부모父母님께 공경恭敬하면 효자효부孝子孝婦 아닐런가(「권학가」)"과 같은 언급도 보인다. 필자가 보기에 수운은 '삼강오륜'에 기초한 '가정 및 국가 속 인간 간의 관계예법'에 대해서는 각각의 제 역할을 다 행할 시에 문제가 생기지 않으나, 그것이 현실 속에서 제대로 구현되기 어렵다고 보았던 것 같다. 수운이 목도했던 '참된 도덕이 망각'되고 있던 조선 후기 사회현실 속에서 '삼강오륜'은 가정과 국가의 화목을 위한 덕목이 아니라, 때때로 특정 개인(혹은 집단)이 자신의 사익을 위하여 다른 특정 개인(혹은 집단)을 억압하는 방편으로 왜곡되거나 악용될 수 있었기 때문이다. 분업의 관점에서 남자와 여자가 서로를 공경하며 제 역할을 하는 경우, 남자가 여자보다 더 많은 일과 책임을 지는 경우 "여필종부(「교훈가」)", "부화부순(「교훈가」)"는 단순히 남성중심적인 표현이라고 단정하기 어려울 것이다(『용담유사』, 「도수사」: "가도화순家道和順 하는법法은 부인婦人에게 관계關係하니 가장家長이 엄숙嚴肅하면 이런빛이 왜있으며 부인경계婦人警戒 다버리고"). 하지만 남자가 여자에 대한 공경과 예를 다하지도 않고(즉 제 역할도 하지 않으면서), "여필종부(「교훈가」)", "부화부순(「교훈가」)"를 논한다면 이는 엄연한 남성중심적인 폭력이 된다. 그랬기에 수운은 도를 깨닫고 가장 먼저 자신의 부인에게 정성과 공경을 다하고자 하였다. 수운은 '삼강오륜'이 현실 속에서 바르게 지켜진다면 그것이 크게 문제가 되지 않는다고 보았던 듯하다. 다만 수운은 당시 현실 속에서 '삼강오륜'에 기초한 예법으로 사람들이 참된 도덕을 지향하며 살아가기란 쉽지 않을 것이라고 판단했던 것 같다. 그렇기에 수운은 '천도와 천덕'에 이르기 위한 방법으로써 자신의 새로운 '수심정기'를 공부자의 '인의예지'와 비교하면서 강조하였던 것이다. 수운은 어쩌면 '인의예지'를 지키며 인간의 도덕을 수양하고자 하는 것보다 '수심정기'를 통해 자신 안에서 ᄒᆞ놀님의 마음을 회복하는 것이 더 근본적인 길이라고 생각했을지도 모른다.

생각한 것으로 보인다. 그렇기에 수운은 '수심정기'라는 새로운 수양법을 통하여, 사람들이 참된 마음에서 우러나오는 '정성과 공경'의 삶을 살아갈 수 있어야 한다고 보았다. 이는 동학에서 강조하는 도덕이 외재적 규범에 의해 강요되거나 (反)강제적으로 실천되어야 덕목이 아니라, 내발적으로 자연스럽게 행해져야 하는 덕목임을 강조한 것이라고 할 수 있다.

넷째, 신유학의 '리기론(理氣論)'은 인간과 만물을 차등적으로 구별하지만, 동학은 '영기론(靈氣論 혹은 지기론至氣論)'을 통해 기존의 인간과 만물 간의 차별과 차등을 일소하였다. 주자학의 '리기론'은 사람이 하늘의 본성을 품부받음으로써 '하늘'과 '사람'이 모두 동일한 '리(理)'를 공유하고 있다고 보았지만, 사람의 '기(氣, 氣質)'로 인해, 하늘과 사람 사이에 간극 및 차이가 있는 것으로 이해하였다. 사람의 기질로 인해 사람 안에 내재한 '리(본성[85])'가 제약이 된다고 본 것이다[86]. 이러한 기질의 차이는 사람과 사람, 사람과 만물 사이에도 적용되어 일종의 '존재론적 위계(ontological hierarchy)'를 낳는데, 박경환(2001)은 유학이 자체에 평등적 인간관의 가능성을 내재하고 있음에도, '리기론'이 '존재론적 위계'를 바탕으로 사회적 차별의 근거로 작용하였다고 지적하였다[87]. 유교가 "하늘에서 도리(道理)를 찾고 인간이 천리(天理)의 본성을 공유한다고 보

---

[85] 주자는 '천명지위성天命之謂性'이라고 하였다. 주자는 자연만물이 화생하고 화육하는 것을 천명에 의한 '리'의 작용으로 보았다면, 사람이 누군가가 어려움에 처했을 때 이를 도와주려고 도덕적 마음을 천명에 의한 인간의 '성性(本性)'의 작용으로 보았다. 즉 주자에게 있어 천명天命, (인간의) 성性, (자연의) 리理는 모두 같은 것으로 인식되는 것이다.

[86] 박경환, 「동학의 신관-주자학적 존재론의 극복을 중심으로-」, 『동학학보』 제2호, 동학학회, 2001, 174-175쪽.

[87] 박경환, 「동학의 신관-주자학적 존재론의 극복을 중심으로-」, 『동학학보』 제2호, 동학학회, 2001, 185쪽.

는 점"에서 유교와 동학은 비슷한 측면이 있으나, "유교는 기와 리에 차등을 두고, 기질 간에도 차등"을 두어 만물 간, 인간 간 차별이 발생한다는 점에서 동학과 구분되는 것이다[88]. 반면 동학은 '영기론(혹은 지기론[89])[90]'을 통해 천지·인간·만물간의 차등을 초월하여 그 전일성과 유기성을 강조함으로써 새로운 관계론적 인식의 틀을 제시하였다. 기존의 리기론에 의해 특정 인간과 만물에 강제된 존재론적인 한계와 구속됨을 해체한 것이다. 동학사상은 'ᄒᆞ늘님'이라는 개념을 통해, '영과 기'의 관계를 총체적인 관점에서 표현하였다. 동학사상에서 '기'는 인간과 만물을 구성하는 근원적인 본질이자 유물론적 실체로써 천지·인간·만물이 맺고 있는 전일적이면서도 상호유기적 관계를 드러내는 개념이고, 동학사상에서 '영'은 인간과 만물에 내재한 '존엄성'과 '자율성'을 인정하는 개념이다[91]. 수운은 이러한 '영'의 정도를 기준으로 인간과 만물을 구별하였다. 동학사상은 '영기론'을 통해 생명만물 중에서도 가장 영적인 존재인 사람이 '천지·인간·만물이 맺는 상호유기적

---

[88] 안효성, 「동학의 토착적 근대성과 생명평화사상」, 『원불교사상과종교문화』 제81호, 2019, 426쪽.

[89] '지기론'은 '지기(혼원지일기)'라는 개념에 기초한 기일원적氣一元的 관점으로 '기'를 중심으로 천지·인간·만물을 전일적·유기적으로 이해하는 인식론적 틀이다. 박경환(2003)은 이러한 동학의 기일원론적 존재론(氣一元論的存在論)이 '존재론적 위계(存在論的位階)를 부정하고, 모든 존재의 일체적 평등의 이론적 바탕을 마련하였다고 보았다.

[90] 본 글은 동학사상을 '지기론'보다는 '영기론'으로 이해하는 것이 더 적절하다고 본다. 동학의 '侍' 사상도 가장 핵심적인 단위는 '영'과 '기'이며, 수운이 말한 ᄒᆞ늘님(및 천지·인간·만물)을 총체적으로 이해하기 위해서는 '기'뿐만 아니라, '영'도 함께 회통적으로 이해될 필요가 있다.

[91] 동학은 '기'라는 개념을 통해 동아시아 전통의 관계론적 사유의 맥을 잇고, '영'이라는 개념을 통해 개인(개체)의 존엄과 자율을 강조하였다. 성리학에서 '기질'의 차이로 인간과 인간, 인간과 만물을 구별하였던 것을 초월하여, 기질 간의 차이를 상호의존적·보완적인 관계의 계기이자 필요성으로 재해석하고, '영'의 개념을 새로이 끌어들여 인간의 존엄과 자율을 긍정하되 사람마다 '영의 정도'에 따라 차이가 있음을 부각하여 '수양(수양하는 삶)'의 필요성을 강조한 것이다.

관계'에 대한 인식을 바탕으로, '천지·인간·만물을 인정하고 공경하며, 그들과 '공생'을 추구하는 새로운 삶의 길을 제시하였다.

'리기'에서 '영기'로의 전환에서 살펴볼 수 있는 것처럼, 동학에서의 '영'의 강조는 동학과 유학을 구별짓는 가장 핵심적인 특징이다. 유학에서 '영'은 '허령불매(虛靈不昧)' 외에는 거의 언급되지 않고 중요하게 다루어지지도 않는다. 그러나 수운은 동학에서 '내유신령(內有神靈)'이라는 표현을 사용하며 사람이라면 누구나 자신 안에 ᄒᆞᄂᆞᆯ님(靈·氣)을 모시고 있다는 '시천주' 사상의 바탕을 형성하였고, '최령자(最靈者)'라는 표현을 통해 '영'의 정도로 인간을 만물과 구별지었으며, '영우(靈友)'라는 표현을 통해 인간 중에서도 '영'의 정도를 통해 '지우자(至愚者)'와 '영우'를 구별지었다. 그리고 이 '영'은 'ᄒᆞᄂᆞᆯ님 마음(오심즉여심)'으로 대표되며, '수심정기(守心正氣)'를 통해 인간이 지키고 가꾸어 나가야 할 핵심요소라는 점에서 중요한 차이가 있다. 동학은 이러한 '영'의 강조를 통해 인간의 존엄을 강조하였을 뿐만 아니라 (천지·인간·만물과의 관계 속에서 ᄒᆞᄂᆞᆯ님의 협력자로서) 생명을 돌보고 살리는 역할을 강조하였고, '영(ᄒᆞᄂᆞᆯ님 마음)'으로 살아가는 삶에서 새로운 삶의 형식과 사람다운 삶의 길을 제시하였으며, 내발적 도덕윤리 근원의 개념적 근거를 마련하였다.

앞의 유학에 대한 수운의 관점을 종합해보면, '유학'은 한문으로 쓰여진 경전을 통해 성인의 말씀을 접해야 하므로 당시의 여러 민에게는 그 접근이 제한되어 있을 뿐만 아니라, 한문을 독점한 계층의 사람들에 의해 그 뜻의 해석이 독점될 수 있고, 그 속에 담긴 뜻과 천도를 깨닫는데 오랜 세월이 걸린다는 점에서 '천도를 깨닫는 방법'으로서 그 한계가 있다. 또한 수운은 '인'과 '민'의 구분이라거나, '신유학의 리기론'에 의해 '천도'를 깨달을 수 있는 기회가 특정 인간 계층에게만 열려있다는 데서 문제의식을 가진 것으로 보인다. 특히 '인의예지(혹은 정성과 공경)'와 같은 도덕(천도와 천덕)적 가치와 행실은 자신의 마음에서 자연스럽게 무위적으로 우러나와 행해져야 하는 것임에도 불구하고("무위이화無爲而化"), '외재적인 유교규범'에 의해 때때로 유위적으로 강요되는 것에도 문제의식을 가졌다. 따라서 수운은 천도의 이치를 깨닫기 위해 성인의 말씀을 경전에 의탁하지 않을 수 있도록 '천도와 천덕에 이르는 학'을 삼칠자주문을 통해 간명하게 하고, 자신의 마음과 기운을 바르게 하는 수양을 중시함으로써 도덕을 외재적인 규범에 의한 것이 아니라 내발적으로 자연스럽게 실천할 수 있도록 하였다. 또한 '시천주(및 자재연원)'와 같은 동학사상을 통해 옛 성인이 이치를 깨달을 수 있었던 근원이 모든 각각의 사람 안에 내재해 있음을 깨닫도록 도움으로써 타자나 외재적 규범에 의해 그 자신의 정신이 지배되거나 종속되지 않도록 그 인식론적 바탕을 제시하였다. 그리고 기존의 특정 인간과 만물을 차별하고 차등하는 근거가 되었던 '리기론'을 초월하여, '영기론'을 통해 모든 사람이라면 누구나 동등하게 새로운 도덕적 주체로서 자신의 삶과 자신이 살아가는 사회를 스스로 통치하며 살아갈 수 있다는 사상적 근거를 제공하였다.

앞서 살펴본 '서학과 유학'에 대한 수운의 비판적 고찰은 수운이 '유교(유학)'와 '천주교(서학)'가 그 당시에 적합한 사회사상(혹은 종교사상)으로서 기능하기 어렵다고 본 이유라고 할 수 있다. 유학과 서학에 대한 수운의 비판적 인식은 사회적·정치적 측면에서의 유학적·서학적 합리화에 대한 비판이라고 할 수 있다. 유학과 서학에 기초한 사회질서 속에서 (사회관계로서의) 권력은 어떻게 합리화되고 작동되는가.

유학과 서학은 모두 '천도'를 진리이자 합리성의 기준으로 삼고 이를 지향하였다. 유학적 질서에서는 성인의 말씀을 담은 유교경전이라는 지식에 기초하여 권력을 합리화한다면, 서학적 질서에서는 천주(神)

의 말씀을 담은 성경이라는 지식에 기초하여 권력을 합리화한다. 이때 권력은 유교경전과 성경에 통달한 '유교적 엘리트와 종교적 엘리트'에 의해 발생한다. 유학은 천도를 실천하는 성인(혹은 그 대리자로서 왕과 유학적 엘리트)과 그 성인이 쓴 경전에 의지함으로써 '천도'를 깨달을 수 있는 사회질서를 구축하였고, 서학은 천도를 실천하는 천주(神 혹은 그 대리자로서 신부, 종교적 엘리트)와 천주의 말씀이 적힌 성경에 의지함으로써 '천도'를 깨달을 수 있는 사회질서를 구축하였다. 문제는 이렇게 구축된 사회질서에서는 '천도(진리, 합리성의 기준)'를 담지하고 있는 '지식(경전, 성경)'과 엘리트(정치적·사회적·종교적 엘리트)'에 의해 사회관계 속에서 '지배관계(혹은 위계관계)'가 형성된다는 점이다. 그러한 권력은 여러 사회관계 속에서 '지배의 상태'를 강요할 수 있는 힘을 가진다. 특히 유학은 당시 조선 후기에 국가적 차원에서 제도적으로 '지배(지배관계)'를 관철할 수 있는 힘을 가졌을 뿐만 아니라, '유교 규범'을 통해 가정이나 서당(또는 여러 사회관계)에서도 특정 집단이 규범적으로 '지배(관계)'를 관철할 수 있도록 기능하였다. 유교적 규범이 도그마로써 일상 속에서 강하게 작동하게 되면, 한쪽에 의한 다른 한쪽의 '지배상태'가 발생하게 된다. 여성에 대한 남성(가장)의 지배, 아이에 대한 부모의 지배, 노비에 대한 주인의 지배, 특정 신분이 다른 신분에 대해 가지는 지배, 백성(민)에 대한 왕조체제의 지배가 강제로 작동할 수 있는 위험이 항시 존재할 수 있는 것이다. '진리'가 지식이나 엘리트에 의해 자신의 밖에 외재하게 되면, 사람의 삶은 주체로서 자기정체성을 형성하거나 자기 삶을 살아가는데 제약을 받게 된다. 수운은 이러한 관점에서 유학과 서학은 모두 '진리'의 근원을 외재적인 '지식'과 그 지식을 독점한 '엘리트'로부터 찾는다는 것에 문제의식을 가진 것으로 보인다. 이러한 점은 수운이 동학사상을 통해 절대 진리로서의 지식을 해체하고, 그 지식을 독점하는 엘리트의 가능성을 해체하고 있다는 점에서 재확인될 수 있다.

수운은 동학사상을 통해 당시의 사람들에게 누구나 유교질서의 합리성의 핵심인 '천도'라는 진리의 근원을 깨달을 수 있으며, 타자(외재적 규범. 경전. 신을 포함)에 의지하지 않고도, 주체로서의 삶을 살아갈 수 있음을 사상적으로 해명하고자 했다. 동학을 통해 '천도'를 누구나 '자기 자신'과 '수양(수도와 수덕)'에 의지함으로써 깨달을 수 있는 사회질서(사회관계)의 사상적·실천적 바탕을 제시한 것이다. 진리이자 합리성의 기준인 '천도'를 '나' 자신 안에서 깨달을 수 있다는 것은 '주체로서의 나'에 대한 새로운 깨달음을 의미하며, 그러한 '나'는 사회 속에서 새로운 '사회관계'를 맺는 주체(존재)로 전화(轉化)할 수 있는 가능성을 가지게 된다. 즉 주체로서 '자기정체성'을 형성하고, '사회관계'를 맺을 수 있을 수 있는 사상적 근거를 제시하고 있는 것이다. 이는 수운이 동학을 통해 자기 안에서 '진리와 도덕(도道와 덕德)'을 찾을 수 있도록 함으로써, 새로운 행위자(개인)에 의한 사회적·정치적 합리화의 가능성을 모색하고 예비한 것이라고 할 수 있다. 모든 사람이 자기 안에 ᄒ 놀님을 모시고 있다는 '시천주'(혹은 자재연원) 사상은 사람들로 하여금 '자신 안에서 진리'를 찾을 수 있도록 함으로써, '주체로서의 나'의 자각을 통한 '주체'의 등장을 사상적으로 매개한다고 할 수 있다. 이러한 주체는 수운의 관계론적 세계인식(및 동학사상)에서 확인할 수 있는 것처럼, 그 스스로가 '주체'로서 천지·인간·만물과 상호작용하면서, 그 자신과 세계를 상호구성적으로 구성하는 주체라고 할 수 있다.

수운은 유학과 서학에 대한 비판적 고찰을 통해, 당시 사회에서의 '합리성(혹은 진리)'의 기준이었던 '천도'를 외재적 지식(경전. 성경)이나 엘리트(정치적·사회적·종교적 엘리트)에 의지하지 않고, '자기 자신과 수양(수도와 수덕)'을 통해 찾을 수 있도록 함으로써, 개인이 '주체로서 자기정체성'을 형성

하고 '주체 대 주체로서의 사회관계'를 맺을 수 있는 사상적 바탕을
모색한 것으로 사료된다.

4. 맺음말 : 수운의 관계론적 세계인식과
비판적 사상 고찰의 현대적 의의

사상의 방법으로서 수운 최제우의 관계론적 세계인식과 비판적 사
상 고찰을 돌아보는 것은 우리 안의 잊혀진 질문과 과제를 재상기하
고, 오늘의 현실과 새로운 대화를 시도하기 위함이다. 수운은 당시 자
신이 마주했던 사회현실을 극복하기 위해 고금을 아울러 동서의 사
상을 함께 아울러 고찰하였을 뿐만 아니라, 자신이 살아갔던 땅(지역)을
중심으로 자기 자신의 뿌리로부터 이어져 오는 역사를 상기하며 동시
대를 함께 살아가는 사람들과의 폭넓은 만남과 성찰 속에서 현실에
대한 문제의식을 깊이 하였다. 새로운 시대 흐름의 변화를 읽으면서,
지금 여기에서 자기 자신으로부터 새로운 변화의 시발점을 만들어가
고자 하였고, 그러한 뜻을 함께 하는 어진 이들과 한마음으로 연대하
여 당시의 사회적 위기와 혼란을 넘어서고자 하였다. 이론과 실천을
아우르는 그의 사상투쟁은 오늘의 현실 속에서 새롭게 다시 제기되어
야 하고 재구성될 필요가 있다.

과거 수운이 살았던 조선 후기와 비교하여, 현대 한국 사회는 사회
적 구조와 환경, 그 내부의 동학, 개인의 삶의 형식이 크게 바뀌었다.
현대 한국인의 삶은 자본주의 세계체계, 분단체제, 전후 한국이라는
국민국가, 기업식량체제라는 사회구조 속에서 '산업화, 도시화, 분업

화, 개인화'를 겪었을 뿐만 아니라, 식민, 미군정, 냉전, 권위주의 군사정권, 민주화, IMF 외환위기와 신자유주의를 겪으며 부단히 변화되어왔다. 서구발 근대의 영향과 산업혁명이 시작된 이래, 인간은 그 자신이 살아가는 토대인 지구의 기후를 변화시키는 (일종의) 지질학적 행위자가 되었고, 그 자신이 먹는 먹거리와 종자, 농산물의 성질을 유전적으로 바꾸는 (일종의) 유전학적 행위자가 되었다. 도시화, 분업화, 개인화 속에서 도시와 농촌, 일상과 자연, 사람과 사람 사이의 물리적·심리적 거리는 늘어났고, 일상 속에서 개인들은 서로를 제대로 감각하지 못하는 분절된 행위자가 되었다.

코로나 시기 '필수노동자'라는 말이 등장하였던 것처럼, 도시에서 살아가는 현대인은 분업화 속에서 우리의 눈에 보이지 않는 수많은 사람의 노동과 수고에 의지한 채 살아가고 있으며, 서로가 각자의 노동과 행위를 통해 호혜적 관계를 맺으며 살아가고 있다. 이런 관점에서 현대의 분업화된 삶은 수운이 제기했던 인간과 인간이 맺는 '상호유기적 관계(상호연결성, 상호의존성, 상호호혜성)'를 인식하고 감각하는데 용이해졌을지도 모르지만, 사회분화와 함께 개인의 도덕윤리, 직업윤리, 공거윤리(the ethics of cohabitation)는 여전히 발전되지 못한 상태이다. 외적 조건의 불평등과 과도한 분절적 삶으로 인해 현실 속에서 분업은 사회적 연대를 매개하는 '분업'의 형태보다는 이를 파괴하는 '비정상적 분업(아노미적 분업과 강요된 분업)'의 형태로 작동되는 경향도 적지 않다. 도시화와 개인화 속에서 개인적 자율성은 더욱 확대되었지만, 사람들과 사람들을 묶어주었던 여러 사회적 집합의식은 약해지고, 자본주의 시장경제 하에서 사람과 사람 사이의 관계가 자신의 이익을 셈하는 상품교환관계로 전락해 버림으로써 수운이 제기했던 '각자위심'의 마음은 더욱 강화되었다. 도시와 농촌 간의 분리 속에서 도시민들은 일상 속

우리 자신이 먹는 농산물과 먹거리(밥)가 어떤 이들의 수고와 노동 속에서 만들어지고, 유통되어 나의 밥상에 오기까지에 대해 무감각해졌다. 수운이 당시 사회 현실을 극복하기 위해 새로운 사상을 모색하면서 참조하였던 그의 관계론적 세계인식(지역, 역사, 시대, 시운)과 비판적 사상 고찰(고금, 동서, 자타自他 사상)이라는 노력이자 태도는 현 시대를 살아가는 우리에게 어떤 질문을 제기하는가?

첫째, 우리 자신이 살아가는 구체적인 현실과 우리 자신이 맺고 있는 무수한 관계에 대한 인식을 기초로 하여 '사상'을 형성할 필요가 있다는 점이다. 모든 인간은 각자 구체적인 자기 현실 속에서 살아간다. 만약 어떤 사람이 '자기 지역, 자기 역사, 자기 시대, 자기 시운'과의 관계를 망각한 채, 다른 사람의 말을 따라 자기 현실과는 맞지 않는 '다른 지역, 역사, 시대, 시운'에 기초하여 자기 사상을 정립한다면 이는 '자기의 상실'과 '삶의 상실'로 이어질 수 있다. 타자의 삶의 기준에 의해 정립된 사상은 자기 현실에 기초하지 않기 때문이다. 자신의 사상이 자신의 현실과 괴리되면, 자신의 몸과 정신은 현실로부터 유리된 채 살아가게 될 수밖에 없다. 수운의 문제의식과 동학사상은 수운이 자신이 살았던 구체적인 자기 현실에 대한 인식에 기초하여 형성된 것이었다. 수운에게 인간은 자신이 살아가는 지역 속의 인간이자, 역사 속의 인간이며, 시대 속의 인간이자, 시운(시대변화의 흐름) 속의 인간이었다. 수운은 자기 자신을 동시대를 함께 살아가는 사람들, 자기 지역, 자기 역사, 자기 시대, 자기 시운과의 관계 속에서 자신을 사유하였고, 그러한 상호유기적이고도 상호구성적인 관계 속에서 자기 자신의 성찰적 행위를 통해 능동적으로 사회를 변화시켜 나가는 행위자로 인식했다. 수운은 '지금(현세)', '여기(자신이 살아가는 땅)'에서, '나'로부터 그러한 사회변혁이 시작될 수 있다고 보았고, '지금, 여기, 나'를 중시하는 변혁을 지향하였다. 이러한 수운의 관계론적 세계인식은 이후 수운이 '동학사상'을 창도하는 과정에서도 그의 사상이 현실로부터 유리되지 않고 현실 적합성을 가질 수 있도록 매개하였던 중요한 인식론적 바탕이었다.

둘째, 지역의 특수한 역사적 맥락에서 누적되어온 문제의식과 아직 해결되지 못한 사회문제를 되돌아볼 필요가 있으며, 현재 우리가 당면하고 있는 사회문제가 어떠한 사회적·역사적·시대적 조건 속에서 형성 및 재생산되어 왔는지를 되짚어볼 필요가 있다는 점이다. 수운이 19세기 중반에 가졌던 문제의식인 '나 옳고 너 그르다' 식으로 시비만을 가리려는 문제, 가사노동에 대한 경시(輕視), 사람을 구별하고 차별하는 태도, 사람들의 "각자위심"의 태도, 도덕의 망각 등은 지금도 여전히 사회 내에서 사회갈등을 유발하고 있는 중요한 사회문제들이다. 특히 한국이라는 지역에서 일어나는 특정 사회문제들은 세계의 다른 어떤 사상가들의 문제의식을 참조하는 것보다 옛 선인(先人)들의 문제의식과 고민을 참조하는 것이 더 적절하고 중요할 수 있다. 수운이 일본을 비롯한 외세의 침범을 경계하는 문제의식("개같은 왜적놈")은 수운의 선조 최진립 장군에 대한 인식을 매개로 형성된 것이자, 과거로부터 당시까지 일본이 조선에 행해왔던 행태에 대한 인식 속에서 표출되어 나온 것이었다. 이는 아무런 이유 없이 일본을 비판하거나 비하하는 그런 배타성의 표현이 아니었다. 이러한 문제의식은 한국의 지정학적 위치라는 특수성과 그 주변 국가와의 관계를 역사적으로 고찰하고 고려할 때만 의식화될 수 있으며, 이는 적어도 한국이라는 지역에서 살아가는 사람들에게 더 특수적으로 더 주의가 필요한 문제의식이라고 할 수 있다. 예를 들어 일본의 전범(戰犯)세력들이 전후에 진지한 반성을 하고 이를 바로잡기 위한 실천과 행동을 했는가(혹은 지속하고 있는가)라고 물었을 때 그것이 아니라면, 여전히 수운의 문제의식은 유효하다고 볼 수 있다. 분단 이래 지속되고 있는 사상의 억압과 제한된 민주주의라는 사회적 문제 역시, 우리 자신이 살아가는 지역과 역사에 대한 이해를 바탕으로, 현재 당면한 사회문제의 모순을 더 넓은 역사적 맥락 속에서 이해할 때 그러한 사회문제를 풀어나갈 수 있는 근본적인 실마리를 찾을 수 있다.

셋째, 동시대를 살아가는 여러 사람들과의 구체적인 만남과 성찰, 그리고 변화하는 시대변화와 사회변동의 흐름에 기초하여, '사상(및 도덕윤리)'이 부단히 재구성될 필요가 있다는 점이다. 수운의 관계론적 세계인식은 현재 우리 사회가 당면한 사회문제를 '나'라는 좁은 시선에서 바라볼 것이 아니라, 동시대를 함께 살아가는 여러 사람들의 처지와 입장의 시각으로 이해할 것을 요구한다. 수운이 당시 세상을 떠돌아다니면서 여러 사람들을 만나며 '신분간, 직업간, 지역간, 사상간의 월경'을 통해 다른 여러 사람들의 입장과 처지를 폭넓게 이해할 수 있었던 것처럼, 지금의 우리 역시 '세대간, 성별간, 직업간, 지역간, 계급간(혹은 계층간), 사상간의 월경'이 필요하고, 더 다원적이고도 깊은 만남을 통해 시대와 현실을 보다 폭넓게 이해하고 전망할 필요가 있다. '지역과 역사에 대한 의식'은 (수운이 그러했던 것처럼) 자식세대가 부모세대를 이해하고, 부모세대가 자식세대를 함께 생각하는 계기를 만들어줄 수 있다. 각 세대들이 서로 다른 시대와 환경 속에서 어떠한 삶을 살아왔는지, 서로의 입장과 처지에 대해 더 이해할 수 있는 시발점이 될 수 있다. 자식세대는 부모세대가 겪은 세월과 경험에 대해 무지하고 그들이 겪었던 사회적 사건과 경험의 의미, 그들이 살아온 삶의 무게에 대해 알지 못한다. '지역과 역사'에 대한 보다 폭넓은 인식이 세대 간에 존재하는 벽을 완전히 허물지는 못하겠지만, 적어도 각각의 세대와 집단이 경험했던 경험과 그 무게에 대해 더 깊이 이해할 수 있는 계기를 마련하거나 적어도 그러한 경험 및 삶의 무게에 대해 함부로 판단하거나 재단하지 않을 수 있도록 하는 데 도움이 될 수 있다. 자신과 같은 지역(마을, 지역, 국가를 포함)을 먼저 살아갔던 혹은 지금 살고 있는 사람들의 삶에 대한 이해의 폭이 넓어질 때, 세대간 사람들이 자기중심적으로 다른 세대를 바라보지 않을 수 있는 계기를 마련할 수 있다. 이는 세대뿐만이 아니라 성별, 직업, 지역, 계급 등의 문제에서도 마찬가지다. 서로 다른 처지와 상황 속에서 살아가는 여러 개인 및 사회집단들에 대한 더 넓은 이해가 바탕이 될 때, 기존의 사회 속 여러 갈등과 문제들을 풀어나갈 실마리 또한 찾을 수 있다.

특히 지금의 지구화, 개방화, 분업화된 현실 속에서는 과거의 특정 전통적 공동체 내에서 외재적 법, 제도, 규범을 통해 강제되었던 특정 도덕윤리들간의 비교가 용이해지면서, 특정 지역속에서만 작동해 왔던 외재적 도덕윤리가 전지구적 차원에서 보편적으로 옹호될 수 없기 때문에 새로운 도덕윤리로의 전환과 성숙이 필요하다. 수운이 '무위이화(無爲而化)와 수심정기(守心正氣)'라는 관점을 통해 유학의 인의예지라는 도덕윤리가 외재적 규범에 의해 강제될 때 생길 수 있는 폐단을 바로잡으려 했던 것처럼, 현대 사회 속에서도 개인의 폭넓은 관계론적 인식과 수양에 기초하여 개별적·사회적 차원에서 도덕윤리의 성숙이 함께 이루어질 필요가 있다. 특히 인간, 자연, 만물이 상품화된 자본주의적 시장경제 질서에 기초하여 산업화와 분업화로 접어든 현대 사회에서는 천지·인간·만물이 맺고 있는 상호유기적 관계를 생각할 줄 아는 공거윤리와 직업윤리의 성숙이 중요하며, 달라지는 기후변화에 대한 위기의식과 경각심 또한 함께 요구된다. 과학기술이 발달하여 농산물의 종자를 유전적으로 조작하여 불임종자로 만들고, 핵무기를 비롯한 무기의 발달과 인터넷·인공지능이 발달한 현 시대에는 그러한 과학기술을 운용하는 사람들에게 새로운 과학기술 윤리가 요구된다. 개별적·사회적 차원에서 이러한 새로운 시대의 도덕윤리의 성숙이 함께 병행되지 않는다면, 분업화·산업화·도시화·과학기술의 발전이 더욱 심화되면 될수록 사회는 아노미적 혼란와 갈등상태로 빠지게될 수밖에 없다. 이러한 사회현실 속에서 수운의 관계론적 세계인식과 동학사상은 동시대를 함께 살아가는 수많은 사람들과 자연·만물이맺고 있는 상호유기적 관계성(상호연결성, 상호의존성, 상호호혜성)를 함께 상기하게함으로써, 그러한 관계성 속에서 자신 내면의 도덕윤리를 성찰적으로성숙시켜나갈 수 있는 바탕을 마련해 줄 수 있다. 수운이 현실을 고정된 것으로 바라본 것이 아니라, 부단히 변화하는 실체로 바라보고, 그시대변화의 흐름을 읽어내면서 개별적·사회적 연대 행동의 중요성을강조했던 것처럼, 지금도 끊임없이 변동하는 사회변화의 흐름에 단순히 순응만 할 것이 아니라, 성숙한 인간과 사회집단의 모습으로 새로운 변화를 만들어갈 필요가 있음에 대해 생각해볼 필요가 있다.

넷째, 수운이 당시 현실 속의 사회문제 및 위기상황을 극복하기 위하여 유학과 서학을 비롯하여, 동서고금의 사상을 아울러 비판적으로고찰하고자 노력하였던 태도는 일종의 사상(史)의 방법으로서 보편적사상을 모색하는 과정에서 참조할 필요가 있다는 점이다. 백승욱(2019)은 '사상사'를 다음과 같이 정의한 바 있다. "'사상사'는 특정 정세 속에서 그 사회가 맞닥뜨린 모순과 곤경을 돌파하기 위해 종적으로(역사적으로 선행한 사상적 자원에 기대면서) 그리고 횡적으로(동시대적 세계의 결정적 고리들에 동조화하려는노력을 표명하면서) 진행되는 사상적 혁신의 연속된 노력의 계보 형성을 지칭

한다.[92]" 고금을 아울러 동서의 사상을 두루 살피는 비판적 사상 고찰 속에서 기존의 현실에 맞게 사상을 재구성하고 개선하고자 노력했던 수운의 태도를 사상(史)의 방법으로서 주목할 필요가 있다.

수운의 저술 속에서 구체적으로 '동학'과 대비되며 언급된 사상은 '서학'과 '유학'이다. 그러나 필자는 수운이 자신의 저술에서 아동방의 사상과 학에 대해 구체적으로 언급한 바는 없지만, 그의 비판적 사상 고찰은 '아동방의 사상과 학'을 아우르고 있다고 생각한다. '동학'이라는 표현 역시 단순히 지리적·지역적 차원에서 중국 및 서구와 대비되는 개념으로서의 '동'뿐만 아니라, '아동방의 사상과 학'의 맥을 잇고 있다는 관점에서 이해될 필요가 있다고 생각한다[93]. 수운의 저술에는 '고금'을 아울러 생각해보았다는 언급이 자주 나오는데, 이러한 맥락을 생각해본다면 수운이 제기한 '동'의 의미가 단순히 '서(서학)'나 '중국(유학)'에 대비되는 맥락뿐만 아니라, 역사적 맥락 속에서 '동'이라

---

[92] 백승욱,「사상사 부재의 한국 현실에 대한 성찰의 요구: 연광석 ,『사상의 분단: 아시아를 방법으로 박현채를 다시 읽다』(나름북스, 2018)」,『경제와 사회』제123호, 비판사회학회, 2019, 420쪽

[93] 수운은「동학론東學論(혹은 논학문)」(1862)에서 '동학'이라는 표현을 처음 사용했다. 수운이 무극대도를 깨닫고 한문으로 가장 처음 쓴 글은「포덕문布德文」(1861)인데,「포덕문」에는 '자신의 문제의식' 및 자신이 깨달은 '무극대도'에 대한 이야기만 있을 뿐, '동학'이라는 언급은 없다. '동학'이라는 표현은 수운이「포덕문」을 쓴 후 유생들로부터 자신의 '무극대도' 및 학문이 '서학(천주학)'으로 오해를 받아, 이를 구분할 필요가 있어서 사용된 개념이었다. 그래서 '동학'이라는 표현은 그동안 자주 '서학'과 구분되는 '자주적인 동국(조선)의 학문(혹은 동국의 정체성을 가진 학문)'을 표현으로 이해되어 왔다. 하지만 수운은 왜 '조선학'이라고 하지 않고 '동학'이라고 하였을까? 수운이 단순히 '서'와 대비되는 '동'으로서가 아니라, 역사적 맥락 속에서 이어져오는 '동'을 감안하고 이름을 지은 것이라고도 볼 수 있지 않을까? 동학(및 무극대도)은 수운이 당시 현실을 타개할 수 있는 새로운 '도'를 구하는 과정에서 만들어진 것이며, '서학' 하고만 대결을 하고자 했던 '학'이 아니었다. 수운은「수덕문」을 통해 자신의 학문이 '유학'과도 다름을 주장하였다. 수운은 '동학'이라는 표현을 통해 자신의 학문이 '유학'과 '서학'과 구분되는 조선의 자주적 학문(혹은 조선적 정체성을 가진 학문)임을 선언한 것이라고 할 수 있다.

는 이름으로 이어져 오고 있는 한국의 사상과 학을 함께 아울러 논한 것으로 이해해볼 수 있다. 수운이 자신의 저술에서 '아동방의 사상'에 대해 직접적으로 언급한 부분은 없지만, 수운의 동학사상에는 아동방(한국) 사상의 특징이라고 할 수 있는 '하늘사상, 천인일체(천인무간天人無間), 자기수양, 생명살림'과 같은 특징이 계승되고 있다[94]. 특히 수운이 저술 속에서 자국을 가리키는 표현으로 '아동방'이라는 표현을 사용하고, 아동방의 사상 및 학과 동학사상 및 동학이 상통하는 바가 많다고 생각되는 바, 동학은 '아동방의 사상과 학'을 계승하고 있는 우리의 자주적 학문으로 이해되는 것이 옳다고 생각한다. 본 글에서는 지면의 한계상 '아동방 사상과 학'에 대한 논의는 제외하고, 수운의 저술 속에서 구체적으로 동학과 대조하였던 '서학과 유학'을 중심으로 그의 비판적 사상 고찰에 대해 논하였다.

과거로부터 사상이 단절되고 지금도 여전히 사상이 부재한 오늘날 수운과 같은 새로운 사상투쟁이 요구된다. 과거 성리학적 이데올로기와 신분제하에서 (기질에 따라) 인간과 만물을 구별하고 차별하였던 시각은 오늘날 인간과 만물을 상품화하고 자본축적의 도구로 바라보는 시선으로 탈바꿈하였고, 자본주의 사회에서 인간과 인간의 관계는 상품과 화폐를 교환하는 관계로 전락해버렸다. 수운이 가졌던 문제의식에 비추어 오늘의 현실을 바라본다면, 지금의 현실은 몇몇 지점에서 과거와 크게 다르지 않은, 시인 김수영이 말했던 것처럼 혁명은커녕 방

---

[94] 먼저 수운의 동학사상과 아동방의 사상은 '하늘'을 중심으로 사유하고 있다는 공통점이 있다. 아동방의 사상은 '아동방의 하늘사상(제천, 경천)'을 중심으로 '무간(無間: 天人一體, 一心, 一氣), 수양(修養), 접화(接化)'이라는 사상적 특징에 초점을 맞추어 살펴볼 수 있다. 특히 아동방의 사상 중에서도 수운의 선조였던 '고운 최치원'과 수운의 아버지 근암 최옥의 학문적 뿌리였던 '퇴계 이황'를 중심으로 그 사상적 맥을 고찰해볼 수 있다.

만 바꾸어 버렸을 따름이 아니던가. 한국 사회는 그동안 부단히 중요한 변혁들을 이루어왔지만, 인간과 만물을 바라보는 우리의 시선과 인간과 인간이 맺는 사회관계의 방식은 여전히 가난하고 협애하다. 우리는 일상 속에서 만나는 사람들을 한 사람의 존엄하고도 자율적인 주체로서 있는 그대로 인정하고 존중하는가, 그들을 정성과 공경으로 마주하는가. 천지·만물을 비롯하여 다른 사람들의 노동과 수고에 대해 나 스스로는 깊은 마음으로 감사할 줄 아는가. 수운이 제기하였던 여러 문제의식과 질문들은 일부 여전히 우리에게 해결되지 못한 문제로 남아있다.

지금의 현 사회에서 동학과 같은 새로운 사상의 운동과 실천을 이어가기 위해서는 수운이 당시 현실 문제를 진지하게 대면하고 고민하였던 것처럼, 지금 우리는 또 다른 수운이 되어 새로운 수운의 태도로 물을 필요가 있다. 수운의 문제의식에 공감하였던 해월처럼 우리는 또 다른 해월이 되어 해월처럼 우리 자신만의 삶의 언어와 실천을 통해 여러 선인(先人)들이 계승하고 성숙시켜온 우리네 사상을 지금 오늘의 현실 속에서 다시금 재구성할 필요가 있다. 이를 위해서는 먼저 우리 자신이 살아가는 현실을 개인적·사회적 차원에서 비판적으로 고찰하고 성찰할 뿐만이 아니라, 그러한 성찰 속에서 우리 자신의 정신과 몸, 그리고 삶의 형식을 새롭게 성숙시켜 나갈 필요가 있다. 수운이 그러했던 것처럼 우리 자신 역시 일상 속의 수도와 수덕을 통해, 우리 자신의 몸과 정신을 천지·인간·만물과의 관계 속에서 성찰적으로 재구성할 수 있을 때, 새로운 사회개벽으로 나아가는 실마리 또한 마련할 수 있을 것이다. 현대 사회 속에서는 수운이 제기했던 천지·인간·만물이 서로 맺고 있는 상호유기적 관계를 연상하는 '영기론적 상상력'뿐만 아니라, 그로부터 더 나아가 사회 현실 속에서 우리의 삶을 지탱하고 있는 수많은 사람들(노동자들)과 자연·만물·사회·제도·국가를 총체적으로 연상할 줄 아는 '사회학적 상상력'도 함께 요구된다. (사회학자 밀스 C.Wright Mills가 이야기했던 것처럼) 오늘 우리가 당면한 개별적 문제들을 사회구조적 맥락과 연결 지어 이해하고, 이를 사회적 의제화하여 사고하며 실천하는 사회학적 상상력과 가미되어 논해질 때, 수운이 제기했던 '보국안민'이라는 문제제기는 현대 사회 속에서 구체적인 사회적 연대와 실천으로 이어질 수 있다. 수운의 관계론적 세계인식과 비판적 사상 고찰을 일종의 사상의 방법으로 삼아, 저마다의 개인들이 자신이 발딛고 살아가는 자리에서 새로운 사상투쟁(사상의 재구성과 변혁)과 도덕윤리의 성숙을 위한 노력을 이어나간다면, '지금' '여기'에서 저마다의 '우리 자신'으로부터 동학사상과 같은 또 다른 사상의 형성·변용·실천(혹은 다시개벽)이 시작되고, 새로운 시운(시대흐름)을 만들어갈 수 있지 않을까 한다.

참고문헌

『東經大全』
『용담유사』
『大先生主文集』

강지은, 「조선시대 '실학' 개념에 대한 고찰」, 『韓國史學報』제75호, 고려사학회, 2019.

김기승, 「『용담유사』의 역사적 이해 -최제우 사상의 발전과정을 중심으로-」, 『동학학보』제2호, 동학학회, 2001.

김용옥, 『동경대전 1: 나는 코리안이다』, 서울: 통나무, 2021a.

김용옥, 『동경대전 2: 우리가 하느님이다』, 서울: 통나무, 2021b.

김용옥, 『용담유사』, 서울: 통나무, 2022.

박경환, 「동학의 신관 - 주자학적 존재론의 극복을 중심으로-」, 『동학학보』제2호, 동학학회, 2001.

박경환, 「동학과 유학사상」, 『동학학보』제5호, 동학학회, 2003.

박맹수, 『생명의 눈으로 보는 동학』, 서울: 모시는 사람들, 2014.

박종천, 「'서발턴(subaltern)'의 관점에서 본 한국의 자생 신종교 사상: 수운, 증산, 소태산의 비교를 중심으로」, 『대순사상논총』제37호, 2021.

백승욱, 「사상사 부재의 한국 현실에 대한 성찰의 요구: 연광석 , 『사상의 분단: 아시아를 방법으로 박현채를 다시 읽다』(나름북스, 2018)」, 『경제와 사회』제123호, 비판사회학회, 2019.

안효성, 「동학의 토착적 근대성과 생명평화사상」, 『원불교사상과종교문화』 제81호, 2019.

조성환, 「천학(天學)에서 천교(天敎)로 : 퇴계에서 동학으로, 천관(天觀)의 전환」, 서강대학교 박사학위논문, 2013.

조성환, 『한국 근대의 탄생: 개화에서 개벽으로』, 서울: 모시는 사람들, 2018.

조성환, 「동학의 자생적 근대성: 해월 최시형의 인간관과 세계관을 중심으로」, 『신학과철학』 제36호, 서강대학교 신학연구소, 2020.

조성환, 『하늘을 그리는 사람들: 퇴계·다산·동학의 하늘철학』, 서울: 소나무, 2022.

조성환, 이우진 「'동학(東學)' 개념 탄생의 사상사적 의미 – 창도(創道)에서 창학(創學)으로-」, 『유학연구』 제58호, 충남대학교 유학연구소, 2022.

白真松, 「東學思想與侍民社會, 一以新關係論認識及實踐為中心」, 國立清華大學 碩士論文, 2023.

협력, 공생, 진화로서의 동학사상

이나미(동아대학교 융합지식과사회연구소 연구원)

1. 머리말

자연의 진화 과정에서 보이는 두드러지는 현상은 협력과 공생이
다. 그런데 현재 자연을 한참 벗어난 인간의 세계는 반목과 파괴를 통
해 공멸로 치닫는 듯하다. 전쟁과 성장주의는 인류 공동체를 포함하
여 생태계의 미래를 어둡게 하고 있다. 서구의 기독교와 합리주의 철
학은 인간중심주의를 정당화함으로써 오늘날 비극의 한 원인이 되었
다. 기독교는 인간을 자연의 지배자로 인정했으며 이것이 서구인들
로 하여금 자연을 개발, 이용, 착취의 대상으로 여기게끔 하는데 기
여했다.[1] 오늘날 일부 기독교계는 이러한 관점을 수정하여 자연에 대

---

[1] 린 화이트는 기독교 신앙이 자연에 대해 폭군적 태도를 갖게 한 근원적 원인이라고 지
적했다. Mirjam de Groot, Martin Drenthen and Wouter T. de Groot, "Public

한 인간의 책임을 강조하는 방향으로 나아가고 있다. 불교의 경우 전통적으로 '살생하지 말라'고 하여 기독교의 '살인하지 말라'는 계명에서 한 발 더 나아갔으며, 인간과 비인간생물 간의 본질적 구분을 두지 않는다. 그간 인류의 역사에서 기독교, 이슬람교, 유대교 등 아브라함 종교 집단 간 전쟁이 끊이지 않았던 반면, 불교 집단이 관련된 전쟁이 드물었다고 하는 사실은, 살생도 금하는 정도까지 가야 살인을 금하는 것이 당연시된다는 가정을 해보게 한다.[2]

한편, 서구 문명과 철학에서 벗어나 있는 일부 선주민의 토착신앙은 '살생하지 말라'를 넘어 '생명을 양육하라'고 권한다. 해월의 '양천주'가 바로 그러한데, 이렇듯 기성종교보다 토착신앙이 더욱 생태적이고 생명중심적인 경우를 종종 본다. 캐롤 크리스트(Carol P. Christ)가 미국 선주민의 지혜를 빌어 제시한 아홉 개의 시금석은, "생명을 양육하라. 사랑과 아름다움을 느끼며 걸으라. 몸을 통해 오는 지식을 신뢰하라. 갈등, 아픔, 고통을 사실대로 말하라. 오직 필요한 것만을 취하라. 당신의 행동이 다음 일곱 세대에 미칠 영향을 생각하라. 생명을 죽여야 할 때는 자제하는 마음으로 하라. 넓은 자애심을 펼쳐라. 생명의 그물망을 보수하라."이다.[3]

이 시금석은 데카르트나 성리학의 합리주의 철학이 경시한 몸, 감성, 고통, 사랑, 연결의 중요성을 제기한다. 수운의 득도도 바로 몸, 감각, 감성, 연결에서 출발했다. 즉 "몸이 몹시 섬뜩해지고 떨리더니 밖으로는

Visions of the Human/Nature Relationship and Their Implications for Environmental Ethics," *Environmental Ethics* 33(1)(2011).

[2] 이나미, 「생태폭력 개념의 등장 배경과 특징」, 『평화와 종교』 17, 2024.

[3] 캐롤 크리스트, 『다시 태어나는 여신』, 아카데미 할미 옮김, (대전: 충남대학교출판문화원, 2020), 8.

신령과 접하는 기운"으로 시작하여, "마음을 순수하게 하고 기운을 바르게 하고 어찌하여 이러합니까 하고" 물으니 "나의 마음이 곧 네 마음"이라는 답을 듣는다.[4] 또한 한울님은 바로 '네 몸에 모셨다'고 가르친다.[5]

또한 크리스트는 '시금석(touchstone)'이란 표현을 썼는데 이는 수운의 불연기연과 같은 인식적 태도라고 여겨진다. 시금석은 강경하고 굳은 개념인 원리, 원칙, 강령과는 다르다. 즉 성경의 십계명과 같은 절대적 명령이 아니고 각자 사람들이 자신의 생각이나 행위를 판단하기 위해 사용하는 도구이므로 사람들의 능동적이고 자율적 판단을 존중한다.[6] 이는 바로 무언가를 성급하게 단정하지 않은 수운의 불연기연 정신에도 맞닿아있다.

무엇보다 위의 시금석은 무언가를 금지하기보다 격려하고 부추긴다. 십계명의 '살인하지 말라'는 소극적인 내용 대신 '생명을 양육하라'는 적극적이고 긍정적인 권고를 하고 있다. 모세의 십계명은 무엇을 하지 말라는 부정문이 대부분인 데 반해, 크리스트의 시금석은 모두 긍정문으로 구성되어 있다. 또한 불가피하게 생명을 죽여야 할 때를 상정하는 등 현실적이며, 또한 그럴 경우 자제하라고 권한다. 그 생명에는 사람만이 아니라 다른 생명체도 포함된다. 이것 역시 우주적 질서에 적극적으로 동참하기를 권하고 만물을 공경하라고 하는 동학의 가르침을 연상시킨다.

오늘날 세계 곳곳에서 이러한 선주민들의 신앙이 새롭게 조명되고 있다. 크리스트의 시금석처럼 에콰도르와 볼리비아도 선주민의 지혜를 빌렸다. 그것은 인간과 자연이 조화롭게 공존하는 '좋은 삶'이란

---

[4] 『동경대전』「논학문」
[5] 『용담유사』「교훈가」.
[6] 이나미, 『생태시민으로 살아가기』, 알렙, 2023.

의미의 '부엔 비비르(수막 카우사이)'다. 자아가 실현된 삶, 온화한 삶, 조화로운 삶, 숭고한 삶, 포용하는 삶, 삶의 지혜를 의미하는 '부엔 비비르'는 볼리비아와 에콰도르의 새로운 헌법에 포함되어 제도화되었으며 다양한 규범적·제도적 근거의 축이 되어 공식적인 담화의 중심이 되었고 두 나라의 국가발전계획에도 영향을 끼쳤다. 이러한 토착적 담론이 제도적 차원에서 공인되자 토마스 베리의 '지구법'과 같은 여러 대안적 개념들이 잇달아 등장했다. 또한 탈성장, 커먼즈, 생태사회주의 등 시스템적 대안을 주장하는 사람들도 이러한 새로운 비전에 관심을 갖기 시작했다. 남아프리카도 자신의 전통에서 가치를 찾았다. 만델라와 투투 주교가 강조한 '우분투'는 반투어로 '네가 있기에 내가 있고, 우리가 있기에 내가 있다'는 뜻을 갖고 있다. 이는 '사람들이 모두 연결되어 있음'을 강조한 것이다.

이러한 선주민들의 오래된 교훈은 인간들끼리 그리고 인간과 자연이 서로 협력하고 공생할 것을 권고한다. 우리의 경우, 하늘과 협력하는 천인상여, 만물의 신성을 모시고 키우는 시천주와 양천주를 제시한 동학이 있다. 동학은 협력과 공생 뿐 아니라 이를 통해 '연대적 성장발전', 즉 진화할 수 있다는 가르침을 준다. 따라서 현재 재조명되고 있는 지구 곳곳의 토착신앙처럼 동학 역시 인류의 대안적인 철학이 될 수 있다. 윤혜린에 의하면, "토착성을 개발주의의 하나의 대안적인 기준점으로서 삼게 되면 특정국가 내 설명력만이 아니라 지역 간의 연결점을 확보하게" 되며, 이는 또한 "생태적 시민의식을 통한 아시아 내 연대의 네트워크를 가능하게 하는 예비적 자원"이 될 수 있다.[7] 또한 김종만에 의하면 "전 지구적인 격변의 시기에 동아시아

---

[7] 윤혜린, 「토착성에 기반한 아시아 여성주의 연구 시론」, 『여성학논집』 27권 1호, 2010.

의 여러 모순과 갈등에 대한 구제책으로 탄생한 동학이 이제는 인류의 문제에 대응하는 대안 종교로 거듭날 시대적 요청에 부응해야" 하며 "동학이 지역성(locality)의 영역을 넘어 지구성(globality)의 종교로 재해석될 필요가 있다"고 강조한다. 또한 "이러한 입장에서 로컬에 기반한 민족종교가 글로벌의 세계 종교와 상응할 수 있는 이론적 토대를 탐색"했는데, 그 결과 '생태'가 키워드로 되었다고 보았다.[8]

생태의 특징도 협력, 공생, 진화라고 할 수 있으며 생태종교로서의 동학이 바로 그러한 가치를 지향하고 있다. 협력, 공생, 진화는 또한 '인간-자연 관계'의 재설정을 꾀하는 이론의 핵심어이기도 하다. 1967년 린 화이트가 기독교 신앙이 서구인들로 하여금 자연에 대해 폭군적 태도를 갖게 한 근원적 원인이라고 지적한 것이 이후 인간-자연관계 논쟁의 출발이 되었다. 즉 뒤이어 에코페미니즘, 심층생태학과 같은 생태철학이 '자연에 대한 지배(mastery over nature)'라고 하는 만연된 세계관을 비판하는 것으로 논의를 시작했다. 또한 이러한 인간의 '자연에 대한 지배'의 대안으로, 자연에 대한 스튜어드십(stewardship of nature), 자연과의 파트너십(partnership with nature), 자연에의 참여(participation in nature)가 제시되었다.[9] 이때 제시되는 중요한 가치가 협력, 공생, 진화라고 할 수 있다. 적극적인 스튜어드는 '창조물의 통합(integrity of creation)'이라는 관점에 서서 자연에 대한 인간의 책임을 한층 더 강하게 의식하며 '자연의 고유한 가치'를 깨닫는다. 이때 공생의 관점이 대두된다고 하겠다. 파트너는 상호작용과 상호발전의 역동적 과정에서 함께 존

---

[8] 김종만, 「생태종교로서의 동학의 재해석」, 『한국종교』 54집, 2023.

[9] Mirjam de Groot, Martin Drenthen and Wouter T. de Groot, "Public Visions of the Human/Nature Relationship and Their Implications for Environmental Ethics," *Environmental Ethics* 33(1), 2011.

재하고 함께 일하는 존재로서 핵심요소는 '등가(equivalence)'와 '목적성 (purposiveness)'이다. 이러한 파트너십의 중요한 태도는 협력이라고 할 수 있다. 참여자 모델은 인간이 자연의 일부가 되면서 참여자의 정체성을 형성하는 것이다. 즉 인간은 자신의 고유한 가치를 가지면서 자연에 참여한다. 파트너십 모델이 '등가성'과 '목적성'을 강조했다면 이 모델은 각 존재의 '차이'와 '과정성'을 특징으로 삼는다.[10] 동학의 以天食天에서 존재 간의 먹고 먹이고 먹힘을 통해 연대적 성장발전을 하는 관계가 이질적 관계이듯 존재 간의 차이는 진화의 출발점이 된다.

이렇듯 선주민들의 토착신앙, 현대의 생태이론이 강조하고 있는 협력, 공생, 진화의 관점에서 동학사상을 재검토함으로써 오늘날 인류에게 닥친 심각한 위기를 극복할 대안적 인식을 찾아보고자 한다.

2. 협력의 동학사상

경쟁, 갈등, 전쟁으로 치닫고 있는 현대 인류의 위기는 협력 부재의 위기이기도 하다. 리처드 세넷은 현대 사회에서 협력을 방해하는 요인을 세가지로 제시한다. 첫째는 경제적 불평등으로, 가진 자와 못 가진 자 간의 격차는 우월감과 적대감을 형성한다. 둘째는, 단기적·임시적 일자리이다. 이런 일자리의 작업장에서 같이 일하는 노동자는 동

---

[10] Bart Van Steenbergen, *The Condition of Citizenship*, London: Sage, 1994; Riyan J. G.. van den Born, *Thinking Nature*, Radboud Repository of the Radboud University Nijimegen, 2017; Mirjam de Groot, Martin Drenthen and Wouter T. de Groot, "Public Visions of the Human/Nature Relationship and Their Implications for Environmental Ethics," *Environmental Ethics* 33(1), 2011.

료로 여겨지지 않게 되어 개인간, 부서간 정보는 공유되지 않는다. 셋째는 취향의 획일화이다. 획일적 문화의 확산은 차이에 대한 공포와 적대감을 증대시킨다. 그런데 대량생산과 대량소비를 유도하는 자본주의는 취향을 획일화시킨다.[11]

　그렇다면 이러한 사회에서 어떻게 다시 협력을 만들어낼 수 있을 것인가. 액설러드(H. Axelrod)는 협력에 있어 중요한 것은 '장기적인 상호작용'이라고 주장한다. 참여자에게 협동심을 키울 수 있는 가치관과 요령(배려와 호혜주의)를 가르치고 상대방이 협동을 하면 협동으로, 배반을 하면 배반으로 되갚으라고 조언한다. 이러한 협력은 작은 무리에서 시작하여 기존 질서에 균열을 가져오면서 더 큰 범위로 확산된다고 한다. 그리고 "협력은 신사적이며 응징할 줄 알며 또는 어느 정도 용서할 줄 아는 전략과 함께 번성"할 수 있다. 또한 "협력은 집단에서 일단 자리를 잡고 나면 다른 전략들의 침범을 스스로 막아낼 수 있다." "협력의 전체적인 수준은 점차 올라가지 내려가지 않는다"는 것이다. 즉 "협력이 진화하는 톱니바퀴는 역회전을 방지하고 앞으로만 돌아가게 하는 미늘이 있다"는 것이다.[12]

　수운은 "서양은 싸우면 이기고 치면 빼앗아 이루지 못한 일이 없으니 천하가 다 멸망"[13]할 것이라고 하여 갈등의 세상이 공멸을 불러올 것이라고 우려했다. 또한 "도를 배반하고 돌아가는 자"는 "족히 거론하지 않"으며 "공경하되 멀리할 것"[14]이라고 하여 악셀러드보다 더 관용적이면서 현실적인 방식을 제시했다. 해월은 더 나아가 '모든 인간

[11] 김창진, 『퀘벅모델』, 가을의 아침, 2015.
[12] 김창진, 『퀘벅모델』, 가을의 아침, 2015.
[13] 『동경대전』 「포덕문」
[14] 『동경대전』 「논학문」

은 누구나 자신의 내면에 천주를 모시면 모두 신선이요 군자'라고 했으며 인간을 하늘로 섬기라는 '사인여천(事人如天)'을 주장했다. 해월은 "적서의 구별은 망가의 근본이고, 반상구별은 망국의 근본"으로 동학의 도에는 "두목 아래 반드시 백배 나은 큰 두목이 있으니" 서로 공경하라는 것이었다. "이 세상 사람은 다 하늘이 낳았으니 하늘 백성으로 하여금 이를 공경하게 한 뒤에라야 가히 태평이라 이르리라."고 했다.[15] 또한 "사람은 한 사람이라도 썩었다고 버릴 것이 없나니 한 사람을 한번 버리면 큰 일에 해로우니라. 일을 하는데 있어 사람은 다 특별한 기술과 전문적 능력이 있으니 적재적소를 가려 정하면 공을 이루지 못할 것이 없느니라."고 했다.[16]

또한 동학은 여성도 협력의 대상으로 여겼다. 수운은 득도 후 부인을 대하는 태도가 달라졌으며 최초 포교대상이 부인이었다. 안심가에서 "거룩한 내집부녀"라는 표현을 썼으며, 실제로 여종을 며느리와 수양딸로 삼았다. 해월은 며느리가 베를 짜는 것을 일컬어 '하늘님이 베를 짠다'고 했다.[17] 그는 "부인은 한 집안의 주인"이며 "부인도통이 많이 나리라"고 했고 "지난 때에는 부인을 압박하였으나 지금 이 운을 당하여서는 부인 도통으로 사람 살리는 이가 많으리"라고 했다. 또한 만일 아내가 화를 내면 남편은 "마음과 정성을 다해 절하라"고 했다. "한번 절하고 두번 절하며 온순한 말로 성내지 않으면, 비록 도척의 악이라도 반드시 화할 것"라고 했다.[18] 또한 동학은 어린이를 존중하라고 했다. 해월은 '아이를 때리는 것은 바로 하늘님을 때리는 것이니

[15] 이영재, 『민의 나라 조선』, 태학사, 2015.
[16] 김용휘, 「해월 최시형의 자연관과 생명사상」, 『철학논총』 90집, 2017.
[17] 『해월신사법설』 「대인접물」.
[18] 『해월신사법설』 「부화부순」.

하늘님이 싫어하고 기운이 상한다'고 했다. 그러면서 '누가 내게 어른이 아니며 누가 내게 스승이 아니리오'라고 강조했다. 즉 '나는 비록 여성과 아이의 말이라도 배울 것은 배우고 스승으로 모실만하면 스승으로 모시노라'고 했으며[19] 며느리와 아이를 하늘님으로 사랑하고 하인을 자기의 자식같이 여기라고 했다.[20] 어린이 공경은 동학 3대 교주 손병희의 사위인 방정환의 사상과 실천으로 이어진다. 동학의 어린이 존중사상은 세계사적으로 볼 때도 매우 선진적인 것이라 할 수 있다.

마지막으로, 동학이 강조하는 협력은 '사람과 하늘의 관계'에 나타난다. '천인상여'가 보여주듯, 동학의 협력은 인간 사회를 넘어 우주적으로 전개된다. 모든 존재가 신과 협력하여 선을 이룬다는 믿음은 과정신학, 힌두교의 일부 분파, 대승불교, 미대륙 선주민의 신앙 등에도 보인다. 이 중 현대 신학적 관점인 과정신학이 동학처럼 하늘의 존재가 강조되는데 그 교리에 따르면 신은 전통적 의미에서 전능한 것이 아니라 역동적이고 관계적이다. 신은 우주와 분리되어 있지 않고 우주와 함께 끊임없이 성장하며 신성은 우주의 모든 존재의 행동과 결정에 영향을 받는다. 따라서 신은 다른 존재와 함께 공동창조자로서, 우주의 아주 작은 입자에서 인간에 이르기까지 모든 것이 우주의 지속적 창조 과정에 기여한다고 본다. 즉 신은 가능성과 잠재력을 제공하지만 우주의 지속적 창조는 모든 존재의 선택과 협력의 과정이라는 것이다.

동학의 신관과 우주관은 이와 유사하지만 인간의 역할이 좀 더 강조된다. 김경재에 의하면 동학의 신은 "인간의 성원에 기화하는 시간

---

[19] 『해월신사법설』「대인접물」.
[20] 『해월신사법설』「내수도문」.

적 생성의 신으로 신 스스로 뜻을 펴지 못하여 계속 인간을 통해서 뜻을 이루려 노력"한다. 하늘님은 '불택선악'으로 수운이 "이해하고 있는 하늘님은 자의적으로 인간사에 간섭하는 존재가 아니라, 모든 것을 무위이화의 원리와 인간의 의지(마음)에 내맡기는 '불택선악의 하늘님'"이라는 것이다. 수운은 "하늘님 마음이 곧 사람의 마음이라면 왜 선악이 있습니까"라는 질문에 "그 사람의 귀천의 다름을 명하고 그 사람의 고락의 이치를 정했으나, 그러나 군자의 덕은 기운이 바르고 마음이 정해져 있으므로 천지와 더불어 그 덕에 합하고 소인의 덕은 기운이 바르지 못하고 마음이 옮기므로 천지와 더불어 그 명에 어기나니, 이것이 성쇠의 이치가 아니겠는가"라고 답했다.[21]

즉 동학에서의 하늘은 전통 기독교의 신처럼 전지전능한 존재가 아니라 인간의 도움을 필요로 하고 인간의 도움을 통해서만이 선을 이룰 수 있는 존재다.[22] 동학이 말하는 천주, 하늘[23]은 크고 위대한 존재로서 공경을 받지만 동시에 인간의 협력이 필요하다. '천의인(天依人)' 즉 하늘은 인간에 의지하고, '인의식(人依食)' 즉 인간은 음식에 의지한다.[24] 이로써 하늘과 인간이 서로 돕는 '천인상여(天人相與)' 개념이 등장한다. 또한 음식은 자연의 산물이므로 '인의식'은 인간이 자연에 의지하는 존재임을 표현한 것이다. 이렇듯 하늘, 인간, 자연은 서로 의지하고 협력하는 존재다. 서양의 종교철학이나 기독교의 주류적 입장은 신의 전지전능함을 전제한 것으로 이로 인해 신이 만든 사람과 이 세

---

[21] 김용휘·김한상, 「동학의 사유에 드러난 새로운 형이상학의 가능성 검토」, 『한국학연구』 31, 2013, 673.

[22] 조성환, 『한국 근대의 탄생』. 모시는사람들, 2018.

[23] 하늘과 관련된 여러 명칭에 대해서는, 김종만, 생태종교로서의 동학의 재해석」, 『한국종교』 54집, 2023, 178-182쪽 참조.

[24] 『해월신사법설』 「천지부모」.

상의 불완전함을 설명하지 못하고 또한 인간의 비주체성에 직면하는 딜레마에 빠진다. 그런데 동학은 하늘이 완전하지 못하고 또한 사람에 의지해서만이 자신을 나타낼 수 있다고 하여 그러한 딜레마를 해결하고 더불어 인간에게 주체적 역할을 부여한다.[25] 더불어 인간이 자연에 의지하는 존재임을 강조하여 인간중심주의도 벗어난다. 동등함과 협력을 강조하는 파트너십 정신은 '인간이 곧 하늘'이며 또한 '인간과 만물이 동포'라고 하는 사상에서 드러난다. "천(天)을 공경함은 결코 빈 공중을 향해 상제를 공경하는 것이 아니요, 나의 마음을 공경하는 것이 곧 천을 공경하는 도를 바르게 아는 길"이며, "천을 공경함으로써 모든 인간과 만물이 모두 나의 동포라는 전체의 진리를 깨닫게 될 것"이라는 것이다.[26]

이러한 동학의 협력 사상은 현대 협력 이론이 보여주는 전략적, 실용적 관점에서 더 나아가 인간 존재 간 상호존중에 기반한 적극적 협력, 또한 하늘 및 만물 공경에 기반한 넓은 협력을 추구한다고 하겠다.

3. 공생의 동학사상

오늘날 한국을 포함하여 인류 사회는 공생 위기의 사회이기도 하다. 일인 가구의 증가는 자유와 독립, 다양성의 추구 때문이기도 하지만 무엇보다 경제적 빈곤에 기인하는 바도 크다. 또한 돌봄을 국가나 시장에만 맡기면서 정서적 유대의 약화도 지적되고 있다. 아울러 여

---

[25] 이나미, 「1980년대 비판과 대안의 한국정치사상」, 『정치사상연구』 25(1), 2019.
[26] 『해월신사법설』 「삼경」.

전히 비인간 생물과 자연은 이용과 착취의 대상으로만 여겨져 생태폭력의 상황이 지속되고 있어 한국은 현재 대표적 기후악당 국가가 되었다. 따라서 이제 이웃과 함께, 또한 자연과 함께 공생하자는 사고가 필요하며 이때 만물 공경을 통한 공생을 지향하는 동학은 우리의 대안적 사상이 될 수 있을 것이다.

동서양을 통틀어 비인간 존재도 존중하는 공생의 역사는 사실상 오랜 기원을 가진다. 기원전 3세기에 인도의 아소카 왕은 채식을 했고 이상적으로 동물을 다루는 방법을 규정하는 여러 법령을 제정했다. 그가 권장한 불교는 살생을 금하고 모든 생명을 불쌍히 여긴다. 고대에 포르피리오스와 같은 몇몇 피타고라스 학파 사람들은 윤리적 관점으로 동물을 바라보았다. 로마시대 플루타르코스는 인간이 동물에 가하는 악행을 문제삼고 육식의 잔인성을 비판했다. 에도 막부의 5대 쇼군인 도쿠가와 쓰나요시는 1687년 동물보호법령을 선포하고 동물의 살생을 법으로 제한했다. 개띠였던 그는 특히 개의 살생을 엄격히 금했으며, '병든 말을 버리지 말라'라는 규제를 시작으로 약 23년간 이 명령을 지속시켰다.[27] 유교도 생명을 함부로 다루어서는 안된다고 가르친다. 『예기』에 희생 제물로 암컷을 쓰지 말고, 애벌레, 새끼 밴 동물, 갓 태어난 동물을 죽이지 말라고 쓰여 있다.[28]

생물을 존중하는 사고는 특히 불교와 노자 사상에서 두드러진다. 이규보는 자신이 노자를 계승했으며 불교와 노자는 본래 하나라고 강조했다.[29] 그는 「슬견설」에서 모든 생명을 똑같이 대해야 한다고 주장

---

[27] 피터 싱어, 유정민 역, 『동물의 권리』, 이숲, 2014, 36쪽.
[28] 김세정, 「한국유학의 다양한 생태의식」, 『양명학』 33, 2012.
[29] 박희병, 『한국의 생태사상』, 돌베개, 1999.

하며 그 근거로 모든 생물이 삶을 원하고 죽음을 싫어한다는 것을 들었다.[30] 김시습도 "사람과 만물은 다같이 천지의 기를 타고나 똑같이 천지의 인(仁)에 의해 길러진 존재"라고 주장한다. 천지자연은 생의(生意: 만물을 낳고자 하는 마음), 생생지리(生生之理), 인(仁)으로 표현된다.[31] 조선시대 성리학도 인간과 동물의 본성이 같은지 또는 다른지에 관심을 가졌다. 인간과 동물의 본성이 같다고 하는 인물성동론과, 둘이 서로 다르다고 하는 인물성이론이 그것이다. 그러나 기본적 관점은 인간중심적이라고 할 수 있다.

사물도 공생의 대상으로 보는 사고는 대표적인 생태적 사상가인 홍대용에게서 보여진다. 그는 『의산문답』에서 땅은 '활물(活物)'로서, "맥락(脈絡)과 영위(榮衛)가 실상 인간의 몸과 같은데 단지 그 몸이 크고 무거워 인간처럼 뛰고 움직이지 못할 뿐"이라고 했다. "흙은 땅의 살이고 물은 땅의 정기와 피이며, 비와 이슬은 땅의 땀이고, 바람과 불은 땅의 혼백이며 영위(榮衛)"라는 것이다. 또한 "풀, 나무는 땅의 모발(毛髮)이고 인간과 짐승은 땅의 벼룩"이라고 했다.[32] 이는 린 마굴리스가 우리의 몸이 "세포들로 우글거리는 해골이 아닌 것과 마찬가지로, 지구는 단순히 생물들이 살고 있는 거대한 바윗덩어리가 아니다"라고 한 것을 상기시킨다. 마굴리스는 "생물이 지구의 표면에 존재하는 것이 아니라 생물이 곧 지구의 표면"[33]이라고 하면서 다음과 같이 주장한다.

예컨대, 흙은 죽어 있는 게 아니다. 그것은 부스러진 바위, 꽃가

---

[30] 이규보, 「슬견설」
[31] 박희병, 『한국의 생태사상』, 돌베개, 1999. 18-19쪽.
[32] 「의산문답」
[33] 린 마굴리스, 도리안 세이건, 황현숙 역, 『생명이란 무엇인가』, 지호, 1999.

루, 곰팡이의 균사, 섬모충의 포낭, 박테리아의 포자, 선충류를 비롯한 여러 미생물들이 뒤섞여 잇는 혼합물이다. 아리스토텔레스는 "자연은 조금씩 생명 없는 물체로부터 동물로 옮겨가 그 정확한 경계선을 단정짓기가 불가능하다"라고 말했다. 독립이란 정치적 용어이지 과학적 용어는 아닌 것이다.[34]

이처럼 마굴리스는 생물과 사물 간 경계의 모호함을 강조했는데 제인 베넷은 더 나아가 사물 자체의 생명성을 강조한다. 베넷에 의하면, 물질의 구멍 즉 "결정 사이 빈 공간에서 자유롭게 움직이는 자유 원자들의 진동"이 바로 사물의 생기라는 것이다. 또한 "세계를 구성하는 데 참여하고 있는 행위 주체라는 점에서는, 지구상의 모든 물체는 그것이 어떤 성격의 물질이든 존재론적 위계구조상에서 우열의 위치를 점하는 자들일 수는 없"다고 보았다.[35]

그런데 수운에 의하면 '氣라는 것은 비었지만 靈으로 가득하여 어떤 일에도 임하여 간섭하지 않음이 없고, 명령하지 않음이 없는 것이며, 모양이 있는 것 같으나 형상하기 어렵고 들리는 것 같으나 보기는 어려운 것이니, 이 또한 혼원한 하나의 기운'이라고 하여 물리적 기운의 영성과 연결성을 주장한다.[36] 즉 베넷이 말한 사물의 생기에서 더 나아가 모든 물질의 영성, 물질 간 연결성을 강조한 것이다. 수운에 의하면 자연은 "한울님의 조화의 자취"[37]로서 자연의 운행 역시 한울님의 무위이화의 조화에 의해 되는 것이다.[38] 그리고 오행에 하늘, 땅,

---

[34] 린 마굴리스, 도리안 세이건, 황현숙 역, 『생명이란 무엇인가』, 지호, 1999.

[35] 우석영, 「인류세의 비인간 돌봄」, 『기후 돌봄』, 산현재, 2024.

[36] 『동경대전』「논학문」

[37] 『동경대전』「포덕문」

[38] 『동경대전』「논학문」; 김춘성, 「동학의 자연과 생태적 삶」, 『동학학보』 1, 2000, 138쪽.

사람이 함께 참여한다. 즉 "하늘은 오행의 벼리가 되고 땅은 오행의 바탕이 되고 사람은 오행의 기운이 되었"다고 보았다.[39]

또한 홍대용은 '땅은 만물의 어미요, 해는 만물의 아비이며, 하늘은 만물의 할아버지'라고 언급했는데, 동학은 더 나아가 자연의 능동성과 주체성을 적극적으로 강조한다. 물오동포(物吾同胞)라 하여 자연의 모든 존재가 동포라고 했고, 해와 달도 생물처럼 살아있는 것으로 보았다. 즉 "어찌 홀로 사람만이 입고 사람만이 먹겠는가. 해도 역시 입고 입히며 달도 역시 먹고 먹이느니라"[40]고 했으며, "하늘을 공경함으로써 모든 사람과 만물이 다 나의 동포라는 전체의 진리를 깨달을 것"이라고 강조했다.[41] 하늘, 땅, 사람은 하나로서, 사람은 하늘 덩어리이고 하늘은 만물의 정기라는 것이다.[42]

더 나아가 동학은 사람이 만물을 공경해야 최고경지에 이를 수 있다고 했다. 즉 모든 만물은 인간의 공경을 받음으로써 인간을 승화시키는 역할도 한다. 해월은 "사람은 사람을 공경함으로써 도덕의 최고경지가 되지 못하고, 나아가 물(物)을 공경함에까지 이르러야 천지기화의 덕에 합일될 수 있느니라"고 했다.[43] 천지를 부모만큼이나 공경해야 한다는 것이 동학이 유교와 다른 점이다. 유교도 하늘을 공경하라고 하지만 부모와 등치시킬 정도는 아니다.[44] 한편 동학에 의하면, 부

---

[39] 『동경대전』「논학문」

[40] 『해월신사법설』「천지부모」. 천도교 경전에는 "해도 역시 입고 입고 달도 역시 먹고 먹느니라"고 해석되지만 "해도 역시 입고 입히고 달도 역시 먹고 먹이느니라"고 해석되어야 한다고 생각된다.

[41] 『해월신사법설』「삼경」.

[42] 『해월신사법설』「천지인, 귀신, 음양」.

[43] 『해월신사법설』「삼경」.

[44] 황종원, 「최시형 '식(食)' 사상의 종교생태학적 의의」, 『신종교연구』 26집, 2012.

모의 포태가 곧 천지(天地)의 포태로서 어머니의 젖과 오곡은 천지의 젖이고 천지의 녹(祿)이다.[45] 해월은 우주에 가득찬 것은 하나의 기운이기 때문에 한 걸음이라도 함부로 내딛지 말라고 한다. 한 아이가 나막신을 신고 뛰어가자 그 소리로 인해 자신의 가슴이 아팠다고 하면서 땅을 어머니의 살로 여기라고 했다.[46] 또한 땅에 침을 뱉고, 코를 풀고, 물을 뿌리는 행위도 조심하라고 했다.[47] 더 나아가 "천지부모를 길이 모셔 잊지 않는 것을 깊은 물가에 이르듯이 하며 엷은 얼음을 밟는 듯이 하여, 지성으로 효도를 다하고 극진히 공경을 다하는 것은 사람의 자식된 도리"라고 했라.[48] 이돈화는 이러한 동학의 경물사상과 관련하여, "원래 사람의 도덕률은 경물에 이르러 극치에 달한다"고 주장한다. 인간의 경애심이 "자연에까지 미치게 되는 때에 인간격의 가치가 비교적 완전히 발휘"된다는 것이며 경물의 원리는 인간이 우주를 대하는 도덕률이라는 것이다.[49]

서양의 생태이론은 심층생태학을 제외하고는 대체로 무기물을 생명으로까지 보지는 않아서 자연에 대한 인간의 근원적인 윤리문제를 해명하기가 쉽지 않다. 즉 인간이 자연을 단순히 '존중'하는 것을 넘어 '공경'까지 하는 세계관으로 나아가지는 않았다.[50] 따라서 서구에서 시작된 생태주의를 심화시키기 위해 그 기반이 되는 사상을 서구

[45] 『해월신사법설』 「천지부모」.
[46] 『해월신사법설』 「성경신」; 황종원, 「최시형 '식(食)' 사상의 종교생태학적 의의」, 『신종교연구』 26집, 2012.
[47] 『해월신사법설』 「내수도문」.
[48] 『해월신사법설』 「천지부모」.
[49] 이돈화, 『신인철학』, 1924.
[50] 김지하, 『김지하 생명』, 솔, 1994; 김항섭, 「동학과 생태문제 논의에 대한 비판적 이해」, 『신종교연구』 5집, 2001.

에서 찾기보다 오히려 한국의 토착사상인 동학에서 찾고 또한 이를 꽃피우게 할 가능성을 발견할 수 있다. 동학을 현대의 생명사상으로 되살린 장일순에 의하면 서구의 녹색운동은 '피조물 보호' 등 주체와 객체로 사물을 나눠보는 시각에서 벗어나지 못했다.[51] 그런데 동학사상은 "물(物)마다 하늘이요 일(事)마다 하늘이라"고 하였으며 "우주만물이 모두 한 기운과 한 마음으로 꿰뚫어졌느니라"고 강조하여 서구적 이분법과 다른 접근의 생태사상을 보여주었다는 것이다.

또한 자연과의 공생을 위한 인간의 책임을 강조하는 생태이론은 인간이 '자연을 돌보는' 스튜어드가 될 것을 주장하는데 동학은 여기에서 더 나아가, '자연을 모시는' 스튜어드가 되어야 한다고 주장한다. 이는 동학사상의 핵심 중 하나가 시천주(侍天主)라는 점에서도 드러난다. 동학에서 하늘(天)은 신성한 존재이며 동시에 만물에 깃들어 있으므로 자연과도 같은 존재다.[52] 사람은 하늘을 부모님처럼 모시고(侍天主) 위하며(爲天主)[53] 또한 키워야(養天主) 한다.

> 하늘을 養할 줄 아는 사람이어야 하늘을 모실 줄 아느니라. 하늘이 내 마음 속에 있는 것이 마치 씨아의 생명이 씨앗 속에 있음과 같으니, 씨앗을 땅에 심어서 그 생명을 기르는 것처럼 사람의 마음은 道에 의해 하늘을 양하게 되는 것이라.[54]

---

[51] 장일순, 『나락 한 알 속의 우주』, 녹색평론사, 2016.

[52] 동학에 있어서 자연은 만물을 낳는 근원으로 이해될 수 있다. "자연자체는 우주를 가득 채우면서 모든 만물을 낳고 있는 근원적 질료로서의 자연 자체의 힘인 지기(至氣)와 자연에 내재된 자율적 창조의 원리인 무위이화의 체계로 구성되기 때문에 우주 자연은 어떤 절대자의 주재가 아니라 그 자체의 자율적 원리에 따라 작동된다." 김종만, 「생태종교로서의 동학의 재해석」, 『한국종교』 54집, 2023, 185쪽.

[53] 『동경대전』「주문」.

[54] 『해월신사법설』「양천주」.

사람은 자신의 마음 속에 씨앗처럼 심어져 있는 하늘을 키워야 한다는 것이다. 해월은 "어찌 반드시 사람만이 홀로 하늘님을 모셨다 이르리오. 천지만물이 다 하늘님을 모시지 않은 것이 없느니라. 저 새소리도 또한 시천주의 소리니라"고 했다.[55] 따라서 육축이라도 다 아끼고, 살생하지 말라고 했다.[56]

> 만물이 시천주가 아닌 것이 없으니 능히 이 이치를 알면 살생은 금하지 않아도 자연히 금해지리라. 제비의 알을 깨치지 않은 후에야 봉황이 와서 거동하고, 초목의 싹을 꺾지 않은 후에야 산림이 무성하리라. 손으로 꽃가지를 꺾으면 그 열매를 거두지 못할 것이오, 폐물을 버리면 부자가 되지 못하니라. 날짐승 삼천도 그 종류가 각각 있고 털벌레 삼천도 그 목숨이 각각 있으니, 물을 공경하면 덕이 만방에 미치리라.[57]

따라서 공생의 사상은 시천주이며 또한 양천주의 실천으로 나아가야 한다. 기존 공생 개념이 대체로 단순히 평화적인 공존을 뜻하는 것에 그치는 데 반해 동학은 적극적인 상호 돌봄의 공생을 주장한다고 여겨진다. 즉 동학에 의하면 공생에서의 '생'은 '삶'에 그치는 것이 아니라 '살림'이 되어야 한다. 해와 달이 입고 먹는데 그치는 것이 아니라 입히고 먹이기까지 하는 것, 만물이 하늘을 모시는 것(시천주)에 그치는 것이 아니라 하늘을 키워야 하는 것(양천주)을 강조한 것이 그 증거라 하겠다.

---

[55] 『해월신사법설』 「영부주문」.
[56] 『해월신사법설』 「내수도문」.
[57] 『해월신사법설』 「대인접물」.

4. 진화의 동학사상

마굴리스에 의하면, "생물은 전염성과 이동성을 가진 덮개로서 지구상에서 널리 퍼져 나가 기초적인 지구의 형태로 나타난다." 그런 의미에서 "지구는 진정한 의미에서 살아 있다"는 것이다. "생물은 자기완결적·자율적 개체이기보다는 오히려 다른 생물과 물질, 에너지, 정보를 상호 교환하는 공동체"이다. 숨 쉬는 존재들은 "숨을 쉴 때마다 비록 느리기는 하나, 마찬가지로 호흡하는 다른 생물들과 연결"된다.[58] 제임스 러블록은 지구 자체가 하나의 살아 있는 존재로서 생태계의 진화과정을 이용하여 자신의 매우 복잡한 대사기능을 조절한다는 가이아론을 주장했다. 티모시 렌턴은 38억 년 전에 지구상에 생명이 출현한 이래 태양이 25퍼센트나 더 뜨거워졌는데도 지구는 그토록 엄청난 온도 차이를 완충시키면서 기후를 조절해올 수 있었음을 보여주었다. 랜턴은 전체 계에게 이로운 진화적 형질은 강화되는 경향이 있는 반면 환경을 바람직하지 않게 변동시키거나 불안정하게 만드는 형질은 억제되는 경향이 있다고 주장한다. 그는 "한 유기체가 가이아에 반하는 방식으로 행동하게 만드는 형질을 획득하면 그것은 진화에 불리하게 작용하여 퍼뜨려지지 못할 것이다."라고 결론지었다. 그리하여 인류가 지구와 더 조화롭게 사는 쪽으로 진화해 갈 길을 찾지 못한다면 인간은 발붙일 곳을 잃게 될지도 모른다고 경고했다. 립튼과 베어맨에 의하면, 만물의 연결성에 대한 이해와 그 연결성으로부터 우러나오는 행동이야말로 '자발적 진화'의 열쇠다.[59]

---

[58] 린 마굴리스, 도리안 세이건, Dorion, 황현숙 역, 『생명이란 무엇인가』, 지호, 1999.
[59] 립튼·베어맨. 이균형 역. 『자발적 진화』, 정신세계사, 2012.

이러한 자발적 진화는 동학의 '조화(造化)'로 해석될 수 있다. 천지만물은 한울의 자기 생성으로, 수운은 이것을 '조화(造化)'라는 말로 풀이했다. 김춘성에 의하면, 이 '조화'는 창조와 진화의 의미를 함께 함축하고 있다. "한울이 만물을 창조한 것으로 끝난 것이 아니라 그 안에서 내재하면서 自化, 自顯하면서 생성 변화"한다는 것이다.[60] 따라서 해월은 "待天主造化定은 "萬物化生의 根本"[61]이라고 했으며 이를 더 구체적으로 표현한 것이 해월의 이천사천('以天食天)이다.[62]

> 내 항상 말할 때에 물(物)마다 하늘이요, 사(事)마다 하늘이라 하였나니, 만약 이 이치를 시인한다면 물물이 다 이천사천(以天食天) 아님이 없을지니, 이천사천은 어찌 생각하면 이치에 맞지 않은 것 같으나 이것은 인간 마음의 편견으로 보는 것이요, 만일 하늘 전체로 본다면 하늘이 하늘 전체를 키우기 위해 동질이 된 것은 상호부조로 서로 기화를 이루게 하고, 이질이 된 것은 이천사천으로 서로 기화를 통하게 하는 것이니, 따라서 하늘은 일면에서 동질적 기화로 종속(種屬)을 양(養)케 하고 일면에서 이질적 기화로써 종속과 종속이 연대적 성장발전을 도모하는 것이니[63]

위 글에 의하면 생물간 '먹히고 먹임'은 하늘 즉 우주 전체를 키우기 위함이다. 그런데 동질적 존재는 서로 먹는 것이 아니라 상호부조 즉 서로 도우며, 이질적 존재는 서로 먹히고 먹이는데 이는 서로 기화를 통하게 하기 위함이다. 동질적 존재는 서로를 키우고 이질적 존재

---

[60] 김춘성, 「동학의 자연과 생태적 삶」, 『동학학보』 1, 2000, 140쪽.

[61] 『해월신사법설』, 「영부 축문」

[62] 이천식천이 아닌 이천사천으로, 즉 하늘로써 하늘을 먹인다고 해석하는 것이 맞다고 생각된다. 황종원 「최시형 이천사천설의 두 가지 독법과 생태철학적 의미」 『철학논고』 5, 2022, 참고.

[63] 『해월신사법설』 「이천식천」.

는 서로간의 연대적 성장발전을 도모한다. 즉 동질적 기화는 공생이며 이질적 기화는 진화인 것이다. 마굴리스도 미생물간 먹고 먹힘은 약육강식의 원리가 아니라 서로간의 정보를 하나로 통합하여 더 복잡한 종으로 나아가려는 것이라고 했다.[64] 이는 "하늘 전체로 본다하면 하늘이 하늘 전체를 키우기 위하여 동질이 된 자는 상호부조로써 서로 기화를 이루게 하고, 이질이 된 자는 이천사천으로써 서로 기화를 통하게 하는 것"과 일맥상통한다. 즉 생물이 서로 약육강식의 논리로 먹고 먹히는 것이 아니라, 서로 합하여 기운을 통하게 하기 위함이라는 것이다. 또한 먹는 존재, 먹히는 존재, 먹이는 존재는 모두 하늘처럼 귀한 존재들이다.

이러한 이천사천의 논리는 오늘날 동물권과 관련하여 종종 등장하는 난처한 질문에 훌륭한 답이 된다. 즉 반려동물 등 특정 동물을 보호하려는 사람들에게, '왜 소, 돼지는 먹고 개, 고양이는 보호하는가'라는 질문이 종종 제기되는데 이때 이천사천의 동질·이질관계로 설명할 수 있다. 즉 서로 다른 동물일수록 서로 먹고 먹히는 관계가 되고, 같을수록 상호부조하는 관계가 되는데, 개, 고양이는 인류의 역사를 통해 인간과 매우 가까워진 존재가 되었고 서로 소통하는 관계가 되었기 때문에 상호부조하는 관계로 발전했다고 볼 수 있다. 또한 이질적 존재끼리 서로 먹고 먹히는 것은 상호간 연대적 성장발전으로 보는데 이는 마굴리스의 주장과 유사하며 채식인들을 위한 좋은 논리도 된다. 인간에게 있어 네발 동물 즉 포유류보다는 조류 등이 더 이질적이며 동물보다는 식물이 더 이질적이다. 마침 수운도 '도를 믿는

---

[64] 린 마굴리스, 도리안 세이건, 황현숙 역, 『생명이란 무엇인가』, 지호, 1999.

집안에서는 네 발 짐승의 나쁜 고기를 먹지 않는다'[65]고 했는데 이는 해월의 이천사천 사상의 전조로 여겨진다. 점차 동질화되어가는 존재는 서로 먹기보다 상호부조의 관계로 되는 것이 자연스럽고 인간의 감성에도 맞다. 가까운 존재는 더 아끼게 되는 것이 당연하고 이것이 맹자의 친친 개념일 것이다. 더구나 마굴리스에 의하면 동종끼리의 먹음은 서로 도움이 되지 않는다. 이질적 존재라야 유전적 다양성, 복잡성이 증가한다. 동질적 존재의 상호 먹음은 때로는 광우병과 같은 재앙이 되기도 한다.[66]

마굴리스에 의하면 결국 인간과 같은 복잡한 존재의 탄생은 인간 이전 서로 다른 종들간의 먹고 먹힘의 결과다. 먹고 먹히면서 그 각각의 존재의 개성이 사라지는 것이 아니라 그대로 유지한다. 동물의 '눈'은 본래 빛에 반응하는 독자적인 어떤 생물체였는데 다른 생물체와 결합하면서 서로 간에 도움이 되었다. '연대'란 자신의 고유함을 잃지 않으면서 다른 이들과 단결하는 것인데 해월은 바로 이 연대란 용어로 '먹고 먹힘'을 설명했다는 점이 매우 놀랍다. 그에 의하면 사람은 무엇을 먹든 그 먹은 것의 성질이 몸에서 사라지는 것이 아니다. 그래서 특히 임신부는 음식을 조심해서 먹으라고 했다. 그런데 마굴리스에 의하면 "처음에 과학자들은 사람의 혈액에서, 그리고 완두콩과 대두, 알팔파 등의 콩과 식물 뿌리에서 붉은 단백질 색소인 헤모글로빈을 발견했을 때 무척이나 놀라워했다." 또한 "바다의 무기물은 이제 보호나 지지를 위한 외피나 껍질, 뼈의 형태로 살아 있는 생물체에 통합되었다." 인간의 골격은 "원래 우리의 먼 조상격인 해양 원생생

---

[65] 『동경대전』「수덕문」.
[66] 이나미, 『생태시민으로 살아가기』, 알렙, 2023, 233-234쪽.

물 세포에게는 해로운 물질이었던 인산칼슘으로 만들어"졌으며 그러한"무기물을 사용함으로써 조직을 깨끗이 유지하는 방법을 발견"했다. 이렇듯 생물과 합쳐진 다른 생물 또는 물질은 자신의 성질을 그대로 유지하면서 자신을 통합한 존재를 돕는다.

　동학도 인간이 인간으로 되어가는 것은 다른 종을 먹는 것을 통해서라고 주장한다. 즉 사람이 사람으로 태어난다고 해서 사람이 되는 것이 아니라 오곡백과의 영양을 받아 사람으로 살아가는 것인데 그러한 오곡은 천지의 젖이라는 것이다. 따라서 하늘은 사람에 의지하고 사람은 먹는 데 의지한다는 것이다.[67] 즉 사람이 사람됨은 오로지 천지가 주는 음식에 의한 것으로 천지가 주는 식량도 하늘인 것이다. 동학은 일견, 유교, 기독교와 유사하게 사람이 자연의 주인이라고 했지만 다른 점은 사람이 본래 뛰어나서 주인이 된 것이 아니라 천지가 주는 생명을 먹기 때문이라는 것이다.[68] 또한 인간도 궁극적으로는 자연의 먹이가 된다. 해월의 사상을 계승한 장일순은 기독교에서도 그러한 정신을 찾았다. 즉 예수가 자신을 빵이라 한 것, 자신의 살을 먹으라고 한 것에 주목했으며, 예수가 구유에 태어난 것은 그가 심지어 짐승의 먹이로도 되기 위해 왔다는 것을 의미한다고 했다. 즉 인간만을 위해서가 아니라 우주 전체를 위해 왔다는 것이다. 즉 예수는 "일체의 것들의 진정한 자유와 평화를 위해서 오신 것"이라고 했다.[69] 따라서 먹는 행위, 먹고 싶은 마음, 맛있게 먹는 것 모두 하늘이 감응했기 때문으로[70] 먹는 행위는 신성한 것이다.[71]

[67] 『해월신사법설』「기타」.
[68] 황종원, 「최시형 '식(食)' 사상의 종교생태학적 의의」, 『신종교연구』 26집, 2012.
[69] 장일순, 『나락 한 알 속의 우주』(서울: 녹색평론사, 2016).
[70] 『해월신사법설』「향아설위」.
[71] 황종원, 「최시형 '식(食)' 사상의 종교생태학적 의의」, 『신종교연구』 26집, 2012.

이렇듯 동학은, 한울의 영성이 담긴 '조화'와, 만물의 연대적 성장 발전으로 나아가는 이천사천 정신을 통해, 기존 생태사상의 진화 이론 및 공생적 생물학이 제시하는 이론의 바탕이 되는 정신을 보여주고 있으며 현대의 동물권 쟁점, 채식의 이유까지 제시해주고 있다.

5. 맺음말

전쟁과 기후위기 등 커다란 지구적 문제에 직면하여 현재 인류는 협력, 공생, 진화의 과제를 다시 생각해 볼 때이다. 이때 현대 문명의 철학적 기반이 되었던 기독교 및 합리주의 철학이 비판받고 성장주의 이전의 토착신앙이 새로운 조명을 받고 있다. 한국의 토착신앙인 동학은 이러한 시대적 과제에 다음과 같은 대안적 길을 보여준다.

첫째, 서구의 협력 이론 및 철학이 보여주는 실용적, 전략적 차원에 그치지 않은, 공경이 담긴 동학의 협력의 정신과 태도(사인여천 등)는 계급과 성의 평등을 지향하며 더 나아가 하늘과 인간의 협력을 추구하는, 천인상여의 우주적 파트너십을 보여준다.

둘째, 모든 존재의 평화적 공존을 추구하는 것에 그치는 기존 공생 이론과 달리 동학은 '서로를 살리는' 양천주의 공생적 스튜어드십을 제시했다.

마지막으로, 모든 것을 연결된 것으로 파악하는 기존 생태사상의 진화 이론에서 더 나아가, 동학은 한울의 영성이 담긴 '조화'와, 만물의 연대적 성장발전으로 나아가는 이천사천을 통한, 참여적 진화의 길을 보여주었다.

참고문헌

『동경대전』,『용담유사』,『해월신사법설』
이규보,「슬견설」
홍대용,『의산문답』

김세정,「한국유학의 다양한 생태의식」,『양명학』 33호, 2012.
김용휘,「해월 최시형의 자연관과 생명사상」,『철학논총』 90집, 2017.
김용휘·김한상,「동학의 사유에 드러난 새로운 형이상학의 가능성 검토」,『한국
　　　　학연구』 31, 2013,
김종만,「생태종교로서의 동학의 재해석」,『한국종교』 54집, 2023.
김지하,『김지하 생명』, 솔, 1994.
김창진.『퀘벡모델』. 가을의 아침, 2015.
김춘성,「동학의 자연과 생태적 삶」,「동학의 자연과 생태적 삶」,『동학학보』 1,
　　　　2000,
김항섭,「동학과 생태문제 논의에 대한 비판적 이해」,『신종교연구』 5집, 2001.
린 마굴리스, 도리안 세이건, 황현숙 역,『생명이란 무엇인가』, 지호, 1999.
립튼·베어맨, 이균형 역,『자발적 진화』, 정신세계사, 2012.
박희병,『한국의 생태사상』, 돌베개, 1999.
우석영「인류세의 비인간 돌봄」,『기후 돌봄』, 산현재, 2024.
윤혜린,「토착성에 기반한 아시아 여성주의 연구 시론」,『여성학논집』 27권 1호,
　　　　2010.
이나미,「1980년대 비판과 대안의 한국정치사상」,『정치사상연구』 25(1), 2019.
이나미,『생태시민으로 살아가기』, 서울: 알렙, 2023.
이나미,「생태폭력 개념의 등장 배경과 특징」,『평화와 종교』 17, 2024.
이돈화,『신인철학』, 1924.
이영재,『민의 나라 조선』, 태학사, 2015.
장일순,『나락 한 알 속의 우주』, 녹색평론사, 2016.

조성환, 『한국 근대의 탄생』, 모시는사람들, 2018.

캐롤 크리스트, 『다시 태어나는 여신』, 아카데미 할미 역, 충남대학교출판문화원,
2020.

파블로 솔론, 김신양·김현우·허남혁 역, "비비르 비엔" 『다른 세상을 위한 7가지
대안』, 착한책가게. 2018,

피터 싱어 외, 유정민 역, 『동물의 권리』, 이숲, 2014.

황종원, 「최시형 '식(食)' 사상의 종교생태학적 의의」, 『신종교연구』 26집, 2012.

황종원, 「최시형 이천사천설의 두 가지 독법과 생태철학적 의미」, 『철학논고』 5,
2022.

De Groot, Mirjam, Martin Drenthen and Wouter T. de Groot, "Public
Visions of the Human/Nature Relationship and Their Implications
for Environmental Ethics," *Environmental Ethics* 33(1), 2011.

Steenbergen, Bart Van, *The Condition of Citizenship*, London: Sage, 1994.

Van Den Born, Riyan J. G., *Thinking Nature*, Radboud Repository of the
Radboud University Nijimegen, 2017.

일제강점기 천도교 출판 매체에 대한 통시적 고찰

우수영(경북대학교 영남문화연구원 연구원)

1. 논의를 시작하며

본 글의 목적은 일제강점기 천도교 교단을 통해 발행된 출판 매체의 연구사를 통시적으로 고찰하는 것이다. 동학(東學)을 이은 천도교가 일제강점기 간행한 출판 매체는 매우 다종이며 그에 대한 연구 역시 방대하다. 그뿐만 아니라 일제강점기 천도교가 발행에 관여한 출판 매체를 관통하는 교단 내외의 '화두'에 대해 현재까지 논의된 적이 없다. 본 논의는 수운 탄생 200주년을 맞이한 현 2024년 시점, 동학이 출판 매체를 통해 한국의 근대문화에 남긴 구체적 궤적을 살피고 의미를 부여하는 시도이기도 하다.

일제강점기 주권 상실의 현실에서, 조선의 지식인 및 민중은 동학을 이어받은 천도교(天道教)에 주목했고 입교한다. 박은식은 이에 대해 '신도가 날마다 증가하여 300만을 헤아린다. 그 발전은 고금 종교계에 일찍 없는 일이다'라고 언급한다.[1] 많은 수의 신도와 증가한 재원을 확보하게 된 천도교 교단은 점차 일제강점기 조선 민중을 선도하는 세력의 하나로 부상한다.

오익제는 저서 『천도교 요의』에서 일제강점기 천도교의 문화운동에 대해 언급한다. 그는 동학을 이은 천도교의 후천개벽사상은 곧 문화 개벽을 의미한다고 하며 새로운 문화창조에 천도교가 앞장선 것은 당연한 결과로 평가한다.[2] 19세기 말부터 20세기에 걸쳐 여러 방면에서 수행된 천도교 문화 개벽은 7개 분야에서 전개되었다. 그 분야는 민회운동, 신교육운동, 언론·출판운동, 청년운동, 여성운동, 농민운동, 어린이운동이다. 이러한 문화 개벽이 천도교 사상과 천도교 조직을 배경으로 전개되었다. 본 논의에서는 그중 특히 일제강점기 괄목할 만한 가시적 성과를 보인 출판 매체 『개벽』에 대해 주목하고자 한다.

3·1운동 이후 천도교 교단의 지원 아래 발행된 매체는 『개벽』(1920.6.) 『어린이』(1923.3), 『신여성』(1923.9), 『조선농민』(1925.12), 『신인간』(1926.4), 『별건곤』(1926.11) 등이다. 이들 매체 모두가 천도교 기관지는 아니다. 천도교 후원을 받기는 했지만, 독립적 발행 기관인 개벽사를 통해 그리고 조선농민사 등을 통해 발표된 대중 잡지이다. 이들은 탄압과 검열이라는 시대적 악조건에서도 조선 민족을 선도하며 영향력을

---

[1] 박은식, 『韓國獨立運動之血史』上, 1920, 김도형 옮김, 서울 :소명출판, 2008, 146쪽.
[2] 오익제, 『천도교 요의』, 천도교중앙총부 출판부, 1986, 209쪽. 오익제(1929-2012)는 23~24대(1989~1994) 한국 천도교 교령을 지낸 평안남도 성천군 출신 인물이며, 1997년 8월 15일 북한으로 망명했다. 이동초 편, 『동학·천도교 안명사전』 제2판, 모시는사람들, 2019, 1267쪽 참조.

발휘한 일제강점기 대표 조선 잡지들이라 할 수 있다. 그중 『개벽』은 조선 민중을 선도한 일제강점기 대표 출판 매체이다.

2. 매체 『開闢』의 기존 연구

천도교는 3·1운동 후 원로급 교인들이 거의 투옥된다. 이에 1919년 9월 2일 청년 교인들이 선배의 정신을 이어받아 천도교 교리의 연구, 보급, 개발을 목적으로 한 '천도교청년교리강연부'를 창립한다. 이 강연부는 1920년 3월 '천도교청년회'로 바뀌고 그 내부에 편집부를 설치하여 '개벽사'를 설립하고 『개벽』, 『어린이』, 『신여성』 등을 발간한다. 이어 1923년 9월 2일 천도교청년회의 발전적 해체를 통해 '천도교청년당'이 설립된다.[3]

청년회가 발전하여 조직된 청년당은 '天道敎의 主義目的을 社會的으로 達成코저' 당을 조직함을 黨憲 第一條로 제정하고, 이 主義를 달성하고자 '各便의民衆속으로들어가 그들의 利益을 爲 하야 盡力하면서 그들을 組織하고 指導하게하는' 당의 운동을 실천하기로 결정한다.[4] 그에 따른 각 부문은 農民部, 勞働部, 靑年部, 學生部, 女性部, 商民部이며, 建黨 이래 청년당이 추진해 온 주요 운동은 포덕운동, 선전운동, 교양과 훈련, 경제운동, 문화운동, 체육운동, 통속운동과 계몽운동이다.

출판 매체는 천도교가 추진한 문화운동과 관계한다. 천도교는 8대

---

[3] 홍장화 편, 『천도교 운동사』, 천도교중앙총부, 1990, 192쪽.
[4] 趙基栞, 『天道敎靑年黨小史』, 天道敎靑年黨本部, 1935, 43-67쪽.

당의 운동 중 문화운동에 주목한다.

> 天道敎의 人乃天運動은 後天開闢運動인同時에 人文開闢運動-卽人
> 類의 新文化를 創造하는運動이라는뜻이다.
> 다시말하면 地上天國建設運動이란말은 後天新文化建設運動이라
> 말하여도 틀림이없을것이다.
> 天道敎의 人乃天主義로써 몬저 人間의思想을開闢하랴는 (精神, 民族, 社會
> 의 三大開闢의하나인) 精神開闢은 後天新文化創造의前提가됨에서 큰意義를갖
> 게되는것이다.
> 이點에서 天道敎運動中에는 이新文化運動이란것이 가장重大한任
> 務를갖이안으면아니된다[5]

청년당은 문화운동에 대한 논의를 위와 같이 밝힌다. 그에 의하면 문화는 '民族社會의文野程度를測量하는 水準器이며尺度'이다. 즉 민족 사회의 모든 노력의 결정은 문화로 표현된다는 것이다. 수천 년 이어 온 '儒道와 佛道'는 이미 그 힘을 다했고 '世運은 大革'하리라는 최제 우의 논학문과 교훈가의 구절을 인용하며 천도교 인내천주의의 정신 개벽을 조선의 문화운동과 연결시키고 있다. 그리고 청년당은 이러한 조선의 문화운동을 천도교가 주창하는 가장 중대한 임무로 부각하고 있다.

1920년대 이후 천도교 개벽사 주축으로 발행된 여러 계층의 잡지 및 간행물들은 당시 새로운 정치의식과 문화의식 그리고 스스로 우리 민족에 대한 자랑스러운 기풍을 진작시키는 데 이바지한다. 즉 천도 교가 전개한 문화운동은 우리 민족의 자주 의식의 발전 위에서 새로 운 국가관, 민족관을 가질 수 있는 토대를 마련하였다는 점에서 큰 의

---

[5] 趙基栞, 『天道敎靑年黨小史』, 天道敎靑年黨本部, 1935, 60-61쪽.

의를 찾을 수 있다.[6]

　이와 같은 상황을 염두에 두면서, 일제강점기 동안 간행된 출판 매체를 대상으로 수행된 기존 논의를 정리하는 것은 방대한 작업이지만 요청 작업이기도 하다. 그중 천도교가 벌인 문화운동 과정에서 개벽사가 발행한 대표 출판 매체 『개벽』에 대한 기존 논의를 살피는 작업은 유의미하며 우선하여 요청된다.

　『개벽』은 한국 잡지사에서 최초 동인지적 편집 체제에서 탈피한 대사회적인 종합지였다.[7] 이는 여러 계층별 잡지와 기관별 잡지들이 다수 존재하는 상황에서 『개벽』은 당대 조선 민중의 요구를 대변하고 민중을 선도하는 종합교양지의 역할을 전개하며 사상, 종교, 문화, 경제, 문학 등등에서 새로운 경향을 소개하고 개척해 나간 선구적 매체라는 위상을 지닌다. 그 결과 창간 이후 100여 년이 지난 지금도 많은 연구 주제를 제공하는 주요 출판 매체이다.

> 　소리ㅣ있어넓히世界에傳하니 온世界모든人類ㅣ이에應하야부르 짖기를始作하도다. 强者도부르짖고 弱者도부르짖으며 優者도부르 짖고 劣者도부르짖도다. 東西南北, 四海八方이 다같이소리 中에묻혀 있도다 霹靂이냐 地震이냐 神籟이냐 魔哭이냐 우리는아즉이소리의 正邪를判斷할수없도다. 左右間多數가渴仰하고 多數가要求하는人民 의소리임은 明白하도다.
> 　哲人은말하되 多數人民의聲은곳神의聲이라하엿나니 神은스스로 要求가없는지라 人民의소리에應하야其要求를發表하는것이요, 神은 스스로渴仰이없는지라 人民의소리에應하야쏘한其渴仰을나타내는 것이라. 多數人民의渴仰하고且要求하는 소리는 곳神의渴仰하고要求

6　이현희, 『한국 근현대사의 쟁점』, 도서출판 삼영, 1993, 401-429쪽; 이현희, 『東學革命百周年 紀念論叢』下, 동학혁명백주년기념사업회, 1994, 331쪽.

7　고정기, 「민중을 위한 민중의 종합지 「개벽」」, 『신인간』438, 신인간사, 1986.4, 49쪽.

하는소리니 이곳世界開闢의 소리로다.[8]

위에서 인용된 『개벽』의 창간사는 빛이 아니라 '소리가 있다'로 시작한다. 들려오는 그 소리에 가진 힘이나 쌓은 지식이나 사는 지역에 무관하게 반응하지만 소리의 옳고 그릇됨(正邪)을 알 수는 없다. 그러나 그 소리는 인민의 소리이고 신의 소리라는 것이다. 여기에는 동학을 이은 천도교의 사상이 깔려 있음이 파악된다. 즉 인간의 소리가 신의 소리라는 것은 인간 안에 내재한 신이며 인간이 신이라는 '시천주(侍天主)' 및 '인내천(人乃天)'을 의미한다. 또한 모든 인간이 부르짖는 인민의 갈망과 요구가 들려오지만 그 소리의 옳고 그름은 알 수 없다. 이러한 알 수 없는 혼란한 소리는 시(時)를 개벽하고 사(事)를 개벽하고 인물을 개벽해야 한다는 신의 요구이자 인민의 소리이다. 이러한 혼란한 선천의 소리는 『개벽』을 통해 더욱 커지고, 넓어지고, 철저해지는 후천의 소리가 될 것이라는 창간사의 포부가 드러나고 있다.

이러한 『개벽』 창간사를 통해 『개벽』의 창간 정신은 동학·천도교의 이념을 사회적 보편원칙과 시대적 요구에 부응하여 사회적으로 구현하는 데 있다. 시천주나 인내천의 의미는 인간을 신의 유형화로 구체화한다. 이는 신의 목소리가 인간의 목소리로 구현되며 그 목소리는 세계 개벽의 당위성을 제기하는 『개벽』의 창간 정신이기도 하다. '개벽'이라는 제목은 천도교 청년회가 문화운동에서 주창하는 정신을 다시 한번 더 부각하는 의미와도 연계된다. 천도교 청년당은 '人間의 思想을 開闢하는 精神, 民族, 社會의 三代 開闢의 하나인 精神開闢'을 새로운 세계의 신문화창조의 전제로 보았던 것이다.[9]

---

8 「創刊辭」, 『開闢』 창간호, 1920.6.25.
9 趙基栞, 『天道教靑年黨小史』, 天道教靑年黨本部, 1935, 61쪽.

1920년 6월 25일 창간된 『개벽』은 1926년 8월 1일 강제 폐간될 때까지 압수, 삭제, 발매 금지, 발행정지 등의 우여곡절을 겪으면서도 학술, 종교, 사회, 문화, 정치, 경제, 시사까지도 다루는 월간 종합 잡지로서의 선구적 면모를 지속했다.

'개벽'이라는 키워드로 한국연구정보서비스(Riss)에서 검색하면 관련 자료는 총 4,102건이 산출된다. (2024.08.17.) 그 중 상세 항목은 단행본 2248편, 해외 학술논문 2편, 학술지 25편, 연구보고서 233편, 공개강의 1편, 국내 학술논문 1,299편, 학위논문 294편이다. 또 '잡지 개벽'이라는 키워드로 Riss에서 검색하면 관련 자료는 총 489건이 산출된다. (2024.08.17.) 그중 상세 항목은 국내 학술논문 148편, 학위논문 42편, 단행본 175편, 연구보고서 124편이다. 이들 가운데 국내 학술논문과 학위논문을 대상으로 진행된 『개벽』에 대한 기존 연구를 본 논의에서 고찰하고자 한다. 이들 대상은 키워드 '개벽'과 '잡지 개벽' 검색 결과에서 중복으로 산출되기도 했다. 그 구체적 대상은 학술논문 167편, 학위논문 27편이다.

분석 대상인 기존 연구 중 학술지 논문과 학위논문에서 다루어진 연구 범주는 크게 다음 표와 같이 구분될 수 있다.

<표 1> 『개벽』을 연구한 학술논문의 주제 범주

학술지 논문 : 『개벽』 논의 범주	
신종교(동학, 천도교, 원불교 등) 개벽 사상	개벽 소재 신경향 문학
출판 주체 개벽사 및 필진 (이돈화, 방정환, 차상찬 등)	개벽 소재 문학 작품 및 작가 (현진건, 염상섭, 박영희, 김동인 등)
개벽 편집(글쓰기) 전략	개벽 독자
근대 기획 기사 (유물론, 개조론, 문화민족주의)	문학 제도 및 월평
다른 잡지와 비교 (별건곤, 조선문단, 조선지광, 삼천리 등)	개벽 소재 시가, 민요, 동화, 수필, 해외기사, 번역물

학술지 논문 : 『개벽』 논의 범주	
개벽의 계몽적 글쓰기	기본 조사와 지역 인식
개벽 소재 소설	조선 지식인의 외국 인식 / 인도
개벽의 현실 인식 (정치, 경제 등)	중국 인식 및 중국 소설
조선 역사(조선 왕조) 담론	개벽을 통한 천도교 드러내기
독립운동 및 3.1운동	개벽지 가치
동학 교주 수운, 해월, 의암	개벽의 교육론
조선 지식 자료 수집	개벽 표지, 시각적 이미지 및 광고
생활문화 (주택 개량 등)	개벽사 발행 잡지
사회운동론 (소년운동, 여성운동 등)	개벽사 개최 행사 (동화구연, 아동극 등)
문학 검열	신문물 수용 양상
예술론 기사	데이터 분석을 통한 주제 map 및 계량적 논의
학위논문 : 『개벽』 논의 범주	
1920년대 경향문학	근대 문학 시장과 매체
개벽 소재 소설	역사담론과 소설양식
일제 하 문화운동 / 문화기획	개벽사 출판 활동
논설에 드러난 민족 계몽 의식	천도교 청년당
천도교 문화운동 및 잡지	조선의 개조론
개벽 서지 및 위상	농촌문제 인식
근대 여성담론 및 아동담론	인물·작가 (방정환, 백철 등)
검열 제도	식민도시 경성
문학 제도	중국론
근대 문예 비평	1920년대 잡지에 등장하는 명사구 및 관형 명사

　이들 범주를 대별하면, 『개벽』 편집, 『개벽』 독자, 『개벽』 수록 내용을 중심으로 한 사상·문화·문학·역사·지역 공간, 매체 가치, 기술적 분석을 통한 데이터 도출 등이다. 이러한 논의는 1960년대 후반부터 현재 2024까지 걸쳐 지속해서 발표된다.

　『개벽』에 대한 국내 학술지에 게재된 연구의 동향은 다음과 같다. 『개벽』에 대한 연구로 처음 발표된 것은 김근수의 목록화 작업 「개벽지 소고」(1966)와 김원경의 논문 「「開闢」 時代 傾向文學의 特性」(1971)이다. 이어 1970년대『개벽』논의는『개벽』에 수록된 1920년대 경향문학, 경향파 시, 회월의 경향소설, 시문학에 관한 연구들이 연이어 발표된다.

이후 1926년 4월 1일 창간된 천도교 기관지『신인간』이 400호 기념과 이어 창간 60주년을 맞이하면서 천도교단 내에서 천도교의 문화운동을 되돌아보고 정리하는 계기가 마련된다. 이에 천도교 문화운동으로서의『개벽』의 의미와 가치가 논의된 연구들이 생산된다. 그 대표 연구는 고정기의 논문「민중을 위한 민중의 종합지「開闢」」(1986)이다.

최수일은 논문「『개벽』의 출판과 유통」(2000)에서『개벽』1~30호를 대상으로 출판과 유통을 논의하며『개벽』의 총체성 규명을 위한 연구의 문을 연다. 이어 그는『개벽』의 근대적 성격, 가치, 기록 서사, 서지적 고찰에 이어『개벽』의 유통망과 담당층에 관한 연구로 나아간다.

천정환은 논문「주체로서의 근대적 대중 독자의 형성과 전개」(2005)에서 1920년대『개벽』의 7,000~10,000 부수를 근대 독자의 최대 규모로 파악하며 근대적 독자의 분화에 대해 논의한다. 또한 한기형은 논문「식민지 검열 체제의 역사적 성격」(2005)에서 1922년 9월 적용된 신문지법이 오히려『개벽』에 대한 가혹한 탄압으로 이어지고, 이 과정에서 발행정지와 발행금지로 이어져『개벽』이 마침내 1926년 8월 폐간됨을 논의한다.

조규태는 다른 방향으로『개벽』을 논의한다. 그는 논문「천도교의 문화운동론의 정립과 그 패러다임」(1998)에서 천도교 문화운동의 패러다임을 문화발전단계론적 사고, 사회진화론적 사회관, 그리고 문화주의로 구분하며, 이를 개벽 소재 글을 통해 밝히고 있다. 조규태의 이러한 논의는 고시용의 논의「천도교 신문화운동」(2012)로 연계되고 있다.

김건우는 논문 「『개벽』과 1920년대 초반 문학담론의 형성」(2006)에서, 개벽이 당대 지식 사회와 지식 담론의 전체를 포괄하는 매체로 가능했던 힘은 당대 지식 담론 일반을 포괄할 수 있는 천도교 교리에 있다고 파악했다. 이후『개벽』에 대한 문학 담론에 대한 논의들로 김도경의 「1920년대 전반 비평에 나타난 소설 개념의 재정립」(2010), 유석환의 「식민시기 근대소설의 발흥과 천도교 매체의 역할」(2011) 등의 연구들이 발표되었다. 이어 염상섭, 현진건, 백철 등의『개벽』소재 작품의 작가론과 방정환, 차상찬 등의 개벽사 편집진에 관한 연구들도 발표된다.

최근 2020년대 오면, 3.1운동 백 주년을 계기로『개벽』에서 3.1운동과 관련된 의미를 탐색하는 연구들이 발표되었다. 또한『개벽』기사 및 주제들이 기술 프로그램을 통해 계량적 분석 결과로 도출되는 전성규의 「Word2Vec 분석을 통한 근대 계몽기 잡지에서의 '문명(文明)'의 시기별 지형도」(2020)와 홍정완의 「1920-30년대 식민지 조선의 종합잡지에 나타난 '조선 역사'」(2023)의 연구들이 등장한다.

다음으로『개벽』에 대한 학위논문의 연구 동향을 살펴보면 아래와 같다.

제일 먼저 발표된『개벽』에 관한 학위논문은 金圓卿의 건국대 석사학위 논문인 「1920년대 경향문학의 특성- 특히『開闢』誌를 중심으로」(1972)이다. 이어『개벽』의 민족계몽의식을 논의한 김은미의 중앙대 석사논문 「「開闢」지에 관한 연구-논설에 나타난 민족계몽의식을 중심으로」(1985)이 발표된다. 천도교 여성담론에 관한 시발 논의인 학위논문인 박희순의 상명여대 석사논문 「천도교의 여성계몽운동」(1993) 연구도 뒤이어 생산된다.

그리고 이요섭의 중앙대 석사논문 「천도교의 잡지간행에 관한 연구-개벽을 중심으로」(1994)가 발표되면서 본격적인 천도교 신문화 운동을 중심으로 한 『개벽』의 내용분석이 이루어진다. 뒤이어 『개벽』문학 연구자의 출발점으로 평가되는 최수일의 성균관대 박사논문「1920년대 문학과 『개벽』의 위상」(2002)이 발표된다. 계속해서 출판, 검열, 근대 문예비평, 작가론 등으로 이어지는 연구로, 이종호의 동국대 석사논문 「『개벽』의 원본 분석을 통한 1920년대 검열 제도 연구」(2005), 류석환의 성균관대 석사논문 「개벽사의 출판활동과 근대잡지」(2007), 강용훈의 고려대 박사논문 「근대 문예비평의 형성 과정 연구」(2011)가 있다.

개벽사를 낳은 1920년대 천도교 문화운동과 그 주체인 천도교청년당에 관한 연구로 조규태의 서강대 박사논문 「1920년대 천도교의 문화운동 연구」(1998), 성주현의 한양대 박사논문 「천도교청년당(1923-1939)」(2009)이 발표되었다. 최근 『개벽』을 통해 식민도시 경성의 면모를 도출한 진송옥의 성균관대 석사논문 「『개벽』이 묘사한 식민도시 경성」(2023)도 『개벽』이라는 매체 연구가 얼마나 확장될 수 있는지 그 가능성을 보여주는 논의이다.

앞서 기술된 학술논문과 학위논문의 연구 동향을 정리하면, 『개벽』에 관한 연구는 1970년대 『개벽』 수록 경향문학에서 출발하여 『개벽』의 근대적 성격 및 가치에 대한 논의, 『개벽』의 근대 기획, 『개벽』을 통한 근대문학론 및 근대문학제도, 『개벽』의 천도교 문화운동, 『개벽』 수록 작가론 및 작품론, 『개벽』 기사에 관한 기술적 계량적 분석에 관한 최근 연구 등으로 진행되어 있음을 파악할 수 있다.

3. 담론적 실천으로서의『開闢』에 대한 연구 동향

앞 장에서 살펴본 바와 같이『개벽』에 대한 다양하고 방대한 논의들이 지속해서 발표되었다. 그 논의를 주된 양상 세 가지로 분류하여 구체적인 논의를 살피고 핵심적 성과와 미진한 부분을 고찰하고자 한다.

1) 문학 개념의 정립과 근대문학 제도의 정착

『개벽』논의를 시발한 김근수는『개벽』이 한국 근대화에 막대한 추진력이며 민중의 지침임을 인정했으며, 신춘문예 특집호 및 해외문학 특집호 등이 발행되며 한국 문학계에도 기여를 크게 한 종합지로『개벽』을 평가한다.[10] 그는『개벽』을 사회운동의 정면에서 신사회 건설의 책임을 부담하는 민중의 잡지로 규정하면서 기사 목차를 정리하여 소개한다. 이어 국회도서관에서『開闢誌總目次 :1920~1949 開闢誌總目次 :1920~1949』(1966)가 간행되어『개벽』의 기사들이 서지적으로 본격 정리된다. 이후 학계에서『개벽』에 대한 논의들이 활발해지기 시작하면서 김원경의 학위논문 등이 등장한다.

1970년대 초, 김원경은『개벽』과 경향문학에 관한 연구를 발표한다.『개벽』과 관련한 김원경의 연구는 경향문학에 주목하고 있다.[11] 그는『개벽』에 수록된 문학 연구를 시발한 연구자로『개벽』수록 문학을 계층적으로 목록화한다. 그는 1920년대 문화운동이 요청되는

---

[10] 김근수,「開闢誌 小考」,『아세아연구』9-3, 고려대 아세아문화연구소, 1966.

[11] 김원경,「「開闢」 時代 傾向文學의 特性」,『문호』6-1, 건국대, 1971; 김원경,「「開闢」誌와 傾向文學」,『어문집』5, 서울 교육대, 1972; 김원경,「개벽 시대 경향문학의 특성」,『겨레어문학』6, 겨레어문학회, 1972; 김원경,「1920年代 傾向文學에 關한 硏究: The Kae-Byuk and Tendency-literture 「開闢」誌를 通한 擡頭顛末을 中心으로」,『논문집』6, 서울 교육대, 1973; 金圓卿,「1920年代 傾向文學의 特性 : 特히『開闢』誌를 中心으로」, 건국대 석사논문, 1972.

시대상을 드러내고, 동학·천도교 개혁사상을 보급하고, 반식민지 운동의 선봉이 된 『개벽』의 가치를 자리매김한다. 김원경은 경향문학을 문학 자체의 예술성보다 차라리 명확한 지도 개념을 앞세우는 문학으로 정의한다. 그의 연구에 의하면, 경향문학은 목적의식의 문학이며 기능적 면을 중요시하는 문학인 것이다. 그는 경향문학이 카프의 발족으로 계급적 프롤레타리아 문학으로 탈바꿈하는 과정을 논의한다. 그는 이러한 전개가 오히려 순수문학운동이 활성화되는 계기가 된 것으로 파악한다. 김원경의 논의는 시대상과 개벽사 지향을 연계하여 『개벽』의 가치를 파악했으며, 경향문학의 전개 과정을 의미화하는 데 기여한 연구이다.

『개벽』은 창간호부터 문학에 지면을 상당히 할애했다. 창간호부터 다수의 문학 작품과 현철의 「소설개요」 문학론 등이 전체 분량 삼분의 일 정도 수록된다. 이후 『개벽』의 구성은 문예란을 후면에 배치하면서 페이지를 다시 시작하여 점차 일반 기사와 문학 지면이 구분된다. 당시 『개벽』에서는 문학에 대한 지면 할애가 주목할 만하다. 이는 『개벽』이 천도교 교단 내 조직에서 간행되고 있지만 조선 민중 종합지로 위상을 정립해 나간 이유이기도 하다.

이어 최수일의 논의가 등장한다.[12] 그는 출판과 유통에서부터 『개

---

[12] 최수일, 「『개벽』의 출판과 유통 -1~30호를 중심으로」, 『민족문학사연구』16, 민족문학사학회, 2000: 최수일, 「『개벽』의 근대적 성격」, 『상허학보』7, 상허학회, 2001: 최수일, 「『개벽』 소재 기록서사의 양식적 기원과 분화」, 『반교어문학연구』14, 반교어문학회, 2002: 최수일, 「식민지 제도와 지식인에 대한 새로운 통찰 - 김기진의 소설 「Trick」에 대하여」, 『상허학보』15, 상허학회, 2005: 최수일, 「『개벽』에 대한 서지적 고찰-소장처와 판본의 문제」, 『민족문학사연구』27, 민족문학사학회, 2005: 최수일, 「『개벽』 유통망의 현황과 담당층」, 『大東文化硏究』49, 성균관대 대동문화연구원, 2005: 최수일, 「한국 근대문학, 재생산구조의 제도적 연원 : 근대문학의 재생산 회로와 검열 -『개벽』을 중심으로」, 『대동문화연구』53, 성균관대 대동문화연구원, 2006: 최수일, 「『개벽』의 현상문예와 신경향파문학」, 『상허학보』20, 상허학회, 2007: 최수

벽』을 논의하며 매체의 근대적 성격, 기록 서사의 문학적 전환, 소장처와 판본 연구를 거쳐, 근대문학 재생산 구조 아래 검열과 현상문예 등에 관한 연구를 지속적으로 발표한다.

최수일은 자신의 연구가 『개벽』을 통해 1920년대 문학 지형을 조감하는 것을 지향한다고 밝힌다. 그는 『개벽』의 성공적 대중성이 독자 참여를 고려한 편집에 기인하며, 또한 『개벽』 기록서사의 소설적 전환은 문학적 생동감을 낳았다고 논의한다. 그에 의하면, 1920년대 초기 『개벽』 문학은 동인지 문학을 넘어 근대문학의 저변 확대와 리얼리티 향상을 이룩했으며, 1920년대 중반 이후 『개벽』 문학은 신경향파 문학과 프로문학으로 이어지는 계기를 내포한다.

최수일을 비롯한 선행 논자들은 『개벽』의 출판 편집을 논의하면서, 천도교 조직을 바탕으로 했기에 출판 매체 『개벽』이 성공할 수 있었다고 평가한다. 김건우는 『개벽』이 종합지임에도 불구하고 문학 유통 면에서 동인지를 능가함을 논의한다.[13] 그에 의하면, 1920년대 『개벽』 담론은 문학을 포함하여 당대 지식인 주체의 계몽 담론을 매개하는 공간이었다. 그의 논의는 담론 주체들이 무엇을 수행하고 어떻게 성공했는지에 대한 구체적 논의로는 나아가지 않았다.

류석환은 근대소설의 정착 및 발흥을 천도교와 관련하여 논의한다.[14] 그는 『개벽』, 『별건곤』, 『혜성』, 『제일선』 등 다수의 잡지를 대상으로 논의를 전개한다. 그에 의하면, 천도교는 매체를 통한 근대소설

일, 「1920년대 문학과 『開闢』의 위상」, 성균관대 박사논문, 2002.

[13] 김건우, 「『개벽』과 1920년대 초반 문학담론의 형성」, 『한국현대문학연구』19, 한국현대문학회, 2006.

[14] 유석환, 「식민지시기 근대소설의 발흥과 천도교 매체의 역할」, 『대동문화연구』73, 성균관대 대동문화연구원, 2011.

의 사회적 제도화에서 패트론의 역할을 수행한다. 그는 1924년 이후 개벽 소재 소설 수가 두드러지게 증가함을 지적한다. 즉 1924년 이후 소설이 『개벽』 문학물의 핵심이 된 것이다. 그는 『개벽』 후반기에 나타난 소설화 현상을 주도한 인물로 박영희를 꼽았다. 그러나 이러한 변화와 과정에 대해서는 별다른 해명이 없다. 결론적으로 천도교는 정신적 패트론이 아닌 물질적 패트론의 역할을 한 것으로 류석환의 논의는 마무리되고 있다.

이상의 논의를 통해서 보면, 『개벽』에 관한 문학 개념 및 문학 제도의 논의는 『개벽』 연구의 대표 주제 중 하나이다. 이와 관련한 논의들을 살펴보면서, 『개벽』 수록 문학에 대한 논자들이 천도교 조직의 유통과 편집에 대한 역할과 능력을 인정하고 있지만, 수록 문학 및 유통 편집이 연계된 구체적 논의는 진행되지 못하고 있음을 파악할 수 있다.

2) 천도교 문화운동의 담론적 실천

천도교 문화운동 연구를 시발한 대표 논자는 김응조이다. 그는 천도교 기관지 『신인간』의 신인간사에 입사하여 편집장과 주간을 지낸 교단 내 인물이다. 그는 『신인간』 400호 기념 시기에 천도교 문화운동과 연계하여 『개벽』 연구를 발표한다.[15] 김응조의 연구에 의하면, 전기 천도교 문화운동은 손병희의 일본 외유에서 싹트기 시작한다. 일본으로 간 손병희는 일본의 개화된 모습을 보고 귀국 후 민족 계도를 위한 문화사업에 적극성을 보인다. 그는 1906년 활판 인쇄소 박문사(博文社)를 설치하여 천도교 일간지 『만세보』와 천도교 월간지 『천

---

15 김응조, 「天道教의 文化運動」, 『인문과학연구』 2, 성신여대 인문과학연구소, 1983; 김응조, 「천도교기관지의 변천과정」, 『신인간』 400, 신인간사, 1982.8; 이연복, 「천도교의 출판문화」, 『신인간』 400, 신인간사, 1982.8.

도교회월보』를 발행한다. 3.1운동 이후 결성된 천도교청년교리강연부에 의해 후기 천도교 문화운동이 시작된다. 이돈화, 박래홍, 박달성 등이 주축이 된 강연부는 천도교청년회로 개명되고 이후 천도교청년당으로 발전한다. 이들은 개벽사를 설립하여『개벽』을 비롯한 다수의 잡지를 발행하며 후천개벽을 위한 문화운동을 전개한다. 이들은 앞의 논자들에 의해『개벽』편집과 유통의 능력을 인정받은 인물들이다.

더불어 조규태, 성주현, 고시용도 천도교 문화운동과 천도교청년회에 관한 연구를 발표한다.[16] 이들 연구는『개벽』매체에 집중한 논의라기보다 천도교가 수행한 문화운동에 주목한다. 조규태의 연구는 문화운동론의 정립과정과 그 패러다임에 주목한다. 이는 천도교에서 개조론과 문화주의를 수용하여 문화운동론을 정립하는 과정이다. 이 과정에서『개벽』,『천도교회월보』,『신인철학』의 논설들이 분석 평가되면서 천도교 문화운동론의 패러다임을 구성하는 기저가 설명되고 있다.

성주현의 연구는 천도교 문화운동의 중심이었던 천도교청년회 및 천도교청년당의 창립과 발전, 분열, 해체 등의 과정을 논의한다. 그에 의하면, 천도교 청년회 활동 중 중점 사업은 개벽사 운영과 강연활동이며, 개벽사 발행 잡지의 발행인과 편집인은 전부 청년회 본부 임원들이었다.

또한 고시용의 논의에서, 천도교 문화운동의 시기는 5단계로 구분된다. 그 시기는 ①의암 도일망명기 ②천도교 교단확립기 ③독립운동

---

[16] 조규태, 「천도교의 문화운동론의 정립과 그 패러다임」, 『한국민족운동사 연구』19, 한국민족운동사학회, 1998; 조규태, 「일제강점기 청년운동 연구의 성과와 과제」, 『역사와교육』22, 역사와 교육학회, 2016; 성주현, 「일제강점기 천도교청년당의 대중화운동」, 『한국독립운동사연구』30, 독립기념관 한국독립운동연구소, 2008; 성주현, 「천도교청년당(1923-1939) 연구」, 한양대 박사논문, 2009; 고시용, 「천도교의 신문화운동」, 『신종교연구』27, 한국신종교학회, 2012.

전개기 ④천도교청년회 활약기 ⑤천도교청년당 활동기이다. 이 연구에서는 특히 천도교청년회 활약기에서 수행된 개벽사의 『개벽』 간행 초기에 관한 사적 고찰이 실증적으로 다루어지고 있다.

이 지점에서 주목할 연구는 이요섭의 중앙대 석사논문 「천도교의 잡지간행에 관한 연구-『開闢』을 중심으로」(1994)이다.[17] 이 연구에서 저자는 『개벽』 1-72호 기사를 천도교 문화운동의 분야별로 분류하여 분석 평가하고 있다. 그 분야는 문화·정치, 교육, 어린이·청년, 농민·노동, 여성, 종교이다. 이 연구의 가치는 문화운동의 담론적 실천을 『개벽』 수록 기사를 통해 직접 분석 평가하고 있는 점에 있다.

위의 연구들에서, 천도교 문화운동의 담론적 실천으로 『개벽』의 수록 내용이 연계되어 구체적으로 논의가 진행되지 못하고 있다. 이런 한계는 이요섭의 연구에서 어느 정도 극복되고 있지만, 이마저도 각 분야에서 1~2편의 논문이나 기사에 적용되고 있을 뿐이다. 좀 더 『개벽』의 다양한 내용이 주체가 의도한 담론적 실천으로 분석되어야 할 것이다.

3) 근대 지식 담론의 실천적 장

『개벽』 주도층은 1920년 6월 창간호부터 서구 근대사상과 서구 인물을 집중적으로 소개한다. 허수는 이러한 번역 소개 양상에 대해 지속적으로 논의를 전개한 연구자이다.[18] 그에 의하면, 이돈화는 『개

---

[17] 이요섭, 「天道敎의 雜誌刊行에 關한 硏究 : '開闢'을 中心으로」, 중앙대 신문방송대학원 석사논문. 1994.

[18] 허수, 「1920년대 초 『개벽』 주도층의 근대사상 소개 양상」, 『역사와현실』 67, 한국역사연구회, 2008.
허수, 「러셀 사상의 수용과 『개벽』의 사회개조론 형성」, 『역사문제연구』 21, 역사문제연구소, 2009.

벽』발간 6년 동안 인내천주의를 사회사상으로 전화시켜 나간 개벽의 주도적 필진이며 천도교 교리를 일반화하여 민중이 이해하도록 보편화·세속화 작업을 하는 선두에 선 인물이다. 이러한 보편화 논리의 실천이 『개벽』 창간이다.

허수의 논의에 따르면, 이돈화는 당대 유행하던 담론 즉 문화주의, 민족주의, 마르크스주의를 수용 변형시켜 『개벽』의 사회개조론으로 형성한다. 그 과정에서 이돈화는 담론에 따라 강조를 달리하며 러셀의 입장을 균형추 삼아 근대 지식 담론을 전유해 간다.

박민철과 이병태는 '개화→문명→문화'라는 발전적 도식처럼 새로운 문화가 형성되면서 마침내 '사회개조'와 '민족개조'가 완성된다는 도식인 『개벽』의 탈식민적 근대 기획이 보인 균열 지점을 논의한다.[19]

이들 연구에 의하면, 노동문제는 계급문제가 아니라 전 인류의 개조문제라는 『개벽』의 초기 인식이 차츰 거부된다. 이후 식민지 조선에서의 운동은 노농과 혁명적 인텔리겐치아의 연대를 기반으로 한 맑스주의적 변혁운동이 되어야 한다는 『개벽』의 후기 인식으로 급격하게 전환되고 있다.

따라서 『개벽』을 통해 드러난, 천도교 문화운동은 구체적인 내용을 구성하며 식민지 모순에 대한 직접적인 비판과 극복으로 나아가기보다 사회개선의 측면에만 국한되는 수준으로 머물게 되었다는 것이다. 그럼에도 이들 연구에서 논의된, 천도교 문화운동은 사회주의와 함께 식민 극복을 목적으로 하는 한반도의 근대 기획을 가장 절실하게 보여준 운동으로 최종 평가될 수 있다.

---

[19] 박민철, 이병태, 「천도교 문화운동과 탈식민주의적 근대 기획-『개벽』을 중심으로」, 『철학연구』134, 철학연구회, 2021.

4.『開闢』에 대한 앞으로의 연구 과제

『개벽』은 천도교 교단의 천도교청년회 산하 개벽사에서 발행되었지만 일반 민중 잡지였다. 이는 교단의 지원을 받는 구조 안에 있으면서도『개벽』의 종교 교리에 관한 기사가 소수인 것을 보면 파악된다. 그럼에도 매체『개벽』을 관통하는 교단 내외의 화두는 있을 것이라는 바람이『개벽』의 방대한 기존 논의를 통시적으로 고찰하는 동력이 되었다.

'개벽'이라는 키워드로 한국연구정보서비스(Riss)에서 검색하면 관련 자료는 총 4,102건이 산출된다. (2024.08.17.) 또 '잡지 개벽'이라는 키워드로 검색하면 관련 자료는 총 489건이 산출된다. (2024.08.17.) 이들 가운데 국내 학술논문과 학위논문을 대상으로,『개벽』에 대한 기존 연구를 본 논의에서 중점 논의 대상으로 하였다.

『개벽』에 관한 연구의 시기적 선두는 김근수(1966)와 김원경(1972)의 연구이다. 그들은『개벽』 수록 기사와 문학 작품을 분류 목록화했으며,『개벽』의 가치와 의미 및 문학사적 위상을 정립하였다. 이후 천도교 교단 기관지『신인간』 400호 및 60주년 기념을 맞아 천도교 문화운동을 되돌아보고 정리하는 연구가 발표되었다. 그 대표 연구는 김응조 논문「천도교 문화운동」(1983)과 고정기 논문「민중을 위한 민중의 종합지「개벽」」(1986)이다.

최수일은『개벽』문학을 지속적으로 연구하면서,『개벽』수록 작품을 시 552편, 소설 115편, 희곡 17편, 수필 153편, 문학론 69편, 비평 69편, 기타(동화, 야담, 전설, 토론체, 만화, 문단평, 예술평 등) 69편으로 제시했다. 이들 작품 수는 김근수, 김원경 등『개벽』논자에 따라 다소 달라지기도 한다. 최수일은『개벽』의 출판과 유통, 성격, 서지, 검열, 현상문예 등

다방면으로 연구를 진행하였다. 그 뒤를 이어 전은경, 천정환, 김건우 등이 문학 담론과 제도에 관한 연구를 생산한다. 또한 조규태, 허수, 김용휘, 고시용, 성강현, 박민철 등이 천도교 문화운동, 개조론, 천도 교청년당 등의 주제로 『개벽』 연구를 발표하였다. 최근 2000년대 오면서 기술적 분석 방법을 통해, 『개벽』 기사를 계량적으로 분석하는 연구들이 홍정완, 전성규에 의해 발표되었다.

『개벽』을 발간했던 개벽사는 천도교청년당이 새로운 문화창조를 선도하고자 설립한 조직이다. 즉 개벽사는 천도교청년당이 주장하는 문화운동을 출판 매체 『개벽』의 발행으로 실천하는 교단 내 주체였 다. 한편 식민지 조선은 1차 세계대전 이후 수용된 개조론과 문화주 의에 바탕을 둔 천도교 문화운동의 이념과 가치를 공감할 수밖에 없 는 현실이었다. 조선 민중은 개조와 문화를 통해 식민 현실을 극복하 는 데 공감한 것이다. 이러한 조선 민중의 시대 인식과 개벽사의 문화 운동 실천은 천도교 문화운동이라는 주제를 통해 이어지고 있다.

천도교 문화운동의 담론적 실천이라는 양상 아래 포섭되는 연구의 시발은 조규태의 「천도교의 문화운동론의 정립과 그 패러다임」(1899) 이다. 여기서 조규태는 천도교 문화운동론의 발흥과 의미를 규명하고 이를 가능하게 한 패러다임을 도출한다. 계속해서 천도교 문화운동에 관한 『개벽』 연구는 성주현, 고시용, 이요섭에 의해 발표되었다. 그중 이요섭의 연구는 천도교 문화운동과 『개벽』 기사를 연계하여 결과를 도출한다. 박민철·이병태의 연구는 천도교 문화운동과 사회주의 담 론을 연계시켜 차별적 결과를 도출하고 있어 주목된다.

이처럼 『개벽』 기존 논의들은 근대문학 개념의 정립 및 문학제도 정착, 천도교 문화운동의 담론적 실천, 근대지식 담론의 실천적 장(場) 으로 구분될 수 있다. 그렇다면 위에서 구분한 세 논의 영역인 한국문학, 천도교 문화운동, 근대지식 담론을 아우를 수 있는 거시적 관점에 바탕 둔 연구가 이제는 등장해야 할 것이다. 이러한 연구는 부분적으로 진행된 『개벽』의 논의를 정리 통합하고자 시도하는 창의적 주제이며, 간행 100여 년이 지났음에도 불구하고 여전히 『개벽』은 인문학 연구의 바탕이 되는 귀한 텍스트임을 다시 한번 증명하는 주제이며, 『개벽』 간행 100여 년을 돌아보며 시기적으로 요청되는 연구이다.

1920년대 천도교 교단 내 개벽사에서 발행된 여러 계층의 잡지는 조선 민중에게 새로운 근대문화 의식과 현실 인식 그리고 자긍심을 진작시키는 데 기여했다. 그중 『개벽』은 한국 잡지사에서 동인지적 편집 체계를 최초 탈피한 대사회적 종합지로 평가된다. 또한 『개벽』에서 문학론, 문학 작품, 신춘문예, 월평 등의 분량 또한 간과할 수 없는 부분이다. 이는 출판 매체 『개벽』에 시대적 요청과 이념이 투영된 부분이며 문화운동의 구체물로 볼 수 있다.

『개벽』을 통해 주창되는 천도교 문화운동의 주의 및 방향, 이와 더불어 생산된 『개벽』 수록 한국문학에 관한 기존 연구를 고찰한 본 논의를 마무리하면서, 대중적 인기와 사업적 성공 속에서도 조선 민중을 선도하는 대표 출판 매체로 자리할 수 있었던 『개벽』 담론의 수용과 지향 및 『개벽』 문학의 경향성을 도출하는 '『개벽』을 통해 실현된 한국문학' 연구를 다음 과제로 최종 요청하고 기대한다.

수운 최제우의 시천주와 이상사회론

임형진(경희대학교 교수)

1. 머리말

수운 최제우에 의해 창도된 동학은 조선봉건사회의 해체기에 발생한 민족이념으로서 그것은 특히 당시의 피폐화된 민중의 힘을 하나로 결집시키어 반봉건 반외세운동의 구심적 역할을 완수해 지상에서의 군자국가 건설을 목표했다. 개벽의 이름으로 동학은 그때까지의 민중적 사고의 총결산이자 그들의 이상적 세계관이 수운 최제우를 통하여 구체적인 이상사회의 건설로 완결된 것이다. 동학에서 주장하는 시천주, 인시천, 인내천의 사상은 우리민족이 아득한 옛날부터 생각하여 온 천신숭배의 신앙이 동학에 이르러 창조적인 모습으로 승화한 것이다. 인간의 존엄성을 하늘과 관련시켜 생각해 오던 우리 민족의 전통사상이 동학에 이르러 '사람이 곧 한울'이라고 대담하게 주장하기에 이르렀고[1] 나아가 그들 이상적인 인간들의 세계를 지향했다고 볼 수 있다.

이러한 수운의 구상은 대인 관계의 윤리에 커다란 변혁을 가져왔다. 동학이 등장하기 전까지의 유교적 인간관계는 상하주종의 관계로 대표된다. 봉건적 양반 질서에서 나와 타인의 관계는 재상자냐 재하자냐, 내가 군림해서 지배할 것인가 내가 그의 하인이 되어 복종할 것인가 등을 먼저 따지는 주종관계만이 주류를 이루고 있었다. 그런데 바로 동학은 그런 신분 차등의 인간관계의 근본에 변혁을 몰고 왔다. 사람이면 상하귀천을 불구하고 시천주자로서 모두 대등하므로 서로 존중하고 서로 한울님으로 대해야 한다는 인간 평등의 윤리를 개척한 것이다.

이처럼 새로운 인간관계의 근본은 이후 수운의 후계자인 해월 최시형의 나와 다른 사람과의 대인 관계가 '사람을 섬기되 한울같이 하라'는 사인여천의 근대적 시민 윤리로 귀결되었다.[2] 해월의 사인여천의 윤리에서는 어린이나 당시 천대받던 상민·천민, 남존여비 시대의 아녀자 등이 모두 시천주이므로, 나는 그들을 한울처럼 섬겨야 한다는 '경천·경인'의 인간존중주의가 나오게 된다.[3] 그리고 그러한 관계는 인간이 대하는 모든 물질에도 똑같이 적용되는 경물사상으로 확대됨으로써 만물공동체의 완성을 지향한다. 그러나 동학은 이러한 공동체의 운영주체를 인간 그 자체로 확고히 설정하고 최종적으로는 그들

---

[1] 오익제. "동학혁명운동의 현대적 재조명." 이현희 엮음. 『동학사상과 동학혁명』 청아출판사, 1984, 517쪽.

[2] 사인여천을 처음 사용한 해월의 삶 자체가 사인여천의 삶이었다. 그의 사인여천적 실천이 동학을 하나의 사상으로 자리하게 하는 결정적 요인이 되고 있다.

[3] 신일철, "해월 최시형의 侍와 敬의 철학," 부산예술문화대 동학연구소 엮음, 『해월 최시형과 동학사상』, 예문서원, 1999, 103쪽 참조.

개개인간의 도성덕립(道成德立)이 이루어지는 단계를 설정한다.

따라서 수운 최제우에게서 추구되는 동학적 이상국가의 구상은 종교적 차원의 비현실적인 가상의 세계가 아니라 구체적인 현실세계에서의 인간들의 삶의 변화를 목표로 한다는데 그 특징이 있다. 그것은 후천개벽의 단계를 통하여 내부적으로는 구성원들의 도성덕립이 이루어지는 새로운 인간(新人間)들의 세상, 이른바 군자공동체의 실현을 목표로 한다. 수운의 득도 이후 60여년 뒤에 탄생하는 천도교 청우당은 수운이 구상한 이상사회를 현실세계에서 구체화시키기 위한 정치적 결사체였다. 그것이 비록 종교적 외피를 쓰고 있었지만 내용은 전적으로 수운의 이념과 사상을 계승해 실현가능한 이상적 국가를 설계하고 있다. 이를 통해 수운의 이상적 사회질서는 종교적 영성의 세계에 머무는 것이 아니라 실생활 속에서 구현될 수 있는 가능성을 증명하는 것이라고 할 수 있다.

천도의 실현을 현실세계에서 추구하려 했던 수운 최제우의 구상은 우리 민족의 근대적 자각을 넘어선 이상적 공동체를 구상하고 그것의 완성을 위한 지난한 노력의 도정이라고 할 수 있다. 수운의 정신을 계승하고자 하는 모든 이들의 거듭되는 노력은 개인의 동귀일체가 이웃과 이웃의 동귀일체로 나아가 사회전체의 동귀일체로까지 확대될 수 있다고 믿고 있다. 수운의 이상적 사회 구상은 그러한 과정 속에서 점진적으로 실현의 단계를 축적하고 있다고 볼 수 있다.

2. 후천개벽과 지상천국

수운이 제시했던 다시개벽의 후천개벽사상은 현실의 질곡에 대한 개혁사상이자 동시에 이상국가론이다. 동학사상은 새로운 변혁의 창조적 개천사상이다. 기존의 체제를 기본으로 삼아왔던 척사사상이나 개화사상과는 달리 동학에서는 기존체제를 전적으로 부인하는 성격을 전제로 하고 있었다.[4] 즉, 새로운 세계관을 바탕으로 한 이상적 정치질서의 구상이 그것이다.

수운은 낡은 문화체제를 "다시 개벽"[5]하는 길을 찾아 나서 10여년간의 고행한 끝에 36세인 1860년 4월 5일에 새로운 신념체계를 득도했다. 종교체험을 통해 얻어낸 신념체계의 핵심은 바로 시천주 신관념이었다.[6] "천상에 상제님이 옥경대 계시다고 보는 듯이 말을 하니 음양 이치 고사하고 허무 지설 아닐런가"[7] "날로 믿고 그러하냐 나는 도시 믿지 말고 한울님만 믿었어라. 네 몸에 모셨으니 사근취원하단 말까"[8]라는 말로 시천주 신관념을 표현했다. 후천개벽은 이런 시천주, 즉 인내천에 바탕 한 이상사회를 향하는 과정이다.

개벽의 첫 발자국은 동학의 출발이었다.[9] 이는 한울님을 만나기 전

---

[4] 진덕규, "한국 민족주의의 이념과 성격", 『한길역사강좌3: 한국현대사와 역사의식』, 한길사, 1987, 15쪽.

[5] 수운은 21세(1844년)부터 31세(1854년)까지 세상을 살핀 끝에 당시 사람들은 지금까지의 문화체제가 병들어 해체되고 있다는 사실조차 모르고 있는 것을 안타깝게 여겼다. 그리하여 자신이 병들은 이 문화체제를 "다시 개벽"하는 길을 찾아 나섰다.

[6] 『東經大全』 「論學文」엔 "侍者 內有神靈 外有氣化 一世之人 各知 不移者也"라 했다.

[7] 『龍潭諭詞』 「道德歌」.

[8] 『龍潭諭詞』 「敎訓歌」.

[9] 수운 자신이 1860년 4월 5일 한울림을 접한 날을 開闢時 國初日이라고 말하고 있다. 『용담유사』 「용담가」.

의 모든 질병으로부터 벗어나 '다시 태어나는 삶', '군자사람'의 삶을 살아가는 것을 의미한다. 즉, '군자사람'의 삶이란 한울님의 가르침을 받아가면서 한울님의 은혜로 살아가는 삶을 말한다. 수운은 이것을 무위이화라고 했다. 이러한 무위이화의 삶에서 그 주체는 개개 인간이었다. 시천주신앙으로 개벽된 인간들이 모여 지상천국의 이상사회 건설이 수운의 최종 목표였다고 할 수 있다.

수운은 인간 개개인을 삶과 의식을 사회의 중심에 두고 있기에 개벽의 대상은 민족이나 국가 또는 어떤 특정 단체일 수 없다. 즉, 한울님을 모신 개개인이 경외지심으로 한울님을 모시면 누구나 한울님의 조화를 받을 수 있게 된다. 그 조화가 실현된 사회를 수운은 '春三月好時節'[10]이라고 했다.

> 하루에 한 송이 꽃이 피고, 이틀에 두 송이 꽃이 피네. 삼백예순 날이 되면 삼백 예순 송이가 피네, 한몸이 모두 꽃이요, 온 세상이 모두 봄일세.[11]

동학은 무엇보다도 봉건적 국가사회의 대내외적인 위기 속에서 자기갱생의 한계를 절감한 가운데서 태어났다. 정치사회의 억압적 지배질서라는 현실이 바로 동학의 모태였다면 이를 떠받치고 있던 지배계급의 이념을 극복하고자 했던 동학의 민중적 이념의 기반은 철저한 현세부정의 염원에서 비롯되었다. 민중적 삶과 현실은 기본적으로 생존조차 보장되지 않는 물질적인 궁핍 속에서 헤매고 있었다. 더욱이 양반지배계급의 억압적 타락과 신분질서로부터의 끝없는 질곡은 현

---

[10] 『용담유사』, 「도수사」.

[11] 『其他詩文』.

실세계에 대한 비타협적이고 전면적인 부정의 논리를 발견하지 않을 수 없게 했다.

궁핍과 억압의 현실은 마땅히 타개되어야 했다. 궁핍은 우선 풍요에 대한 동경으로 되면서 오히려 부에 대한 열망과 물질세계에 대한 강렬한 집착으로 나타났다. 이와 함께 인간에 의한 억압과 차등적 질서는 계급사회의 타파라는 숙명적인 염원으로 되었다. 동학은 현실에 대한 철저한 부정과 동시에 현세적 삶을 통해 이러한 염원을 송두리째 실현시킬 수 있는 사회를 바라고 있었다. 이러한 미래상은 누구도 포기할 수 없었으며, 또한 이러한 미래상에 도달할 수 있는 가능성을 회의하기엔 그들의 열망은 너무나 강렬했다. 바로 여기에 즉, 비타협적인 현실부정과 동시에 강렬한 현세적 열망으로 하여금 동학사상이 당대의 민중적 변혁의 실천적 힘으로 전화될 수 있는 계기로 가능케 했던 것이다.

이러한 민중의 갈망을 대변한 것이 동학의 개벽사상이라고 했을 때 그것은 '지상천국'의 이상과 '후천개벽'의 이념으로 보다 구체적인 접근을 할 수 있다.[12]

지상천국의 이상은 현실적 고뇌가 온전히 해소되고 인간 상호간의 반계급주의적인 평등주의가 구현되는 인간해방의 원초적 상태를 제시하고 있다. 극복의 대상으로서의 현세는 궁핍과 질병과 억압의 세계인 '선천'이라면, 이와 달리 현세의 모순이 극복된 세상은 '후천'이다. 동학은 내세보다는 현세를 위주로 하고 사후의 천당이나 극락이 아니라 한울 사람으로 자아를 완성하고 지상신선 지상천국건설을 목

---

[12] 조민, "한국근대변혁운동의 정치사상", 고려대정치외교학과 박사학위논문, 1992, 이하는 118-127쪽 참조.

표로 하는 종교이기 때문에 누구보다도 현실을 바르게 보고, 해야 할 일을 바르게 하여 적극적인 생활을 하도록 하고 있다. 낡은 선천의 세상이 무너지고 새로운 후천의 새세상이 열린다는 뜻으로 동학에서는 후천개벽을 주장하는 것이다. 따라서 후천개벽은 천지개벽이 아니라 인간중심의 문화개벽을 뜻하는 것으로 인류문화역사의 전반에 걸친 일대변혁과 새로운 창조적 변환을 의미한다. 이와 같은 후천개벽의 역사관은 역사의 순환에 따른 천운의 회복을 의미한다.[13] 그러나 후천은 죽은 다음의 사후의 세계가 결코 아니다.

> 입도한 세상사람 그날부터 군자되어
> 무위이화될 것이니 지상신선 네아니냐.(『용담유사』「교훈가」)

　　개벽된 후천의 세계는 이처럼 군자와 지상신선의 세계로 그것은 당시의 도탄에 빠진 민중에게 동학의 입도와 함께 도달할 수 있는 세계로 제시된 지극히 현실적인 모습이다.

> 遊衣遊食 귀공자를 欽羨해서 하는 말이
> 신선인가 사람인가.(『용담유사』「안심가」)

　　여기서 그리는 현실에서의 후천의 모습은 인간의 기본적 욕망을 충족시킬 수 있는 물질적 욕구와 현세적 염원이 그대로 관통되는 '살아서 만날 수 있는' 그런 곳이다. 이런 점에서 지상천국은 영원한 동경의 대상인 피안의 세계가 아니라 지극히 실현 가능한 세계로 인식될 수 있었다. 현실세계의 고통이 심할수록 이를 벗어나고자 하는 민중

---

[13] 오익제 편저. 『천도교요의』, 천도교 중앙총부출판부, 1986, 146쪽.

적 열망을 대변하는 희망찬 미래상은 단순한 환상으로만 존재하는 것은 아니다. 동학의 후천개벽의 세계가 짧은 시간에 그토록 급속도로 확산될 수 있었던 요인은 이러한 희망의 싹을 먼 피안의 세계가 아닌 현실의 영역에서 설계하고 있었기 때문이다.

한편 물질적 욕망의 해결은 현세적 가치관 속에서 소위 '잘 먹고 잘 입는' 풍족한 삶이 보장되는 그러한 세계였다면, 인간 상호간의 차별과 불평등은 "부하고 귀한 사람 이전 시절 빈천이요, 빈하고 천한 사람 오는 시절 부귀로세"[14]라고 하여 빈부의 계급관계와 귀천의 신분관계를 과도하게 전환시킨다.

또한 동학에서는 성리학적 신분질서에 입각한 계급관계를 "부귀자는 공경이요 빈천자는 백성이라"[15]고하여 양자를 대립적으로 파악하고 있지만 궁극적으로는 이러한 계급대립조차 모두가 군자되는 동귀일체[16]의 상태로 해소되고 만다. 이것은 물질적 궁핍과 차별적 인간관계가 극복된 사회상태에서 대립적 인간관계 자체가 스스로 해소된 모습을 설계하고 있다.[17] 오랜 신분적 질서의 사회를 거치면서 점철된 모순이 수운의 개벽세상에서는 일거에 해결되는 것이다. 수운이 구상한 정치질서는 이처럼 인간평등의 민주주의적 이상사회였다.

개벽은 또한 이상세계를 향하는 과정이다. 즉 지상천국의 이상세계는 지상신선의 세계이다. 이는 궁극적으로는 후천개벽의 세계이기도 하지만, 이에 대한 도달의 과정은 또한 선천이 전면적으로 부정되

---

[14] 『용담유사』「교훈가」

[15] 『용담유사』「안심가」

[16] 『용담유사』「교훈가」,「권학가」,「도덕가」

[17] 물론 이러한 신분질서의 비대립적 해소를 바라는 논리는 어느 면에서는 비록 몰락의 지경에 처했지만 양반계급의 후예로서 그리고 지식인으로서의 수운 자신의 계급적 한계를 반영하는 점일 수도 있다. 조민, 앞의 글.

는 '개벽'의 단계를 거쳐야 한다. 이런 점에서 개벽은 현실변혁의 원리로서 즉, 혁명의 논리로 이해되기도 한다. 동학에서의 개벽이란 혁명이고 혁명이면서 개벽이라는 이중적 구조를 가지게 된다. 그러나 이때의 혁명은 혁명이 아니게 된다. 그것은 서양의 혁명개념도 『주역』의 '혁(革)' 개념도 이미 아니며 개벽에 의해 질서가 생기고 제한되고 수정되고 나아가 극복되는 하나의 학습이며 쇄신훈련인 것이다. 이것이 종교적으로 개인적으로 나타날 때는 수양으로, 사회적으로 표현될 때는 사회개조, 개혁이다. 그리고 이것은 이중적 구속과 혼돈의 무질서에 빠진 조선민중, 동양민중, 동양사회 전체의 질병을 고칠 수 있는 하나의 처방으로 제시된 것이다. 그런데 동학은 이러한 개벽을 지극히 가까운 데에서 찾는다. 개벽은 지배계급과 민중들 모두의 도덕적 각성이자 도덕회복 그 자체를 뜻한다. 그리고 바로 이러한 도덕적 각성을 통해서 인간은 누구나 지상천국의 주인인 지상신선이 될 수 있다는 것이다. 이런 점에서 지상천국은 도덕적 인간의 공동체라 할 수 있다. 이 경우 도덕적 존재는 유가적 언술체계에서 이념화된 '군자'이다. 따라서 후천개벽으로 도달한 지상 천국은 도덕적 존재의 공동체, 달리 말해 군자공동체라 할 것이다.[18] 이러한 지상신선과 군자는 동학이 이상화하고 있는 인간관이라 할 수 있고 그들이 살아가는 세상을 군자공동체라 할 수 있다.

이처럼 동학의 대중적 확산을 가능케 했던 점은 민중의 현세부정의 강렬한 열망을 후천개벽의 필연에 대한 신앙적 차원으로 끌어올릴 수 있었다는 데에서 찾을 수 있다. 이런 점에서 동학사상의 논리적 전환과 발전은 이처럼 시대의 민중적 요청에 적극적으로 부응하고 그들과

---

[18] 신일철, 「동학사상」 『한국사상대계』 III. 대동문화연구원. 1979.

호흡을 함께 했다고 이해해야 한다. 오히려 이런 점에서 동학은 고정된 교리를 강제적으로 주입하던 기존의 종교들과 차별화 될 수 있었다. 그리고 포교의 대상이 당시 가장 소외되었던 민중들이었다는 점에서 그들의 역동성을 발견하고 그 힘을 바탕으로 기존의 모순을 극복하는 새세상의 이상사회를 추구했던 것이다.

수운에게 있어서의 개벽관은 이처럼 지상천국의 이상사회를 실천하는 방법으로서 조선 봉건사회의 변혁 필요성과 민중운동의 지향성을 결합시킨 진보적 사회개혁이념이었다. 이것이 보다 구체적 실천으로 나타난 것이 동학인(人) 각자 각자의 자각과 수련을 통해 목표하는 도성덕립이다. 동학에서는 인간의 본래적인 존재양식을 敬天命, 順天理로 파악하고 있다.[19] 그러나 인간의 당연한 존재양식은 현실의 세계인 선천에서는 왜곡되고 도착될 수밖에 없는 것이었다. 경천, 순천의 상태를 회복하기 위해서는 반드시 천의 존재를 인식하고 두려워하고 그야말로 '참'되게 존재해야 한다. 이러한 상태를 동학에서는 '도성덕립'[20]으로 규정하며 이는 또한 후천의 사회상태를 뜻하는 것이 되기도 한다. 그러므로 개개인간의 도덕성과 인격적 성품의 확립으로 동학적 이상사회, 이상국가로 이어지는 것이다.

결국 동학적 후천개벽의 이상사회는 그것을 구성하는 주체로서의 인간의 각성을 전제로 성립한다. 실제로 어떠한 이상적 정치체제의 등장도 그것의 실현은 개별 인간에 의하여 이루어진다고 했을 때 어떤 유형의 인간이 그 공동체의 주인인가는 중요한 문제로 부각될 수뿐이 없다. 수운이 미래의 세계주인을 '신인간'으로 규정한 이유는 여기에 있다.

---

[19] 『용담유사』 「권학가」, 『동경대전』 「포덕문」
[20] 『용담유사』 「교훈가」, 「도수사」, 「도덕가」 및 『동경대전』 「수덕문」

3. 수운의 정치적 개벽-인간평등의 이상사회

수운의 동학사상은 근대화 과정에 있어서의 개인의 자각과 국가의
식의 발견이라는 양 대 사상의 전개과정이었다. 조선조 봉건적 전제
정 체제 하에서는 엄격한 신분제도가 지위와 직업에 따라 존재하였
고 특히 민중은 모두 다 학대와 굴욕적 대우를 감수하는 무기력한 존
재였으며 인간성과 인권이 부정당한 살아있는 송장과 같은 사람들이
었다. 이와 같이 무균등, 무자유의 농민대중이 조선조 말에 와서 점
차 자기들의 처지를 의식하고 지배자의 강제와 억압에 반항하는 의식
을 깨닫게 된 것이다. 이 근대적 인간의 자각이 싹트고 민중운동이 태
동하는 전환기에 나타난 것이 동학사상이었다. 사람이 곧 하늘이라
는 인내천과 사람들 누구나 하느님을 모신다는 시천주의 의식이 고취
하게 되고[21] 당시의 봉건적 구조의 모순을 탈피하여 새로운 세상을 기
대하며 서학을 중심으로 한 외세의 침투에 대항해야 하는 국가수호의
필요성을 자각하게 되는 것이다. 이른바 개벽세상의 주체로서 자신을
명확히 인식하는 계기가 된 것이다.

수운의 개벽관에서 인간평등의 원리는 가장 민주주의적인 이념에
가깝다고 할 수 있다. 즉, 인간은 누구나 천을 모신 존재라는 시천주의
사상은 곧 인간이 하늘이므로 인간을 이 우주의 가장 최고최영의 자리
에 위치한 위대한 존재로 보는 것이다. 따라서 어떠한 인간이든 성실
성과 존경심만을 가졌다면 모두 한울님과 같은 존재로 인식한다. 특히
성과 경의 두 자만 지키는 인간이라면 노예든지 천민이든지 모두 군자
요 성인이 되지만, 이 성과 경이 없는 양반이나 토호 같은 지배층은 참

---

[21] 노태구. "동학사상의 연구." 경기대 행정대학원. 『행정논집』제9집, 1987, 34-35쪽.

다운 인간이라고 할 수 없다는 것이다. 따라서 재래의 문벌과 신분상의 낡은 봉건적 인간관계에 대해서 동학에서는 성.경 두 자에 의해 평등하고 스스로 각성한 근대적 개인을 발견하게 된 것이다.[22]

당시의 엄한 신분제사회 속에서 동학의 이같은 평등주의사상은 충격적인 발상의 전환이었으며 기층 민중에게는 엄청난 호소력을 지녔었다. 실제로 동학에 입도해 혁명에까지 참여했었던 백범도 동학의 이 같은 평등주의에서 자신이 찾는 이상향을 발견했었다고 기술하고 있다.

> "상놈된 한이 골수에 사무친 나로서는 동학의 평등주의가 더할 수 없이 고마웠고, 또 이씨의 운수가 盡하였으니 새나라를 세운다는 말도 해주의 과거장에서 본 바와 같이 정치의 부패함에 실망한 나에게는 적절하게 들리지 아니할 수가 없었다."[23]

동학의 시천주, 인시천, 인내천사상은 모든 사람이 계층과 관계없이 각기 신을 내면화하게 되는 것으로 인간의 존엄성을 신격화시키고 남녀노소나 직업의 귀천이나 지위의 고하나 빈부의 차별을 막론하고 도덕적으로 차별이 있을 수 없고 인권이 무시될 수 없는 인간평등의 이념으로 제시되었다. 즉, 수운이 제시한 이념은 인간지상주의를 고조시키고 인간평등주의를 주장한 것으로 개인의 완전 해방과 사회생활의 완전 해방을 주장한다. 그러므로 인간을 인격적 완성을 추구해야 하는 동시에 본연적 자연과 인간성에 모순되는 인간관계와 사회제도의 제 모순을 거부할 천부적 권리를 향유하고 있다는 민주적 원칙

---

[22] 위의 글, 37쪽. 특히 성.경문화에 대해서는 오익제편저, 『천도교요의』, 133-138쪽 참조.

[23] 김구, 「백범일지」, 송건호 편, 『김구』한길사. 1980, 37-38쪽 참조.

이 도출되는 것이다.

열암 박종홍은 동학의 인내천사상에 대해서 "현대는 휴머니티와 인간존엄을 외치지만 현대사상에서도 천도교의 인내천사상만큼 보다 인간의 존엄성을 강조하는 사상을 찾아볼 수는 없다. 사람이 곧 한울이라면 전통적인 기독교인은 깜짝 놀랄 일이다. 그 보다 더 큰 죄악이 없기 때문이다. 그런 만큼 특색이 있다..... 인내천의 종지는 현대의 그 어느 민주주의보다도 철저하고 깊은 것이 아닐 수 없다"[24]고 극찬하고 있다. 현대 민주주의의 가치가 자유와 평등에 앞선 인간 존엄의 구현이라고 했을 때 동학이 추구한 인간존엄의 평등성의 강조는 획기적인 근대적 이념이라고 할 수 있다.

이처럼 수운의 인간존엄에 입각한 평등주의적 이상은 근대적 의미의 민권사상으로 요약할 수 있다. 민주주의의 발전이 민권의 확대였다고 볼 때 이와 같은 요약은 동학의 민주주의 사상을 규명하는데 중요한 요소가 될 것이다.[25]

첫째, 인간의 존엄성에 대한 각성. 둘째, 민본사상. 셋째, 계급타파의 사상[26] 넷째, 여성의 지위를 각성시켰다는 점 등이 그것이다. 특히 해월 최시형은 조선 전래의 남존여비를 강력 비판하고 남녀평등사상을 주장했다. 그는 「夫和婦順」에서 "부인은 한 집안의 주인이니라. 한울을 공경하는 것과 제수를 만드는 것과 손님을 대접하는 것과 옷을 만드는 것과 음식을 만드는 것과 아이를 낳아서 기르는 것과 베를 짜

[24] 한국사상연구회 刊.『한국사상 연구의 구상』; 노태구,『한국민족주의의 정치이념』새밭. 1981, 171쪽, 재인용.
[25] 신복용.『동학사상과 한국 민족주의』, 평민사. 1987. 102-106쪽 참조.
[26] 동학혁명 당시 전주화약 이후 맺어진 폐정개혁안의 5항:노비문서 소각, 6항:천인차별 금지, 9항:관리채용에 인재위주등용, 12항:토지의 평균적 분작 등에 계급타파의 내용이 담겨있다.

는 것이 다 반드시 부인의 손이 닿지 않는 것이 없나니라"[27]고 하면서 부인을 '한 집안의 주인'으로 규정하였다. 이것은 봉건사회의 전통적인 가부장제도와 여필종부라는 봉건윤리의식에 대한 처절한 개벽의식이었다.

동학의 남녀평등사상의 돌출한 표현은 갑오동학혁명시기 당시 호남일대를 장악한 동학혁명군은 집강소를 세우고 12개조의 폐정개혁안을 내놓고 민정을 펴나갔는 바 이 가운데 제7조는 "청춘과부의 재가를 허용할 것"을 규정하였다. 봉건사회의 유교적 윤리의 속박 하에서 부녀들은 재가의 권리마저 없었다. 이조 봉건통치자들은 심지어 《재가금법》을 반포하여 법적으로 과부의 재가를 허용하지 않았다. 이점으로 볼 때 과부의 재가를 허용하라는 조목은 부녀해방과 남녀평등의 민주주의적 이념의 반영이었다.[28]

한편 서구에서의 사회주의 이데올로기의 발생은 시민혁명을 통한 이익이 소수의 상공업자, 전문직업인 등의 부르주아 계급에게만 돌아가자 거기에서 소외된 빈민계층의 이론적 무기로 등장했었다. 그것은 서구의 개인주의가 경제적 불평을 야기하자 단체중심의 사회주의 사상으로 전환되었던 것이다. 그러나 수운이 구상한 이상사회에도 이와 같은 사회주의적 성격이 포함되었음은 주목할 만한 사실이다.[29]

즉, 서구의 사회주의 발생이 소외된 민중들에게 새로운 희망을 주

---

[27] 『해월신사법설』「夫和婦順」.

[28] Tai-gu Noh, "A Creative Reading of the Taiping and Donghak Revolution : What does an Eastern-type Nationalism mean for the Global Community in the 21st century?", 1997, IPSA 서울학술대회발표논문.

[29] 경제학자 임종철은 마르크스가 지적한 소유관계의 사회적 모순과 적대적 관계를 수운의 각자위심으로 대신하고 계급투쟁을 동귀일체로 등치시킨다면 지배적인 병인과 처방에 대한 차이만 있을 뿐 역사발전의 도식은 거의 완전히 일치된다고 지적하고 있다. 임종철, "수운의 사회경제관"『신인간』, 1984, 제422호, 18-19쪽.

면서 등장한 것처럼 동학이 발생하기 직전의 상황이 서구의 그것과 비슷했던 것이다. 18세기 초 순조 조에 와서는 중앙정부가 완전히 부패하고 탐관오리가 횡행하였으며 곳곳에는 도탄에 빠진 백성들이 유랑민화 되어 유토피아를 찾고 있었다.[30] 이 같은 모든 현상이 결국은 이조 봉건체제의 해체를 독촉하는 징후들이었다. 이러한 때 수운은 민중이 도탄에 빠져 삶의 지표를 상실하고 허무에 빠져 있다는 사실을 간파하였다.

"일세상 저 인물이 도탄중 아닐런가 어렵도다 어렵도다 만나기
도 어렵도다 함지사지 출생들아 보국안민 어찌할꼬...."[31]

여기서 수운은 난세에 대한 민중들은 개인의 향락과 영달이나 꿈꾸고 국가의 운명이나 사회의 정도를 생각하지 않음으로 해서 세기말적 현상에서 볼 수 있는 인간의 절망적 경향이 짙어가고 있음을 가르치고 있다.[32] 스스로의 이름을 제선에서 제우로 고치고 이름처럼 '제인질병'과 '평등사회'의 실천에 모든 것을 바친 수운에게서 그 전형을 발견할 수 있다.

경제적 평등을 논할 때 봉건시대에서나 지금에서나 가장 중요한 것은 땅에 대한 정의일 것이다. 특히 모든 경제적 산물을 땅에 일차적으로 의존할 수밖에 없었던 근대이전의 시대에서는 말로 다할 수 없는 사실이었다. 동학이 창도되기 이전 조선에서는 이미 실학자들에 의한 토지의 균분, 여전제와 경자유전의 법칙 등이 있었으나 어느 곳에서

---

[30] 당시에 유행하던 「정감록」이나 계룡산의 대두 등이 모두 그것이었으며 특히 1811년(순조11년)의 홍경래 난은 그것들의 절정이었다.

[31] 『용담유사』「권학가」.

[32] 노태구, "동학사상의 연구", 앞의 글, 39쪽.

도 실행되지 못하였으며 불평등한 경제구조는 개선되지 못했다.[33] 그러나 동학에서는 그 같은 실학자들의 주장이 곳곳에서 수용되어 그들의 포고문, 창의문, 창도이념 등에 나타나고 있다.

동학에서는 귀족주의에 반대하여 부를 독점하고 있는 양반, 토호에 대해서는 철저하게 대항하고 있다. 따라서 동학은 버려진 농민대중을 구하려고 하였고 그리고 보국안민도 역시 농민들 억조창생을 위한 보국이지 양반과 세도정치의 존속을 위한 보국은 아니었던 것이다. 결국 동학의 인간평등은 경제적 평등인 안민과 구민이었으며 그것이 '무빈의 민중경제' 즉, '민생주의'의 사상으로 구체화된 것이다.[34]

이 같은 동학의 정치사상은 후일 동학의 전위단체로 탄생한 천도교 청우당의[35] 4대강령으로 구체적인 실현 방안이 제시되었다. 그 내용은 다음과 같다.

> 첫째, 民族自主의 이상적 民主主義 독립국가의 건설
> 둘째, 事人如天의 精神에 맞는 새 도덕의 수립
> 셋째, 同歸一體의 理念에 맞는 새 경제제도의 실현
> 넷째, 國民皆勞制를 실시하여 일상보국의 철저를 기함이 그것이다.[36]

---

[33] 실학사상은 개혁적 성향을 가졌음에도 탁상공론적 한계를 동시에 앉고 있었다. 이에 대한 구체적 내용에 대해서는 졸고, "한국민족주의와 전통성", 『민족주의와 근대성』, 1997, 민족문제연구소 제5회 학술대회 발표논문 참조.

[34] 위의 글, 39쪽 참조.

[35] 청우당은 일제 때 천도교의 청년당을 모체로 1931년 창도되어 지하활동 해체되었고 해방이후 본격적으로 등장했으나 남북에서 모두 중도민족주의를 표방하다가 설자리를 잃고 말았다. 현재 북한에 있는 청우당은 과거의 청우당의 맥을 잇고 있는 북조선의 청우당으로 남한에서 청우당이 창당되면 합당을 준비하고 있다.

[36] 김철 편저, 『東學精義』, 동선사, 1989, 353-386쪽 외 참조.

4. 수운의 도덕적 개벽-道成德立

수운이 지향했던 이상적 사회의 모습은 시천주를 자각한 신인간들의 세상이다. 안과 밖으로 한울님의 마음과 기운을 회복하므로, 한울사람으로서의 삶을 살아갈 때에 비로소 신인간의 민중적 자각을 해낼 수 있다는 것이다. 따라서 수운의 가르침에 의한 '민중적 자각'이란 단순한 체제혁명을 기도하는 것이 아니라, 우리의 습관적인 삶을 새로운 질서에 의한 새로운 차원의 삶으로 바꾸는 '삶의 개벽'을 의미한다.[37]

삶의 개벽을 이루는 신인간은 도성덕립으로 완성된다. 동학에서의 신인간의 도성덕립은 성.경.신을 통하여 이루어진다고 본다. 즉 성.경.신은 인격 완성의 길인 것이다. 동학사상에서는 성.경.신이라는 유학 개념을 나름대로 재해석하여 후천개벽의 주체인 인간교육의 목표로 사용한다.[38] 성.경.신은 한울님에 대한 정성.공경.믿음을 말하며 일상생활 속에서의 실천덕목을 의미한다. 사람은 정성과 공경 그리고 믿음을 모두 갖추도록 노력해야 한다. 정성만으로도 안 되고 공경만으로도 안 되고 믿음만으로도 안 되고 세 가지 모두를 도야함으로써 인격완성을 이룬다고 본다. 성경신을 신인간교육의 목표로 설정함은 그것이 천도가 제시하는 후천개벽의 이상사회와 이상적 인간,

---

[37] 윤석산, "동학사상의 어제와 오늘", 동학학회, 『동학학보』제 10권 2호, 2006, 311쪽.

[38] 수운은 동학이 공자의 도와 대동소이하다고 말하며, 해월도 동학의 요체는 성.경.신 석자에 있다고 단언한다. 동학은 유학의 핵심 개념인 성.경.신을 통하여 동학이 지향하는 성인의 경지에 쉽게 이를 수 있다고 한다. 그러나 성인에 이르는 도임에는 일치하나 이치를 풀이하는 개념과 접근법에서는 차이가 있다. 성이 한울의 도라면, 경은 만물을 대하는 사람의 도이고, 신은 구체적 자연의 도이다. 외면적으로 볼 때는 셋이 다르지만 내면은 상통한다. 상통하는 것은 한울님이다. 한울이 순일하고 쉼 없이 덕을 베푸는 것이 성이고, 모든 존재와 만물을 한울님의 표현으로 대접하는 것이 경이고, 한울님에 대한 변함없는 믿음이 신이다. 오문환, "해월의 삼경사상," 『해월 최시형과 동학사상』앞의 책, 110-111쪽 참조.

즉 지상신선이 되는 첩경이기 때문이다. 각 개인의 도성덕립은 성경신 수양을 통한 인격완성의 실현을 통해 이루어진다.

첫째, 성은 생활의 여러 방면에서 모든 사람들이 자신이 맡은 바 일을 하늘처럼 쉼 없이 수행하는 것을 말한다. 자신의 맡은 바 임무만 수행하는 데 그치는 것이 아니라 하늘처럼 순수하고 쉼이 없어야 성이라 할 수 있다. 정성은 모든 도덕규범의 주체가 되는 덕목으로 참된 본래의 마음을 잃지 아니하고 쉬지 아니하며, 꾸준하게 사명을 관철해 나가는 성실함을 말한다. 지극하게 성을 다할 때 찾아오는 것이 지성이다. 그러므로 지성을 다하면 성인이 된다. 동학의 궁극적 목적이 성인에 있음은 재론을 요하지 않는다. 정성을 다하여 한울의 성과 차이가 없어질 때 인간은 성인으로 태어난다. 순수하고 하나 된 마음으로 쉬지 않고 정성을 다할 때 얻어지는 결과가 바로 지상신선과 군자의 경지이다.

둘째, 경은 일상생활 속에서 성을 실현하는 구체적 행위 규범이다. 경은 구체적 인간행동의 길잡이이다. 공경은 서로 어울리는 관계의 도덕규범이다. 이 세상의 모든 것이 서로 관계없이 홀로 존재하는 것은 있을 수 없다. 특히 사람은 공경으로 서로 간에 존중하는 데서 상호 협력과 번영과 창조를 이루어 나간다. 공경은 마음가짐이 거슬리거나 어둡지 아니하도록 맑고 깨끗하게 가지며 상대편을 우러러 존중하여 서로 도와 가고 협력하는 자세이다.

셋째, 신은 실천이자 결과이다. 현실 생활에 뿌리를 내리는 것이 신이다. 수운의 후계자인 해월은 유학의 기본 강령인 인의예지신과 다섯가지 원소인 금목수화토를 들어, 신은 곧 토와 같아 신이 아니면 나머지 네 가지가 이루어질 수 없음을 강조한다. 그리하여 신은 바퀴의 축이며 성.경의 토대임을 강조한다. 신은 수행의 출발점이라는 것이다. 신은 물론 한울님에 대한 믿음이다. 순일하고 쉼 없이 일하는 한울님을 매사에 공경하는 생활의 구체화이다. 한울님은 천지만물을 성출하시고 만물 속에 계시며 모든 일을 간섭하고 명령한다는 것을 믿으며 천도의 진리에 대한 확고부동한 신념과 대인관계에서의 신의를 지니는 것이다.

동학에서는 수운이 성.경.신의 극치에 이르러 한울에 통했기 때문에 성인이 되었다고 한다. 나의 정성이 한울의 성과 일치하였기에 천명을 받고, 공경이 한울에 부합하였기에 한울의 말을 듣고, 생활 속의 한울님에 대한 믿음이 추호의 의심이 없었기에 대성인을 이루었다는 것이다.[39] 셋 중 둘이나 하나만으로는 성인에 이를 수 없으며 이상적 인간이 될 수 없다. 이른바 삼각형적 조화를 통해서만 완성에 이를 수 있다는 것이 동학적 사고의 기본 특성이다. 성.경.신의 수양을 통해 후천개벽의 주인인 신인간을 교육시키고자 한다.

수운의 도성덕립을 위한 성경신을 보다 구체적 실생활에 적용시킨 것이 삼경사상이다. 즉, 삼경의 실현을 통해 천도를 생활 속에서 구현시키고 있다. 따라서 삼경의 체현은 구체적 실현 목표인 생활의 도이다. 삼경사상이란 경천.경인.경물의 사상을 말하는 것으로 한울님을 공경하고 사람을 공경하고 물건을 공경한다는 뜻이다.

삼경사상은 주로 해월의 법설로서 구체화된 것이다. 「사람마다 모시고 있는 본래의 마음을 공경하게 되면 기운과 혈맥 정신이 잘 조화를 이루게 되고 사람마다 사람을 공경하면 만백성이 와서 기꺼이 모이게 되고 사람마다 물건을 공경하게 되면 만상이 거동하나니 거룩하다 공경함이여」[40]라고 하였다. 이처럼 삼경사상은 동학이 추구하는 신

---

[39] 『해월신사법설』「성경신」.
[40] 『해월신사법설』「성경신」.

인간의 인생관이요 윤리관이요 도덕관이다. 과거의 윤리는 사람과 사람의 관계만을 윤리로 규정하였으나 신인간의 윤리는 한울님과 사람과의 관계, 사람과 사람과의 관계, 사람과 만물과의 관계를 모두 인간의 윤리로 삼는 것이다. 윤리란 인간으로서 지켜야할 도리인 것이니 어찌 천도의 이치가 사람과 사람 사이에만 그치겠는가.

첫째, 경천이란 한울님을 공경한다는 것은 신령한 한울님을 모시고 있는 인간으로서 본래의 마음을 스스로 공경하는 것을 말하는 것이다. 항상 경외지심을 갖고 천심을 지키고 기운을 바르게 하여 대인접물에 있어 한울님은 뜻에 맞는 실천행동을 할 때 경천이 되는 것이며 그렇게 함으로써 한울님은 기뻐하시게 되고 이는 곧 한울님의 감응과 복을 누리게 되는 것이다. 해월은 「내게 모시고 있는 본래의 나의 마음을 공경치 않는 것은 천지부모에 불경하는 것이요. 나의 마음이 불안한 것은 천지부모가 불안하게 되는 것이니 나의 마음을 공경치 아니하고 내 마음을 편안치 못하게 하는 것은 천지부모에게 언제나 순종치 않는 것이니 이는 불효와 다름이 없는 일이다. 천지부모의 뜻을 거스리는 것이 불효가 이에서 더 큰 것이 없으니 경계하고 삼가라」고 하였다. 해월은 수운의 도가 바로 경천에 있다고 했다. 동학의 도는 다른 곳에 있는 것이 아니라 한울님에게 지극 정성을 다하여 공경하는 것이다. 이것이 동학의 도는 효에 있다고 말하는 이유이다. 공자는 몸을 낳아 주신 부모님께 대한 효만 이야기했지만, 수운은 몸과 마음을 포함한 우주만물을 낳아주신 부모님인 한울님에 대한 효를 이야기했다.

둘째, 경인은 사람을 공경한다는 사상으로 천도교의 종지에서만 찾아 볼 수 있는 윤리의 규범이다. 사람은 신령한 한울님을 모시고 있는 존재이므로 한울님의 존엄성과 같이 사람도 존엄한 것이다. 이에서 천도교의 사인여천의 윤리가 이루어져야 한다는 것은 당연한 일인 것이다.

수운은 각도 후 두 사람의 여자종을 해방시켜 한 사람은 양딸로, 한 사람은 며느리로 삼았다는 것은 그 당시로는 도저히 상상조차 할 수 없는 엄청난 일인 동시에 봉건사회에 있어서 가장 천한 신분관계에 얽매어 버림받고 있던 종을 이처럼 존엄하게 대했다는 것은 경인사상을 직접 행동으로 옮긴 좋은 본보기였다. 더욱이 수운은 노비해방이 곧 그들의 생존권 박탈로 이어지지 않도록 해방과 동시에 가족으로 취함으로써 진정한 인간사랑과 인간해방의 모범을 보여 주었다고 할 수 있다. 해월도 내수도문에서 며느리를 극진히 사랑하라고 하셨고, 하인을 내 자식같이 아끼라고 하셨으며 어린아이도 한울님을 모셨으니 어린이를 욕하고 치는 것은 곧 한울님을 욕하고 치는 것이라고 교훈하여 경인사상을 강조하고 실행하였다. 해월은 "경천만 있고 경인이 없으면 이는 농사의 이치는 알되 실지로 종자를 땅에 뿌리지 않는 행위와 같다"[41] 그러므로 해월은 수행하는 사람의 집에 사람이 오면, 사람이 왔다고 이르지 말고 '한울님이 강림하였다'고 말하라 일렀다. 경천은 창공을 숭배하는 것이 아니라 눈앞에서 전개되는 현실 속의 사람을 공경하는 것임을 명확하게 한 것이다

끝으로 경물사상은 해월의 독특한 법설로 경천만 할 줄 알고 경인을 할 줄 모르면 이는 종자를 두고도 땅에 심지 않는 것과 같고 경천. 경인만 할 줄 알고 경물을 할 줄 모르면 이는 도에 닿지 못한 것이라고 하시어 경물은 도의 극치라고 하였다.

"사람이 사람을 공경함으로써 도덕의 극치가 되지 못하고, 나아

---

[41] 같은 책, 같은 곳.

가 물을 공경함에까지 이르러야 덕에 합일될 수 있나니라"[42]

동학은 사람과 자연 사물을 떠난 곳에 있는 것이 아니라, 경인하여 세상을 하나의 가족으로 만들고 경물하여 천지자연의 이치를 깨닫는 데 있다는 사실을 명확히 한다. 동학의 길은 자연 생태계에 반하는 길이 아니라 자연 생태계의 질서와 법칙을 터득하여 깨닫는 데 있다고 할 수 있다. 자연 생태계의 질서와 법칙을 터득하여 깨닫는 데 있다고 할 수 있다. 인간의 이기적 욕망에 따라서 자연 생태계를 이용하는 것이 아니라 자연 생태계의 도를 깨달아 거기에 어긋나지 않는 삶을 사는 것이다. 동학을 생명의 길이라고 하는 이유가 여기에 있다. 경인이 인간을 숭배하는 것이 아니듯이 경물도 물질을 숭배하는 것이 아니다. 경물은 자연 생태계를 한울님의 표현대로 공경하는 것이며 자연 생태계와 인간은 하나의 동포라는 물오동포사상인 것이다. 인간과 자연은 한 알의 씨앗에서 나온 두 개의 떡잎이다. 두 개의 떡잎은 다르지만 그 뿌리는 하나이다. 경물은 이 점을 강조한다. 그리하여 자연 생태계를 깊이 들여다 볼 때 그곳에서 우리는 내 안에 흐르는 우주 생명의 고동을 느끼게 된다. 자연 생태계의 가장 깊은 곳에서 우리는 내 안의 가장 깊은 곳에 존재하는 한울님을 만나게 되는 것이다. 이 때 우리 마음은 '우주 한마음'(한울님)이 되고 '우주 한 기운'을 느낀다. 이러할 때 자연 생태계를 공경하고 존중하지 않을 수 있겠는가? 그러므로 경물에 이르러 인간은 완전함에 이른다.[43] 동학적 세계의 주인공인 신인간은 이처럼 도성덕립을 통해 지상신선이자 군자로서 이상적 공동체의 주인이 되는 것이다.

---

[42] 『천도교창건사』, 2편, 78쪽.
[43] 오문환, 앞의 글, 125-130쪽 참조.

5. 맺음말

국가를 혁신시키는 방법에는 법과 제도적 완비를 통하여 목표를 이루는 개혁과 국가 정부의 근본적인 틀을 바꾸기 위해 폭력적 무력을 불사해 권력을 장악하는 혁명이 있다. 개혁이 점진적인 법률과 제도적 보완을 통하는 민주적인 절차를 중요시 여긴다면 혁명은 권력장악을 기초로 급진적이고 과격한 변혁을 추구한다. 역사에 오른 투쟁적 혁명과 각론적 개혁은 수많은 성공과 실패를 거듭했지만 근원적인 변혁과 혁신을 이루기에는 한계를 가지고 있다. 19세기 조선의 누란지위에 등장한 동학은 진정한 의미의 사회변화를 위한 방법론으로 개벽을 주장했다.

동학의 창도자인 수운 최제우는 당시의 국내외적 상황을 위기로 인식하고 그 해법을 유도, 불도가 아닌 새로운 도를 통해 이룰 수 있다고 주장했다. 그것은 기존의 방법론인 위로부터의 변화가 아닌 밑으로부터의 근본적인 변혁을 도모하는 개벽이었다. 개벽은 인류의 역사와 현실 세계인 선천세계를 송두리째 거부하고 새로운 후천세계를 여는 웅장한 역사의식이다. 수운은 개벽을 통해 당대의 고통받는 조선 민중과 더불어함께 갈 수 있는 이상향을 제시하고자 했다.

이상향과 천국! 천국 즉, 하늘나라가 `믿는 자`의 왕국이라면, 이상향은 `꿈꾸는 자`의 세계다. 천국은 `다음 저기에서`의 행복을 약속한다. 반면 이상향은 `지금 여기에서`의 행복을 제안한다. 천국은 말하자면, 이 세상에서의 삶을 넘어 영원한 삶을 약속하는 저 세상인 피안의 세계를 말한다. 그러한 천국은 두 말할 것도 없이 내세관을 내세우는 종교의 영역이다. 그러나 이상향은 그처럼 죽어서 가고자 하는 세상이 아니다. 이상향은 육신의 삶과 더불어 지금 이 현세, 이 땅들이 스스로 만들어 가는 세계, 즉 인간의 창조 영역이다. 천국이 인간의 의지와 무관한 세계라면, 이상향은 인간의 소망과 의지가 개입되는 세계이다. 이런 점에서 이상향에 대한 사고는 어느 시대 어디에서나 민중의 심장을 박동치게 했고 열정으로 들끓게 했다.[44]

동학이 추구하는 세계관은 후천개벽을 통해 이루어지는 지상천국이다. 이것은 인간은 한울을 모신 존귀한 존재라는 새로운 인간관을 바탕으로 사회와 국가 그리고 우주를 바라보는 새로운 시각을 요구하고 있다. 나아가 동학의 세계는 상호경쟁이 아닌 공존과 조화를 바탕한 상생의 질서를 요구한다. 그것은 수운에 의해 제시된 성경신의 도성덕립을 이룬 신인간들의 사회이기에 가능한 것들이다. 즉 수운의 이상사회 구성원은 신인간이다.

신인간은 후천개벽의 세계에서 살아가는 주인공으로 그는 개개인의 도성덕립을 이루어야 한다. 동학이 끈임 없이 인격도야를 강조하는 이유는 여기에 있는 것이다. 그들은 군자이고 신선이어야 하기 때문이다. 동학의 높은 이상성은 그 구성원의 성품을 평가하기 때문이다. 그들에 의해 실현되는 이상사회는 곧 개벽의 실현이고 그 개벽의 세상은 반드시 현실의 세계에서 완성되어야 한다는 것이 수운의 마지막 꿈이었을 것이다. 수운의 꿈을 지상에서 실현하기 위해 등장한 것이 청우당이라고 했을 때 그들이 제시하는 정치질서는 구체화 한 개벽세상이다. 그러나 지금까지 동학이 제시한 민주적 정치와 민주적 경제, 민주적 문화가 실현되고 민주적 윤리가 사람 사는 근간을 이루는 이상국가는 실현되지 못하고 있다. 그럼에도 불구하고 우리가 그것을 이상적 국가관의 하나로 상정하고 또 추구해야 하는 이유는 그

---

[44] 조민, "후천개벽과 이상향" 신인간사, 『신인간』2002. 4월호, 56쪽 참조.

국가의 정당성과 그 구성원의 높은 가치 때문이고 여전히 계속되어야 할 수운 최제우의 개벽세상에 대한 희망 때문이다.

참고문헌

『其他詩文』.
『東經大全』
『龍潭諭詞』
『천도교창건사』
『해월신사법설』

김철 편저, 『東學精義』, 동선사, 1989.
노태구, 『한국민족주의의 정치이념』새밭, 1981.
신복룡, 『동학사상과 한국 민족주의』, 평민사, 1987.
신일철, "해월 최시형의 侍와 敬의 철학," 부산예술문화대 동학연구소 엮음, 『해
　　　월 최시형과 동학사상』, 예문서원, 1999.
신일철, 「동학사상」『한국사상대계』Ⅲ, 대동문화연구원, 1979.
오문환, "해월의 삼경사상," 『해월 최시형과 동학사상』, 예문서원, 1999.
오익제 편저, 『천도교요의』, 천도교 중앙총부출판부, 1986.
오익제, "동학혁명운동의 현대적 재조명." 이현희 엮음.『동학사상과 동학혁명』청
　　　아출판사. 1984.
윤석산, "동학사상의 어제와 오늘", 동학학회, 『동학학보』제 10권 2호, 2006.
임종철, "수운의 사회경제관"『신인간』, 1984, 제422호.
임형진, 「한국민족주의와 전통성」, 『민족주의와 근대성』민족문제연구소 제5회
　　　학술대회 발표논문, 1997.
조　민, "후천개벽과 이상향" 신인간사, 『신인간』2002. 4월호.
조　민, 「한국근대변혁운동의 정치사상」, 고려대정치외교학과 박사학위논문,
　　　1991.
진덕규, "한국 민족주의의 이념과 성격", 『한길역사강좌3: 한국현대사와 역사의
　　　식』, 한길사, 1987.

Tai-gu Noh, 1997, "A Creative Reading of the Taiping and Donghak Revolution : What does an Eastern-type Nationalism mean for the Global Community in the 21st century?" IPSA 서울학술대회발표논문.

저자 소개

임형진(경희대학교 교수)

김삼웅(전 독립기념관 관장)

성주현(월간 『신인간』 주필)

성강현(동의대학교 기초교양학부 겸임교수)

송봉구(영산대학교 성심교양대학 교수)

김영진(경희대학교 후마니타스칼리지 교수)

김선배(동국대학교 과학영재원 지도교수)

백진솔(고려대학교 사회학과 박사과정)

이나미(동아대학교 융합과지식사회연구소 연구원)

우수영(경북대학교 영남문화연구원 연구원)